Fußball-Handbuch

HERAUSGEGEBEN VON DIRK ALBRECHT

2

Detlev Brüggemann

Kinder- und Jugendtraining

Das ausführliche Lehrbuch zum Grundlagen- und Aufbautraining für Trainer, Übungsleiter und Betreuer im Verein und in der Schule

Hofmann Verlag Schorndorf

CIP-Titelaufnahme der Deutschen Bibliothek

Brüggemann, Detlev:
Fussball-Handbuch / Detlev Brüggemann. Hrsg. von Dirk Albrecht. — Schorndorf : Hofmann.
Bd. 1 verf. von Detlev Brüggemann u. Dirk Albrecht

Bd. 2. Kinder- und Jugendtraining : das ausführliche Lehrbuch zum Grundlagen- und Aufbautraining für Trainer, Übungsleiter und Betreuer im Verein und in der Schule / [Graf. Zeichn.: Ursula Düse. Fotos: Werner Braucks]. — 1989
ISBN 3-7780-7011-8

Wir danken den Jugendfußballern des TSC Eintracht Dortmund für ihre Mitarbeit:
Özkan Avci, René Bleschke, Oliver Brinkmann, Klaus Bücking, Michael Butt, Guido Droletz, Mirco Ehrenfried, Engin Ergün, Marcus Gladhofer, Thorsten Gottschalk, Marc Hildebrandt, Marc Jasper, Georgios Karpusidis, Björn Liebig, Shushil Meurer, Carsten Pleuger, Martin Rassmann, Marcel Sattler, Marco Slupek, Christian Vogel und Stefan Vougiouklis.

Bestellnummer 701

Grafische Zeichnungen: Ursula Düse
Fotos: Werner Braucks, Bergkamen

Gesamtherstellung in der Hausdruckerei des Verlags
Printed in Germany · ISBN 3-7780-7011-8

Zum Geleit

Die Europameisterschaft 1988 hat begeisternden Fußball geboten. Begeisternd vor allem deshalb, weil die meisten Mannschaften attraktiven Offensivfußball mit viel Mut zum Risiko gezeigt haben. Europameister 1988 wurden die Niederlande und die Experten waren sich einig wie selten: zum wirklichen Europameister wurde der attraktive Angriffsfußball gekrönt.

Die entscheidenden Grundlagen für diese schon fast vergessene Art, Fußball zu spielen, werden in den wichtigen Entwicklungsjahren der Kinder- und Jugendzeit erworben. Spielfreude, Einfallsreichtum und Tatendrang: sie führen, formen und fördern die nach wie vor zahlreichen jungen Talente zu Nationalspielern von morgen — allerdings nur unter der Voraussetzung, daß Gelegenheiten angeboten werden, damit die jungen Fußballer Erfahrungen sammeln und so über das Spiel zur technischen Perfektion heranwachsen können.

Allein schon aus diesem Grund ist das Erscheinen des 2. Bandes der Fußball-Lehrbuch-Reihe von D. Brüggemann/D. Albrecht sehr zu begrüßen.

Mit vielseitigen, abwechslungsreichen und motivierenden Spielaufgaben stellt dieses Buch eine breite Palette kindgerechter Trainingsformen vor, die Jungen und auch Mädchen wieder aus der Stube hin zum Ballspielen führen, sie für das Fußballspielen begeistern und zum weiteren Trainieren des Gelernten zu motivieren vermögen.

Die Lehrkonzeption des Bandes 1 wird konsequent fortgeführt. So unterstreicht auch dieses Buch die moderne Trainingsauffassung, daß für das gute Spiel so wesentliche Fähigkeiten des Spielers wie Handlungsfähigkeit und Handlungsschnelligkeit in Theorie und Praxis hervorgehoben werden müssen. Fähigkeiten, durch die gerade die erfolgreichen Mannschaften der Europameisterschaft beeindruckt und überzeugt haben.

Erstmals und anschaulich wird hier neben typischen Korrekturhinweisen und deren taktischer Begründung anhand zahlreicher exemplarischer Korrekturen auch dargestellt, wie ein Jugendtrainer mit seinen Spielern Fehler und Verbesserungsmöglichkeiten partnerschaftlich besprechen und in konstruktives Lernen umsetzen kann.

Wer das leicht und verständlich gefaßte Kapitel dieses Buches über die wesentlichen körperlichen, geistigen und psychischen Entwicklungsveränderungen der Kinder- und Jugendzeit liest, kann den daraus abgeleiteten Konsequenzen für das Training und den Umgang mit den jungen Fußballern der verschiedenen Altersgruppen nur nachhaltig zustimmen: Jugendtraining ist kein verringertes Erwachsenentraining, und Kindertraining ist kein verkürztes Jugendtraining!

Dieser 2. Band der Fußball-Handbuch-Reihe kann als aktuelles Standardwerk zeitmäßigen Kinder- und Jugendtrainings jedem als umfassend informierende Lektüre nur empfohlen werden, der sich mit der Betreuung und dem Training von Kindern und Jugendlichen beschäftigt.

W. Scheuerl
Vorsitzender des
DFB-Jugendausschusses

Vorwort des Autors

Lautstark wettern aufgeregte Betreuer über das Spielfeld. Spielzug um Spielzug wird von nervösen Trainern vorausbefohlen. Väter schleudern ihre engagierte Kritik auf den Rasen und dazwischen schneidet immer wieder der Aufschrei „mitspielender" Mütter durch die Reihen der Aktiven. Bundesligadrama? — Pokalhit im tobenden Stadion?

Es ist ein Hörbild vom Fußballspiel der Jüngsten, das sich Samstag für Samstag auf tausenden kleinen Fußballfeldern so oder ähnlich wiederholt. Sechs- bis Zwölfjährige spielen Fußball!

Einst waren sie es, die aufgeweckten, mutigen und tatenfrohen Kinder, deren Spielfreude in ihren kleinen Spielen bis durch die geschlossenen Fenster der elterlichen Wohnung drang und manches Nachmittagsnickerchen abrupt unterbrach.

Heute sind es die Trainer, die Betreuer, die Eltern, die Erwachsenen, die dort „spielen", schimpfen, kritisieren und jubeln. Wird das Fußballfeld da für die Kinder nicht mehr und mehr zu einer Arena der Verunsicherung und Verängstigung, in der Einfallsreichtum und Unternehmungsgeist ersticken müssen?

Sie sind zum Spielzeug der Erwachsenen geworden, die ahnungslosen I-Männchen des Fußballsports. Sie sollen kämpfen für die Freude und Zufriedenheit, für den Stolz ihrer Eltern. Wünsche aus eigener Vergangenheit, hier hoffen manche, sie durch den eigenen Sohn sich doch noch erfüllen zu lassen. Stille Träume ehrgeiziger Väter und Mütter geraten da zu Hoffnungen. Aus Hoffnungen erwachsen Erwartungen und diese werden dann als Forderungen, als Pflicht den Kindern in die noch zierlichen Fußballschuhe hineingelegt oder daheim in eigener Spielkritik auf Familienbasis den noch unbekümmerten Kindern vorgehalten.

Alles wird getan für die kleinen Wunschhelden der Familie. Die teuersten Fußballschuhe müssen es sein. Modische Sportkleidung soll Form und Leistung garantieren. Zum Fußballtraining selbstverständlich nur per Auto. Und allzu rasch ist man immer sogleich mit Entschuldigungen zur Stelle, sollte irgend jemand einmal den jungen „Stolz der Familie" kritisieren.

Natürlich — die Eltern meinen es nur gut, sorgen sich um ihren Filius und lassen ihm all ihre elterliche Hilfestellung angedeihen.

Doch meinen wir es nicht schon zu gut mit unseren Kindern? Sind es nicht die kleinen Sorgen und Probleme, die jugendlichen Streitigkeiten untereinander, die erst jenes Durchsetzungsvermögen, jene Willensstärke entwickeln, die benötigt, wer sich behaupten will — im Leben und auch im Fußballwettkampf?

Wir schenken unseren Kindern einen „Roller", ein „Fahrrad", ein „Moped", ein „Auto", möglichst sorgenfrei sollen sie sich bewegen können und problemlos. Aber sollten die Kinder nicht zu allererst einmal selber laufen lernen? Kinder gewöhnen sich schnell und gern an Angenehmes, auch an Fürsorge und Hilfe und daran, daß andere ihre Schwierigkeiten lösen.

Staunende Fußballbubis werden vollgepfropft mit raffiniertesten taktischen Kniffen. Raumdeckung muß es sein und das modernste Spielsystem der Bundesliga.

Und dann drehen sie, die vertrauensseligen Kinder Runde um Runde um den Sportplatz, springen mit einem oder beiden Füßen die Treppenstufen der Zuschauerränge hinauf und hinab oder müssen mit ihren noch kurzen Beinchen ein ums andere Mal über den Sportplatz spurten, während die Bälle traurig am Spielfeldrand herumliegen.

Hier wirft der Spitzenfußball seine gefährlichen Schatten auf die Welt der Kleinen. Kondition ist die Zauberformel für den Sieg! Körperliche Spätschäden und mangelhafte spieltechnische Grundausbildung, wer fragt in zehn Jahren noch nach der Arbeit der damaligen Jugendtrainer, wenn aus einem großen Fußballtalent nur noch ein durchschnittlicher Renner geworden ist?!

Im Spiel schauen Kinder mit fragendem Blick immer wieder zum Trainer hinüber. Unsicherheit und Angst zeichnen ihre Minen, lähmen ihren Tatendrang. Es ist die Angst, einen Fehler zu machen, die Angst, die wir Erwachsene unseren Kindern ungewollt einimpfen aus überzogenem Ehrgeiz und falscher Erfolgssucht. Wir sind viel zu ungeduldig, gestehen den Nachwuchskickern keinen Fehler zu, vor allem nicht solche Fehler, die der erfahrene Fußballer nicht mehr kennt und die im Bundesligaalltag scharf angeprangert werden.

Doch Kinder und Jugendliche lernen noch. Sie sind die Lehrlinge des Spiels. Müssen sie nicht Fehler machen dürfen, ganz gleich, ob daraus auch einmal ein Gegentor oder gar eine Niederlage folgt?

Abb. 1 Das freie Spielen ist immer noch der beste Lehrmeister für die Spielerpersönlichkeit von morgen

Es ist das Perfektionsdenken unserer Gesellschaft, das an einer halb gefüllten Flasche immer sogleich bemängelt, „die Flasche ist ja schon halb leer!" Was nicht sogleich klappt, ein Versuch, das erfolglose Bemühen der Kinder im Umgang mit Ball und Tor, alles wird viel zu einseitig am Perfekten gemessen. Der kleine Fortschritt — wo bleibt für ihn da noch Raum und Freude?

Schelte für den mutigen Torschuß, weil der Ball das Tor verfehlt, ein anderer Spieler günstiger zum Tor gestanden hat und vom Fußballknirps in der Hektik des Wettspiels übersehen worden ist.

Als Fummelfritze wird nicht selten vor seinen Spielkameraden gebrandmarkt und mit Auswechslung bedroht, wer beim Dribbling den Ball verliert. Bedroht von denselben Leuten, die noch am gleichen Wochenende ihren erwachsenen Spielern der 1. Clubmannschaft verständnislos fehlende Dribbelkünste zum Vorwurf machen!

Kinderfußball — er ist längst das Spiel der Erwachsenen geworden. Er ist nicht mehr ihr Spiel, das Spiel der Kinder, das sie selbst entwickeln und bestimmen, in dem sie sich ungezwungen austoben können.

Nur keine Niederlage! Zuerst die Abwehr dicht machen und abwarten. Der beste, der talentierteste Spieler wird nach hinten beordert, als Libero — genauer gesagt als Ausputzer. Sein Talent, sein Können lassen den Trainer ruhig schlafen.

Individuelle Fähigkeiten und besondere Stärken, wie sollen sie sich optimal entfalten, wenn der junge Spieler hinten nur abwarten und reagieren darf? Unterdrücken wir nicht den typisch kindlichen Bewegungsdrang und Unternehmungsgeist, ihre beflügelnde Spiellaune durch solche und andere taktischen Zwänge — aus der Überbewertung, aus Furcht vor einer Niederlage?

Zehnjährige müssen schon in kompletten Mannschaften spielen „11 gegen 11" und über das gesamte Spielfeld 70 × 100 m. Wie häufig kommt der einzelne dabei an den Ball? Und hat er ihn einmal, hört er schon die fordernden Rufe, den Ball schnell und weit nach vorn in Richtung gegnerisches Tor zu treten. Eine kurze Freude für den Kleinen im Spiel mit dem Fußball! Lernen sie wirklich noch den Reiz des Fußballspiels kennen, die unablässige Spannung zwischen Hoffen und Bangen in der Unwägbarkeit des Kampfes um Ball und Tor, die Kinder, denen das Verständnis für Räume und Kombinationen noch fehlt, deren Antrieb zum Spielen noch vornehmlich aus ihrer aktiven Beteiligung am unmittelbaren Spielgeschehen sich entwickelt?

Kennen sie heute überhaupt noch ihre Welt unbekümmerter Spielfreude, die alles um einen herum vergessen und nicht selten auch zu unerwarteten Leistungen fähig werden läßt?

Dieses Buch will für das Kinder- und Jugendtraining wieder jene spielbetonte Welt zurückgewinnen helfen, die sich die Kinder einst selber schufen und in der sie nicht nur die Freude am Fußballspielen erlebten, sondern auch die technischen, taktischen, körperlichen und psychischen Fähigkeiten sich aneigneten, die eine erfolgreiche, spielbestimmende und mitgestaltende Spielerpersönlichkeit auszeichnet (vgl. dazu auch Brüggemann/Albrecht: Fußball-Handbuch, Band 1 „Modernes Fußballtraining", 1980).

Die ausführliche Beschreibung alterstypischer Entwicklungsmerkmale und Verhaltensweisen mit entsprechenden Konsequenzen für die Betreuung und das Training soll helfen, einen Blick in diese Welt der Kinder und Jugendlichen zu werfen, sich in seine jungen Spieler hineinzuversetzen und deren altersbedingte Wünsche und Vorstellungen besser zu verstehen.

Der ausführliche Praxisteil zeigt Wege auf, jene Zeit unbekümmerten „Straßenfußballs" mit ihren vielen kleinen Spielen und Spielformen in das heutige Vereinstraining der Kinder und Jugendlichen einzubinden, zu variieren und mit abwechslungsreichen Wettbewerbsaufgaben zu ergänzen.

Kinder- und Jugendtraining muß Freude machen! Dieses Buch will einen Beitrag dazu leisten, daß künftig unsere jungen und jüngsten Kicker nicht mehr denken, „wir müssen zum Training", sondern erwartungsfroh ausrufen, „wir dürfen wieder zum Training gehen!"

Kamen, im September 1988 — DETLEV BRÜGGEMANN

Inhalt

I. Die Entwicklungsmerkmale im Kindes- und Jugendalter

1. Die Zeit sportlicher Entwicklung und Reifung

Jugendtraining ist kein verringertes Erwachsenentraining; Kindertraining ist kein verkürztes Jugendtraining!

Im Kindes- und Jugendalter werden die für die spätere Höchstleistung bestimmenden Fähigkeiten erworben und ausgeprägt!

Das Training im Kindes- und Jugendalter wird den Veränderungen und Möglichkeiten der körperlichen, geistigen und psychischen Entwicklung der verschiedenen Altersstufen angepaßt!

Versäumnisse und Mängel aus dieser Zeit sportlicher Entwicklung und Reifung lassen sich im Erwachsenenalter gar nicht oder nur sehr begrenzt nachholen.

Das Kindes- und Jugendalter ist die Zeit der körperlichen, geistigen und psychischen Entwicklung und Reifung, die Vorbereitungszeit auf das Erwachsenenalter. Man bezeichnet diese wichtigen Lebensjahre daher auch als den Lebensabschnitt, in dem die körperlichen und geistigen Grundlagen eines Menschen für sein späteres Leben entwickelt und ausgeprägt werden.

Jede Art sportlicher Betätigung unter dem Aspekt der sportlichen Leistungsfähigkeit sollte daher in diesen Entwicklungsjahren auch grundlegenden, vorbereitenden Charakter besitzen. Sie soll die Voraussetzungen für die spätere Höchstleistung im Erwachsenenalter anlegen. Training während der Entwicklungsjahre ist Grundlagen- und Aufbautraining. Es muß sich in Inhalt, Leistungsanspruch und Aufbau zwangsläufig vom Training der Erwachsenen unterscheiden.

Dennoch kann man immer wieder beobachten, daß Inhalte und Formen aus dem Erwachsenentraining ohne wesentliche Abwandlungen unmittelbar für das Kinder- und Jugendtraining übernommen werden. Dies trifft vor allem auf den Bereich athletischer Ausbildung zu.

Zahlreiche Trainer führen nach Abschluß ihrer aktiven Spielerlaufbahn als Nachwuchstrainer einfach fort, was und wie sie als noch aktive, allerdings erwachsene Spieler trainiert haben. Dabei übersehen sie die grundlegenden Unterschiede in den körperlichen, geistigen und psychischen Voraussetzungen zwischen Kindern und Jugendlichen einerseits und den ausgereiften Erwachsenen andererseits.

Gleiches Training für Jugendliche und Erwachsene führt in der Regel zu zwei die später mögliche Höchstleistung entscheidend beeinträchtigenden Konsequenzen. Erstens werden wesentliche Fertigkeiten und Fähigkeiten gar nicht oder nur ungenügend erlernt und ausgeprägt. Zweitens stellen zahlreiche Aufgaben des Erwachsenen- also des Hochleistungstrainings für ein Kind bzw. einen Jugendlichen eine körperliche oder geistig-psychische Überforderung dar. Die Folgen sind dann eine allgemeine Verunsicherung der

Spieler und dadurch eine Behinderung in allen Lernprozessen sowie in der individuellen Persönlichkeitsentwicklung.

— Fähigkeiten —

In den sogenannten Entwicklungsjahren werden die für das individuelle technische Können und das allgemeine Bewegungsgeschick verantwortlichen koordinativen Fähigkeiten angelegt, ausgeformt und ausgeprägt. Diese Ausprägung der für erfolgreiches Fußballspielen leistungsbestimmenden koordinativen sowie der geistigen und psychischen Fähigkeiten schließt weitgehend schon mit dem Ausklang der Entwicklungsjahre ab.

Vom Grundsatz her läßt sich das Zusammenwirken dieser Fähigkeiten als auslösende Phase einer sportlichen Handlung (einschließlich der technischen Fertigkeiten) beschreiben:

1. Die koordinativen Fähigkeiten des Sportlers bestimmen die Art und Weise der Ausführung einer geplanten Bewegung.
2. Die geistigen Fähigkeiten des Sportlers wählen die als erfolgversprechend erkannte sportliche Bewegungsform (Handlung) aus.
3. Die psychischen Fähigkeiten des Sportlers wirken auslösend sowie negativ als auch positiv beeinflussend auf die Durchführung einer geplanten Bewegung.

Koordinieren heißt, verschiedene Bewegungen, Eindrücke und Situationsbedingungen miteinander zu verbinden. Je vielseitiger und tiefer diese koordinativen Fähigkeiten ausgeprägt werden, umso größere Spitzenleistungen können im Hochleistungsalter erzielt werden.

Zu den wichtigen koordinativen Fähigkeiten gehören das REAKTIONSVERMÖGEN auf Aktionen der Umwelt (Mit- und Gegenspieler z. B.), das ANPASSUNGSVERMÖGEN an unbekannte oder sich plötzlich verändernde Situationen und Bedingungen im Spiel, das STEUERUNGSVERMÖGEN, um bestimmte Bewegungsabläufe ohne und mit dem Ball möglichst genau auszuführen, das ORIENTIERUNGSVERMÖGEN innerhalb schwieriger Bewegungen und unübersichtlicher Situationen, das GLEICHGEWICHTSVERMÖGEN, das für den Fußballer, der stets auf nur einem Bein stehend den Ball spielen muß, in ganz besonderer Weise von Bedeutung ist und auch die GESCHICKLICHKEIT in der sich blitzschnell verändernden Spielbewegung mit und ohne Ball.

Die geistigen (intelligenten) Fähigkeiten (z. B. WAHRNEHMUNGSFÄHIGKEIT, VORSTELLUNGSKRAFT, ERKENNEN und VORAUSSEHEN einer Situationsentwicklung sowie GEDÄCHTNISLEISTUNGEN und das DENK- und KOMBINATIONSVERMÖGEN) werden zur Ausführung einer Bewegung, einer Spielhandlung wirksam.

Der Sportler beobachtet eine Spielsituation, erkennt aufgrund seiner Spielerfahrungen und seines erworbenen taktischen Wissens und Verständnisses das Vorhaben seiner Mit- und Gegenspieler. Daraufhin plant er seine nächste, ihm erfolgversprechend und notwendig erscheinende Handlung (z. B. Lauf, Sprung, Dribbling).

Der Bereich der psychischen Fähigkeiten beschreibt jene Kräfte, die geplante Handlungen des einzelnen auslösen, behindern, fördern oder auch verhindern können.

Vor allem in den Sportspielen gewinnen u. a. die RISIKOBEREITSCHAFT, ENTSCHLUSSFREUDIGKEIT, LEISTUNGSBEREITSCHAFT, SPIELFREUDE aber auch die WILLENSSTÄRKE, ZIELSTREBIGKEIT und das DURCHSETZUNGSVERMÖGEN entscheidende Bedeutung für den wirkungsvollen Einsatz der eigenen technischen und taktischen Mittel.

Aufgrund seiner geistigen Fähigkeiten plant der Spieler z. B. eine bestimmte Handlung (z. B. Direktschuß auf das Tor). Ohne den Entschluß zur Durchführung des Direktschusses zu fassen, wird der Torschuß jedoch nicht erfolgen. Dies kann z. B. auf mangelnden Mut zurückzuführen sein, die schwierige, obgleich als notwendig erkannte und geplante Handlung des Direktschusses zu riskieren. Traut sich der Spieler diese Handlung in der Situation nicht zu, wird er den Ball möglicherweise erst annehmen und dann zu schießen versuchen. Damit führt er jedoch nicht mehr die ihm zunächst erfolgversprechende Situationslösung aus und läuft Gefahr, bei der Ballannahme eventuell noch von einem nachsetzenden Gegner am Torschuß gehindert zu werden.

Koordinative, geistige und psychische Fähigkeiten werden immer nur gemeinsam in gegenseitiger Abhängigkeit wirksam. Sie sind bei jedem Sportler in unterschiedlicher Ausprägung zu finden.

Je vielseitiger und positiver ausgeprägt diese Fähigkeiten vorhanden sind, umso erfolgreicher kann der einzelne mit seinem Spielverhalten auf den Verlauf des Spielgeschehens Einfluß nehmen. Inwieweit die sportliche Handlung dann optimal und erfolgreich ausgeführt wird, hängt darüber hinaus auch von den konditionellen Fähigkeiten (Kraft, Schnelligkeit und Ausdauer) ab.

— Entwicklung —

Die koordinativen, geistigen und psychischen Fähigkeiten sind nicht von Geburt an dem Menschen als unveränderbar mitgegeben. Sie werden vielmehr nach der Geburt aufgrund der vielfältigen Bedingungen und Einflüsse der Umwelt weitgehend erworben und erlernt. Zur Umwelt zählen in erster Linie das Elternhaus, Gewohnheiten, Erziehung, Bildung und Interessen der engsten und bedeutenden Bezugspersonen des Kindes. Freundeskreis und Lebensverhältnisse sowie in späteren Jahren auch die Kontakte mit den Alterskameraden im Kindergarten, in der Schule und im Verein prägen über die dominierenden erzieherischen Einflüsse des Elternhauses hinaus die geistige und psychische Entwicklung des heranwachsenden Menschen.

Die Erlebnisse und Einflüsse aus dem Elternhaus und aus dem sozialen Umfeld eines Kindes bis zu dessen Schuleintritt gewinnen eine richtungweisende Bedeutung auf den Verlauf der für das Kinder- und Jugendtraining entscheidenden Entwicklungsphasen. Diese Entwicklungsphasen werden von der biologischen Ausreifung bis zu einem erwachsenen Menschen bestimmt. Man spricht allgemein vom sogenannten SCHULKINDALTER (etwa 6.—12. Lebensjahr), der PUBERTÄT mit der als Längenwachstumszeit bekannten 1. puberalen Phase (etwa 12.—14. Lebensjahr) und der als Breitenwachstum bezeichneten 2. puberalen Phase körperlicher Auffüllung (etwa 14.—16. Lebensjahr), sowie vom Übergang in das Erwachsenenalter, der sogenannten ADOLESZENZ (etwa 17.—19. Lebensjahr).

Zeitlich lassen sich diese verschiedenen Entwicklungsphasen allerdings nicht scharf voneinander trennen. Der Übergang von einer zur anderen Entwicklungsstufe und damit das Einsetzen der jeweils typischen körperlichen und psychischen Veränderungen vollzieht sich eher fließend und individuell in unterschiedlichem Alter. So können Alterskameraden zuweilen in ihrer körperlichen Entwicklung mehr als 1 Jahr auseinanderliegen. Ein solcher Unterschied läßt sich besonders augenfällig im C-Junioren-Alter mit den erheblichen Größenunterschieden der Spieler beobachten.

Aufgrund der unterschiedlichen Voraussetzungen der einzelnen Entwicklungsphasen wird nicht nur ein grundsätzlich anderes Training als im Erwachsenenalter notwendig. Vielmehr müssen Trainingsinhalte und die Trainingsformen im Kindes- und Jugendalter auch die altersbedingten körperlichen, geistigen und psychischen Veränderungen berücksichtigen. Die genaue Kenntnis der besonderen alterstypischen Merkmale der einzelnen Entwicklungsphasen bildet daher die entscheidende Vorbedingung für ein erfolgreiches Grundlagen- und Aufbautraining.

2. Das Schulkindalter (F- bis D-Junioren; 6.—12. Lebensjahr)

Mit dem Eintritt in das schulpflichtige Alter wächst das Kind in eine lang andauernde Zeit körperlicher und psychischer Ausgeglichenheit hinein.

In den ersten 3—4 Jahren (F- und E-Junioren) orientiert sich das Kind noch sehr stark am Verhalten, dem Wesen und den Wertvorstellungen des Erwachsenen (Eltern, Lehrer, Trainer).

Etwa vom 10. Lebensjahr an (D-Junioren) sucht das Kind verstärkt die Beachtung und Anerkennung seiner Alterskameraden und paßt das eigene Verhalten mehr den Wertvorstellungen der Spielgefährten (der Gruppe, Mannschaft) an.

Aus dem noch unausgeglichenen, sensiblen F-Junioren (Übergangszeit aus dem ersten Wachstumsschub des Vorschulalters) mit nur geringem Selbstvertrauen entwickelt sich etwa vom 8. Lebensjahr an ein optimistisches Schulkind mit seinen typischen Altersmerkmalen:

- **ausgeprägte Bewegungsfreude**
- **starker Neugier- und Wissensdrang**
- **ausgeglichenes Wesen mit optimistischem Selbstvertrauen**
- **unkritische Haltung**
- **Nachahmungsfreude (Rollenspiele)**

Die Kinder besitzen eine besonders ausgeprägte hohe Lernfähigkeit im Bereich technischer Fertigkeiten sowie auch bezüglich ihrer geistigen und psychischen Fähigkeiten.

Mit dem Eintritt in die Schule beginnt im Leben eines Kindes ein entscheidender neuer Lebensabschnitt. Man spricht vom Beginn des sogenannten Schulkindalters mit seinen neuen sozialen Kontakten, neuen Anforderungen und Zielsetzungen durch die Schule. Als Schulkindalter wird durchschnittlich die Zeit vom 6.—12. Lebensjahr bezeichnet. Ihm folgen die kritischen Entwicklungsveränderungen der Pubertät. Das Schulkindalter wird nicht ganz zu Unrecht oft auch als glücklichste Zeit der Jugend bezeichnet. Es ist der Lebensabschnitt allgemeiner körperlicher und psychischer Harmonie und Ausgeglichenheit.

Im Verlauf dieser Lebensjahre großer körperlicher und geistiger Aktivitäten vollziehen sich für das spätere Leben des Kindes bedeutsame Entwicklungen. Mit der raschen Zunahme an Kraft und körperlicher Leistungsfähigkeit werden auch jene, für die alterstypische, besonders gute Lernfähigkeit entscheidenden geistigen und psychischen Eigenschaften auf das Verhalten wirksam: Selbstvertrauen — Neugier — Bewegungsfreude.

Wissenschaftliche Untersuchungen haben aufgezeigt, daß die Ausprägung der geistigen (intelligenten) und psychischen Fähigkeiten in einem unmittelbaren Zusammenhang mit dem kindlichen Neugierverhalten steht. Je vielfältiger, häufiger und intensiver das Kind sich mit neuen Dingen und Situationen auseinandersetzt und beschäftigen kann, umso stärker und umfangreicher werden die intelligenten und psychischen Fähigkeiten entwickelt und ausgeprägt. Monotonie, geringe Abwechslung und wenig freie Spielmöglichkeiten schränken diese Entwicklung in leistungsbegrenzender Weise ein.

Diese Ergebnisse beziehen sich nicht erst auf das Schulkind. Vielmehr werden diese fördernden bzw. behindernden Umweltbedingungen bereits in den ersten Lebensjahren nach der Geburt spürbar wirksam. Für das Schulkind gewinnt die alterstypische Nachahmungsfreude, das Rollenspiel eine in diesem Sinne wesentliche Bedeutung.

Zunächst steht der Erwachsene, die Eltern, der Lehrer, der Trainer noch im Mittelpunkt der kindlichen Vorstellungswelt. Das Kind orientiert sich weitgehend an deren Verhalten, indem es nachmacht, was der Erwachsene tut und so in die Rolle seines Vorbildes schlüpft. Sportliche Idole werden auserkoren und ihnen nachgeeifert. Einmal Franz Beckenbauer spielen, einmal sich als Torjäger der Nation feiern lassen, darin erfüllen sich kindliche Wünsche und Spiele.

Etwa vom 10. Lebensjahr an wendet sich das Kind dann immer stärker von seinen erwachsenen Bezugspersonen ab zu seinen Alterskameraden hin. War es noch im F- und E-Juniorenalter der Trainer, dessen Lob und Anerkennung die Erfüllung kindlichen Eifers bedeutete, so sucht das Kind im D-Juniorenalter nun verstärkt sich im Kreise seiner Spielkameraden zu beweisen und auf sich aufmerksam zu machen. Die Beachtung und Anerkennung der Altersgruppe bestimmt den Rang, die Rolle des Kindes innerhalb seiner Kameraden und damit sein vordringliches Streben in allen Aktivitäten.

— Körperliche Übergangsphase —

Die ersten Schuljahre bis durchschnittlich zum 8. Lebensjahr stehen weitgehend noch unter den Wachstumseinflüssen der Vorschulzeit, die erst allmählich in die eigentliche Phase allgemeiner Ausgeglichenheit im Schulkindalter einmünden. Diese Wachstumsveränderungen aus der Vorschulzeit werden von einem beschleunigten Wachstum des Knochengerüstes bestimmt. Das Kind nimmt schnell an Körpergröße zu, während seine Muskulatur in ihrer Entwicklung noch zurückbleibt und die Kinder dadurch nicht selten den Eindruck mehr oder weniger deutlicher Unausgewogenheit zwischen Körpergröße und Körperfülle erwecken. Dadurch bedingte vorübergehende Bewegungsschwierigkeiten klingen mit der nachwachsenden Muskulatur bald wieder ab.

Schulkinder dieser Übergangsphase legen in der Regel ein noch recht unausgeglichenes Wesen und Verhalten an den Tag. Sie verlieren schnell wieder das Interesse an Dingen und Aufgaben, mit denen sie nicht auf Anhieb fertig werden oder die ihnen nicht in der erhofften Weise gelingen. Neue Spiel- und Sportarten stoßen auf spontane Begeisterung oder bleibende Abneigung, je nachdem in welcher Weise sie vom Lehrer oder Trainer an das Kind herangetragen, ihm „schmackhaft" gemacht werden. Niederlagen und Mißerfolge in kleinen Spielen und Wettbewerben lösen nicht selten Verdruß und Streit mit der Umwelt aus. Trotzreaktionen und eine teilweise ziellos erscheinende Zuwendung zu anderen Interessen und Betätigungen weisen dann auch bald auf die für diese kurze Entwicklungszeit typische, noch geringe Konzentrationsfähigkeit hin.

— Körperliche und psychische Harmonie —

Im Verlauf der ersten beiden Schuljahre verlangsamt sich das Wachstum des Knochengerüstes allmählich wieder. Die Muskulatur kann nun in verstärktem Maße aufholen und der Körpergröße entsprechend sich ausprägen. Im Vergleich zur Vorschulzeit nimmt die Körperkraft bis etwa zum 9. Lebensjahr um mehr als das doppelte zu und wächst mit fortlaufendem Alter stetig an. Praktisch holt die Entwicklung und Ausprägung der Muskulatur den Vorsprung des Längenwachstums wieder ein und vermittelt bald den Eindruck einer harmonischen Ausgeglichenheit zwischen Körpergröße und Muskelumfang (Muskelmasse).

Mit dieser vorteilhaften körperlichen Entwicklung zeigt sich ein erheblicher Leistungszuwachs im für die Sportspiele bedeutsamen Bereich der Reaktions- und Bewegungsschnelligkeit, der Geschicklichkeit und der koordinativen Fähigkeiten, die bei allen technischen Fertigkeiten des Fußballspiels eine entscheidende Rolle spielen.

Dieser Leistungszuwachs in der sportlichen Entwicklung hält bis etwa zum 12. Lebensjahr, dem Einsetzen eines erneut beschleunigten Längenwachstum, an.

Der spürbare Zuwachs an Körperkraft und Leistungsfähigkeit steigert das Selbstvertrauen des Schulkindes. Das Kind sucht die körperliche Betätigung. Es will seine Kräfte mit anderen messen; vor allem in den letzten beiden Jahren dieser Entwicklungszeit (D-Junioren), wenn die Mitspieler, die Schul- und Spielkameraden in den Mittelpunkt des Interesses der kindlichen Zuwendung rücken und deren Beachtung und Anerkennung den Grundstein für das eigene Selbstwertgefühl und damit verbundene Selbstvertrauen legen. Körperkraft und Bewegungsgeschick entscheiden nun über Geltung und Ansehen des einzelnen bei seinen Alterskameraden.

In verstärktem Maße wenden sich Kinder auch ihrer Umwelt zu. Man spricht von einer Art „Neugierexplosion", die sich in stark zunehmender Auseinandersetzung mit Unbekanntem und Neuem äußert. Die Kinder beginnen, besonders scharf zu beobachten. Sie wollen durch eigenes Ausprobieren herausfinden, wie etwas ist und wie etwas auf eine bestimmte Handlung reagiert. Diese Schulkindzeit ist das Alter, in dem die Kinder die viel zitierten „Löcher in den Bauch" fragen.

Kann man noch in den ersten Schuljahren weitgehend unkritisches Interesse an allem Neuen feststellen — die Meinung der Erwachsenen wird ohne eigene Überprüfung übernommen —, so entwickelt sich am Ende des Schulkindalters etwa ab dem 10. Lebensjahr an eine objektivere Einschätzung gegenüber Ereignissen und Aussagen sowie erste kritische Distanz zum Erwachsenen.

Fehler, Mängel und Schwächen, die das Schulkind zu erkennen glaubt, werden nun auch verbal geäußert. Ein ausgeprägter Gerechtigkeitssinn entwickelt sich, dem allerdings noch das Verständnis für Motive und Bedingungen des anderen fehlt. Hieran stoßen sich manche Erwachsene. Denn noch mangelt es dem sachkritischen Kind an Einfühlungsvermögen in die besondere psychische Lage des Mitmenschen. Es sagt, was es denkt und will, einfach, klar und ernüchternd offen.

3. Die Pubertät

3.1 Das Längenwachstum (1. puberale Phase; D- und C-Junioren, 12.—14. Lebensjahr)

Das Längenwachstum ist die Zeit allgemeiner psychischer Verunsicherung.

Das beschleunigte Wachstum von Händen und Füßen, Armen und Beinen sowie des Knochengerüstes bringt für den Jugendlichen erhebliche Probleme im Bereich der technischen Fertigkeiten mit sich.

Die entwicklungstypischen Merkmale sind
- **der Verlust an Selbstvertrauen**
- **Überempfindlichkeit**
- **Stimmungsschwankungen**
- **Starker Interessenwechsel**
- **unberechenbares Verhalten**
- **übertriebener Drang nach Beachtung durch die Umwelt.**

Die Pubertät gilt allgemein als die kritische Zeit des Entwicklungsalters. Durchschnittlich wird bei den Jungen das 12.—13. Lebensjahr als Beginn dieser körperlichen und psychischen Veränderungen angegeben. Mädchen durchlaufen ihre pubertäre Entwicklung dagegen bereits 1—2 Jahre früher.

Die pubertären Entwicklungsprozesse setzen allerdings individuell mit recht unterschiedlichem Alter ein. Bei gleichgeschlechtlichen Alterskameraden lassen sich zuweilen zeitliche Verschiebungen bis zu 2 Jahren feststellen. In solchen Fällen spricht man von sogenannten „Früh- bzw. Spätentwicklern“.

Diese beschleunigte Wachstumsgeschwindigkeit der Pubertät erfaßt zunächst das Knochengerüst. Zwar wachsen in der Zeit dieses sogenannten Längenwachstums (1. puberale Phase) Muskeln und Organe weiter mit, doch erfolgt deren Wachstumsbeschleunigung erst zu einem späteren Zeitpunkt. Diese wird dann als die Zeit der körperlichen Auffüllung beschrieben (2. puberale Phase) und beginnt allgemein 12 bis 15 Monate nach Einsetzen des Längenwachstums.

Schon wenige Monate nach dem Beginn der ersten pubertären Veränderungen wird die Unausgewogenheit des körperlichen Erscheinungsbildes erkennbar. Füße und Hände, die Länge von Armen und Beinen erscheinen übergroß im Verhältnis zu den Ausmaßen des Rumpfes.

Mit dem beschleunigten Wachstum setzt auch die geschlechtliche Reifung ein, die auf die körperliche und psychische Entwicklung des Jugendlichen wesentlichen Einfluß nimmt.

— Verunsicherung —

Mit dem beschleunigten Längenwachstum beginnt eine kritische Zeit allgemeiner psychischer Verunsicherung.

Aufgrund der Unverhältnismäßigkeit zwischen Extremitäten und der Muskulatur fallen Bewegungsabläufe, sportliche Aufgaben schwerer, die vor dem Einsetzen des Wachstums bereits erfolgreich bewältigt wurden. Der langsamer nachwachsende Muskel-Bandapparat ist vorübergehend nicht mehr in der Lage, erlernte Bewegungen in gewohnter Genauigkeit und Schnelligkeit auszuführen.

Solche Schwierigkeiten im Bereich der koordinativen Fähigkeiten (Fußballtechnik) wirken sich in einer Sportart wie dem Fußballspiel besonders nachteilig aus, in der die Bewegungen des Balles mit den eigenen Laufbewegungen verbunden (koordiniert) werden müssen. Es entsteht der Eindruck, als wissen die Jugendlichen in dieser Zeit des Längenwachstums — mit ihren Gliedmaßen nicht so recht umzugehen.

Aus dem Schulkindalter war das Kind gewohnt, sich besonders mit seinen sportlichen Fähigkeiten jene Anerkennung und Beachtung innerhalb der Altersgruppe und beim Trainer zu verschaffen, die seinen Stellenwert bei den Kameraden und damit das eigene Selbstwertgefühl entscheidend mitbestimmten. Treten bei diesen kindlichen Mitteln zur Selbstdarstellung mit dem Längenwachstum plötzliche Schwierigkeiten auf, so muß das Selbstvertrauen des Jugendlichen ins Wanken geraten. Zweifel, Unsicherheit, Hemmungen und Angstgefühle breiten sich aus. Der Jugendliche versteht diese Probleme noch nicht. Die Veränderungen und Erlebnisse der geschlechtlichen Reifung werfen für ihn weitere Fragen auf und damit verbunden auch Probleme im Umgang mit seinen Spielkameraden. Er sucht nach Erklärungen. Eine spürbare Hinwendung zum eigenen Ich, zu den Vorgängen am und im eigenen Körper ist die Folge. Das eigene Ich wird zum Mittelpunkt seiner Aufmerksamkeit und vorrangigen Bewertungsmaßstab der Vorgänge um ihn herum, also zum Ausgangspunkt seines Verständnisses und seiner Beurteilung der Umwelt.

— Überempfindlichkeit —

Unsicherheit, vor allem, wenn man sie möglichst vor der Umwelt, also den Alterskameraden und den Erziehungspersonen verbergen möchte, macht besonders empfindlich für alle Aussagen und Ereignisse, die in irgendeiner Weise das eigene Ich betreffen könnten.

Eine solche Überempfindlichkeit zerstört schnell die Selbstsicherheit, steigert die Erregbarkeit des Jugendlichen und führt zu ungewöhnlich heftigen und häufigen Stimmungsschwankungen, die für den Außenstehenden oft kaum erklärbar erscheinen.

Unbedeutende Nebensächlichkeiten, ein unbedachtes Wort können zuweilen schon genügen, um den Jugendlichen unvermittelt in einen depressiven Zustand und in Teilnahmslosigkeit fallen zu lassen. Harmlos gemeinte Worte können aber ebenso gut eine übersteigerte, aggressive Reaktion auslösen, weil Ungewißheit um den eigenen Stellenwert innerhalb der Umwelt (Rollenunsicherheit) und mangelndes Selbstvertrauen schon den geringsten Anlaß überbewerten als eine Art Prüfstein, wie die Kameraden, Eltern oder der Trainer über den Jugendlichen denken, was sie von ihm halten und wie sie zu ihm stehen.

— Unausgeglichenes Verhalten —

Besonders in der Zeit allgemeiner psychischer Verunsicherung richtet der Jugendliche sein Verhalten stark nach den Reaktionen und Meinungen seiner Mitmenschen aus. Er sucht nach jeder Form noch so geringer Beachtung, und bemüht sich stets, die eigene Unsicherheit zu verbergen. Sein Verhalten wird unausgeglichen, weniger berechenbar.

Mit stark übertriebenen Verhaltensweisen, die das von ihm angestrebte und erwünschte

Persönlichkeitsbild seiner Umwelt vortäuschen sollen, glaubt sich der Jugendliche vor einer vermeintlichen Bloßstellung gegenüber seinen Alterskameraden, den Eltern oder dem Trainer zu schützen.

Typische Handlungen sind z. B. eine übersteigerte Selbstdarstellung sowie albernes oder vorlautes Betragen. Der Heranwachsende bemüht sich, Eigen- und Selbständigkeit zu demonstrieren. Er wendet sich von bisherigen Gewohnheiten und Lebensformen spürbar ab, lehnt sich gegen sie auf. Man spricht in diesem Zusammenhang gern von den sogenannten ,,Flegeljahren". Der Jugendliche möchte deutlich machen, kein Kind mehr, sondern erwachsen zu sein. Oft gibt er sich gespielt überheblich, stellt seine Kraft zur Schau und versucht, seiner Umwelt und dabei vor allem den Autoritätspersonen wie Eltern oder Trainer zu imponieren, indem er Verhaltens- und Redeweisen der Erwachsenen bewußt nachahmt.

Nicht selten spielt der Jugendliche bei seinen Alterskameraden in Spiel und Training auch bewußt den Störenfried. Absichtliches, völlig unmotiviertes Foulspiel, Meckerei gegen seine Mitspieler aber auch absichtliches Ärgern und Necken seiner Umwelt sind für diese kritische Entwicklungszeit typische versteckte ,,Rufe" nach Anerkennung und Zuwendung.

Noch so gutgemeinte Ratschläge der Erwachsenen weist er vor seinen Alterskameraden zuweilen brüsk zurück und versucht auf diese Weise ihnen und auch den Erwachsenen deutlich zu machen, daß er als selbständige Persönlichkeit, die für sich selbst denken und sorgen kann, ernstgenommen und behandelt werden möchte. Wer Eindruck auf die Erwachsenen zu machen vermag, sich bei ihnen durchzusetzen weiß, der gewinnt alsbald auch die Achtung seiner Alterskameraden.

Fehlende Lebenserfahrung sowie körperliche und geistige Unterlegenheit lassen diese ersten Bemühungen des Jugendlichen um einen neuen Rollenstatus in der Regel jedoch zu einem Mißerfolg geraten. Trotz und Aggression gegen seine Umwelt folgen. Der Jugendliche gibt sich unzufrieden mit sich und seinen Freunden und Spielkameraden. Er zeigt sich zuweilen verstockt und nur schwer zugänglich.

— Interessenwechsel —

Während dieser kritischen Entwicklungsphase wechseln die Jugendlichen ihre Interessen und Vorlieben besonders schnell und häufig. Was ihnen nicht sogleich gelingt, daran verlieren sie den Spaß und wenden sich Dingen (Sportarten) zu, bei denen sie sich mehr ,,Erfolg" erhoffen. Das trifft insbesondere auf alle Bereiche zu, in denen vom Heranwachsenden bestimmte Leistungen erwartet werden, ob in der Schule, der Lehre oder im Sportverein. ,,Ich kann das nicht", hört man schon nach dem ersten Fehlversuch. Es mangelt an Beharrlichkeit, weil fehlendes Selbstvertrauen dem Jugendlichen keine Erfolgsaussichten und die damit erstrebte Anerkennung innerhalb seiner sozialen Umgebung bietet.

Diese Anerkennung und Beachtung sucht er sich dann in anderen Bereichen des Freizeitverhaltens. Um eine Freundin möchte man sich beneiden lassen. Die Zigarette wird zum Symbol des Erwachsenseins und ersetzt nicht selten die sportliche Leistung.

Der Jugendliche weicht der ,,Gefahr" des Mißerfolges allzu gern aus. Er wendet sich Interessen und Betätigungen zu, die Kurzweil vermitteln und nicht mit hoch gesteckten Erwartungen durch die Umwelt verbunden sind.

3.2 Das Breitenwachstum (2. puberale Phase, B-Junioren, 14.—16. Lebensjahr)

Mit dem Breitenwachstum werden die Schwierigkeiten im Umgang mit dem Ball und dem eigenen Körper und die allgemeine psychische Verunsicherung allmählich überwunden.

Die Voraussetzungen für eine schnell anwachsende körperliche Leistungsfähigkeit werden geschaffen.

Die alterstypischen Merkmale sind
- **— wiederkehrendes Selbstvertrauen**
- **— sachgerechtes und problembewußtes Denken und Handeln und**
- **— sachkritische Haltung gegenüber der Umwelt.**

In der allgemein als Breitenwachstum bezeichneten 2. puberale Entwicklungsphase erfolgt die Wiederherstellung körperlicher und psychischer Harmonie. Das beschleunigte Längenwachstum hat seinen Höhepunkt überschritten und beginnt sich wieder zu verlangsamen, während nun Muskeln und Organe einen verstärkten Wachstumsschub erleben und so den vorübergehenden ,,Rückstand" aus der Zeit des Längenwachstums wieder ausgleichen.

Das Ende der Wachstumsvorgänge reicht allerdings weit über die Zeit der Pubertät hinaus. Von einer endgültigen Verknorpelung und Verfestigung des gesamten Knochenbaus kann eigentlich erst nach dem 20. Lebensjahr ausgegangen werden.

— Leistungsfähigkeit —

Mit dem beschleunigten Wachstum der Muskulatur nimmt nun auch die körperliche Leistungsfähigkeit des Jugendlichen vor allem in jenen Bereichen rasch zu, die von der Ausprägung der Muskelkraft abhängig sind.

Mit der wachsenden sportlichen Leistungsfähigkeit erlebt der Jugendliche nun auch wieder jene persönlichen Erfolge, deren Fehlen noch während des Längenwachstums mitverantwortlich war für den Verlust an Selbstsicherheit und Vertrauen zu seinen Fähigkeiten.

— Selbstvertrauen —

Diese Erfolgserlebnisse gewinnen sowohl auf seine psychische Entwicklung als auch auf seine Beziehung zur Umwelt positiven Einfluß. Selbstvertrauen, eine der wesentlichen Voraussetzungen für die Verbesserung der sportlichen wie auch der Leistungen auf allen anderen Gebieten, steigert sich in zunehmendem Maße. Mit wachsendem Selbstvertrauen vermag sich der Jugendliche nun auch jenes für seine Persönlichkeitsentwicklung bedeutungsvolle Selbstwertgefühl, die eigene Einschätzung von sich selbst innerhalb der Gruppe, vorteilhaft auszuprägen und zu stärken. Dadurch wird für ihn die entscheidende Grundlage geschaffen, sein Interesse vom eigenen Ich weg auf seine Umwelt zu lenken.

— Sachbezogenes Denken —

Beurteilte der Jugendliche noch wenige Monate zuvor alle Ereignisse und das Verhalten des Mitmenschen nahezu ausschließlich nach seinen eigenen Vorlieben, Wünschen und Bedürfnissen in einer stark Ich-bezogenen sensiblen Denkweise (egozentrisch), so reift er mit dem Ausklang der pubertären Wachstumserscheinungen zu einer Persönlichkeit heran, die zunehmend Person und Sache voneinander zu trennen lernt und sachgerechter, vernunftmäßiger zu denken und handeln beginnt.

Das zeigt sich u. a. deutlich in einer Fußballmannschaft, wenn in dieser Altersphase über die gemeinsamen Ziele und über mögliche Wege zum Erfolg gesprochen wird. Der Jugendliche engagiert sich stärker für die Sache, versteht Korrekturen und Verbesserungsanregungen durch den Trainer oder andere Spieler nicht mehr als persönlichen Angriff gegen sich. Vielmehr fühlt er sich mit wiedererwachtem Selbstvertrauen bald als anerkanntes Mitglied seiner Gruppe, das nun eigene Gedanken einbringen und die Vorstellungen und Sachaussagen anderer kritisch überprüfen und diskutieren darf und kann.

Seine problembewußte Betrachtungsweise läßt ihn auch Leistungs- und Charakterunterschiede bei seinen Mitspielern verstehen und tolerieren. Die Bereitschaft und auch die Fähigkeit wächst, auch über die eigenen und die Probleme anderer ernsthaft zu reden, Verhaltensfehler einzusehen und zuzugeben und Mitverantwortung zu übernehmen für eine Sache oder einen Mitspieler.

Abb. 2 Die Spieler wollen wissen, was und warum sie es üben

— Kritische Überprüfung —

Mit der Fähigkeit zu sachgerechtem und vernunftmäßigem Denken und Handeln nimmt der Jugendliche im Verlauf der 2. puberalen Entwicklungsphase auch eine sachkritische Haltung zu seiner Umwelt und deren Forderungen und Handeln an. Er gibt sich nicht mehr nur mit einer Aussage zufrieden. Er will die Ursachen, die Gründe erfahren, Zusammenhänge kennenlernen und erfragen. Er überprüft die Richtigkeit von Meinungen und Verhaltensweisen. Anordnungen sind für den Jugendlichen am Ende der pubertären Entwicklung nicht mehr nur Aufgaben, die man wie noch im Schulkindalter auszuführen hat und auch gern befolgt, um sich damit die Anerkennung des Trainers zu sichern. Nun werden Vorgaben und Aussagen durchdacht. Der Jugendliche will überzeugt werden. Er bildet sich sein eigenes Urteil. Was ihn dann überzeugt, löst besonderes Engagement, beharrlichen Eifer und große Willensstärke aus, die sein noch jugendliches Temperament spürbar werden lassen.

Verständnisfähigkeit und kritisches Urteilsvermögen versetzen ihn nun auch in die Lage, die Verwirklichung eigener Ideen, Ziele und Vorstellungen gegen eine kritische Umwelt durchzusetzen. Die letzten Bausteine zur Ausprägung und Verfestigung des eigenen Persönlichkeitsprofils schließen die psychische Reifung des Kindes zum Erwachsenen ab.

4. Die Adoleszenz (Zeit der Ausreifung; A-Junioren, 16.—18. Lebensjahr)

Die Wachstumsvorgänge verlangsamen sich und leiten die körperliche Ausreifung ein.

Die körperliche Leistungsfähigkeit erreicht mit Ausnahme der Maximalkraft und der Schnelligkeitsausdauer das Niveau der Erwachsenen.

Die endgültige Ausprägung und Verfestigung der geistigen und psychischen Fähigkeiten leitet die sportliche Spezialisierung des jungen Mannes ein.

Sachlichkeit und Toleranzfähigkeit kennzeichnen den Übergang zur erwachsenen, ausgereiften Persönlichkeit.

Als Adoleszenz wird die Zeit der vollständigen und abschließenden Ausprägung aller körperlichen, geistigen und psychischen Persönlichkeitsmerkmale bezeichnet.

Das äußere Erscheinungsbild gleicht bereits weitgehend dem des Erwachsenen. Dennoch muß man diese Phase der Ausreifung noch zu den Entwicklungsjahren zählen. Erst in diesen Übergangsjahren zum Erwachsenenalter vollzieht sich die vollkommene körperliche Ausreifung. Das Wachstum des Knochengerüstes und des Muskel-Band-Apparates setzt sich in gleichmäßiger allmählich sich verlangsamender Geschwindigkeit nicht selten noch bis in das zweite Lebensjahrzehnt fort. Erst dann kann von einer vollständigen Verknorpelung und Verfestigung des Knochenbaus gesprochen werden.

Auch die Beweglichkeit der Nervenprozesse erfährt mit der Vollreifung zum Erwachsenen eine zunehmende Verfestigung. Das Zusammenspiel zwischen Nerven und Muskeln läßt sich durch Training kaum mehr verbessern.

Dennoch erweist sich der Jugendliche während dieser Übergangszeit auch im Bewegungsverhalten (Koordination) noch als durchaus lernfähig. Dies läßt sich auf die weitgehend ausgeprägten geistigen Fähigkeiten zurückführen, auch kompliziertere Bewegungsabläufe bewußt zu erfassen und in einzelnen Bewegungsteilen nachzuvollziehen.

— Belastbarkeit —

Viele Jahre lang herrschten für die letzten Jahre der Jugendzeit noch Vorbehalte hinsichtlich der vollen Belastbarkeit des in das Erwachsenenalter hineinreifenden jungen Menschen. So läßt sich u. a. auch erklären, daß diese Lebensjahre der Adoleszenz nicht selten auch der ausklingenden 2. puberalen Entwicklungsphase zugeordnet werden.

Sportmedizinische Untersuchungen der beiden letzten Jahrzehnte haben indes deutlich werden lassen, daß der 17- und 18jährige Jugendliche einem Hochleistungstraining, wie es die Erwachsenen durchführen, in vielen Bereichen ohne gesundheitliche Gefahren durchaus schon gewachsen ist. Die beiden einzigen Ausnahmen gelten hier für das Training der Maximalkraft (Knochen und Muskeln reifen noch aus) und der Schnelligkeitsausdauer (noch geringere Energiereserven, daher schnellerer Substanzverlust — längere Erholungsphasen nötig).

— Spezialisierung —

Auch die geistigen und psychischen Fähigkeiten erfahren in dieser Zeit der Wandlung vom Jugendlichen zum Erwachsenen ihre endgültige Ausprägung und erreichen bereits das Niveau der Erwachsenen. Der junge Spieler beginnt, sich nun aufgrund der im Verlauf seiner Entwicklungszeit erworbenen technischen und taktischen Stärken und Eigenheiten auf besondere Aufgaben und Positionen endgültig zu spezialisieren. Man spricht von der Adoleszenz daher auch als der Zeit sportlicher Individualisierung.

Nicht selten werden noch unfertige Spieler aufgrund einseitigen Erfolgsdenkens und falsch verstandenem Grundlagentrainings bereits in jungen Jahren in festgelegte Mannschaftsrollen und positionsgebundene Aufgaben gezwungen. Sie werden schon inmitten ihrer noch allgemeinen sportlichen Entwicklung zu Spezialisten erzogen. Mit zu frühzeitiger Spezialisierung vorenthält man diesen jungen Spielern wichtige Zeit und Gelegenheit, alle sportlichen Fähigkeiten und Fertigkeiten möglichst vielseitig anzulegen und auszuprägen. Als Talente auf dem Sprung in das Hochleistungsalter können sie dann später nur eine bestimmte Rolle oder Position in der Mannschaft spielen und ausfüllen. Ihre Leistungsfähigkeit und ihr Wert für eine Fußballmannschaft wird auf diese Weise erheblich eingeschränkt.

Solche unglücklichen Bedingungen trifft sowohl der leistungsstarke D-Junior an, der als bester Spieler ständig nur aus Sicherheitsdenken des Trainers als Libero aufgestellt wird und dadurch im Spiel verhältnismäßig wenig Laufarbeit leisten kann. In gleicher Weise trifft dies auch für einen E-Junior zu, der nur noch im Tor trainiert und spielt. In Anbetracht der heutigen Spielsysteme findet auch ein Jugendlicher wenig Entfaltungsspielraum, der nach klassischem Verständnis des 4-3-3-Systems nur an der Außenlinie als Außenstürmer mitspielen darf.

Abb. 3 Längst nicht jedes Talent kann in der Auswahl der besten auf „seiner" Position spielen

II. Konsequenzen für die Betreuung

1. Grundlagen zur Führung und Betreuung

Leistungsverbesserungen werden vor allem im Kindes- und Jugendalter nicht unerheblich von der Umgangsart (dem sogenannten Führungsstil) des Trainers mit seinen Spielern mitbestimmt.

Autoritäres Auftreten behindert die Entwicklung und Ausprägung vor allem von Selbständigkeit und gestaltender Handlungsfähigkeit.

Der Trainer sollte die Erziehungsweise und den Führungsstil der Eltern für seinen Umgang mit dem einzelnen Spieler kennen und berücksichtigen, um leistungshemmende Konflikte zu vermeiden.

Verbesserungen der körperlichen, geistigen und psychischen Leistungen im Kindes- und Jugendalter lassen sich nicht allein durch geeignete Trainingsformen und methodische Hilfen erzielen. Vielmehr hängt ein Leistungsfortschritt immer auch von der Aufnahmebereitschaft des einzelnen ab. Diese Leistungs- und Lernbereitschaft wird durch die verschiedenartigen Einflüsse aus der Umwelt geprägt. Zu diesen Umwelteinflüssen zählen im Sport auch die Zusammenarbeit mit den Mannschaftskameraden und dem Trainer.

Man kann wohl mit einigem Recht davon sprechen, daß der überwiegende Anteil an einer Leistungsverbesserung auf die Mannschafts- und die Menschenführung des Trainers zurückzuführen ist. Für das Entwicklungsalter trifft dies in ganz besonderer Weise zu. Daher kommt dem Verständnis grundsätzlicher und altersbezogener Fragen der Betreuung und Führung gerade für das erfolgreiche Kinder- und Jugendtraining eine entscheidende Bedeutung zu.

— Führungsstile —

Es gibt auch im Sport verschiedenartige Wege, einen jungen Menschen zu erziehen und zu sportlichen Leistungen und Erfolgen zu führen. Man unterscheidet

— den autoritären Weg (Führungsstil),
— den demokratischen Weg und
— die sogenannte „Laisser-faire"-Art.

Jeder Weg (Führungsstil) grenzt sich zum anderen in zwei wesentlichen Gesichtspunkten ab:

1. in der Frage, wer die Entscheidungen trifft
2. in der Frage, welcher Weg zur Entscheidungsfindung gewählt wird.

Die nachfolgende Übersicht stellt stichpunktartig diese drei Führungsstile bezogen auf die Betreuung und das Training einer Fußballmannschaft im Kindes- und Jugendalter einander gegenüber.

Übersicht: *Führungsstile*

Führungsstil	Merkmale	Vorteile	Nachteile
Autoritärer Stil	Alleinige Entscheidungsgewalt bei der Führungsperson Lernziele festgelegt allein durch den Trainer Spieler haben ohne Diskussionsrecht nur auszuführen	schnelles Erreichen kurzfristiger Ziele schnelles Lernen von Ordnung und Disziplin in der Gruppe	keine dauerhaften Lernerfolge keine Förderung von Einfallsreichtum und Eigeninitiative kein Vertrauensverhältnis zum Trainer kein Gefühl von Mitverantwortung für das Gruppenziel und den Mitspieler
Demokratischer Stil	Entscheidung durch Mehrheitsbeschluß Entscheidungsfindung durch Beratung mit den Gruppenmitgliedern Mitspracherecht des einzelnen Lernziele werden gemeinsam festgelegt	Entwicklung von Mitverantwortungsgefühl des einzelnen Entwicklung von eigenständigem Handeln gute Entwicklungsmöglichkeiten für Einfallsreichtum Aufbau von Vertrauensverhältnis zur Führungsperson dauerhafte Lernergebnisse durch Überzeugung	längere Zeit zum Erreichen des Lernzieles häufigere Konfliktmöglichkeiten in der Gruppe
Laisser-faire Stil	keine gemeinsame Zielsetzung — jeder macht, was er will keine Führungstätigkeit	freie Entfaltungsmöglichkeit des einzelnen	keine zielgerichtete methodische Arbeit Cliquenbildung mit schnellem Konfliktausbruch kein „Wir-Gefühl“ keine Leistungsverbesserung

— Jugendbetreuung —

Kinder sollten vom frühesten Alter an möglichst vielfältigen Entwicklungsraum für die geistigen und psychischen Fähigkeiten erhalten. Die Förderung selbständiger und spielgestaltender Handlungsfähigkeit gilt als eine der wichtigsten sportlichen Ausbildungsziele. Zwar verfügen Kinder und Jugendliche bis in die 2. puberale Entwicklungsphase hinein noch nicht über ausreichende Fähigkeiten und Kenntnisse, in gleichwertiger und damit auch gleichverantwortlicher Weise an Entscheidungsprozessen mitzuwirken. Sie bedürfen noch der führenden Hand der Eltern und des Trainers. Dennoch sollte autoritäres Verhalten weitgehend vermieden und überall dort mehr partnerschaftlich mit den jungen Spielern umgegangen werden, wo die Zeit und die Sache es zulassen.

Allerdings kann eine rein demokratische Führungsweise für eine Fußballmannschaft nicht in Betracht kommen. Schließlich liegt die Verantwortung für die Leistung einer Fußballmannschaft und deren sportlicher Entwicklung vor allem während des Kindes- und Jugendalters in erster Linie beim Trainer. Der verantwortungsbewußte Trainer sollte sich daher frühzeitig über die Erziehung seiner Spieler in deren Elternhaus ein Bild machen. Der stärkste und tiefgreifendste Einfluß auf das Verhalten des Jugendlichen geht nämlich unzweifelhaft vom Elternhaus aus.

Abb. 4 Freie Spielmöglichkeiten in kindgerechter Umgebung fördern die Persönlichkeitsentwicklung

Kinder, die in autoritärer Erziehung aufwachsen, bekommen nicht selten Schwierigkeiten im Sportverein, wenn der Trainer dort recht demokratisch selbständiges Denken und Handeln fordert und fördert. Solche Probleme ergeben sich bei Kindern in noch stärkerem Ausmaß, die in einer recht partnerschaftlich lebenden Familie gelernt haben, eigene Vorschläge und Ideen zu vertreten und mitzureden, und sich in der Fußballmannschaft nun mit der autoritären Führungsweise des Trainers nur sehr schwer zurechtfinden können.

Erzieherische Maßnahmen sollten daher nicht allzu weit von den Gewohnheiten des Elternhauses abweichen. Ein informatives Gespräch mit den Eltern hilft dabei, manchen Konflikt von vornherein zu vermeiden.

2. Zur Betreuung im Schulkindalter

Der Trainer ist Vorbild der Kinder und sollte sich verantwortungsbewußt stets so geben und verhalten, wie er es auch von seinen Spielern erwartet.

Der Trainer sollte den Kindern vielfältige Leistungsmaßstäbe schaffen, um möglichst alle Spieler Gelegenheit zu Anerkennung und Beachtung in ihrer Mannschaft finden zu lassen.

Selbständiges, einfallsreiches Handeln und Mitsprache in einfachen kleinen, nicht nur sportlichen Fragen fördert die Persönlichkeitsentwicklung.

Außenseiter und schwächere Spieler bedürfen der besonderen Zuwendung und Beachtung durch den Trainer.

Neugierige Fragen sollten vom Trainer als Vertrauensbeweis des Kindes verstanden und mit Geduld in Ruhe sachlich beantwortet und erklärt werden.

Mit dem Eintritt in die Schule verändert sich die bis dahin dem Kinde gewohnte Umwelt. Das Kind findet neue Bezugspersonen und baut neue soziale Kontakte auf. Dabei rückt in den ersten Schuljahren (F- und E-Junioren) die Beziehung zur Lehrperson in den Mittelpunkt. Die Bedeutung der Altersgruppe (Schulklasse, Fußballmannschaft) tritt noch hinter einzelnen Bezugspersonen zurück. Der Trainer (wie der Lehrer in der Schule) spielt eine dominierende Rolle in der Welt des Kindes. Er ist es, der ihm all das vermittelt, was das Kind wissen und lernen möchte. Dadurch entwickelt sich der Trainer zu seinem Vorbild, zu einer Art Idolfigur, der es nachzueifern sich bemüht und dessen Verhaltensweisen es kritik- und bedenkenlos für richtig hält und übernimmt.

— Vorbild —

Aufgrund dieser Vorbildfunktion sollte der Trainer Verhaltensweisen möglichst unterlassen, die er bei seinen Spielern nicht schätzt und abzustellen oder gar nicht erst aufkommen zu lassen gedenkt. Nicht selten sind es gerade die unbedachten Kleinigkeiten wie das Rauchen einer Zigarette am Spielfeldrand oder Ungeduld und allzu heftige Vorwürfe, wenn eine Aufgabe nicht schnell genug bewältigt wird, die die Kinder bald als normal und erstrebenswert nachmachen. Da Kinder in diesem Alter zunächst alles für richtig und gut halten, was ihr Vorbild tut und sagt, sollte ein Trainer sich bemühen, gerade jene positive Eigenschaften und Verhaltensweisen an den Tag zu legen, praktisch vorzuleben, die von den Kindern erlernt und übernommen werden sollen.

Besonders das Verhältnis zum Mitmenschen wird in den jungen Entwicklungsjahren nicht unerheblich vom Verhalten des Trainers zu seinen Spielern mitbeeinflußt.

Ein partnerschaftlich handelnder, nicht autoritär auftretender Trainer, der Verständnis, Geduld und Zuwendung für die besonderen Anliegen, Interessen, Fragen und Eigenheiten der Schulkinder aufbringt, der den Kindern Handlungs-, Meinungs- und Entscheidungsspielraum zubilligt, vermag die Entwicklung wesentlicher Persönlichkeitsmerkmale und damit auch das Verhalten des Kindes zu seinen Alterskameraden positiv zu beeinflussen.

— Selbstwertgefühl —

Durchschnittlich etwa vom 10. Lebensjahr an wendet sich das Kind immer mehr von den erwachsenen Bezugspersonen ab, seinen Alterskameraden zu. Es lernt, sich anzupassen und sich mit Widerstand (fremder Aggression) auseinanderzusetzen. Das Kind übernimmt Bedürfnisse, Wünsche und Wertvorstellungen der Altersgruppe. Diese werden weitgehend von körperlichen Leistungen und Fähigkeiten bestimmt. Erfolg und Mißerfolg bauen das Ansehen und den Stellenwert des einzelnen in der Gruppe und damit das für die Persönlichkeitsentwicklung und die Lernerfolge mitverantwortliche Selbstwertgefühl auf.

Der Trainer sollte daher möglichst vielfältige Bereiche zur Darstellung eigener Leistungen und Fähigkeiten herausstellen, in denen sich seine Spieler messen können. Vordergründige individuelle Stärken wie Kraft, Schnelligkeit oder auch Torerfolge stellen immer nur einige in den Mittelpunkt der Gruppe und deren Zuwendung. Besonders raffinierte technische Tricks, Einfallsreichtum oder auch Hilfsbereitschaft kann der Trainer zu ebenso erstrebenswerten Fähigkeiten für die Spieler aufwerten, wenn er deren Bedeutung für das gute Spiel hervorhebt und entsprechende Aufgabenwettbewerbe austragen läßt. Je vielseitiger die Fähigkeiten sind, die die Spieler bewältigen wollen, in denen sie sich messen und bewerten können, umso mehr Spieler finden auch die Gelegenheit, einmal zu den besten zu gehören und dadurch ihr Selbstwertgefühl zu stärken.

Das wachsende Selbstwertgefühl im Schulkindalter sollte über den eigentlichen Rahmen des Trainings hinaus auch durch Maßnahmen in der Betreuung zum Vorteil der menschlichen Entwicklung des einzelnen genutzt werden. Wer sich selbständig am Leben und der „Arbeit" seiner Gruppe beteiligt, legt Verantwortungsbewußtsein und Interesse für die gemeinsame Sache an den Tag. Eigentätigkeit sollte der Trainer spürbar fördern und unterstützen.

Ein geeignetes Feld dazu bietet die Trainingsorganisation. Die Spieler bringen die Trainingsgeräte zum und vom Platz, sie übernehmen leichte Pflegeaufgaben.

> So könnte z. B. jeder Spieler für einen bestimmten Trainingsball zuständig und verantwortlich werden, den er nach Hause nehmen darf, aber auch so pfleglich zu behandeln hat, daß man im Training immer mit ordentlichem Ballmaterial trainieren und spielen kann. Darüber hinaus hat der Spieler auf diese Weise auch die Gelegenheit, sich daheim außerhalb des Trainings selbständig mit dem Ball zu beschäftigen.
>
> Während des Trainings werden kleine Tore, Slalomstrecken mit Gummikegeln oder Fähnchenstangen und auch Feldabgrenzungen von den Spielern selber aufgebaut; eine Aufgabe, die den Reiz am Training in diesem Alter noch zusätzlich steigern kann.
>
> Die Schiedsrichtertätigkeit bei kleinen Parteispielen fördert das Verantwortungsgefühl für das erfolgreiche Training anderer, fordert aber auch zu Gerechtigkeit und Objektivität heraus.

Dürfen die Kinder schon bei kleineren Entscheidungsprozessen mitreden und eigene Meinungen und Vorstellungen äußern (z. B. bei einfachen taktischen Fragen oder auch bei kleinen Konflikten in der Gruppe), so erfahren sie über diese Anerkennung ihrer Meinung, über das Gefühl, auch etwas „zu sagen" zu haben, eine weitere Förderung ihres Selbstwertgefühls.

— Außenseiter —

Zuweilen finden sich körperlich benachteiligte Spieler (z. B. dicke oder technisch weniger begabte) allzu schnell mit der ihnen von ihren Alterskameraden zugewiesenen „Zweitklassigkeit" ab. Freiwillig übernehmen sie ungeliebte Aufgaben und Posten, um im Bestreben nach ein wenig Anerkennung in der Gruppe zumindest nicht bei den „Führungspersönlichkeiten" ihrer Gruppe „unangenehm" aufzufallen.

Konstitutionell, aber auch nicht selten aufgrund von Erziehungsfehlern in ihrer körperlichen Leistungsfähigkeit benachteiligte Kinder, sind in ihrer Persönlichkeitsentwicklung besonders gefährdet. Die offenkundige Unterlegenheit führt zwangsläufig zu Mangel an Beachtung und Zuwendung bis hin zu offener Zurückweisung durch die Altersgruppe. Das Gefühl der Unterlegenheit und der Ablehnung bei den Alterskameraden weckt Minderwertigkeitsgefühle, die eine Störung im sozialen Verhalten mit der Umwelt auszulösen imstande sind.

> So weist z. B. aggressives Stören des Trainings auf derartige Anpassungsprobleme und den Versuch hin, auf sich aufmerksam zu machen.
>
> Die eigentlichen Ursachen eines solchen Störverhaltens werden dann oft nicht sogleich erkannt, bestraft oder unterdrückt und so die Probleme des Kindes nur noch vergrößert.

Verstärkte Beachtung und Aufmunterung durch den Trainer und häufigere Zuwendung mit Zuteilung besonders vertrauenswürdiger Aufgaben wirkt dem Abgleiten in eine Außenseiterrolle entgegen. Nicht anders beweist der Jugendtrainer auch seine positive Einstellung zu Kindern, die aufgrund der Nationalität oder äußerer Unterschiede Anpassungsschwierigkeiten in ihrer Altersgruppe haben. Wer z. B. eine bestimmte Aufgabe vormachen darf, mit wem der Trainer geduldig arbeitet, erlebt dessen Zuwendung als Beweis an Beachtung durch den Trainer. Auch die Mitspieler vermerken eine solche „Herausstellung" sehr aufmerksam und feinfühlig, nicht selten aber auch mit einem Anflug von kindlicher Eifersucht.

Sehr schnell kann der auf diese Art „bevorzugte" Spieler von den anderen dann als „Liebling des Trainers" und dadurch noch verstärkt zum Außenseiter der Gruppe „abgestempelt" werden. Der Trainer sollte daher sein Bemühen um den einzelnen Spieler auch den anderen Spielern verständlich machen und als für den mannschaftlichen Erfolg notwendige Haltung nachahmenswert darstellen.

— Wissensdrang —

In diesem unkomplizierten, optimistischen Lebensabschnitt des sogenannten Schulkindalters entwickeln die Kinder einen auffälligen Wissensdrang. Auch die scheinbar unwichtigsten und nebensächlichsten Dinge finden ihr Interesse.

Vom Trainer wie auch von den Eltern und dem Schullehrer wird in dieser Zeit sehr viel Geduld und Verständnis abverlangt. Fragen wollen und sollen beantwortet werden. Man muß sich Zeit nehmen und sollte neugierige Kindern nicht als lästig empfinden. Vielmehr bietet sich dem Betreuer und Trainer eine hervorragende Gelegenheit, vorhandene Neigungen zu verstärken, neue Interessen anzuregen und den Erfahrungsschatz des jungen Spielers vielseitig erweitern zu helfen. Wer immer wieder eine Antwort und Erklärungen weiß, wer auf jede noch so überflüssig erscheinende, „nervende" Frage eingeht, das Kind in seinem Wissensdurst und seiner Neugier spürbar ernst nimmt, der gewinnt schnell auch dessen Vertrauen und damit die Möglichkeit, auf die Entwicklung von Wertmaßstäben, Einstellungen und auch auf das soziale Verhalten des Kindes seiner Umwelt gegenüber nachhaltigen Einfluß zu nehmen.

3. Zur Betreuung in der Pubertät

In partnerschaftlichem Umgang werden die puberalen Probleme als vorübergehende Wachstumserscheinungen erklärt.

Eigenständige Handlungen des Jugendlichen sollten unterstützt und gefördert werden.

In Einzelgesprächen befaßt sich der Trainer besonders intensiv mit allen Problemen des Spielers.

Der Trainer sollte jedem Spieler das Gefühl vermitteln, trotz auftretender Schwierigkeiten besonders gerade an ihn zu glauben.

Die Anerkennung auch mutiger Versuche und eifrigen Bemühens trotz fehlender Erfolge stärkt das Selbstvertrauen.

Vorsichtige Kritik und das Aufzeigen von aussichtsreicheren Lösungswegen für den Jugendlichen erhält die Hoffnung auf Erfolg und damit auch die Leistungsbereitschaft.

Abwechslungsreiche Beschäftigungsaufgaben über den sportlichen Trainingsrahmen hinaus sowie das Wecken von Mitverantwortung für die Gruppe und ihre Ziele bewahrt das Interesse an der Mitgliedschaft in der Fußballmannschaft und an deren sportlichen Erfolg.

Sachbezogene Argumente und Erläuterungen bauen bei dem kritischen Jugendlichen dauerhafte Autorität und Achtung auf.

Der Übergang vom Schulkindalter in die Pubertät drückt sich zunächst in körperlichen Reifungsveränderungen sowie in der raschen Zunahme an Körpergröße aus. Der Jugendliche wächst in die kritische Zeit allgemeiner psychischer Verunsicherung hinein.

Eine der Ursachen dieser Verunsicherung läßt sich mit seiner mangelnden Kenntnis um die Zusammenhänge dieser körperlichen Entwicklungsvorgänge erklären. Daher sollten alle normalen biologischen Erscheinungen und deren Bedeutung in Ruhe besprochen und erläutert werden. Der Jugendliche muß erfahren, daß es sich z. B. bei koordinativen Schwierigkeiten (Technik) um vorübergehende Probleme handelt und auch der geschlechtliche Reifungsprozeß mit seinen sichtbaren Merkmalen etwas ganz natürliches ist.

— Auffälliges Betragen —

In dieser Zeit psychischer Unsicherheit drängt es den Spieler verstärkt nach Anerkennung innerhalb seiner Altersgruppe, bei seinem Betreuer, Lehrer und Trainer. Bei fehlender Zuwendung und ausbleibenden Erfolgserlebnissen sucht er bald nach anderen Möglichkeiten, die Aufmerksamkeit seiner Umwelt auf sich zu lenken. Er benimmt sich auffällig albern oder schlüpft zuweilen auch in die Rolle eines „Mannschaftsclowns". Nicht selten gibt er sich gespielt überheblich und hofft, durch trotziges Verhalten gegen die Anordnungen des Trainers Beachtung und Zuwendung bei seinen Spielkameraden zu erlangen.

Hier gilt es für den Trainer, in verstärktem Maße dem Jugendlichen dessen besondere Fähigkeiten und Vorzüge vor Augen zu führen und glaubhaft zu machen. Der Spieler muß in dieser kritischen Entwicklungszeit überzeugt werden, daß der Trainer an ihn glaubt. Er braucht das Gefühl, nicht allein zu stehen, den Trainer auf seiner Seite, hinter sich zu wissen.

Die allgemeine psychische Verunsicherung zieht besonders die Risikobereitschaft in Mitleidenschaft. Damit wird jene Eigenschaft unterdrückt, die für das gute Fußballspiel von mitentscheidender Bedeutung ist. Da Behinderungen in der Entwicklung vor allem der psychischen Eigenschaften sich nach der Pubertät kaum mehr ausgleichen und aufholen lassen, sollte Anerkennung sich nicht nur auf tatsächlich erzielte Erfolge beschränken. Vielmehr sollte auch der mutige Versuch zu einer Leistung den Beifall des Trainers finden, wenn dem Spieler noch kein Erfolg beschieden war.

— Ich-bezogene, stimmungslabile Einstellung —

Während der pubertären Entwicklungsvorgänge neigt der Jugendliche zu einer depressiven und skeptischen Grundhaltung. Sachliche Ratschläge werden leicht als Kritik und persönliche Abwertung mißverstanden, Aussagen, Handlungen und Reaktionen der Umwelt oft grundlos negativ aufgefaßt und auf die eigene Person bezogen. Zuweilen gewinnt man sogar den Eindruck, als suche der Jugendliche geradezu nach etwas, das gegen ihn gerichtet seine Person mißachtet und kritisiert.

In dieser Phase übersensibler Reaktionen sollte der Trainer mit spontaner Kritik behutsam umgehen. Bei allen Gesprächen über Verbesserungsmöglichkeiten hebt man zunächst die positive Leistung heraus und zeigt deutlich Wege zum Erfolg für den Jugendlichen auf.

Solche „konstruktive" Kritik weckt neue Hoffnungen und Wünsche. Sie fördert die Leistungsbereitschaft. Einzelgespräche bilden dabei einen zentralen Bestandteil der menschlichen Betreuung. Den unsicheren Jugendlichen, dem es an Selbstvertrauen und Selbstwertgefühl fehlt, sollte man erzählen lassen, frei und ohne Zeitdruck. Der Trainer ist mehr denn je aufgerufen, geduldig zuzuhören und seinem Gesprächspartner Verständnis auch für fehlerhafte Gedanken und Haltungen entgegenzubringen. Manche beklemmenden Ängste kann man sich von der Seele reden. Reden befreit. Wenn der Trainer interessiert zuhört und Verständnis aufbringt, empfindet der Jugendliche auch auf diese Weise Beachtung und Zuwendung durch den Trainer.

Die häufiger wechselnden Launen und Stimmungen, Gleichgültigkeit und mangelhafte Leistungsbereitschaft sollte man dem Jugendlichen in der Phase des Längenwachstums nicht immer gleich zum Vorwurf machen. Druck und Zwang schaden nur. In den meisten Fällen drückt scheinbar unbegründete Lustlosigkeit nur einen stillen Ruf nach persönlicher Zuwendung aus. Verständnisvolle Worte und Toleranz befriedigen dann dieses Bedürfnis ebenso schnell, wie es entstand. Sie lassen die Bereitschaft des Jugendlichen zu sportlicher Aktivität bald zurückkehren. Partnerschaftlicher Umgang führt den Jugendlichen behutsam aus einer Art Abwehrstellung gegen die Welt der Erwachsenen heraus.

Im Fußballspiel stellen Selbständigkeit und mit ihr verbunden Einfallsreichtum und Entschlußkraft wesentliche Faktoren guten Spielverhaltens dar. Die Unterstützung eigenständigen Handelns, des jugendlichen Strebens nach selbständiger Persönlichkeit kommt daher auch der sportlichen Leistungsverbesserung zugute. Wie den gutgemeinten, letztlich aber doch mißlungenen Versuch sollte der Trainer auch selbständiges Handeln grundsätzlich positiv sehen, auch wenn die Handlung sich einmal nicht für die Gruppe vorteilhaft ausgewirkt hat. Es ist eine vordringliche Aufgabe des Trainers, den Jugendlichen in seinem Bestreben, selbständig zu handeln und damit seinen Anspruch auf den Status als Erwachsener anzumelden, auf die für ihn selber und seine Gruppenkameraden vorteilhaften sportlichen und sozialen Ziele (z. B. Einordnen in die Gruppe; Mannschaftsdienlichkeit; Kameradschaftssinn) hinzuführen, den Jugendlichen von deren Wert zu überzeugen und mögliche Wege zu diesen Zielen aufzuzeigen.

— Spätentwickler — Außenseiter —

Mit der beschleunigten Wachstumsentwicklung steigert sich auch die körperliche Leistungsfähigkeit. Wer diesen Wachstumsschub zu einem im Vergleich zu seinen Alterskameraden frühen Zeitpunkt erlebt, der sogenannte ,,frühreife" Spieler, erhält bald eine dominierende Rolle unter den Alterskameraden, die das Selbstbewußtsein spürbar stärkt. Jugendliche, deren pubertäre Entwicklung deutlich später als beim Altersdurchschnitt einsetzt, verlieren dagegen in der Gruppe rasch an Ansehen und Einfluß, da sie im Bereich körperlicher Leistungsfähigkeit vorübergehend nicht mithalten können. Die Folgen sind Verlust an Selbstbewußtsein und Selbstvertrauen und ein gestörtes Selbstwertgefühl. Nicht selten werden solche ,,Spätentwickler" in die für ihre weitere menschliche wie sportliche Entwicklung nachteilige Rolle eines Außenseiters gedrängt.

Körperliche Überlegenheit aufgrund eines Wachstums- und Entwicklungsvorsprunges kommt allerdings nur innerhalb der pubertären Entwicklungsphase entscheidend zur Geltung. Mit dem Ausklingen des Breitenwachstums gleicht der ,,Spätentwickler" sein Leistungshandicap wieder aus.

Spielern, die aus diesen Gründen innerhalb ihrer Mannschaft zu Außenseiter ,,zurückgefallen" sind, sollte man diese natürlichen Entwicklungsvorgänge und die sichere Aussicht auf baldigen Wiederanschluß an die Leistungen der Mannschaftskameraden in Ruhe erläutern. Ihnen gebührt aufmunternde Zuwendung. Mit dem Glauben an sportliche Erfolge nach der noch ausstehenden Wachstumsentwicklung lassen sich Leistungsbereitschaft und Trainingseifer leichter aufrecht erhalten und stützen. Frühzeitige Resignation und der Verlust der Freude am Fußballspiel kann gebannt werden.

In gleicher Weise sollte der Trainer auch die vorübergehend überlegenen ,,Frühentwickler" in seiner Mannschaft darüber aufklären, daß ihr sportlicher Leistungsvorsprung kein Garantieschein andauernder Überlegenheit für die Zukunft ist. Wer sich auf solcher Überlegenheit ,,ausruht", wird bald von anderen ein- und nicht selten leistungsmäßig sogar überholt werden.

Besonders im C-Juniorenalter fällt es frühentwickelten Spielern leicht, körperliche Größe und vermehrte Kraft auch ohne größere Anstrengungen in sportlichen Erfolg umzusetzen. Scheinbar mühelos rücken sie in die Rolle des spielentscheidenden kleinen ,,Stars" ihrer Mannschaft.

Hohe Bälle können ohne Sprung auch aus dem Stand immer noch vor einem Gegner erreicht und mit dem Kopf in das gegnerische Tor geköpft werden. Der kraftvolle Schuß verschafft mehr Raumgewinn als noch so technisch gelungene Kombinationen der Mitspieler. Schließlich sichert der wuchtige Torschuß auch trotz technischer Mängel immer wieder den Torerfolg. Erfahrungen haben gezeigt, daß manches frühreife Talent in seiner sportlichen Entwicklung auf dem Niveau der Pubertät weitgehend stehengeblieben und in späteren Jahren zu Durchschnittlichkeit ,,untergetaucht" ist.

— Wir-Gefühl —

Daß in der Zeit der Pubertät auffallend viele Spieler sich vom Fußballspiel abwenden und den besonderen Verlockungen vielfältiger Freizeitbeschäftigungen erliegen, läßt sich in der Hauptsache auf den diese Entwicklungsphase kennzeichnenden schnellen und unsteten Wechsel von Interessen und Vorlieben zurückführen. Für den Trainer wird es sehr darauf ankommen, Spielfreude, gemeinsame Aufgaben und viel Abwechslung in den Vordergrund zu stellen.

Entfaltungs- und Entscheidungsspielraum auch im Trainingsprogramm vermögen in der Gruppe neue Motivationen auszulösen. In dieser kritischen Jugendzeit ist der Trainer besonders gefordert, sich mit seinen Spielern auch außersportlich zu beschäftigen. Der gemeinsame Besuch eines guten Fußballspiels oder einer Musikveranstaltung vermag das „Wir-Gefühl" in der Mannschaft ebenso zu fördern und zu stärken wie die Einladung zum Eisessen, der Kirmesbummel oder ein Kinobesuch.

Der Jugendliche sucht die Gruppe, besser gesagt ihre Stärke und die Sicherheit in der Gruppe. Gerade die Zeit der Verunsicherung setzt ihn den vielfältigen Verlockungen aus, in die sogenannte für ihn „falsche Gesellschaft" zu geraten, sich Alterskameraden anzuschließen, deren Ziele und Verhalten seiner eigenen menschlichen und sportlichen Entwicklung zum Nachteil gereichen können.

Der Trainer sollte fragen, die Jugendlichen erzählen, vorschlagen und mitreden lassen. Das Bewußtsein der Mitverantwortung an gemeinsamen Zielen und Unternehmungen stärkt nicht nur das Selbstwertgefühl des einzelnen. Auch seine Leistungsbereitschaft erfährt während dieser Phase häufigen Stimmungswandels neue Impulse.

Abb. 5 Gemeinschaftliches Handeln motiviert den einzelnen

— Sachlichkeit —

Mit Einsetzen des Breitenwachstums und der allmählichen Wiederherstellung körperlicher und psychischer Ausgeglichenheit rückt der Jugendliche von seiner beherrschenden Vorliebe für das eigene ICH und seinen eigenen Problemen allmählich ab und wendet sich nun auch Fragen und sachlichen Problemen anderer zu. Das gemeinsame sportliche Ziel gewinnt an Bedeutung.

Das Interesse und Verständnis für Sachfragen setzen sich im heranreifenden Spieler durch. Diese Wandlung erleichtert die Führung der jungen Mannschaft nicht unwesentlich. Allerdings sollte der Trainer berücksichtigen und sich darauf einstellen, daß Anweisungen, Korrekturen und Bemerkungen nun nicht mehr wie noch im Schulkindalter „unkritisch" entgegengenommen werden. Der Spieler bedenkt und durchleuchtet praktisch die Worte, das Verhalten und die Forderungen seines Trainers. Autorität ist nicht mehr automatisch mit der Position des Trainers gegeben. Vielmehr wird letztlich nur derjenige Trainer bei seinen Spielern offene Ohren und Leistungsbereitschaft vorfinden, der ihre Einwände und Anregungen wie die eines Erwachsenen ernst nimmt und sachlich mit Begründungen zu überzeugen bereit ist und versteht.

4. Zur Betreuung in der Adoleszenz

Die Behandlung als vollwertige, erwachsene Persönlichkeit fördert die Ausprägung von Selbständigkeit und eigenverantwortlichem Handeln.

Die Bereitschaft, dem Heranwachsenden zuzuhören und seine Vorschläge und Argumente ernst zu nehmen und zu verstehen, erleichtert überzeugende, konfliktfreie sportliche Zusammenarbeit.

Das Übertragen von verantwortungsvollen Aufgaben beweist dem jungen Spieler persönliche Anerkennung und entwickelt sein Verantwortungsbewußtsein für den einzelnen Mitspieler wie für die ganze Mannschaft.

Mit der Umgangssprache der Heranwachsenden kann der Trainer das ,,Wir-Gefühl" vertiefen, seine Wünsche und Ziele leichter verständlich machen und diese von den Spielern bereitwilliger ausführen lassen.

— Der ,,junge Erwachsene" —

In der Zeit letzter Ausreifung zum Erwachsenen kann der Jugendliche schon wie ein Erwachsener angesehen, behandelt und geführt werden.

Nicht selten haben in diesem ,,Ausklang der Jugendzeit" Erwachsene größere Verständnisschwierigkeiten im Umgang mit dem Heranwachsenden als umgekehrt. Dem Erwachsenen fällt es nicht immer leicht, umzudenken. Noch vor wenigen Monaten zeigte sich der Jugendliche führungs- und hilfsbedürftig. Stets war er das ,,Kind". Im Bewußtsein größerer Lebenserfahrungen unterschätzt der Erwachsene dann leicht die Fähigkeit des Jugendlichen, den eigenen Lebensweg selbst zu finden und zu entwickeln.

Der Jugendliche ist zu einer eigenständigen Persönlichkeit herangewachsen mit eigenen Bedürfnissen, Wünschen, Fähigkeiten und Ansichten, die ihren individuell gekennzeichneten eigenen Weg im Leben suchen und finden muß.

Dem Jugendlichen sollte möglichst breiter Spielraum zur Persönlichkeitsentwicklung eingeräumt und damit auch die Voraussetzungen geschaffen werden zu eigenständigen Entscheidungen und selbständigem Handeln. Es gilt zu beraten, Ansichten und deren mögliche Folgen und Konsequenzen darzustellen und einsichtig zu machen. Der ,,junge Erwachsene" muß überzeugt werden. Er vermag durchaus mit Argumenten umzugehen und Zusammenhänge sachlich zu erfassen. Daher ist es gerade in dieser ausklingenden Jugendzeit besonders wichtig, alle Anweisungen, Ratschläge und Diskussionsstoffe zu begründen. Nicht die größere Lebenserfahrung sollte als Argument für die Richtigkeit einer Auffassung herangezogen werden, sondern die Gründe, die den Erwachsenen zu dieser seiner Auffassung gelangen ließen. Nicht die Autorität, sondern das bessere Argument sollte den Ausgang eines Gespräches und die Vermittlung eigener Erfahrungen bestimmen.

So wird der Heranwachsende nicht den Eindruck gewinnen, in irgendeiner Weise bevormundet zu werden. Seinem Streben nach weiterer Selbständigkeit wird ebenso entsprochen wie auch dem Bedürfnis nach Anerkennung als gleichberechtigtem Partner.

Eine wichtige Voraussetzung dabei ist die Fähigkeit und Bereitschaft des Trainers, zuzuhören, den anderen ausreden zu lassen, seine Argumente verstehen zu wollen und sich in seine Lage versetzen zu können. Überzeugen kann man nur, wessen Argumente man kennengelernt hat. Nicht der Heranreifende, sondern der Erfahrene muß überzeugen. Wenn dann in dem einen oder anderen Fall Argumente des Jüngeren sich als zutreffender und stärker erweisen, so führt die Anerkennung dessen Meinung, das Umdenken, die Meinungsänderung der Führungsperson keineswegs, wie man nicht selten glaubt, bei der Mannschaft zu Autoritätsverlust. Vielmehr weiß der vernunftmäßig und sachgerecht denkende Jugendliche in dieser Reifungszeit die Sachlichkeit des Trainers durchaus zu erkennen und zu schätzen. Autoritätsverlust tritt immer nur dort auf, wo die Führungsperson entgegen stichhaltiger Argumente ihre Auffassung durchzusetzen versucht, auch wenn sich diese Auffassung erkennbar als falsch erweist.

Über sachlich gekennzeichnete Gespräche lassen sich nun die wesentlichen Werte sozialen Verhaltens innerhalb der Gruppe ausprägen, vertiefen und bewußtmachen. Verantwortungsbewußtsein für den anderen setzt immer die Fähigkeit voraus, die gegenseitige Abhängigkeit auch unterschiedlich veranlagter Menschen z. B. der Leistungsstärkeren vom Leistungsschwächeren innerhalb von Gruppen zu erfassen und zu verstehen.

Verantwortungsvolle Führungsaufgaben, die bislang der Trainer noch weitgehend selber ausführte, lassen sich in der ausklingenden Jugendzeit auf den Jugendlichen übertragen. Er übernimmt Mitverantwortung, lernt verantwortlich zu handeln und sammelt weitere Erfahrungen auf dem Weg zu einer selbständigen Persönlichkeit. Die Aufsicht über eine Trainingsgruppe, die Hilfestellung für leistungsschwächere Mitspieler in bestimmten Übungs- oder Spielformen, organisatorische oder Beobachtungsaufgaben sind nur einige der Möglichkeiten, die dem Heranwachsenden verständlich machen, daß er vom Erwachsenen immer mehr als vollwertiger Partner innerhalb der Gemeinschaft anerkannt wird.

Auch wenn körperliche und geistige Entwicklungsmerkmale den Jugendlichen der Adoleszenz weitgehend bereits als Erwachsenen ausweisen, bleiben in diesen Übungsjahren dennoch nicht selten Vorlieben und Gewohnheiten aus der Pubertät heraus noch erhalten. Dies zeigt sich vor allem in der Ausdrucksweise wie auch in der bevorzugten Anredeform (DU). Das höflichere, mehr Respekt erweisende „SIE" wird nur selten als angenehm und wünschenswert empfunden. Häufiger baut sich mit der förmlicheren Anrede durch den Trainer eher ein Gefühl der Distanz zum Trainer auf, das den Ausbildungsprozeß unnötig komplizieren kann. Im Spieler wird dann der Gedanke geweckt, sich in seinem Verhalten dem erwarteten Bild eines Erwachsenen angleichen zu müssen. Jugendliche Frische und Unbekümmertheit, Risikobereitschaft und kindliche Spielfreude weichen dadurch zu früh einem kontrollierten, bedachten Handeln, das in erster Linie lediglich Fehler vermeiden will. Daß in umgekehrter Weise der Spieler zum Trainer „SIE" sagt, empfindet der junge Spieler dagegen als durchaus gewohnt und üblich.

Abb. 6 Der Zweikampf um den Ball ist das „Herzstück" des Fußballspiels

III. Konsequenzen für das Training

1. Kinder- und Jugendtraining als Grundlagentraining

Das Kinder- und Jugendtraining muß die Grundlagen für spätere sportliche Höchstleistungen schaffen.

Das Ziel des Kinder- und Jugendtrainings ist eine möglichst optimale Entwicklung und Ausprägung aller die spätere Höchstleistung bestimmenden körperlichen, geistigen und psychischen Faktoren.

Inhalt, Schwierigkeitsgrad und Gestaltung des Trainings im Kindes- und Jugendalter müssen den individuellen Besonderheiten des jeweiligen altersbedingten Entwicklungsstandes angepaßt werden.

Unter Training versteht man geplante, zielgerichtete Maßnahmen, um die für eine sportliche Leistung erforderlichen Fertigkeiten und Fähigkeiten zu verbessern bzw. in ihrem Leistungsniveau zu erhalten. Ziele des Trainings können demnach die Vorbereitung des Sportlers auf seine spätere größtmögliche Leistungsfähigkeit sowie das Erreichen bzw. das Erhalten der persönlichen Höchstleistung sein.

Im Kindes- und Jugendalter werden die Voraussetzungen für die Höchstleistungen im späteren Erwachsenenalter (Hochleistungsalter) geschaffen. Das Training in diesen Entwicklungsjahren legt die Grundlagen für alle körperlichen, geistigen und psychischen Fähigkeiten möglichst vielseitig und breitgefächert. Je größer und vielfältiger alle für die sportliche Höchstleistung bedeutsamen Kräfte ausgeprägt werden, umso bessere Leistungen sind später im Hochleistungsalter zu erzielen. Untersuchungen haben nämlich nachgewiesen, daß Beschränkungen, Versäumnisse oder Mängel im sogenannten Grundlagentraining sich später in der Zeit nach der körperlichen Ausreifung — im sogenannten Hochleistungsalter — leistungsbegrenzend auswirken und nicht nachgeholt werden können.

Wer in jungen Jahren mehr Runden um den Sportplatz drehen mußte als mit dem Ball arbeiten zu dürfen, wird als erwachsener Spieler zwangsläufig technische Unzulänglichkeiten kaum mehr ausgleichen können.

Allzu strenge Kritik und zu hoch gesteckte Erwartungen in den Entwicklungsjahren bauen nicht selten Unsicherheit und Angst vor Fehlern auf.

Jugendtraining ist kein verringertes Erwachsenentraining und das Training im Kindesalter nicht nur reduziertes Jugendtraining. Formen und Inhalte aus dem Hochleistungstraining können vom Jugendtrainer nicht einfach nur übernommen werden. Vielmehr müssen die Inhalte, der Schwierigkeitsgrad der einzelnen Trainingsaufgaben und die Gestaltung des Kinder- und Jugendtrainings den individuellen Besonderheiten des jeweiligen, altersbedingten Entwicklungsstandes angepaßt werden. Daher bildet die genaue Kenntnis der alterstypischen Entwicklungsmerkmale eine unverzichtbare Voraussetzung für die Gestaltung eines sinnvollen und erfolgreichen Trainings im Kindes- und Jugendalter.

2. Allgemeine Trainingsgrundsätze

Vor dem Training und Spiel muß der Körper auf die nachfolgende hohe Beanspruchung vorbereitet werden (Aufwärmen).

Im Training wechseln sich Aufgaben mit hoher Belastung und erholsame Übungen in einem ausgewogenen Verhältnis ständig ab.

Gymnastische Übungen werden vom Beginn des beschleunigten Längenwachstums an bedeutsam und unentbehrlich zur Erhaltung der Gelenksbeweglichkeit.

Mehrmaliges, regelmäßiges Training innerhalb einer Woche garantiert dauerhafte Leistungsverbesserungen.

Die Trainingsaufgaben richten sich nach dem individuellen Entwicklungs- und Leistungsstand.

Jugendtraining ist kein verringertes Erwachsenentraining, sondern das Grundlagentraining im Hinblick auf die Höchstleistung im späteren Erwachsenenalter. Allerdings gelten auch für das Kinder- und Jugendtraining einige allgemeine, altersunabhängige Trainingsgrundsätze. Diese Grundsätze gewinnen für das Grundlagentraining besondere Bedeutung, da Kinder und Jugendliche im Gegensatz zu Erwachsenen noch nicht so selbständig und verantwortungsbewußt für ihre eigene Leistung und Gesundheit trainieren.

— Aufwärmen —

Vor jeder Art hoher körperlicher Beanspruchung müssen Herz und Kreislauf sowie der Muskel-Band-Apparat auf diese Belastung vorbereitet werden. Dieses sogenannte Aufwärmprogramm vor jedem Wettkampf bzw. Training dient der Anregung des Herzens zu erhöhter Schlagtätigkeit und größerem Schlagvolumen. Dadurch wird mehr Blut in Umlauf gebracht und den Muskeln zugeführt, die die eigentliche körperliche Arbeit verrichten. Der Muskel wird erwärmt, elastischer, belastbarer und damit leistungsfähiger. Ein vorbereiteter, erwärmter Muskel ist widerstandsfähiger und damit nicht so verletzungsgefährdet wie ein „kalter" Muskel, bei dem plötzliche hohe Beanspruchungen (ein Spurt, ein Schuß auf das Tor, eine schnelle Drehung) leicht zu Zerrungen und Faserrissen führen können.

Auch dem Kinder- und Jugendtraining sollte ein regelmäßiges Aufwärmprogramm vorangehen. Der junge Sportler muß frühzeitig lernen, daß vorbereitende Übungen eine unverzichtbare Voraussetzung sind, um die maximale Leistungsfähigkeit zu erreichen sowie auch die eigene Gesundheit zu erhalten. Dieses ca. 15- bis 25minütige Aufwärmen wird mit langsamem Laufen, also mit relativ geringer Belastung für den Herz-Kreislauf sowie für den Muskel-Band-Apparat begonnen und in verschiedenartigen Aufgaben allmählich an die Wettkampfbelastung der jeweiligen Sportart herangeführt. Dabei sollte vor allem im Kindes- und Jugendalter der Ball von Beginn an im Mittelpunkt stehen und die einzelnen Aufgaben spielerischen Charakter ohne Leistungsdruck erhalten.

— Gymnastik —

Gymnastische Übungen dienen zur Vorbereitung und zur Erhaltung größtmöglicher Beweglichkeit der Gelenke und der höheren Belastbarkeit der Muskulatur. Hierbei werden Muskeln und Sehnen aller Gelenkspartien des Körpers mit langsamen den Funktionen der verschiedenen Gelenke und Muskeln entsprechenden Bewegungen vorgedehnt und im Wechsel mit entlastenden Übungen (Lockerungsaufgaben) allmählich zu ihrer maximalen Funktionstüchtigkeit hingeführt.

Kinder und Jugendliche verfügen in allen Sportbereichen über eine ungleich größere Beweglichkeit als Erwachsene. Diese für die sportmotorische Lernfähigkeit (Erlernen schwieriger Bewegungsformen) des jungen Menschen günstigen Voraussetzungen machen eine regelmäßige Übungsgymnastik jedoch keineswegs überflüssig. Die Beweglichkeit des Menschen, die weitgehend von der Stabilität und dynamischen Haltefähigkeit von Sehnen und Bändern im Gelenksbereich mitbestimmt wird, nimmt mit zunehmendem Alter allmählich ab. Der Grund dafür ist einerseits die entwicklungsbedingte Verfestigung und Verknorpelung des Knochengerüstes und andererseits der altersbedingte fortschreitende Verlust an Elastizität von Muskeln, Sehnen und Bändern.

Regelmäßige gymnastische Übungen dienen daher auch zur möglichst weitgehenden und dauerhaften Erhaltung der Beweglichkeit als einer wesentlichen Bedingung für sportliche Höchstleistungen. Ein Muskel, der nicht oder nicht genügend beansprucht wird (z. B. längerer Gipsverband) entwickelt sich zurück. Er wird dünner und damit weniger leistungsfähig. Bänder und Sehnen verkürzen sich, ziehen sich praktisch zusammen, wenn sie nicht ausreichend und gleichbleibend bewegt werden.

Da gymnastische Dehn-, Lockerungs- aber auch Kräftigungsübungen in der Regel stehend oder liegend, also in einer Ruhestellung ausgeführt werden, bilden sie keine nennenswerte Beanspruchung des Herz-Kreislaufes. Sie lassen sich daher besonders vorteilhaft als eine Form aktiver Erholung in das Aufwärmprogramm eingliedern.

— Belastung und Erholung —

Der Wechsel zwischen Trainingsaufgaben mit hoher körperlicher Belastung und solchen, in denen sich vor allem der Herz-Kreislauf, aber auch die Muskulatur erholen können, stellt die effektivste Trainingsgestaltung zur Verbesserung der wesentlichen konditionellen Fähigkeiten dar.

Körperliche Belastungen führen zur Ermüdung und damit zu einer Verringerung der Leistungsfähigkeit der Muskeln und des Herz-Kreislaufes. Die Energiereserven des Körpers werden abgebaut. Eine ununterbrochene Beanspruchung würde zu einer Überforderung des menschlichen Körpers und seiner Organe, zur völligen Ausschöpfung aller Energiespeicher führen. Da ein ermüdeter Muskel seine Elastizität und Widerstandsfähigkeit verliert und damit auch das Bewegungsgeschick des Menschen beeinträchtigt wird, birgt jede körperliche Überforderung für die Wiederherstellung seiner sportlichen Leistungsfähigkeit auch eine wachsende Verletzungsgefahr in sich. Diese schließt auch die Leistungsbereitschaft und geistige Frische mit ein. Der Spieler benötigt Erholungspausen. Dabei wird längerfristig über den verbrauchten Energieanteil hinaus eine zusätzliche Energiemenge bereitstellt, die bei regelmäßigem Training allmählich eine größere körperliche Leistung bzw. längere Leistungsdauer ermöglicht. Man spricht hier vom sogenannten konditionellen Trainingsgewinn (Leistungszuwachs — Superkompensat). Pausen bedeuten allerdings nicht absolute Untätigkeit. Sie können mit Aufgaben ausgefüllt werden, die eine nur geringe Anforderung an das Herz-Kreislaufsystem stellen und den durch die vorangegangene Belastung erhöhten Pulsschlag wieder auf den Ausgangswert vor dieser Belastung (Ruhepuls), zumindestens aber unter den Wert von ca. 120 Schlägen pro Minute absinken lassen. Daher werden diese Pausen auch „aktive Erholung" genannt.

Dieses Prinzip von Belastung und aktiver Erholung gilt für das Training in allen Altersklassen gleichermaßen. Zwar besteht im Kindesalter bis zur Pubertät kaum die Gefahr einer konditionellen Überforderung im Ausdauerbereich. Wenn das Kind müde ist, hört es einfach auf zu laufen und zu spielen und ruht sich aus. Dennoch bedeutet Ermüdung auch im Schulkindalter Verlust an Bewegungs- und Spielfreude und damit an jener Leistungsbereitschaft, die in diesem Alter das Lernen im koordinativen wie auch geistig-psychischen Bereich am stärksten beeinflußt. Mit dem Eintritt in die pubertäre Entwicklungsphase treten dann Motive wie Ehrgeiz, Geltungsdrang und das aus einer allgemeinen psychischen Rollenunsicherheit entstehende Verlangen nach Anerkennung stärker in den Vordergrund. Diese Motive können den Jugendlichen zuweilen durchaus dazu verleiten, seine körperlichen Kräfte zu überfordern. In diesem kritischen Entwicklungsstadium könnte unsachgemäßes Training mit fehlenden oder unzureichenden Erholungsphasen gesundheitliche Schäden nach sich ziehen.

— Abwechslung —

Der Wechsel zwischen körperlich anspruchsvollen und mehr erholsamen Trainingsformen leistet schon eine gewisse inhaltliche Abwechslung im Training. Dennoch sollte die motivierende Wirkung einer inhaltlich auch über mehrere Trainingstage hinaus abwechslungsreichen Trainingsgestaltung vor allem für das Kinder- und Jugendtraining besondere Beachtung finden.

Es ist der Reiz des Neuen, der schon im Schulkindalter die Neugier weckt und zu verstärkter Beschäftigung anregt. Durch die Beschäftigung mit neuen oder neuartigen Dingen, Situationen und Aufgaben werden — so haben Untersuchungen nachgewiesen — die Entwicklung aller intelligenten Fähigkeiten, die auch für das gute Fußballspiel von Bedeutung sind, gefördert und der individuelle Erfahrungsschatz als Grundlage sportlicher Verhaltensweisen erweitert und vertieft.

Unter Abwechslung sollten allerdings nicht nur stets für den Spieler völlig neue Aufgaben verstanden werden. Zu viele und zu rasch aufeinander folgende neue Aufgaben verwirren und verunsichern. Erfahrungen und Können bauen immer auf dem bereits Bekannten und Erlernten auf.

Training bedeutet regelmäßige Wiederholung. Dabei kann auch schon ein Teil einer bekannten Aufgabe neu bzw. nur anders sein, wie z. B. eine zusätzliche Aufgabenerweiterung oder eine veränderte Spielregel in dem ansonsten bekannten Parteispiel. Der neuartige Gedanke, die neue Zielsetzung innerhalb einer bereits bewältigten Aufgabenstellung reichen nicht selten schon aus, um vor allem im Kindes- und Jugendalter neues Interesse und verstärkte Leistungsbereitschaft zu wecken. Eintönigkeit und schematisch wiederkehrende Trainingsmuster führen dagegen bald zu Desinteresse. Wer schon vor dem Training weiß, was im Training gefordert und getan wird, empfindet Training bald nur noch als lästige Pflicht.

Schließlich muß Abwechslung im Trainingsprogramm auch von der reinen inhaltlichen Seite aus verstanden werden. Die technischen, taktischen und konditionellen Schwerpunkte sollten gut gemischt, d. h. sowohl nach dem Prinzip von Belastung und Erholung als auch von ihren Bewegungsformen her abwechslungsreich zusammengestellt werden. Einseitige Beanspruchung bestimmter Körperpartien sind ebenso zu vermeiden wie die ausschließliche Konzentration auf nur Technik oder nur Taktik während einer Trainingsstunde.

— Regelmäßiges, mehrmaliges Training —

Regelmäßige Erholungspausen können die Ermüdung eines Spielers nicht aufhalten, sondern lediglich verlangsamen. Auch bei sinnvollem Wechsel zwischen Belastung und Erholung führt das Training zu einer allmählichen Ermüdung, die weitere technische und taktische Verbesserungen erschwert.

Die für ein Trainingsprogramm ermittelte zeitlich sinnvolle Dauer liegt je nach Alter etwa zwischen 60 und 90 Minuten.

Die F- und E-Junioren verfügen über eine noch recht geringe Konzentrationsfähigkeit, so daß ein Training kaum länger als 60 Minuten dauern sollte. Vom D-Juniorenalter an haben sich 90 Trainingsminuten als optimal erwiesen. Beanspruchungen über diesen Zeitrahmen hinaus führen in der Regel nicht mehr zu dauerhaftem Lerngewinn. Sie ziehen eher den Verlust an Spielfreude und Leistungsbereitschaft (und möglicherweise auch) Verletzungen nach sich.

Entscheidend für eine langfristige Leistungsverbesserung ist nicht die zeitliche Dauer einer Trainingseinheit, sondern die Regelmäßigkeit der Trainingstage innerhalb der Woche und über das ganze Jahr hinweg. Ein einziger Trainingstag innerhalb einer Woche vermag in allen sportlichen Bereichen kaum eine spürbare Leistungssteigerung zu bewirken. Weniger Trainingstage lassen sich auch nicht durch eine Verlängerung der Trainingsdauer ausgleichen. Vielmehr sollte in der Ansetzung und Auswahl der Trainingstage aller Altersstufen besonders darauf geachtet werden, daß die Spieler innerhalb einer Woche häufiger trainieren können. In diesem Sinne könnte man aufgrund organisatorischer Probleme mit der Verfügbarkeit des einzigen Trainingsplatzes eine Trainingseinheit durchaus von 90 auf nur 60 intensive Trainingsminuten verkürzen, wenn dafür ein zusätzlicher Trainingstag eingelegt werden kann.

Häufigeres Training innerhalb der Woche gewinnt in der heutigen Zeit überdies vor allem auch für die jüngsten Altersstufen noch zusätzlich an Bedeutung. Heute betätigen sich Kinder nicht mehr so rege, wie es noch vor einigen Jahren in der Blütezeit des sogenannten „Straßenfußballs" der Fall war. Damals konnte man feststellen, daß sich auch mit nur 1 oder 2 Trainingstagen pro Woche schon ein erkennbarer Leistungsfortschritt erzielen ließ. Dieser Fortschritt beruhte allerdings weniger auf dem zweimaligen Training als vielmehr auf den zahlreichen und intensiven Spielaktivitäten der Kinder in ihrer Freizeit auf der Straße, dem Hof, der Wiese oder dem Schulhof. Das vielfältige Freizeitangebot der heutigen Zeit vermittelt dem Kind dagegen immer weniger Anreize zu aktiver körperlicher Tätigkeit. Die freien Spiel- und Bewegungsmöglichkeiten außerhalb der eigenen vier Wände sind aufgrund des industriellen Fortschrittes ständig weniger geworden. Daher sollten mehrere Trainingstage in der Woche vor allem für die jüngsten Fußballer ein Gebot der Stunde sein.

— Entwicklungsgemäßes Training —

Das Training in den verschiedenen Altersstufen richtet sich nach den unterschiedlichen körperlichen, geistigen und psychischen Merkmalen der jeweiligen Entwicklungsphasen. Die altersgemäße Abgrenzung dieser Entwicklungsstufen läßt sich allerdings nur nach allgemeinen, durchschnittlich zu verstehenden Jahreszahlen vornehmen, da die Kinder und Jugendlichen in individuell recht unterschiedlichem Alter die im vorhergehenden Kapitel beschriebenen entwicklungsbedingten Veränderungen durchleben. Nicht selten liegen gleichaltrige Kinder in ihrer Entwicklungsphase ein Jahr und mehr auseinander.

Die im folgenden genannten Altersangaben für die einzelnen Entwicklungsstufen sollen daher lediglich einen allgemeinen zeitlichen Rahmen vermitteln. Sie müssen für den Einzelfall durchaus auch nach den Grenzen hin beidseitig überlappend verstanden werden.

Grundlage der entsprechenden Trainingsinhalte und -maßnahmen sollten im Einzelfall daher stets die erkennbaren Entwicklungsmerkmale bleiben. So können z. B. Spielformen aus dem Schulkindalter für einen 13jährigen „Spätentwickler" durchaus noch die angemessene und seinen Möglichkeiten und Fähigkeiten angepaßte Trainingsaufgabe darstellen, während sein 12jähriger Mannschaftskamerad bereits in das Längenwachstum „eingetreten" und daher mit anderen, dieser kritischen Wachstumszeit angepaßten Aufgaben zu betrauen ist.

Abb. 7 Im wichtigsten Lernalter vom 8. bis 12. Lebensjahr braucht jeder „seinen" Ball

Darüber hinaus müssen bei der Trainingsgestaltung die Erfordernisse des individuellen Leistungsstandes des Spielers sowie dessen Lernfähigkeit mitberücksichtigt werden.

Nicht jeder Spieler verfügt über gleichgute technische Fertigkeiten oder taktische Fähigkeiten. Nicht jeder Spieler bringt die gleichen taktischen Kenntnisse und Erfahrungen mit. Schließlich benötigen Spieler gleichen Alters dennoch unterschiedlich lange Zeit, bis sie eine Aufgabe bewältigen, etwas erlernt haben.

3. Zum Training im Schulkindalter

3.1 Das Training der F-Junioren (6.—8. Lebensjahr)

Entwicklungsmerkmale

- **abklingende körperliche Unausgewogenheit**
- **zur Größe vergleichsweise noch schwach ausgeprägte Muskulatur**
- **koordinative Schwierigkeiten**
- **unausgeglichenes Wesen**
- **geringe Konzentrationsfähigkeit**
- **ziellos bei Bedürfnissen und Tätigkeiten**
- **geringes Selbstvertrauen**
- **hohe Sensibilität**
- **bewegungsfreudig**

Trainingsinhalte

- **Spielerfahrungen**
- **Gewöhnung an den Umgang mit dem Ball**
- **allgemeine koordinative Bewegungsaufgaben**

Trainingsformen

- **kleine Parteispiele allgemeiner und fußballspezifischer Art**
- **Lauf- und Tummelspiele**

— Trainingsinhalte —

Der bedeutsame Altersbereich der F-Junioren wird weitgehend von den vorübergehenden Koordinationsproblemen der Übergangsphase aus dem körperlich noch unausgewogenen Erscheinungsbild des Vorschulalters in die physisch und psychische Ausgeglichenheit der Schulkindzeit hinein bestimmt.

Das Kind muß zunächst lernen, sich an den Ball und dessen Lauf- und Sprungeigenschaften zu gewöhnen. Zwar beinhaltet eine solche Gewöhnung an den Fußball bereits die Grobform der technischen Fertigkeiten. Die Ballbehandlung wird jedoch noch nicht gezielt verbessert. Vielmehr sollte das Kind zunächst Gelegenheit erhalten, seinen eigenen Umgangsstil mit dem Ball zu finden.

Allgemeine, leicht zu bewältigende Bewegungsaufgaben mit und ohne Ball setzen für das Wachstum der noch geringen Muskulatur und der inneren Organe (Herz, Lunge) positiv entwickelnde Reize. Sie kommen auch dem Wunsch nach kindlicher Bewegung entgegen. Eine vielseitige Ballschule, die alle Körperteile — nicht nur die Beine — anspricht, verstärkt dabei die Entwicklung und Förderung der koordinativen Fähigkeiten nicht unerheblich.

Auch im Fußballtraining sollten die Kinder daher nicht nur Fußball, sondern auch andere Ballspiele spielen. Untersuchungen haben einen engen Zusammenhang zwischen einer allgemeinen, vielseitigen koordinativen Grundausbildung und der späteren Höchstleistung in der speziellen Sportart im Erwachsenenalter nachgewiesen. So lassen sich in diesem Sinne z. B. kleine Parteispiele mit besonderen Spielregeln vorteilhaft als Hand- oder Basketballspiele einführen und den Kindern in Organisationsform und Aufgabenstellung bekannt machen.

Sportartübergreifende Bewegungsaufgaben sollten noch keine oder nur recht grobförmige sportartspezifischen technischen Aufgabenschwerpunkte enthalten. Aufgrund der alterstypischen Ziellosigkeit in der Suche nach Betätigung und Erlebnissen fehlt es den F-Junioren noch an der erforderlichen Konzentration, Dauerhaftigkeit und Beständigkeit, um gezielte sportliche Lernprozesse erfolgreich zu bewältigen, ohne die Freude am Spiel zu verlieren.

— Trainingsformen —

Als geeignetste Trainingsform — soweit man in diesen ersten Fußballjahren überhaupt von Üben und Trainieren sprechen sollte — empfiehlt sich das kleine, zirkuläre **Parteispiel** (vgl. dazu Brüggemann/Albrecht Fußball-Handbuch, Band 1, ,,Modernes Fußballtraining").

In Spielerzahlen und raummäßig überschaubaren kleinen Spielen kann das Kind problemlos und intensiv seiner Bewegungsfreude nachgehen. Die ständig wechselnden Spielsituationen stellen aufgrund der geringen Spieleranzahl keine Überforderung für das noch recht unausgeprägte räumliche Verständnis und für die fehlende Spielübersicht der F-Junioren dar. Vielmehr erhalten die wichtigen geistigen und psychischen Fähigkeiten auf diese Weise vorteilhafte Bedingungen, sich vielseitig zu entwickeln und auszuprägen. Bei leicht verständlichen und schnell zu bewältigenden Spielformen und Aufgabenstellungen wirken sich die noch geringe Konzentrationsfähigkeit, das unausgeglichene Wesen und auch die vorübergehenden koordinativen Schwierigkeiten kaum nachteilig aus. Kurze Spielzeiten und Abwechslung in den Spielformen kommen dabei dem noch recht ruhelosen und ziellosen Verhalten der 6- bis 8jährigen entgegen. Freude am Spielen und dabei auch am Fußballspielen soll geweckt werden. Bewegungsschwierigkeiten am Ball lassen sich mit sportartübergreifenden kleinen Regeln auffangen (z. B. ,,Hand-Fußball": Anstoppen des hohen bzw. springenden Balles mit der Hand erlaubt). Die Ausführung der technischen Fertigkeiten spielt noch keine wesentliche Rolle. Das Kind soll zunächst spielen lernen und eigene Erfahrungen im Umgang mit dem Fußball sammeln. Daher sollte der Trainer mehr oder weniger perfektionierte Spielvorstellungen aus dem Leistungsfußball (Bundesliga; Erwachsenenspiel) nicht auf diese ersten kleinen Spiele der ,,Fußball-Abc-Schützen" übertragen.

Das kindliche Bedürfnis nach neuem Erleben und ausgeprägter, abwechslungsreicher Bewegung baut schnell Desinteresse an einer sportlichen Aufgabe und damit bald auch an der ganzen Sportart selbst auf, wenn diese Aufgabe zu eintönig, wenig motivierend und bewegungsarm ist (einfache Übungen).

Motivierende Aufgaben sind auch kleine, abwechslungsreiche und sportartübergreifende, sogenannte **,,Lauf- und Tummelspiele"** (z. B. Fangspiele), in denen der Umgang mit dem Ball noch eine untergeordnete Rolle spielt. Man spricht in diesem Zusammenhang auch von ,,Motivationsspielen". Ihr Reiz liegt häufig in einem auch für das gute Fußballspiel wichtigen Verhalten begründet, nämlich dem Täuschen (Necken, Narren) eines ,,Gegners" (Fängers). Auch Motivationsspiele vermitteln Erfahrungen, die Handlung der anderen Spieler und damit die Entwicklung der Spielsituation vorauszusehen und entsprechend erfolgreich und richtig zu reagieren.

3.2 Das Training der E- und D-Junioren (8.—12. Lebensjahr)

Entwicklungsmerkmale

— ausgeglichenes körperliches Erscheinungsbild
— noch nicht gefestigter Knochenbau
— ausgeprägte Muskulatur
— gutes Koordinationsvermögen und Bewegungsgeschick
— hohes Anpassungsvermögen des Herz-Kreislaufes (allgemeine Ausdauerfähigkeit)
— ausgeglichenes Wesen
— ungestümes Kraftgefühl und Übermut
— großes Selbstvertrauen
— unkritisches Nachahmungsverhalten
— sachgerechte Grundhaltung
— leistungsorientiert
— optimistisch, motivierbar, selbstbewußt
— ausgeprägter Wissensdrang
— ungestümer Bewegungsdrang
— starker Neugiertrieb

Trainingsinhalte

— technische Fertigkeiten — Ballführung, Ballkontrolle, Abspielformen
— Grundlagen des taktischen Verhaltens — Freilaufen, Raumaufteilung, Zusammenspiel
— Zweikampfschulung mit und um den Ball

Trainingsformen

— Parteispiele
— spielerisch technische Übungen mit motivierendem Charakter
— sportartspezifische Motivationsspiele

— Trainingsinhalte —

Mit dem Ausklingen des beschleunigten Längenwachstums der Übergangszeit vom Vorschul- zum Schulkindalter tritt das Kind in eine längere Entwicklungsphase der Beruhigung und Stabilisierung ein. Sie ist gekennzeichnet durch eine allgemeine körperliche und psychische Ausgeglichenheit. Körpergröße und die Ausprägung der Muskulatur ergänzen sich im sportlichen Bereich zu einem günstigen Wirkungsverhältnis. Das Kind erwirbt ein hervorragendes Koordinationsvermögen. Man spricht vom sogenannten „besten Lernalter“.

In dieser Zeit lassen sich die technischen Fertigkeiten zumindest in ihren Grobformen besonders schnell und mühelos erlernen. Die optimistische, noch unkritische aber selbstbewußte Grundhaltung der Kinder, ihr Sachinteresse und der ausgeprägte Drang zur Nachahmung erstrebenswert erachteter Fähigkeiten bieten dazu vorteilhafte Voraussetzungen.

Grundlage der Ballbeherrschung ist die Ballführung. Das Laufen mit dem Ball beinhaltet bereits in einer Art Miniausprägung auch die Bewegungsformen der technischen Fertigkeiten von An- und Mitnahme und Abspiel des Balles. Erfahrungen haben gezeigt, daß Kinder wesentlich schneller lernen, den Ball mitzunehmen und sicher abzuspielen, sobald sie mit dem Ball in Kurven und um Hindernisse herum bereits relativ mühelos sich zu bewegen vermögen. Die gute und sichere Ballführung gehört darüber hinaus zu den wichtigsten Fähigkeiten für ein sicheres, ideenreiches und für den Gegner nur schwer vorhersehbares, erfolgreiches Spielverhalten. Schnelle, trickreiche Dribblings, Täuschungen aus der Ballführung heraus und auch die sichere An- und Mitnahme des zugespielten Balles vom angreifenden Gegner weg in die Bewegung zählen heute zu den entscheidenden technischen und taktischen Mitteln erfolgreichen Angriffsspiels.

Daher sollten die Kinder zuerst mit dem Ball am Fuß laufen lernen, bis der in den Laufbewegungen mitzuführende Ball die natürlichen Lauf- und Drehbewegungen sowie deren Geschwindigkeit nicht mehr spürbar beeinträchtigt und behindert.

Mit dem Erlernen der technischen Fertigkeiten verbunden sind das Kennenlernen, Verstehen und Verbessern allgemeiner taktischer Mittel. Die alterstypische hohe geistige Aktivität und der sachliche Wissensdrang ermöglichen schon im Schulkindalter, bei überschaubaren Spielräumen und Spielerzahlen neben der Anwendung technischer Mittel auch einfache Bewegungsformen im Spiel ohne Ball (z. B. Freilaufen, Raumaufteilen, Zusammenspielen) sich anzueignen. Das Kind soll erfahren und lernen, wie es größere Spielräume überschauen und im Zusammenwirken mit den Mitspielern auch erfolgreich ausnutzen bzw. überbrücken kann.

Im Interesse einer vielseitigen Ausbildung und der optimalen Entwicklungschancen als Spielerpersönlichkeit sollte im Schulkindalter dem einzelnen möglichst breiter Freiraum zu eigener Aktivität auch innerhalb der Aufgabenbereiche möglichst vieler Mannschaftspositionen eingeräumt werden. Einseitige Ausbildung beispielsweise nur in der Position des Torwartes oder eines Libero enthielte dem jungen, noch entwicklungsfähigen Spieler entscheidende Spielerfahrungen vor und begrenzt seine athletische wie technisch-taktische Ausbildung.

Sobald der Spieler die einzelnen technischen Fertigkeiten in ihrer Grobform beherrscht, muß er lernen, diese auch im Zweikampf mit einem Gegner um den Ball erfolgreich anzuwenden. Körperliche, sportliche Leistungen erfahren gerade im Schulkindalter etwa vom 10. Lebensjahr an innerhalb der Altersgruppe größte Anerkennung und Beachtung. Der Schnellere, Geschicktere, der Stärkere steht im Mittelpunkt des Interesses seiner Mannschaftskameraden. In immer neuen „körperlichen" Auseinandersetzungen suchen die Kinder die Achtung und Anerkennung ihrer Mitspieler und Freunde zu gewinnen. Sie lieben den Zweikampf, wollen gegen den anderen gewinnen, besser sein als er.

Das Fußballspiel bietet hier wie kaum eine andere Sportart im Kampf um den Ball vielfältigste Gelegenheiten, den Gegner auszutricksen, zu überlisten, ins Leere laufen zu lassen, ihn zu besiegen. Zweikampf, das ist nicht allein der körperliche Einsatz gegen den ballführenden Gegner. Zweikampf ist auch die Täuschung aus dem Dribbling heraus oder bei der An- und Mitnahme des Balles. Zweikampf ist der korrekte Einsatz des Körpers zum Schutz und zur Sicherung des Ballbesitzes. Er ist in seiner Vielseitigkeit und der steten Ungewißheit um den Ausgang, um Erfolg oder Mißerfolg, für den Spieler das Faszinierende am Fußballspiel.

Konditionelle Trainingsaspekte spielen im Schulkindalter noch keine Rolle. Zwar zeigt das Herz-Kreislauf-System schon in diesem Alter eine hohe Anpassungsfähigkeit und damit günstige Voraussetzungen zur Verbesserung der allgemeinen Ausdauerfähigkeit. Dennoch sind entsprechend gezielte Trainingsschwerpunkte noch überflüssig. Das Kind beansprucht auch außerhalb des Vereinstrainings in seiner natürlichen, alterstypischen Bewegungsfreude Organe und Muskeln häufig und intensiv. Mit den kleinen Parteispielen wird im Trainng darüber hinaus eine vielseitige und völlig ausreichende allgemeine konditionelle Förderung erzielt.

Lange Dauerläufe um die Aschenbahn oder andere einseitig athletische Übungsmaßnahmen würden der notwendigen Schulung technischer und taktischer Mittel nur wertvolle Zeit stehlen und sehr bald auch die Freude am Fußballspielen und damit verbunden auch die Bereitschaft zum Training verlieren lassen.

— Trainingsformen —

Auch für die 8- bis 12jährigen sollte das **kleine Parteispiel** die grundlegende Trainingsform bleiben, das durch einfache Übungsformen mit Wettbewerbscharakter ergänzt wird.

Der Straßenfußball früherer Jahre sollte als Vorbild für den Aufbau des Fußballtrainings im Schulkindalter herangezogen werden. Damals haben die Kinder in vielen kleinen „Straßenspielen" zunächst ihre Spielerfahrungen gesammelt und ihre eigenen technischen Fertigkeiten und taktischen Fähigkeiten herausgefunden und entwickelt. Vereinstraining mit gezielten Übungsformen begann für die Kinder erst mit dem 12. Lebensjahr oder noch später. Diese Übungsformen des Vereinstrainings verbesserten und vertieften nun ihr in mehreren Jahren freien Spielens erworbenes Ballgeschick und taktisches Spielvermögen. Die gleiche Reihenfolge sollte auch das heutige Kinder- und Jugendtraining einschlagen.

Das zirkuläre Parteispiel kommt der Spiel- und Bewegungsfreude in idealer Weise entgegen. Alterstypische Neugier nach neuen Dingen und der Auseinandersetzung mit reizvollen und neuen Situationen findet in dieser kindgemäßen Trainingsform hervorragenden Entfaltungsspielraum. Darüber hinaus entwickeln sich die geistigen und psychischen Fähigkeiten des guten Spiels in solchen kleinen Spielen auf besonders vorteilhafte Weise.

Inwieweit und wie intensiv die wichtigen geistigen und psychischen Fähigkeiten erworben werden können, die für das gute Fußballspiel bedeutsam sind und letztlich die ganze Persönlichkeitsentwicklung des Kindes prägen und bestimmen, hängt weitgehend von den Umweltbedingungen ab. Je vielfältiger die Anwendungsmöglichkeiten eigenen Ideenreichtums, selbständigen Handelns und die Fähigkeit sind, die Spielentwicklung aufgrund der Bewegungen von Ball, Mit- und Gegenspielern vorauszusehen, je mehr Raum der Entfaltung von Risikobereitschaft und Entscheidungsfreudigkeit in den Trainingsformen geboten wird, umso intensiver und vielfältiger kann sich die Entwicklung dieser wichtigen Fähigkeiten vollziehen.

Günstige Lernbedingungen für die geistigen und psychischen Fähigkeiten sind überall dort gegeben, wo gespielt wird, d. h. wo Mitspieler und Gegner sich im unablässigen Kampf um Ball und Tor befinden. Je geringer dabei die Spielerzahl ist, umso häufiger und intensiver kann sich der einzelne in immer neuen Spielsituationen technisch, taktisch, psychisch und physisch entwickeln und vervollkommnen. Der Spieler lernt, selbständig Entscheidungen zu treffen und durchzuführen und das Spielgeschehen mitzugestalten, eine Fähigkeit, die für den Fußball im Hochleistungsalter eine zentrale Bedeutung einnimmt.

Kleine Spiele stellen an die Spieler hohe konditionelle Anforderungen. Erholungspausen werden notwendig. In diesen Pausen lassen sich **einfache technische Aufgaben** ausführen. Übungen beanspruchen den Herz-Kreislauf im allgemeinen nur in geringem Maße. Von daher stellen sie eine ergänzende Abwechslung für das Training mit kleinen Spielen dar.

Auch mit vom Leistungscharakter des Trainings entspannenden **Motivationsspielen** lassen sich für das unruhige und noch nicht über längere Zeit konzentrationsfähige Wesen dieser Altersstufe ansprechende, kindgemäße technische Aufgaben effektiv verbinden.

4. Zum Training in der Pubertät

4.1 Das Training der C-Junioren (12.—14. Lebensjahr)

Entwicklungsmerkmale

- **beschleunigtes Wachstum des Knochenbaus**
- **körperliche Unausgewogenheit zwischen Rumpf sowie den Armen und Beinen**
- **Koordinationsprobleme, gestörtes Bewegungsgeschick**
- **Beginn der geschlechtlichen Reifung**
- **allgemeine psychische Verunsicherung**
- **Verlust des Selbstvertrauens**
- **hohe Empfindlichkeit (Sensibilität)**
- **unausgeglichenes Wesen mit häufigen Stimmungsschwankungen**
- **egozentrisch ausgerichtetes Denken und Empfinden**
- **verstärkter Drang nach Anerkennung und Beachtung**
- **gestörtes Verhältnis zum Erwachsenen, Rollenunsicherheit**

Trainingsinhalte

- **Wiederholung allgemeiner taktischer Grundlagen — Freilaufen, Raumaufteilung Zusammenspiel, Zweikampfverhalten**
- **Erweiterung des taktischen Wissens (Spielerfahrungen) und Verhaltens — Positionswechsel, Kombinationsformen Abwehrverhalten**
- **konditionelle Schulung — Kräftigung der Muskulatur, Grundlagenausdauer**

Trainingsformen

- **Parteispiele mit taktischen Schwerpunkten**
- **motivierende Spielformen**
- **Lauf- und Tummelspiele (Motivationsspiele)**
- **Konditionsübungen mit eigenem Körpergewicht, mit Medizinball**
- **Ausdaueraufgaben in spielerischer Form**

— Trainingsinhalte —

Mit dem Einsetzen der pubertären Wachstums- und Reifungsveränderungen beginnt für den Jugendlichen die schwierigste Entwicklungsphase. Das beschleunigte Längenwachstum bereitet vorübergehend erhebliche Probleme im Bereich der Koordination (Technik). Daher sollte die Grundschulung der technischen Fertigkeiten bis zum Beginn dieser kritischen Entwicklungszeit weitgehend abgeschlossen sein. Verbesserungen und Verfeinerungen im Umgang mit dem Ball lassen sich in dieser Zeit gestörten Bewegungsgeschicks kaum erzielen. Gleiche oder gar erhöhte Leistungsansprüche an die technischen Fertigkeiten würden lediglich eine tiefere Verunsicherung nach sich ziehen und die entwicklungsbedingte, unausgeglichene, von fehlendem Selbstvertrauen gekennzeichnete Verfassung des Jugendlichen noch vergrößern.

Weniger Probleme dagegen bereiten dem Jugendlichen während dieser Phase allgemeiner psychischer Verunsicherung taktische Aufgaben in Angriff und Abwehr (Mitspielen ohne Ball). Das Spiel ohne Ball, also läuferische und taktische Fähigkeiten, die nicht so sehr den wachstumsbedingten Koordinationsproblemen unterworfen sind, bestimmen weitgehend mit über den Spielerfolg.

Die Ausnutzung des gesamten Spielraumes, Freilaufen, sich anbieten sowie das Abwehrverhalten erfordern Übersicht und Umsicht, läuferische Bereitschaft, Spielverständnis und eine gute Beobachtungsgabe. Solche Lernziele kann auch ein Spieler mit vorübergehend geringeren technischen Möglichkeiten durchaus erfolgreich lösen und sich auf diesem Wege die notwendigen Erfolgserlebnisse zur Stärkung des eigenen Selbstwertgefühls und Selbstvertrauens schaffen.

Grundlage aller körperlichen Leistungen ist die Ausdauerfähigkeit des Herz-Kreislaufes. Untersuchungen haben gezeigt, daß Jugendliche bereits im Schulkindalter hinsichtlich der allgemeinen Langzeitausdauer eine hohe Leistungsfähigkeit aufweisen. Diese allgemeine Grundlagenausdauer bildet die leistungsbegrenzende Voraussetzung für Trainingsfortschritte in allen anderen konditionellen Fähigkeiten.

Mit dem Einsetzen des Längenwachstums beginnt das Training des Herz-Kreislaufes. In dieser Reifungsphase bleibt nämlich nicht nur das Wachstum der Muskeln, sondern auch das der Organe, also auch des Herzens, hinter dem beschleunigten Körperwuchs zurück. Um im Leistungsbereich von Kraft und Schnelligkeit optimale Entwicklungs- und Trainingsbedingungen des Körpers zu schaffen, muß zunächst die Anpassungs- und Leistungsfähigkeit des Herz-Kreislaufes gesteigert werden. Diese wird bestimmt von der Herzgröße und dem Schlagminutenvolumen des Herzens.

Auch die Muskelkraft spielt für den Fußballer eine wichtige Rolle. Allerdings verlangt das Fußballspiel vom Muskel nicht — wie z. B. das Gewichtheben —, ein möglichst hohes Gewicht zu bewältigen. Vielmehr kommt es darauf an, ein wesentlich geringeres Gewicht (eigenes Körpergewicht) in möglichst kurzer Zeit zu bewegen. Fußballspielen bedeutet, möglichst dynamische, schnelle Aktionen auszuführen (Antritt, Sprung, Schuß). Nicht die Maximalkraft, sondern die Schnellkraft des Muskels ist gefordert und muß daher auch in der Weise trainiert und verbessert werden, wie sie im Wettkampf verlangt wird.

Einseitiges Krafttraining mit hohen Gewichten führt zwar zu größerem Muskelzuwachs und damit auch zur Steigerung der Muskelkraft. Gleichzeitig aber nimmt mit der Muskelmasse auch das Gewicht des Körpers zu, das durch den Muskel schnell bewegt werden soll. Die Anforderungen an die Muskelkraft steigen also in gleichem Maße mit. Darüber hinaus kann bei überbetontem Krafttraining die Koordination der Muskelbewegung und auf diesem Wege auch die Schnelligkeit beeinträchtigt werden, in der er die sportartspezifischen Bewegungen ausführen muß.

— Trainingsformen —

Auch taktische Elemente des guten Spielverhaltens lassen sich in ihrer situativen Anwendung innerhalb von kleinen **Parteispielen** besonders einsichtig erlernen und verbessern. Die Spielfelder und die Spielerzahlen werden vergrößert, die einzelnen Aufgaben allerdings noch leicht ausführbar gehalten. Auf diese Weise nehmen die entwicklungsbedingten Probleme am Ball einen nicht so entscheidenden Einfluß auf das erfolgreiche Spielverhalten des einzelnen. Spielfreude steht im Mittelpunkt. Eine erleichterte Torwertung wirkt dem fehlenden Selbstvertrauen auch derjenigen Jugendlichen entgegen, die letztlich das Spiel nicht gewonnen, dennoch aber einige Torerfolge erzielt und erlebt haben. Gerade in der Zeit allgemeiner psychischer Verunsicherung ist ein Spielergebnis von 8:7 immer „wertvoller" und für alle beteiligten Spieler erstrebenswerter als ein 1:0.

Spielformen haben keine festen Mannschaften und daher zunächst auch keine Wertung, sondern nur das vorgegebene Spielziel (z. B. Ball in den eigenen Reihen halten beim 3 gegen 1 im abgegrenzten Raum). Verbindet man solche und ähnliche einfache, in der Regel auch weniger laufintensive Spielformen mit dem Spielziel des Torschusses (z. B. 3 gegen 1 um 1 Tor herum), so gewinnen diese überschaubaren, ergänzenden Trainingsformen jenes motivierende Element, das gerade für die stimmungslabilen Jugendlichen dieses Lebensabschnittes eine besondere Hilfe darstellen kann.

Auch bei der Auswahl erster konditioneller Trainingsaufgaben sollte den in dieser Entwicklungsphase ausgeprägten Stimmungsschwankungen Beachtung geschenkt und die **körperlichen Übungen** möglichst immer mit **motivierenden Anreizen** verknüpft werden.

Allgemeine Ausdauer wird herkömmlich mit langen Dauerläufen trainiert. Für die Jugendlichen lassen sich solche Waldläufe (weg von der Laufbahn des Platzes!) in diesem Sinne mit kleinen Spiel- und Wettkampfaufgaben attraktiver und abwechslungsreicher gestalten. Das spielerische Ausnutzen angelegter Trimm-Dich-Pfade oder Langläufe mit Verfolgungscharakter einzelner Spielergruppen (Schnitzeljagd o. ä.) vermindern die Eintönigkeit eines langen Laufens. Besonders geeignet sind die Positionsspiele 8:8, bei denen der Ball lediglich in den eigenen Reihen gehalten werden muß, das Lauftempo des einzelnen Spielers dadurch etwa dem eines Dauerläufers entspricht.

Konditionelle Trainingsaufgaben lassen sich messen und vergleichen. Sichtbar gemachte Ergebnisse kommen dem verstärkten Streben nach Anerkennung besonders entgegen. Die ablesbare Zeit, der Vergleich zur eigenen Leistung der Vorwoche oder der Mannschaftskameraden regt zu vermehrter Anstrengung an.

Erste Muskelkraftübungen sollten dynamisch angelegt werden. D. h. der Muskel trainiert gleichzeitig in wettkampfgleicher Form seine Fähigkeiten, ein Gewicht zu bewegen und diese Bewegung möglichst schnell auszuführen (Schnellkraft). Einseitige Kraftübungen zur Vergrößerung des Muskelumfanges dienen nur dem lange verletzten und dadurch geschwächten und umfangmäßig verringertem Muskel zur Wiedererlangung seiner Leistungsfähigkeit, wie sie vor der Verletzung bestanden hat. Der Muskelumfang wird durch solche Kraftübungen wieder auf den ursprünglichen Stand vor der Verletzungspause vergrößert.

Bei allen Kräftigungsübungen muß darauf geachtet werden, daß die noch nicht ausgewachsene und verfestigte Knochenstruktur vor allem der Wirbelsäule des Jugendlichen von der Belastung durch starke Gewichte ausgespart wird. Hantelarbeit erfordert eine besondere Technik. Diese kann und muß der junge Spieler nicht beherrschen. Unsachgemäßes Krafttraining führt daher leicht zu Schäden im Bereich der Wirbelsäule. Solche Schäden treten nicht unmittelbar auf. Vielmehr machen sie sich oft erst in späteren Jahren schmerzhaft und dann leistungsbehindernd bemerkbar.

Zur Verbesserung der Schnellkraft bieten sich Medizinball- und Kopfballübungen an. Sprünge aus der Hocke in die Hocke mit beiden Beinen oder Sprünge nur mit einem Bein als Weitsprungwettbewerb erfüllen den gleichen Zweck. Dabei lenken kleine Wettkämpfe innerhalb solcher Übungsformen schnell von der eigentlichen Anstrengung und dem fehlenden Spielcharakter konditioneller Trainingsarbeit ab und verstärken auf ihre Weise die Trainingsfreude und Leistungsbereitschaft.

Jedes Training sollte stets auch entspannende Augenblicke enthalten. Heitere **Motivations-** sowie **Lauf- und Tummelspiele** gewinnen für die Wachstumsphase, die von unausgeglichenen, übersensiblen und leicht erregbaren Stimmungsveränderungen geprägt ist, besondere Bedeutung. Aufmunterung und viel Gelegenheit zu individueller Bewegungsfreiheit vermag dabei nicht selten depressive Stimmungen der Jugendlichen aufzufangen.

Abb. 8 Der Ball bewegt die Kinder und fördert ihre gesunde Entwicklung

In ihrer Aufgabenstellung unterscheiden sich die Motivationsspiele von denen aus der Schulkindzeit. Die Koordinationsprobleme während des Längenwachstums lassen Spielaufgaben mit technischen Elementen weniger geeignet erscheinen. Vielmehr sollten diese auflockernden Spiele nun verstärkt Kräftigungs- und allgemeine athletische Aufgaben stellen. Da das Fußballspiel die Bauch- und Beinmuskulatur ungleich stärker beansprucht und damit auch besser entwickelt als die Oberkörper- und Armmuskulatur, schaffen Motivationsspiele mit Fang- und Wurfaufgaben nun einen vorteilhaften Ausgleich.

Ein Beispiel wäre das Spiel zweier gleichstarker Gruppen in einem abgegrenzten Raum, in dem die Spieler einer Mannschaft mit einem Medizinball in der Hand möglichst viele Spieler der anderen (weglaufenden) Mannschaft abzuschlagen versuchen, ohne mit dem Medizinball in der Hand zu laufen.

Auch einfache Zweikämpfe aus dem Liegestütz heraus, in denen versucht wird, die stützende Hand des Gegenspielers wegzuziehen, so daß dieser auf den Bauch fällt, vermögen in motivierender Weise die Arm- und Schultermuskulatur zu fördern und zu kräftigen.

Schließlich sollte nicht übersehen werden, daß die notwendige Zweikampfstärke des Fußballspiels, in dem körperliche Kontakte im Rahmen der Spielregeln zulässig und an der Tagesordnung sind, nicht unwesentlich auch von der allgemeinen athletischen Durchbildung des Oberkörpers abhängen kann.

4.2 Das Training der B-Junioren (14.—16. Lebensjahr)

Entwicklungsmerkmale

— beschleunigtes Wachstum der Muskulatur und der Organe
— Zurückgewinnung körperlicher Ausgeglichenheit zwischen Größe und Umfang
— verbessertes Koordinationsvermögen
— Leistungszuwachs im Kraftbereich
— Wiedergewinnung psychischer Stabilität und Ausgeglichenheit
— wachsendes Selbstvertrauen und Selbstbewußtsein
— sachgerechtes Denken und Verstehen
— problembewußtes Verständnis für die Umwelt
— vernunftmäßiges Handeln
— kritische Überprüfung von Forderungen und Zusammenhängen

Trainingsinhalte

— taktische Mittel und Verhaltensweisen — Grundlagen, Zweikampfverhalten, Technik und Taktik der Positionsaufgaben, Tempowechsel, Ballhalten, Spielverlagerung, Standardsituationen, Raum schaffen — Raum nutzen
— Konditionstraining — allgem. Ausdauer, Schnelligkeit, Schnellkraft, Muskelkraftausdauer, Beweglichkeit

Trainingsformen

— Parteispiele
— Spielformen
— spielnahe Übungsformen
— Trainingsspiele
— spez. Konditionsübungen
— Motivations- und Fremdspiele

— Trainingsinhalte —

Mit der beschleunigten Zunahme an Muskelumfang werden die aufgrund des Längenwachstums entstandenen Schwierigkeiten im koordinativen Bereich (Bewegungsgeschick, Technik) allmählich wieder abgebaut. Die Bewegungen der Jugendlichen erfolgen zusehends dynamischer und schaffen so die Voraussetzungen, schwierigere und auch von den technischen Fertigkeiten in stärkerem Maße beeinflußte taktische Mittel und Verhaltensweisen (z. B. Doppelpaß) zu bewältigen. Kombinationsformen, die Verfeinerung und Erweiterung des Zweikampfverhaltens in Angriff und Abwehr und die taktische Schulung innerhalb der einzelnen Mannschaftspositionen lassen sich in Theorie und Praxis leicht vermitteln. Das wachsende Sachinteresse dieser 2. puberalen Entwicklungsphase bietet nun eine dauerhafte Grundlage für gezielten theoretischen Unterricht. Standardsituationen wie der Eckstoß oder Freistoß in Angriff und Abwehr rücken ebenso in den Trainingsvordergrund wie speziellere taktische Verhaltensweisen (z. B. Spielverlagerung, Raum schaffen und nutzen, Kontern), deren Ausführung neben einem hohen Maß an Spielerfahrung und Spielverständnis auch Selbstsicherheit und psychische Ausgeglichenheit voraussetzen.

Innerhalb dieser vielfältigen taktischen Aufgaben erfahren die technischen Fertigkeiten im Rahmen erworbener Grundlagen ihre weitere Verfeinerung und Vertiefung. Die körperliche Ausreifung und der beschleunigte Zuwachs an Muskelfülle machen nun auch das Training der Schnelligkeit und der Kraftausdauer sinnvoll.

Schnelligkeit ist eine für den Fußballer spielentscheidende konditionelle Fähigkeit. Sie läßt sich allerdings nur in ganz geringem Maße tatsächlich verbessern. Sie wird nämlich (weitgehend) von körperlichen Bedingungen bestimmt, die nicht trainierbar sind (Nerv-Muskel-System, Muskelfaserung, Körpergröße). Lediglich die Schnellkraft und die Koordination der Muskelbewegungen können mit gezieltem Training beeinflußt werden. Daher zielt das Schnelligkeitstraining nach dem Erreichen auch auf das Erhalten der maximalen Schnelligkeit ab.

Die maximale Höchstgeschwindigkeit vermag der Mensch nur ca. 1—2 Sekunden zu erreichen und aufrechtzuerhalten. Dann sinkt die Geschwindigkeit wieder ab. Spurtet man nicht mit seiner Höchstgeschwindigkeit, so wird nicht die Schnelligkeit als konditionelle Eigenschaft trainiert, sondern lediglich die Schnelligkeitsausdauer, also die Fähigkeit des Spielers, bei einem längeren Spurt langsamer zu ermüden (an Geschwindigkeit langsamer zu verlieren).

Schnelligkeit wird in nicht mehr als etwa sechs Spurts trainiert, die zwischen 20 und 40 m (je nach Alter) lang sind. Auf den ersten 10—15 Metern benötigt man vermehrt seine Antrittskraft (Schnellkraft der Beinmuskulatur), um die Höchstgeschwindigkeit überhaupt erst zu erreichen. Nach 30—40 Metern ermüdet der Spieler und die Maximalschnelligkeit sinkt wieder ab. Nach einem solchen Spurt, den der Spieler in seiner Höchstgeschwindigkeit laufen muß, muß er sich wieder ca. 2 Minuten (vollständig) erholen können.

Fußball ist eine Ausdauersportart. Der Fußballer benötigt innerhalb der langen Spielzeit nicht reine Schnelligkeitsausdauer. Er muß also nicht lange 80- oder 100-m-Spurts (oder noch länger) ununterbrochen in höchstmöglicher Geschwindigkeit zurücklegen. Seine Spurts sind kurz und werden in ihrer Geschwindigkeit häufig von anderen Spielbedingungen beeinflußt (Ball, Situationsveränderungen). Der Fußballer muß auch noch am Ende des Spiels schnell sein. Er benötigt daher in erster Linie Schnelligkeit und eine gute Grundlagenausdauer.

Sportmedizinische Untersuchungen haben in diesem Zusammenhang ergeben, daß der Körper bei längeren Spurts als ca. 4—5 Sekunden mit maximaler Geschwindigkeit seine wichtigen Energiespeicher (Phosphate), die eine sofortige Leistung garantieren, weitgehend ausgeschöpft hat und nun seinen Energiebedarf durch die Verbrennung von Kohlehydraten decken muß. Damit greift der Sportler jedoch auf jene Energiereserven zurück, die er für die konditionellen Beanspruchungen über die gesamte Spielzeit eines Wettkampfes benötigt.

Bei der Verbrennung von Kohlehydraten wird ein Stoff (Lactat) produziert, der über das Blut in das Gehirn gelangt und eine verstärkte Ermüdung des zentralen Nervensystems bewirkt. Mit der Ermüdung des zentralen Nervensystems treten Störungen in den technischen Fertigkeiten und den geistigen und psychischen Fähigkeiten auf. Bälle springen ungewohnt weit vom Fuß. Der Spieler erkennt Situationsentwicklungen später und begeht entsprechend taktische Fehler. Er wird erregter, gereizter und aggressiver.

Ein ermüdetes Nervensystem benötigt eine wesentlich längere Erholungszeit als sie nach Kurzzeitbelastungen (Spurts von 30—40 m) für die Wiederauffüllung der benötigten chemischen Energiespeicher erforderlich ist.

Beispielsweise bedarf ein gut trainierter Sprinter nach einem 100-m-Lauf einer Erholungsphase von ca. 30 Minuten, um wieder den konditionellen Leistungsstand der Zeit vor dem Lauf zu erreichen, um sich also vollständig erholt zu haben. Nach einem Spurt über nur die halbe Strecke genügen ihm dagegen bereits 90—120 Sekunden, um die verbrauchten Energien wieder aufgebaut und sich vollständig erholt zu haben. Vollständige Erholung ist aber die Voraussetzung, um mit dem nächsten Spurt erneut seine Höchstgeschwindigkeit zu erreichen und damit seine Schnelligkeit tatsächlich trainieren zu können.

Die größere Länge eines Sprints bewirkt ebensowenig eine größere Leistungssteigerung im Schnelligkeitsbereich wie deren Häufigkeit innerhalb einer Trainingseinheit. Vielmehr ziehen unsachgemäße Schnelligkeitsaufgaben eher das Gegenteil nach sich: Abbau der Energiereserven, Ermüdung des Gehirns (zentrale Nervensystem) und damit Konzentrations- und Koordinationsschwäche sowie eine erhöhte Verletzungsgefahr.

Wenn z. B. eine Mannschaft im Wettkampf ohne Engagement und Spritzigkeit spielt, liegen die Ursachen längst nicht immer in mangelhafter Kondition oder in Desinteresse und fehlender Einstellung zum Wettkampf. Nicht selten muß man die Gründe in einer noch nicht überwundenen Ermüdung des zentralen Nervensystems suchen, die durch falsche Belastungen und Überbeanspruchung im Training ausgelöst worden sein kann.

Der jugendliche noch nicht ausgereifte Körper ermüdet schneller und benötigt längere Erholungsphasen als der Erwachsene. Schnelligkeitsaufgaben sollten daher mit ausreichenden Pausen und nicht zu häufig gestellt werden. Mit dem beschleunigten Wachstum der Muskulatur werden auch deren Energiespeicher vermehrt, die zu den Ausdauerleistungen der Kraft (Sprungkraft, Antrittskraft, Schußkraft) und der Schnelligkeit benötigt werden. Man spricht hier von der Kraftausdauer und Schnelligkeitsausdauer.

Muskelkraftausdauer gewährleistet, daß der Muskel auch nach einer längeren Spieldauer noch nicht oder nur langsam ermüdet, bzw. sich nach einer Belastung schnell wieder erholt. Sie ermöglicht dem Spieler, auch noch in den Schlußminuten des Spiels schnell anzutreten, hoch zum Ball zu springen und vehement auf das Tor zu schießen.

— Trainingsformen —

Auch in der Entwicklungsphase zunehmender körperlicher Auffüllung sollte das **Parteispiel** mit erweiterten Organisationsformen und Spielaufgaben im Mittelpunkt des Trainings stehen. Der Jugendliche überwindet das alterstypische Ich-bezogene Denken aus der Zeit des Längenwachstums. Er wendet sich nun Sachproblemen und dem Verhalten der Mitspieler zu. Es fällt ihm leichter, taktische Ziele zu verstehen und in geplantes Verhalten im Wettkampf auch innerhalb größerer Spielergruppen umzusetzen.

In sogenannten **Trainingsspielen,** d. h. Spielen untereinander mit mehr oder weniger kompletten Mannschaften während des Trainings lernt der heranreifende Spieler, seine besonderen Stärken und Eigenheiten möglichst effektiv für den mannschaftlichen Erfolg einzusetzen. Seine entwicklungsbedingte realistischere Selbsteinschätzung ebnet ihm den Weg zur allmählichen Spezialisierung auf bestimmte Mannschaftsaufgaben und die damit verbundenen Positionen.

Da der Jugendliche nun auch über ausreichendes Verständnis der taktischen Zusammenhänge und deren Trainingsnotwendigkeit verfügt, lassen sich auch alle **Spielformen** heranziehen als Abwechslung zu den Parteispielen. Allerdings sollte man beachten, daß in Spielformen ohne Wertung der einzelne Spieler sich einsatzmäßig leicht und unauffällig zurückhalten kann und dadurch Wettkampfsituationen verfremdet und die konditionelle Beanspruchung herabgesetzt werden.

Die ungleich größere Konzentrationsfähigkeit gegenüber der 1. puberalen Phase läßt nun auch die Schulung und Verbesserung komplizierter Handlungen in ergänzenden **spielnahen Übungsformen** zu.

Auch das Training zur Verbesserung der Schnelligkeit sollte spielerisch motivierenden Charakter erhalten. Der Spurt zweier etwa gleichschneller Spieler zu einem 40 m entfernt und 20 m vor einem Tor liegenden Ball motiviert zum äußersten Einsatz, um als erster den Ball zu erreichen und ein Tor erzielen zu können.

Im Wettkampf startet der Spieler nur auf optische, sichtbare ,,Signale". Der plötzliche Antritt des Gegenspielers, der abprallende Ball beim Torschuß oder der Raum-schaffende Lauf des Mitspielers fordern den einzelnen zum Spurt heraus. Die effektive Schnelligkeit des Fußballspielers setzt sich dabei aus seiner Laufgeschwindigkeit und seiner Reaktionsschnelligkeit zusammen. Es reicht für den Fußballer also nicht nur aus, schnell laufen zu können. Vielmehr muß er auch eine Situation schnell erfassen und sich zum Spurt entschließen können. Nicht selten erreicht der läuferisch langsamere Spieler den Ball dennoch als erster, weil er eine Situation schneller vorausgesehen und entsprechend reagiert hat. Im Fußball spielen also die Fähigkeiten, Spielentwicklungen vorauszuahnen und auf optische Zeichen schnell zu reagieren, eine ungleich größere Rolle für den erfolgreichen Spurt als beispielsweise in der Leichtathletik. Daher sollte Schnelligkeitstraining diese **Fußballtypischen Bedingungen in die Übungsformen** mit aufnehmen.

Ein Zweikampfspurt könnte in Form eines Wettbewerbs ,,Stürmer gegen Abwehrspieler" auf ein bestimmtes Ziel hin ausgetragen werden. Der Abwehrspieler erhält einen wettkampfähnlichen Vorsprung (steht z. B. mit dem Rücken zum Ziel 2 m schräg vor seinem Gegner). Der Start erfolgt nicht per Pfiff des Trainers, sondern durch den überraschenden Antritt des Stürmers, der dabei seinen Gegner vorab mit verschiedenen Bewegungen täuschen und vom plötzlichen Antritt ablenken darf.

Schnelligkeitsausdauer läßt sich besonders wirkungsvoll innerhalb kleiner Parteispiele verbessern.

Fußball ist eine Ausdauersportart. In Spielen mit kleinen Spielerzahlen kommt der konditionelle Beanspruchungswechsel für den einzelnen einem intensiven Intervall (Trainingsmethode zur Verbesserung der Schnelligkeitsausdauer) gleich.

Das intensive Intervallprinzip legt eine Laufgeschwindigkeit fest, die der Höchstgeschwindigkeit nahekommt bei einigen Spurts mehr, als für das reine Schnelligkeitstraining ausreichen. Die Pausen zwischen den einzelnen Spurts sind so kurz, daß eine vollständige Erholung nicht erreicht werden kann, also gegen die fortschreitende Ermüdung Widerstand geleistet werden muß (Stehvermögen).

Auch die Kraftausdauer wird in Parteispielen mit niedrigen Spielerzahlen gefördert. Neben solchen kleinen Spielen eignet sich auch das sogenannte Circuittraining, eine besondere Form des Kreistrainings mit wettkampfähnlichen Schnellkraftaufgaben, zur Verbesserung der Muskelkraftausdauer (vgl. Kreistraining, S. 229).

Für Abwechslung und Entspannung sollten nach wie vor geeignete **Lauf- und Tummelspiele und Motivationsspiele** sorgen. Die steigende psychische Stabilität und die damit verbundene Zunahme an Selbstvertrauen und Selbstbewußtsein wecken im heranreifenden Spieler nun auch das Interesse an dem Fußballspiel entnommenen Aufmerksamkeits- und Beobachtungsaufgaben innerhalb derartiger Motivationsspiele. So könnten z. B. anstatt des Aufrufes ,,schwarz" oder ,,weiß" im bekannten gleichnamigen Fangspiel nun fußballspezifische Situationen (z. B. Erfolg oder Mißerfolg eines Torschusses; Dribbling gegen einen Gegner über eine Linie oder der Gewinn eines Kopfballzweikampfes) darüber entscheiden, wer fangen und wer fortlaufen muß. Ähnliche Aufgabenstellungen auch an das allgemeine Bewegungsgeschick lassen sich durch sogenannte Fremdspiele (z. B. Fußballtennis, Volleyball oder Basketball mit Kopfballabschluß auf ein Tor) entwickeln.

5. Das Training der A-Junioren (16.—18. Lebensjahr — A-Junioren)

Entwicklungsmerkmale

- **körperliche Ausreifung mit gleichmäßigem, verlangsamtem Wachstum von Knochenbau und Muskulatur**
- **Verfestigung und Verknorpelung des Knochenbaus**
- **Endausprägung der koordinativen und psychischen Fähigkeiten**
- **Spezialisierung aufgrund besonderer Eigenschaften und Fähigkeiten**
- **allgemeine Ausreifung zum Erwachsenen**
- **sachbewußtes, vernunftmäßiges Verhalten**

Trainingsinhalte

- **Erweiterung und Verfeinerung aller taktischen Fähigkeiten**
- **allgemeines technisch-taktisches Einzeltraining**
- **Positionstraining innerhalb der Gruppe**
- **Konditionstraining**

Trainingsformen

- **alle Trainingsmaßnahmen des Erwachsenentrainings — Parteispiele, Spielformen, spielgemäße Übungsformen, Einzeltraining, Konditionsübungen, Motivationsspiele**

— Trainingsinhalte —

Mit der endgültigen Ausprägung aller koordinativen und geistig-psychischen Fähigkeiten in dem Rahmen, der aufgrund der Entwicklungschancen in Kindheit und Jugend ermöglicht worden ist, können die Trainingsinhalte weitgehend den Charakter des Hochleistungstrainings eines Erwachsenen annehmen. Auf der Grundlage allgemeiner technischer und taktischer Schulung im Schulkindalter und in der Pubertät tritt nun die taktische Spezialisierung in den Mittelpunkt. Individuelle Stärken und Eigenheiten, die in früheren Entwicklungsstufen angelegt worden sind und sich herausgebildet haben, zeigen dem Trainer auf, welche Aufgaben innerhalb welcher Mannschaftsposition und welche Spielweise dem einzelnen am besten liegen. Diese werden vornehmlich in gesonderten Trainingsformen verfeinert, fortentwickelt und verstärkt.

Auch die allgemeinen taktischen Trainingsaufgaben wie die Verbesserung des Torabschlusses z. B. aus den Aufgaben der jeweiligen Mannschaftspositionen und entsprechenden Spielsituationen heraus oder das Abwehrverhalten in der Raumdeckung, Abseitsstellen, forechecking oder pressing als aggressive Vorwärtsverteidigung lassen sich bereits in der sogenannten Adoleszenz erarbeiten. Die erforderlichen Spielerfahrungen sind vorhanden, das Sachinteresse und die geistigen (taktischen) Fähigkeiten ausreichend entwickelt.

Das Training der konditionellen Fähigkeiten Kraft, Schnelligkeit und Ausdauer sowie der Mischeigenschaften Schnellkraft, Schnelligkeitsausdauer und Kraftausdauer werden in gleicher Weise wie im Hochleistungstraining der Erwachsenen schwerpunktmäßig verbessert. Dabei ist jedoch zu beachten, daß im speziellen Schnelligkeits- und Kraftausdauerbereich dem Jugendlichen während dieser Übergangszeit zum Erwachsenenalter noch längere Pausen bei durchaus gleich hohen Belastungen gewährt werden müssen. Untersuchungen haben nämlich ergeben, daß der Jugendliche diesen Alters noch nicht über so umfangreiche Energiespeicher verfügt und daher leicht „ausbrennt" und — wie man sagt — „verheizt" werden kann. Die totale Ausschöpfung seiner Energiereserven hätte nämlich zur Folge, daß auch in späteren Jahren ausreichende Kräfte nicht mehr mobilisiert werden können, um die eigene Leistungsfähigkeit noch entscheidend zu steigern. Das junge Talent stände unvermittelt bereits mehr oder weniger am Ende der Leistungsentwicklung.

— Trainingsformen —

Auch die Trainingsformen entsprechen schon weitgehend denen des Erwachsenentrainings. Dabei behalten **Parteispiele,** kleinere **Spielformen** und **spielnahe Übungsformen** den gleichen Stellenwert für die Weiterentwicklung spieltaktischer Verhaltensweisen wie schon in der Zeit früherer Lebensjahre.

Im **Einzeltraining** wird der Spieler in einfachen, anwendungsbezogenen Übungsformen innerhalb eines bestimmten taktischen Mittels (z. B. direkter Torschuß, Kopfball am Pendel) geschult. Einzelne Bewegungsabläufe werden vertieft. Solche Trainingsformen verlangen vom Spieler ausreichende Spielerfahrungen, sich innerhalb dieser einfachen Übungsaufgaben die entsprechende, spielgemäße Umgebung und Spielsituation vorzustellen. Der Spieler muß den Sinn und Wert dieser Einzelaufgaben für seinen Spielerfolg als notwendig einsehen können.

Die Aufgaben des Konditionstrainings, wie sie in der 2. puberalen Phase aufgenommen worden sind, werden nun hinsichtlich ihrer Intensität dem Alter und der steigenden individuellen Leistungsfähigkeit angepaßt. Der Unterschied zum Hochleistungstraining des Erwachsenen drückt sich nur noch innerhalb der Belastungshöhe sowie in den Pausen aus, die zwischen den verschiedenen Aufgaben innerhalb einer Trainingseinheit und auch zwischen den Trainingseinheiten im Ablauf einer Woche bzw. eines längeren Zeitraumes gesetzt werden.

IV. Training

1. Trainingsvorbereitung

Lernerfolge und Leistungsverbesserungen hängen nicht nur von der Auswahl geeigneter Trainingsformen ab. Vielmehr spielt die Art und Weise, in der diese Maßnahmen verwendet und mit ihrer Hilfe Spieler in ihrem Leistungsvermögen gefördert werden, für den eigentlichen Trainingserfolg eine entscheidende Rolle. Man spricht von der methodischen Arbeit im Training, von der Trainingsmethodik.

Trainingsmethodik bezieht sich auf den Weg, den der Trainer einschlägt, **wie** er seine Aufgaben stellt und Fehler korrigiert, um das Trainingsziel, die Verbesserung des sportlichen und sozialen Verhaltens der Spieler zu erreichen. Methodische Grundlagen beinhalten daher allgemeine Leitlinien, Regeln und Orientierungshilfen für die praktische Schulungstätigkeit des Trainers. Die im folgenden beschriebenen und erklärten methodischen Grundsätze sind auf die drei Eckpfeiler eines Trainingsprozesses bezogen,

a) auf die Auswahl der Trainingsformen,
b) auf die Aufgabenstellung im Training und
c) auf die Korrekturarbeit als Kernstück praktischer Ausbildungstätigkeit.

Erfolgreiches, effektives Training beginnt bereits mit der Vorbereitung auf die Trainingsstunde. In dieser Vorbereitung werden die Inhalte der Trainingseinheit, deren Lernziele und die erforderlichen Trainingsformen festgelegt, in denen der Trainer die gewünschten Lernziele zu erarbeiten gedenkt. Einer gewissenhaften Trainingsvorbereitung sollten einige wichtige Überlegungen zugrunde gelegt werden:

1. Welche technischen, taktischen oder konditionellen Schwerpunkte sind aufgrund erkannter Mängel des letzten Spiels kurzfristig abzustellen?
2. Welche technischen, taktischen oder konditionellen Inhalte sind aufgrund einer langfristigen Trainingsplanung im jeweiligen Alter und dem jeweiligen Stadium der Spielzeit zu schulen und zu verbessern?
3. Welches Leistungsniveau haben die einzelnen Spieler?
4. Über welche taktischen Kenntnisse verfügen die Spieler?
5. Wann fand der letzte und wann findet der nächste Wettkampf statt? (Welcher Trainingstag wird geplant?)

Bezüglich der Trainingsorganisation können weitere Fragen eine für den Trainingsverlauf hilfreiche Vorplanung ermöglichen:

6. Welche Platzverhältnisse stehen zur Verfügung?
7. Welche und wie viele Hilfsmittel (z. B. Bälle, Fähnchenstangen u. a.) können benutzt werden?
8. Welche Witterungsverhältnisse sind zu erwarten?

Aufgrund dieser Überlegungen muß der Trainer geeignete Maßnahmen auswählen und sein Rahmenprogramm für die geplante Trainingseinheit aufstellen. Ein solches Trainingsprogramm kann jedoch immer nur eine Art gedanklichen Rahmens darstellen. Viele unvorhersehbare Ereignisse und Ergebnisse während einer Trainingsstunde (z. B. Verletzung eines Spielers, unerwartete Lernschwierigkeiten oder unerwartete Veränderungen der Trainingsbedingungen) lassen einen bis ins einzelne vorherbestimmten Trainingsplan wenig zweckmäßig erscheinen.

Ein Trainer ist immer wieder zu improvisieren gezwungen und muß sich unvorhersehbaren Entwicklungen und Beeinträchtigungen während des Trainings schnell anpassen können.

2. Zur Auswahl von Trainingsaufgaben

Neue, dem Spieler noch unbekannte Aufgaben bauen auf den erlernten technischen und taktischen Fähigkeiten, dem bereits Bekannten auf.

Spiele und Übungsformen werden von der leichten Aufgabe in kleinen Schritten allmählich zur schwereren Form ausgewählt.

Die Schwierigkeit einer Trainingsaufgabe muß dem Können und Leistungsvermögen des einzelnen angepaßt werden.

Trainingsaufgaben im Kindes- und Jugendalter mit Wertungsmöglichkeiten (Wettbewerb) erhöhen die Konzentration und Leistungsbereitschaft.

Die Trainingsformen im Kinder- und Jugendtraining sollen dem selbständigen, spielgestaltenden Handeln innerhalb der verschiedenen Aufgaben breiten Spielraum bieten.

Kleine Erfolgserlebnisse innerhalb der Trainingsaufgaben fördern das Selbstvertrauen und stärken das Selbstwertgefühl des Jugendlichen.

— Vom Bekannten zum Unbekannten —

Lernfortschritte sowohl im technischen als auch im taktischen Bereich lassen sich nur durch Wiederholungen bereits bekannter Trainingsaufgaben und -situationen erzielen. Der Schritt zu einer neuen Aufgabe sollte daher erst erfolgen, wenn der Spieler ausreichend Gelegenheit erhalten hat, sich mit einer bekannten Aufgabe zu beschäftigen, um diese zu bewältigen. Zu schnell und unvermittelt einander folgende neue, noch unbekannte Trainingsaufgaben mögen optisch zwar den Reiz lebhafter Abwechslung vortäuschen. In der Tat aber führt eine solche Trainingsgestaltung mit zu vielen neuartigen Herausforderungen bei nur unzureichender Gelegenheit, innerhalb bekannter Übungen und Spiele eigene Erfahrungen, Sicherheit und Selbstvertrauen aufzubauen, sehr bald zur Verunsicherung des Spielers. Verunsicherung mindert die Leistungsbereitschaft und behindert die Leistungsfähigkeit. Der Lernprozeß wird gestört. Dieser Gesichtspunkt erhält im Grundlagentraining des Kindes- und Jugendalters besonderes Gewicht.

Der Trainer muß sich bei seiner Vorbereitung einer Trainingsstunde also nicht nur über die neuen Lernziele klarwerden. Auch die Überlegungen, was die Spieler bereits kennen und beherrschen, spielen bei der Auswahl geeigneter Trainingsformen und deren Schwierigkeitsgrad eine mitbestimmende Rolle.

— Vom Leichten zum Schweren —

Eine schwierigere Aufgabe erscheint erst dann interessant und lösungswert, aber auch lösbar, wenn der Spieler die leichtere Ausführung dieser Aufgabe bereits bewältigt hat und beherrscht. Man spricht von der Motivation zu einer bestimmten Leistung, nämlich die neue, schwerere Aufgabe auch zu erfüllen. Diese Leistungsmotivation bildet eine Voraussetzung für den Lernerfolg. Ohne diese Leistungsbereitschaft vermag der Spieler kaum ausreichende Aufmerksamkeit, Anstrengung und Konzentration auf die Herausforderung der Aufgabe zu entwickeln. Fehlende Leistungsbereitschaft begrenzt die Leistungsfähigkeit.

Die Leistungsmotivation wird von zwei miteinander „rivalisierenden" Gefühlen entfacht, der Hoffnung, die Aufgabe erfolgreich zu lösen, sowie der Furcht, zu versagen und zu scheitern. Empfindet man eine Aufgabe als zu leicht, führt man die geforderte Handlung kaum noch mit der nötigen Konzentration aus. Wer Tore auch unter Bedrängnis gegen aktiv störende Gegenspieler zu erzielen versteht, neigt schnell dazu, im Training freistehend vor dem Torwart ohne Bedrängnis anstelle eines sicheren und schnörkellosen Torschusses eine etwas schwierigere, spektakuläre und damit auch riskantere Art zu wählen, den Ball ins Tor zu befördern. Nicht selten erlebt der Spieler dann einen unverwarteten Mißerfolg. Nachlässigkeit und Verspieltheit schleichen sich ein. Das Ziel einer Bewegungs- bzw. Handlungsverbesserung wird gar nicht ernsthaft angestrebt.

Erscheint eine Aufgabe von vornherein zu schwer und unlösbar, tritt schon vorzeitig eine Art Resignation ein. Man versucht erst gar nicht, erfolgreich zu sein, weil man nicht an einen Erfolg glaubt. Wer einen langen Steilpaß auch im Spurt nicht mehr vor dem gegnerischen Torwart zu erreichen sich zutraut, wird dem Ball gar nicht erst nachspurten. Ein ernsthafter, konzentrierter Lösungsversuch der als zu schwer, weil aussichtslos empfundenen Aufgabe bleibt aus. Die Chance zu einer möglichen Leistungsverbesserung wird nicht genutzt.

Trainingsaufgaben fordern den Eifer und die Bereitschaft zum Üben und Lernen immer nur heraus, wenn der Spieler zwischen der Hoffnung auf Erfolg und der Furcht vor Mißerfolg schwankt. Die Bereitschaft zu einer Leistung wird also vom Schwierigkeitsgrad der gestellten Aufgabe mitbestimmt.

Dieser Schwierigkeitsgrad ist mit einer Leiter zu vergleichen, die fortlaufend in kleinen Stufen höher, von der leichten zur schweren Aufgabe führt. Solche Schritte vom Leichten zum Schweren lassen sich in allen Trainingsformen entwickeln (vgl. dazu auch „Differenzierungen").

Der Trainer sollte daher die ausgewählten Trainingsaufgaben so aufbauen und einander folgen lassen, daß die Aufgaben nicht zu leicht geraten und von Schritt zu Schritt in ihrem Schwierigkeitsanspruch ansteigen, also auch eine neue Herausforderung an die Leistungsbereitschaft der Spieler wecken. Dabei ist darauf zu achten, daß die einzelnen Lernschritte nicht zu groß gestaltet und dadurch die neuen, auf dem Bewältigten aufbauenden Aufgaben vom Spieler nicht als zu schwer empfunden werden. Wer z. B. den Kopfstoß aus der Hand in seiner technischen Grobform erlernt hat, wäre mit dem Kopfball aus dem Anlauf und Absprung mit einem Bein heraus überfordert. Anreiz und Trainingseifer könnten dagegen der Kopfstoß aus dem Stand zur Seite oder auch aus dem Absprung mit beiden Beinen wecken.

— Schwierigkeit dem individuellem Leistungsniveau entsprechend —

Nur sehr selten verfügen die Spieler einer Mannschaft über ein annähernd gleiches Können. Eine solche für einen Trainer glückliche Situation kann man — wenn überhaupt — nur in Auswahlmannschaften antreffen. In der Regel spielen Fußballer mit teilweise recht unterschiedlichem Leistungsvermögen in einer Mannschaft zusammen. Man spricht hier vom Leistungsgefälle innerhalb einer Mannschaft. Dieses Leistungsgefälle kann bezogen auf die verschiedenen Fertigkeiten und Fähigkeiten des Fußballspiels durchaus variieren. Ein Spieler mit besonderen Stärken in der Technik mag beispielsweise Mängel im Schnellkraftbereich der Muskulatur aufweisen, in einer Fähigkeit also, die sein technisch schwächerer Mannschaftskamerad in Antritt, Sprungkraft oder Schußkraft zu seinen besonderen Stärken zählt.

Unterschiedliches Leistungsniveau trifft man in besonders deutlicher, nicht selten entwicklungsbedingter Form in Kinder- und Jugendmannschaften an. Soll nun jeder Spieler möglichst gleiche Lern- und Verbesserungschancen erhalten, so müssen die einzelnen Trainingsaufgaben dem individuellen Leistungsvermögen angepaßt werden. Eine bestimmte Aufgabe kann für den einen Spieler sich als seinem Können durchaus angemessen erweisen, während dieselbe Aufgabe sich für seinen Mannschaftskameraden als zu schwer oder zu leicht erweist. Ein Training mit gleichen Spiel- und Übungsformen für alle wird zwangsläufig immer wieder einzelne benachteiligen und eine optimale Förderung beeinträchtigen.

Der Berücksichtigung des individuellen Leistungsstandes kommt im Kinder- und Jugendtraining eine für ihre sportliche wie auch menschliche Entwicklung entscheidende Bedeutung zu. Jugendliche können eine Über- bzw. Unterforderung noch nicht erkennen und wie der Erwachsene dem Trainer in sachlicher Form deutlich machen. Sie reagieren emotionaler, verlieren rasch die Freude am Training und neigen dann nicht selten dazu, das Training der anderen zu stören. Kinder machen sich in ihrer Selbsteinschätzung in weit stärkerem Maße als ein Erwachsener von ihrer Leistung und der erhofften Anerkennung abhängig. Schwierigkeiten mit Aufgaben, die andere Alterskameraden bereits bewältigen, können dann nicht selten für den leistungsschwächeren Spieler zu psychischen Konflikten führen, die den weiteren Trainings- und Lernprozeß erheblich behindern.

Als besonders kritische Zeit erweist sich in dieser Beziehung der Übergang vom harmonischen Schulkindalter in die problembeladene Phase der pubertären Reifung. Nicht selten findet man in diesen Altersstufen ungewöhnlich große Unterschiede hinsichtlich des Leistungsvermögens gleichaltriger Spieler. Der frühentwickelte Jugendliche, der zuerst in die beschleunigte Wachstumsphase eintritt, erweist sich seinen Alterskameraden vorübergehend auf all den Gebieten überlegen, die von Kraft und Schnelligkeit bestimmt werden. Er läuft schneller, schießt weiter, springt höher. Alle Trainingsaufgaben, in denen diese Fähigkeiten eine entscheidende Rolle spielen — und dazu zählt das Wettspiel in erster Linie — vermitteln ihm häufigere Erfolgserlebnisse.

Der Trainer muß daher auch inhaltlich seine Trainingsaufgaben auf den jeweiligen Entwicklungsstand abstimmen, um allen Spielern die für den Lernfortschritt notwendigen, motivierenden Erfolgserlebnisse zu ermöglichen.

— Motivierende Aufgaben durch Wettbewerbscharakter —

Konzentration und Leistungsbereitschaft lassen sich vor allem im Kinder- und Jugendtraining besonders wirksam durch die Verknüpfung von Trainingsaufgaben mit einem kleinen Wettbewerbsgedanken steigern. Jugendliche nutzen Gelegenheiten zur Darstellung ihres Könnens mit ungleich größerem Engagement als Erwachsene. Der Erfolg, besser zu sein als der andere, als bester von allen anerkannt zu werden, stärkt das noch recht gering ausgeprägte kindliche Selbstwertgefühl. So könnte z. B. die einfache Kopfballübung, den vom Partner hoch zugeworfenen Ball im Sprung zurückzuköpfen, für beide Spieler an motivierendem Reiz gewinnen durch den Wettbewerbsgedanken, möglichst viele Bälle in Folge dem Partner so genau zurückzuköpfen, daß dieser den Ball ohne Bodenberührung des Balles fangen und festhalten kann.

Wettbewerbsaufgaben lassen sich von den Spielern auch überprüfen. Sie sind relativ kurz und werden im Bemühen um ein gutes Abschneiden konzentrierter und gewissenhafter ausgeführt.

Allerdings sollte der Trainer die Auswertung solcher Aufgaben nicht vernachlässigen. Die Motivation zu besonderer Leistung gewinnt der Spieler aus der Hoffnung auf die von ihm gewünschte und angestrebte Anerkennung. Diese erfolgt erst mit der Auswertung des Wettbewerbs. Entfiele das Zählen und der Vergleich mit den Leistungen der anderen, so würde auch die Hoffnung auf Anerkennung der erbrachten Leistung im weiteren Trainingsverlauf schwinden und verstärkte Anstrengung nicht mehr auslösen.

— Förderung selbständiger Handlungsfähigkeit —

Ein für den Jugendtrainer grundlegender Schulungs- und Ausbildungsaspekt besteht in der Förderung selbständigen Handelns durch Training. Immer noch wird der Stellenwert der Fähigkeit zu selbsttätiger Spielgestaltung für das gute Fußballspiel im Vergleich mit anderen Leistungsfaktoren nicht seiner Bedeutung entsprechend hoch genug eingeschätzt. Dieses spielgestaltende Können beruht auf der Fähigkeit, frühzeitig das Vorhaben der Mit- und Gegenspieler aus deren Bewegungen vorauszuahnen und entsprechende Handlungen zu ergreifen, um den Spielfortgang in eigenem Sinne zu lenken. Man spricht vom taktischen Voraussehen und vom selbständigen, für den Gegner nicht vorhersehbaren Handeln.

Selbständige Handlungsfähigkeit erfordert über taktisches Planen und Voraussehen auch geistige und psychische Fähigkeiten wie Einfallsreichtum, Willensstärke, Risikobereitschaft und Entschlußfreudigkeit. Diese Fähigkeiten entwickeln sich aufgrund häufiger, frühzeitiger und vielseitiger Spielerfahrungen mit der situativen Anwendung der technischen und taktischen Mittel des Fußballspiels.

Die technischen Fertigkeiten befähigen dabei den Spieler lediglich, auch in schwierigeren Situationen sich erfolgreich zu behaupten und am Ball sicherer und schneller zu handeln. Ein Spieler ohne spieltaktische Erfahrungen, also ohne Erfahrungen um die situationsgerechte, erfolgversprechende Anwendung seiner Fertigkeiten und Fähigkeiten könnte auch bei einer überragenden Ballbehandlung kaum erfolgreich Fußball spielen.

Immer häufiger wird im Fußballsport der Triumph der Athletik über Spielwitz und Einfallsreichtum beklagt. Man fordert intensiveres Training der technischen Fertigkeiten.

So begründet diese Klagen auch sind, die Konsequenzen sollten auch in eine andere Richtung gezogen werden. Der Mangel ist weniger in dem Inhalt des Trainings (Technik) als vielmehr in der Art der Trainingsformen zu sehen. Der Trainer sollte schon für das Kindes- und Jugendalter seine Auswahl an Trainingsaufgaben so treffen, daß die technischen Fertigkeiten in solchen Übungs- und Spielformen erlernt werden können, in denen der Spieler selbständig auf die Art der Aufgabenlösung Einfluß nehmen und damit gleichzeitig alle wichtigen Faktoren erlernen kann, die selbständiges, spielgestaltendes Handeln im Spiel ermöglichen. Letztlich ist es auch der Spieler selbst und nicht der Zuruf des Trainers, der in der aktuellen Spielsituation die Spielentwicklung mitbestimmen soll.

Selbständige Handlungsfähigkeit drückt sich in erster Linie im Angriffsverhalten mit und ohne Ball aus. Daher muß das Kinder- und Jugendtraining vornehmlich zunächst das Angriffsverhalten fördern. Die Spieler sollten frühzeitig lernen, sich durch Ideenreichtum und rasches Erkennen der Spielentwicklung auch athletisch überlegenen Gegnern erfolgreich zu erwehren und ihr Spiel durchzusetzen.

Für einen unfertigen Spieler ist das Abwehren, das Stören einer Aktion des Gegners, den Ball lediglich fortzuschlagen, ungleich einfacher, als einen erfolgreichen Angriff zu spielen und sich am Ball durchzusetzen. Folglich sollten die Trainingsaufgaben zunächst immer so gestellt werden, daß das Spiel der ballführenden Spieler bzw. Mannschaft deutlich begünstigt und erleichtert wird. Die Schulung und Verbesserung des Abwehrverhaltens wird nicht vernachlässigt. Sie steht aber als Erschwerung erst an zweiter Stelle, nachdem die Spieler ausreichende Fähigkeiten im Angriffsverhalten erworben haben.

— Erfolgserlebnisse schaffen —

Die stärkste Motivation zu vermehrtem Trainingsfleiß und großer Risikobereitschaft geht zweifelsohne von dem häufig erwähnten Erfolgserlebnis aus. Leistungsmotivation durch Erfolg ist beim Erwachsenen und in noch ausgeprägterer Form bei Kindern und Jugendlichen zu beobachten.

Erfolg ist Bestätigung der eigenen Leistung und zieht nicht selten auch die Anerkennung der Umwelt nach sich, den Beifall auf der Tribüne, das ,,Bravo" des Trainers oder auch nur das Staunen der Mitspieler.

Wieviele und welche Erfolgserlebnisse möglich sind und für wen, hängt weitgehend von der vorbereiteten Auswahl und Gestaltung der Trainingsformen ab. In diesem Zusammenhang muß auch auf die methodischen Grundsätze ,,vom Bekannten zum Unbekannten" und ,,vom Leichten zum Schweren" sowie der Anpassung des Schwierigkeitsgrades einer Aufgabe an das individuelle Leistungsniveau hingewiesen werden. Nur Aufgaben, die der Spieler auch zu erfüllen in der Lage ist, vermögen ihm solche Erfolgserlebnisse zu bereiten. Der erlebte Erfolg weckt bzw. stärkt das Vertrauen in die eigene Leistungsfähigkeit und damit den Mut, auch eine schwierigere Aufgabe zu meistern.

Das beliebteste und unzweifelhaft auch wirksamste Erfolgserlebnis ist das erzielte Tor. Welche plötzliche Leistungssteigerung bei Kindern ein erzieltes Tor auszulösen imstande ist, kann man immer wieder bei den Wettspielen des Fußballnachwuchses miterleben.

Verbindet man eine Trainingsaufgabe mit der Möglichkeit zu einem Torabschluß, so wird nicht nur der Gedanke eines zielstrebigen Torabschlusses verankert. Über die Freude am Torerfolg wird zugleich auch die Konzentration und Leistungsbereitschaft für die gesamte Trainingsaufgabe verstärkt.

Nicht zuletzt beruht die Freude am Fußballspielen innerhalb kleiner Parteispiele auch auf der durch Tore meßbaren Wertung. Der Trainer sollte daher Parteispielformen auswählen, deren Schwierigkeitsgrad es den Spielern beider Mannschaften gestattet, zahlreiche Tore zu erzielen.

3. Zur Vermittlung von Trainingsaufgaben

Eine Trainingsaufgabe kann erst dann vom Spieler erfolgreich gelöst werden, wenn er sie verstanden hat. Dieses Verstehen der gestellten Aufgabe hängt auf der einen Seite von der Aufnahmefähigkeit des Spielers und auf der anderen Seite von der Verständlichkeit der Anweisung und Erklärung durch den Trainer ab. Die Aufnahmefähigkeit wird durch Ermüdung erheblich eingeschränkt. Trainingsbeanspruchung bewirkt auch beim Trainer eine allmähliche Ermüdung, die ihrerseits auch die Fähigkeit des Trainers beeinträchtigt, ruhig und klar verständlich seine Erläuterungen und Ratschläge vorzutragen. Der Zusammenhang zwischen der Art und Weise der Aufgabenvermittlung und deren erfolgreicher Ausführung durch die Spieler zeigt sich im Kindes- und Jugendalter besonders deutlich. Geringe Spielerfahrungen erschweren das Verständnis rein verbaler Erklärungen. Die noch mangelhafte Konzentrationsfähigkeit, die typisch kindliche Unruhe und der Drang nach Bewegung und Betätigung mindern die Aufmerksamkeit und Geduld des Jugendlichen zuzuhören.

Der Trainer sollte bemüht sein, das vorbereitete Trainingskonzept in einer möglichst einfachen und leicht verständlichen Form zu vermitteln. Dabei berücksichtigt er wesentliche Gesichtspunkte effektiver methodischer Trainingsarbeit:

Zu Erklärungen werden alle Spieler zusammengerufen, so daß jeder alle Hinweise sehen und verstehen kann.

Erläuterungen und Demonstrationen erfolgen erst bei absoluter Ruhe in der Gruppe mit verbindlichen Worten.

Alle Erklärungen werden möglichst kurz gehalten.

Einzelne Aufgaben oder Teile daraus werden zum besseren Verständnis den Spielern vorgemacht.

Spielergruppen sollten immer wieder personell verändert zusammengestellt werden.

Bei der Gruppeneinteilung überzählige aber auch leistungsschwache oder besonders leistungsstarke Spieler können als neutrale Mitspieler eingesetzt werden, die stets mit der ballführenden Partei zusammenspielen.

— Zu Erklärungen die Spieler sammeln —

Im Verlauf des Trainings verteilen sich die Spieler über das ganze Trainingsfeld. Will der Trainer eine neue Aufgabe ansagen und erklären, ruft er alle Spieler zusammen. Dabei sollte er darauf achten, daß sich kein Spieler hinter seinem Rücken aufhält und er nicht zu dicht, praktisch innerhalb der Gruppe steht. Der Trainer muß immer alle Spieler genau beobachten und die Spieler auch den Trainer und seine Demonstrationen genau verfolgen können.

Kinder zeigen sich nicht selten unruhig und lassen sich schnell durch geringfügige Kleinigkeiten ablenken. Sofern die Witterung und die Platzverhältnisse es erlauben, sollten die Kinder sich in einem Halbkreis vor den Trainer setzen. Sitzend entwickeln die Kinder größere Konzentration und Aufmerksamkeit.

— Erklärungen nur bei Ruhe in der Gruppe geben —

Die Darstellung der Aufgabe oder ergänzende Erklärungen sollten immer erst erfolgen, wenn alle Spieler zusammengekommen sind und Ruhe in die Gruppe eingekehrt ist. Wer sich noch auf dem Weg zum Sammelplatz befindet, wird möglicherweise wesentliche Hinweise nicht aufnehmen. Nicht oder nur halb verstandene Aufgaben führen dann leicht zu Mißverständnissen untereinander und behindern den erfolgreichen Trainingsablauf.

Besonders wichtig ist es auch, vor einer Erklärung die Spieler auch psychisch ein wenig zur Ruhe kommen zu lassen. Hohe körperliche Belastungen beeinträchtigen das Aufnahmevermögen nicht unerheblich. Eine Minute Pause dient zur Besinnung und Erholung, um sich auf eine neue Aufgabe voll konzentrieren zu können.

Bei Kindern und Jugendlichen läßt sich die mangelhafte Konzentrationsfähigkeit nach körperlicher Belastung besonders deutlich feststellen. Nicht selten wird nach dem Ruf des Trainers rasch noch ein Schuß auf das Tor gefeuert. Mancher junge Spieler beschäftigt sich auch noch weiterhin mit seinem Ball, spielt auch während der Erklärungen des Trainers mit ihm herum und stört auf diese Weise ungewollt seine und die Aufmerksamkeit seiner Mitspieler. Hier sollte der Trainer Geduld und auch ein wenig Verständnis für den alterstypischen Spieltrieb und Bewegungsdrang aufbringen. Mit ein wenig Humor und einer geschickten Zusatzaufgabe („der letzte bei mir macht zwei Liegestütz") läßt sich auch in spielerischer Form Disziplin und Ordnung vermitteln und erreichen.

Bevor die neue Aufgabe erklärt oder Korrekturen angesprochen und vorgemacht werden, sollten die Spieler jegliches Trainingsgerät wie Bälle, Stangen, Hütchen u. a. vor sich auf den Boden gelegt haben. Auch der Trainer sollte sich eine kurze Verschnaufpause gönnen, in der er sich auf das besinnen kann, was und wie er es seinen Spielern sagen will.

Ist Ruhe in die Gruppe eingekehrt und alles aus den Händen gelegt, was die Spieler ablenken könnte, wendet sich der Trainer in ruhigen Worten an seine Spieler. Dabei sollte er möglichst langsam und deutlich sprechen und dem Spieler so Gelegenheit geben, die Gedanken aufzunehmen und zu verstehen.

Körperlich beanspruchte Spieler reagieren auch leichter erregt und überempfindlich. Allzu forsches Auftreten, mag es noch so berechtigt erscheinen, löst nicht selten das genaue Gegenteil von dem aus, was der Trainer erreichen will. Trotzreaktionen kommen auf, der Spieler fühlt sich schnell persönlich angegriffen und zieht sich in eine innere Abwehrstellung zurück, die seine Aufmerksamkeitsbereitschaft stark beeinträchtigt. Das Hauptanliegen des Spielers ist dann eher eine persönliche Rechtfertigung. Argumente und Forderungen des Trainers werden nicht verstanden.

Vorwürfe, befehlshafte Anordnungen oder auch nur allzu unpersönliche Anreden ziehen im Kindes- und Jugendalter nachhaltig negative Folgen nach sich. Im Schulkindalter stellt der Trainer die für das Kind vorübergehend wichtigste Bezugsperson dar, weil er all das beherrscht und vermittelt, was das Kind lernen und auch beherrschen möchte. Er wird zum Vorbild, zu einer Art Idol für das Kind. Verspürt das Kind nun plötzlich eine vermeintliche Abwendung seiner bedeutenden Bezugsperson, so fühlt es sich schnell im Stich gelassen und verliert das Vertrauen zu ihr. Eine solche Entwicklung vermag zuweilen zu erheblichen psychischen Störungen zu führen, die auch über einen längeren Zeitraum hinweg ihren negativen Einfluß auf das Verhalten und die Lernbereitschaft ausüben können.

Besonders empfindlich reagieren Jugendliche auf heftige und kritisch vorwurfsvolle Worte während der Pubertät. Die entwicklungsbedingte psychische Verunsicherung erschwert dem Jugendlichen ohnehin schon, zwischen sachlichem Hinweis und persönlichem Vorwurf zu unterscheiden. Mit einer verbindlichen, aufmunternden Art weckt man in diesem Alter am leichtesten Zuwendung und über diese auch die notwendige Aufmerksamkeit und Leistungsbereitschaft des Spielers.

Der Trainer wird während des Training in der Regel am wenigsten körperlich gefordert. Er besitzt die größere Erfahrung und altersentsprechende Reife. Daher sollte der Trainer immer eine beruhigende Rolle spielen. Temperament und Engagement ist dort angebracht, wo Freude und Anteilnahme des Trainers die erfolgreiche Aktion der Spieler bekräftigt und anerkennt oder den Spieler zu verstärktem Einsatz ermuntern will.

— Kurz gehaltene Aufgabenerklärungen —

Erklärungen sind notwendig. Der Spieler will wissen, was und warum er etwas tun, üben, trainieren soll. Dennoch sollten alle Erklärungen vom Trainer möglichst kurz gehalten werden und leicht verständlich erfolgen. Zu viel Informationen verwirren. Zu sehr ins einzelne gehende Anweisungen verunsichern und räumen dem Spieler kaum noch die Möglichkeit ein, die ihm eigene, seinen körperlichen Bedingungen angepaßte Ausführung und Aufgabenlösung selber zu finden.

Kinder und Jugendliche verhalten sich bei Erklärungen in der Regel noch unruhiger als Erwachsene. Kinder lassen sich leicht und gern ablenken. Dennoch muß gewährleistet sein, daß jeder Spieler alle für seine erfolgreiche Aufgabenbewältigung erforderlichen Informationen erhält. Es gilt daher für den Trainer, sich stets auf das wesentlichste zu beschränken.

Neue Aufgaben und Parteispiele sollten lediglich in ihrer Organisation und dem Aufgabenziel kurz erläutert werden. Die verschiedenen Möglichkeiten der Aufgabenlösung oder auch besondere Spielregeln lassen sich durch Demonstrationen leichter veranschaulichen.

Ins einzelne gehende Ausführungsbeschreibungen, z. B. der Bewegungsmerkmale einer technischen Fertigkeit, sollten nicht im vorhinein ausführlich besprochen werden. Zum einen wird das Kind bei mehreren komplizierten Bewegungsanweisungen in seiner Aufnahmefähigkeit nicht selten überfordert. Zum anderen verfügen viele Kinder bereits über ein natürliches Bewegungsverhalten, das manche typischen Merkmale, wie z. B. die Fußhaltung oder die Stellung zum Ball, bereits automatisiert hat, also unbewußt richtig ausführt. Lenkt man die Aufmerksamkeit des Kindes nun auf dieses bereits verinnerlichte Bewegungsmuster, holt also den Bewegungsablauf praktisch in das Bewußtsein zurück, so lassen sich sehr oft überraschende Störungen im natürlichen Bewegungsverhalten feststellen.

Der Trainer sollte daher zunächst lediglich erklären, **was** geübt werden soll und **warum** dieses Element geübt werden muß und wozu man es im Spiel benötigt. Die taktische Anwendung ist für den Spieler von Bedeutung und Interesse. Wer erfährt, daß er den Spannstoß verbessern soll, um später mit der verbesserten Spannstoßtechnik erfolgreicher auf das Tor schießen zu können, widmet sich der Aufgabe mit einer positiveren und konzentrierteren Einstellung. Erst spätere Korrekturen geben Anlaß zur Erläuterung einzelner technischer Bewegungselemente.

— Bewegungsaufgaben vormachen —

Was der Mensch sehen und beobachten kann, vermag er leichter und schneller zu verstehen, nachzuvollziehen und zu erlernen, als das, was ihm mit noch so anschaulichen Worten mitgeteilt wird.

Das Vormachen einer Aufgabe erspart Zeit und viele erklärende Worte. Die Veranschaulichung durch Demonstration kommt dem Lernverhalten von Kindern in besonderer Weise entgegen. Kinder ahmen gern und gut nach. Diese Fähigkeit, auch kompliziertere Bewegungen in ungewöhnlich großer Präzision nachzumachen, gleicht den Mangel an ausreichender Spielerfahrung aus, die für das Verstehen und Umsetzen von verbalen Erklärungen erforderlich sind.

Kinder vermögen allerdings noch nicht zwischen richtigen und falschen Bewegungen genau zu unterscheiden. Wird eine Aufgabe unzureichend und fehlerhaft vorgemacht, so vollziehen die Kinder auch diesen Fehler nach. Der Jugendtrainer sollte daher über ein ausreichendes technisches Können verfügen.

Vormachen läßt sich nahezu jede Information. Einfache und erweiterte Übungsaufgaben benötigen kaum eine verbale Beschreibung. Die Aufgabe wird ein- oder mehrmals gezeigt, um ihren Ablauf verständlich werden und sie dann nachvollziehen zu lassen. Für das Training mit Parteispielen wird zunächst die Organisation — Spielfeld, Mannschaft und Tore — festgelegt und kenntlich gemacht. Die Spielaufgabe ist schnell vorgestellt. Besondere, nicht den allgemeinen Fußballregeln entsprechende Regeln, z. B. der Aufgabenwechsel mit einem Auswechselspieler oder die Spielfortsetzung nach einem erzielten Tor, sollten dann einzeln demonstriert werden. Neue Spielregeln lassen sich für Kinder besonders schnell verständlich machen, wenn man das Spiel zunächst als Handballspiel durchführen läßt.

— Zusammenstellen der Gruppen variieren —

Einer der Gründe für die große Faszination, die das Fußballspiel weltweit ausübt, besteht auch darin, daß innerhalb einer Mannschaft leistungsmäßig stärkere und schwächere Spieler durchaus erfolgreich zusammenspielen können. Der Stärkere muß die individuell mögliche Leistung seines schwächeren Mitspielers akzeptieren. Der Schwächere seinerseits lernt, die größere Leistungsfähigkeit und die Hilfe des stärkeren Mannschaftskameraden anzuerkennen und im Bemühen um den gemeinsamen Erfolg auch seinerseits zu unterstützen.

Kinder und Jugendliche bringen eine solche Verhaltenstoleranz noch nicht ohne weiteres auf. Die stärkeren suchen sich im Training gern gleichstarke Mitspieler, vor allem, wenn in kleineren Gruppen, in Parteispielen trainiert wird.

Die Zusammenstellung immer derselben Spielergruppen kann bald zu festen Gruppenbildungen innerhalb der Mannschaft führen, die sich auf das Mannschaftsspiel im Wettkampf negativ auswirken. Aus sportlichen wie pädagogischen Gründen sollte der Jugendtrainer daher bei der Einteilung der spielenden Kleingruppen nach verschiedenen Gesichtspunkten variieren:

1. Gleichstarke Spieler spielen mit gleichen Aufgaben gegeneinander.
2. Eine Überzahl leistungsschwächerer Spieler spielt mit gleichen Aufgaben gegen eine Unterzahl leistungsstärkerer Spieler (z. B. 4—3).

3. Gemischte Mannschaften mit jeweils gleichvielen stärkeren und schwächeren Spielern spielen gegeneinander.

   Dabei können die leistungsstärkeren spielgestaltende Sonderaufgaben erhalten.

— Neutrale Spieler —

Oft läßt sich die Spieleranzahl beim Training nicht gleichmäßig in kleine Mannschaften aufteilen. Ein überzähliger Spieler könnte dann in einer Spielgruppe entweder als neutraler Spieler immer mit der ballführenden Partei mitspielen oder als Auswechselspieler zu einer der beiden Parteien gewählt werden, der jeweils nach Zuspiel mit dem entsprechenden Mitspieler Position und Aufgabe am Spielfeldrand wechselt.

Zuweilen finden Anfänger nicht ohne Hilfe zu einem aufgrund besonderer Spielregeln erfolgreichen Spielverhalten. In solchen Fällen könnte ein Neutraler vorübergehend mitspielen, der über ein ausgeprägteres Spielverständnis verfügt. Mit seinem spielgestaltenden Verhalten führt dieser Neutrale die anderen Spieler beider Parteien allmählich auf noch nicht erkannte Lösungswege hin.

Diese helfende Rolle des Neutralen übernimmt nicht selten auch der Trainer selbst. Er spielt dabei nur unauffällig mit, ohne sein eigenes Können in den Mittelpunkt zu stellen. Mit der Zusatzregel, daß der Neutrale weder angegriffen werden noch selber Tore erzielen darf, verschafft sich der Trainer dabei den für seine spielbeobachtende und spiellenkende Aufgabe notwendigen Freiraum.

Fußballerisch anderen deutlich unterlegene Spieler können in Parteispielen als neutrale Spieler erfolgreich mitwirken. Durch ihre Fehler wird keine der beiden Mannschaften einseitig benachteiligt. Die Regeln, daß dieser Neutrale innerhalb einer bestimmten Abspielzahl immer auch mindestens einmal angespielt worden sein muß (sonst Ballverlust) oder nicht angegriffen werden darf, sobald er den Ball (in „Not“) mit der Sohle anhält, sichern dann auch dem schwächeren Spieler Spielanteile innerhalb kleiner Fußballspiele.

4. Zur Schulungsarbeit im Training

Der entscheidende Schwerpunkt erfolgreichen Trainings liegt in der praktischen Arbeit während der Trainingsaufgaben. Jeder Spieler wird vom Trainer in Spielen und anderen Aufgaben immer wieder aufmerksam beobachtet.

Ob ein Spieler die Gelegenheit erhält, sich in seinen Stärken und Schwächen zu verbessern, hängt von der Art der ausgewählten Trainingsformen ab. Ob und wie schnell er Fertigkeiten und Fähigkeiten erlernt, wird hingegen weitgehend mitbestimmt von der Fähigkeit des Trainers, Eigenschaften und besondere Stärken eines Spielers zu fördern, Schwierigkeiten und Fehler zu erkennen und in geeigneter Weise abstellen zu helfen. Dabei sollte der Trainer einige grundlegende methodische Gesichtspunkte beachten:

Der Trainer beobachtet alle Spieler außerhalb der Trainingsgruppe und steht deren Spiel und Übungen nicht im Wege.

Die Spieler erhalten in den Trainingsaufgaben ausreichend Zeit und Gelegenheit, zunächst eigene Lösungswege zu suchen und zu finden.

Erkannte Fehler und Schwierigkeiten eines Spielers werden vom Trainer durch Demonstration und erklärende Hilfen und Anweisungen mit dem Spieler gemeinsam zu überwinden versucht.

Gute und erfolgreiche Leistungen, aber auch mutige Versuche sowie kleine Lernfortschritte verdienen ein anerkennendes und aufmunterndes Wort des Trainers.

— Stellung des Trainers außerhalb der trainierenden Gruppe —

Schnelles Erkennen von Problemen und Fehlern einzelner Spieler innerhalb der gestellten Trainingsaufgabe hängt u. a. auch von der Position des Trainers auf dem Sportplatz ab. Der Trainer sollte sich nach Möglichkeit außerhalb der übenden bzw. spielenden Gruppe bewegen. Auf diese Weise kann er alle Spieler überblicken, individuelle Schwierigkeiten oder zuweilen auch Mängel im Trainingseifer oder in der Konzentration gut beobachten und entsprechend gezielt eingreifen. So vermeidet er, den engagierten Spielern störend im Weg zu stehen.

Kinder und Jugendliche können schnell die Freude am Spielen und Üben und damit auch die Konzentration auf die Trainingsaufgabe verlieren. Sie verhalten sich unsteter und lassen sich leichter ablenken als Erwachsene. Streitigkeiten, kleine Konflikte entzünden sich unter den Jugendlichen häufiger und unvermittelter als im Erwachsenentraining. Die Verantwortung und Aufsichtspflicht liegt beim Trainer. Auch aus diesem Grund muß er alle Spieler immer wieder aufmerksam im Auge behalten und deren Trainingsverhalten aus einer Position heraus verfolgen, die einen allgemeinen Überblick über das Trainingsgeschehen gewährt.

— Individuelle Lösungswege suchen und finden lassen —

Eigenständiges Handeln wird nicht nur durch die Auswahl und Gestaltung der Trainingsformen ermöglicht. Es sollte auch während der praktischen Trainingsarbeit gefördert werden.

Trainingsaufgaben, die den Spielern die Gelegenheit einräumen, selbständig nach einer Lösung der gestellten Aufgabe zu suchen und eigene Lösungswege zu finden, bieten auch den geistigen und psychischen Fähigkeiten des Jugendlichen jene für das Erlernen eigenständiger Handlungsfähigkeit notwendige Entfaltungschancen.

Einen erfolgreichen Weg zur Aufgabenbewältigung findet der Spieler jedoch nicht auf Anhieb beim ersten oder zweiten Versuch. Vielmehr muß er mehrere auch erfolglose Verhaltenserfahrungen sammeln und verschiedene eigene Ideen ausprobieren können, bevor sich ihm der eine oder andere Weg als besonders wirksam und erfolgreich offenbart und im Bestreben nach vermehrtem Erfolg nun von ihm wiederholt beschritten und so erlernt wird.

Allzu rasches Eingreifen durch den Trainer bei der ersten erkennbaren Schwierigkeit würde die notwendige geistige und psychische Auseinandersetzung mit der Aufgabe und der Spielsituation nur behindern und den schöpferischen Einfallsreichtum einengen.
Für den Jugendtrainer ergeben sich aus diesen Gesichtspunkten zwei wesentliche Konsequenzen:

Erstens sollte er Geduld aufbringen und den Spielern ausreichende Zeit einräumen, sich mit den Lösungsmöglichkeiten einer Aufgabe selbständig auseinanderzusetzen. Der Trainer beobachtet, greift jedoch noch nicht sofort ein, wenn er den einen oder anderen Fehler oder eine individuelle Schwierigkeit erkannt hat.

Zweitens sollte der Trainer seine eigenen Lösungsvorstellungen nicht unbedingt auf das Verhalten der Spieler übertragen. Der Spieler muß lernen, innerhalb der aktuellen Spielsituation, also auch innerhalb einer Trainingsaufgabe selbständig zu entscheiden, was er als besonders erfolgversprechend zu tun gedenkt. Das Verhalten im Spiel wird von den Kenntnissen, Erfahrungen und Beobachtungen des Spielers und nicht durch die des Trainers bestimmt. Ein Spieler sieht und beurteilt innerhalb des Spiels bzw. einer Trainingsaufgabe eine Situation unter anderen Voraussetzungen als der außenstehende, unbeteiligte und wesentlich erfahrenere Trainer.

Frühzeitiges, unablässiges Zurufen oder belehrendes Unterbrechen einer Aktion durch den Trainer hätte vor allem im Kinder- und Jugendtraining bald zur Folge, daß sich der Spieler zunehmend auf die Anweisung und Hilfen eines Außenstehenden verläßt. Die für das gute Fußballspiel bedeutende Fähigkeit, aufgrund eigener Beobachtung des Verhaltens der Mit- und Gegenspieler selbständig zu einem erfolgversprechenden Handeln zu finden, wird nicht ausreichend gefördert und ausgeprägt.

Der Trainer ist daher gut beraten, wenn er auch andere Verhaltensweisen und Lösungswege zuläßt, die zur Bewältigung einer Aufgabe führen können. Das Verhalten, das der Trainer selbst in der aktuellen Spielsituation gewählt hätte, kann immer nur einen, aber nicht den einzigen Weg zum Erfolg darstellen. Dies gilt natürlich nur für Trainingsaufgaben, in denen die Bewegungsfolgen nicht schon im vorhinein festgelegt sind wie beispielsweise in einfachen und komplexen Übungsformen.

Die Förderung selbständiger Handlungsfähigkeit ist während der Entwicklungsjahre von entscheidender Bedeutung. Im Kindes- und Jugendalter werden die Grundlagen jener geistigen und psychischen Fähigkeiten erworben und ausgeprägt, die für selbständiges und einfallsreiches Handeln bestimmend sind. Versäumnisse in der Entwicklung dieser die spätere Persönlichkeit mitprägenden Merkmale haben sich für die Leistungsfähigkeit im Erwachsenenalter als eindeutig mindernd und begrenzend erwiesen.

Kinder befolgen Anregungen und hilfreich gemeinte Zurufe ihres Trainers noch unkritisch und ohne ernsthafte Berücksichtigung ihrer eigenen Beobachtungen und Handlungspläne. Häufiges und allzu schnelles „Vorsagen" des gewünschten Verhaltens führt dann leicht zu Unselbständigkeit und Abhängigkeit von den Reaktionen der Umwelt. Nicht selten wurde gerade in dieser Hinsicht bei manchem jungen Fußballtalent eine in späteren Jahren erreichbare Höchstleistung mit überraschenden Einfällen und für den Gegner unberechenbarem Handeln schon in frühem Alter versagt.

Fehlerkorrekturen

Nur bei wiederholten Fehlern korrigieren.

Einzelkorrekturen bei individuellen Fehlern, Korrekturen vor der Gruppe bei gleichem Fehler mehrerer Spieler vornehmen.

Nur stets einen, den wesentlichen Fehler korrigieren.

Eine Korrektur setzt sich zusammen durch 1. Erklärung, 2. Korrektes Vormachen, 3. Nachvollziehen lassen.

Korrekturen in Spielen und Spielformen erfolgen innerhalb der aktuellen, unterbrochenen Spielsituation.

Beobachtungsaufgaben werden bei Kindern und Jugendlichen durch alternative Fragen gestellt.

Nur konstruktive, nachvollziehbare Korrekturhinweise geben. Niemals fehlerhafte Bewegungen vormachen.

Den Mittelpunkt gewissenhaften und erfolgreichen Trainings bildet die Korrekturarbeit. Hier gilt es, erkannte Schwächen, Fehler und Probleme durch verschiedenartige Hilfen zu überwinden und zu beseitigen, um einen weiteren Lernfortschritt zu ermöglichen.

Korrekturen sind gezielte Lernhilfen. Sie werden immer dann eingesetzt, wenn erkennbar wird, daß ein Spieler trotz wiederholten Bemühens allein nicht zu einer erfolgreichen Bewältigung der ihm gestellten Aufgabe findet. Der Trainer greift also nicht sofort korrigierend ein, sobald er einen Fehler entdeckt hat. Vielmehr beobachtet er den oder die Spieler mit erkannten Schwierigkeiten genauer und länger. Er prüft, ob der Fehler oder das Bewegungsproblem bei weiteren Versuchen erneut auftaucht und vom Spieler nicht selbständig überwunden wird. Nicht selten stellen sich Fehler auch als reine Zufälligkeiten heraus (z. B. aufgrund von Platzverhältnissen oder anderen widrigen Trainingsbedingungen). In solchen Fällen erübrigt sich eine korrigierende Hilfe.

Erst bei mehrfacher Wiederholung des gleichen Fehlers kommt der Trainer zu Hilfe. Seine Erklärungen und Demonstrationen der korrekten bzw. einer erfolgreicheren Aufgabenlösung bilden nun jene Lernhilfen, die den Spieler in die Lage versetzen sollen, Bewegungs- bzw. Verständnisprobleme zu erkennen und abzustellen. Solche Probleme und Fehler sind nicht immer bei allen Spielern gleichzeitig zu sehen. Die Spieler begehen oft recht unterschiedliche Fehler. Daher sollte der Trainer weitgehend individuell korrigieren. Er widmet sich dem einzelnen, ohne das Training der anderen zu unterbrechen, wenn nur dieser einzelne Spieler ein bestimmtes Problem hat. Stellt der Trainer dagegen den gleichen Fehler bei mehreren Spielern fest, sollte er die ganze Gruppe zusammenrufen und die notwendige Korrektur für alle sichtbar und verständlich durchführen.

Nicht selten sind bei einem Spieler mehrere Fehler zugleich zu beobachten. Der Trainer beschränkt sich immer nur auf einen, nämlich den schwerwiegendsten Fehler. Mehrere Korrekturhinweise und Demonstrationen hintereinander verwirren und überfordern den Spieler mit Informationen und Eindrücken, die er anschließend nur selten auseinanderzuhalten und nachzuvollziehen in der Lage ist.

Korrekturen können auf unterschiedliche Weise erfolgen. Bereits eine **einfache verbale Bewegungsanweisung** vermag einen wichtigen Hinweis an den Spieler weiterzugeben. Solche Ratschläge sollten sich allerdings nicht in leeren Floskeln der Enttäuschung oder in kommentierenden Feststellungen, z. B. „schlechter Schuß", erschöpfen. Hilfen sind nur verständliche, nachvollziehbare Erklärungen, wie der Spieler erfolgreicher handeln kann.

Ungleich effektiver erweisen sich Korrekturen, die den richtigen Bewegungsablauf, die zweckmäßigere Aufgabenlösung oder eine erfolgreichere Situationsbewältigung **demonstrieren.** Was man sieht, prägt sich leichter ein und läßt sich schneller verstehen und nachvollziehen. Der junge Mensch lernt leichter und nachhaltiger, was er sehen und genau beobachten kann. Worte allein erfordern erhebliches Vorstellungsvermögen bestimmter Bewegungen bzw. Situationen. Voraussetzung dazu sind jahrelange und vielseitige Spielerfahrungen, die Kindern verständlicherweise noch fehlen.

Eine gründliche Korrektur besteht aus drei eigenständigen Schritten:

1. Dem Erklären der korrekten Bewegung durch den Trainer.
2. Dem korrekten Vormachen der erklärten Handlung durch den Trainer.
3. Dem Nachvollziehen der vorgemachten Handlung durch den Spieler.

Jede Korrektur, ganz gleich, ob sie lediglich in verbaler Form oder mit Hilfe zu beobachtender Demonstration erfolgt, sollte abschließen mit dem **Nachvollziehen der verbesserten Handlung durch den Spieler** selbst. Dies gilt sowohl für das Erlernen wichtiger technischer Fertigkeiten als auch für das Kennenlernen neuer oder veränderter, erfolgreicherer Spielhandlungen.

Innerhalb von spielnahen Übungsformen, Spielformen und kleinen Parteispielen muß die zu **korrigierende Handlung** stets im **Zusammenhang mit der aktuellen Spielsituation** gesehen und beurteilt werden können. Diese Spielsituation sollte für alle Beteiligten dadurch erhalten und einsichtig gemacht werden, daß die Spieler im Moment der Unterbrechung durch den Trainer sofort in ihrer augenblicklichen Position verharren. Nun läßt sich wie in einer Zeitlupe die Situationsentwicklung Schritt für Schritt vor- und auch zurückdrehen. Der Trainer erklärt, was er als taktisch unzweckmäßig und wenig erfolgversprechend erkannt hat und vor allem auch **warum** ein bestimmtes Verhalten wenig sinnvoll gewesen ist. Mit Hilfe der beteiligten Spieler lassen sich andere, erfolgversprechendere Möglichkeiten demonstrativ durchspielen. Dabei bleibt die aktuelle Spielsituation dem Spieler ständig vor Augen. Verhaltenskorrekturen können den Spielern auf diese Weise leicht verständlich gemacht werden. Anschließend wird die Spielsituation auf ihren Ausgangspunkt vor der Korrektur „zurückgedreht" und die verbesserte Handlung einige Male nachgespielt.

Alternativfragen als methodisches Hilfsmittel bei Korrekturen regen Kinder und Jugendliche zu verstärkter Aufmerksamkeit an. Vor der korrekten Demonstration wird dem Spieler eine einfache Frage gestellt, die seine Aufmerksamkeit gezielt auf jenes Bewegungselement lenkt, das dem Spieler bei der Bewältigung einer Aufgabe Schwierigkeiten bereitet (z. B. beim Spannstoß: „Stehe ich beim Schuß mit dem Standbein hinter oder neben dem Ball?"). Der Spieler beobachtet nun den Trainer, der die korrekte bzw. günstigere Ausführung vormacht und prägt sich diese Bewegung so genauer ein, um sie anschließend nachzuvollziehen. Darüber hinaus gewinnt der Spieler mit der richtigen Beantwortung der alternativ gestellten Frage Bestätigung und Anerkennung durch den Trainer und auf diesem Wege auch neue Trainingsmotivation.

— Lob und Anerkennung —

Erfolgreiche Trainingsarbeit zielt nicht nur auf die Verbesserung von Schwächen und Mängeln, sondern in gleichem Maße auch auf die Förderung und Weiterentwicklung besonderer Begabungen und Stärken ab. Training soll auch die Lernfreude und Leistungsbereitschaft der Spieler wecken, erhalten und verstärken.

Das Erfolgserlebnis beim Spiel oder in einer Übung wird durch die Anerkennung des Trainers verstärkt empfunden. Vor allem im Kinder- und Jugendtraining steigert die Bewältigung einer gestellten Trainingsaufgabe erst dann das Selbstvertrauen und Selbstwertgefühl und regt zu größerer Anstrengung an, wenn das lobende Wort des Trainers den Erfolg praktisch „bestätigt".

Nicht selten läßt sich vor allem bei Kindern vor der Pubertät beobachten, daß sie nach einer gelungenen Aktion sofort zum Trainer blicken, um festzustellen, ob dieser ihre Leistung auch gesehen hat. Anerkennende Zurufe des Trainers wie „Klasse", „Schön gemacht" lassen das Kind die Zustimmung und Anteilnahme des Trainers an seinem Spiel empfinden und setzen neue Kräfte frei.

Lob und Anerkennung sollten allerdings nicht nur für tatsächlich erfolgreich bewältigte Aufgaben und Handlungen gezollt werden. Das Fußballspiel ist eine unablässige Aneinanderreihung von Versuchen zu erfolgreichem Handeln. Ob eine Handlung gelingt, hängt nicht allein vom Können des einzelnen ab. Vielmehr spielen auch andere Bedingungen wie z. B. die Platz- und Witterungsverhältnisse, das Verhalten und die Fähigkeiten des Gegners und auch in nicht unerheblichem Maße einfach das Glück — auch für den besten und perfekten Fußballer — eine mitentscheidende Rolle für die stets neue Unwägbarkeit um Erfolg oder Mißerfolg eines jeden Versuches.

Mißerfolg enttäuscht, deprimiert und verunsichert. Kinder und Jugendliche empfinden eine mißlungene Aktion schnell als persönliches Versagen. Der Spieler riskiert dann weniger, um einen weiteren Mißerfolg zu vermeiden.

Lobend anerkannt werden sollte daher auch der mutige und taktisch erfolgversprechende, in der Ausführung jedoch noch mißglückte Versuch zum Erfolg. Der Spieler muß erfahren, daß er den richtigen — eben anerkennenswerten — Vorsatz gehabt hat, auch wenn diesem der Erfolg noch versagt geblieben ist. Die aufmunternden Worte des Trainers sollen ihn bestärken, in ähnlicher Situation in gleicher Weise zu handeln. Die richtige Entscheidung ist es, die anerkannt wird, der mutige Entschluß, also imgrunde jene Eigenschaften, die sowohl zur Erhaltung der Leistungsbereitschaft als auch zur Förderung des Lernprozesses von entscheidender Bedeutung sind.

— Fragen und Antworten im Lerngespräch —

Taktische Schulung im Kinder- und Jugendtraining sollte hinführenden, vor allem in den jüngeren Altersklassen noch nicht reinen Lehrcharakter besitzen.

Kinder lernen taktische Handlungen und Verhaltensweisen besonders eindrucksvoll zu verstehen, wenn sie selber zu einer Lösung finden. Eigene Lösungsergebnisse werden mit größerer Überzeugung ausgeführt. Sie bleiben nachhaltiger haften. Ein Spieler, vor allem der noch lernende, unerfahrene junge Fußballer, erkennt die gefundene Lösung als seine „Leistung" an. Er fühlt sich für sie „verantwortlich".

Verantwortungsbewußtsein für das eigene Handeln in Training und Wettkampf ist eine der vorrangigen Tugenden, ohne die große Leistungen und Leistungssteigerungen nur schwer möglich werden. Das Verantwortungsgefühl für das eigene Spiel sollte daher eines der wesentlichen Lernziele guter Trainingsarbeit sein.

Mit gezielten Fragen führt der Trainer seine Spieler auf die erfolgreiche Lösung hin. Der Jugendliche kommt selber auf das Ergebnis und lernt dadurch die erklärenden Demonstrationen und die taktischen Zusammenhänge zwischen einer Spielsituation und dem Spielverhalten der beteiligten Spieler zu verstehen.

Der Trainer räumt seinen Spielern eine Art Mitsprachemöglichkeit ein bei der gemeinsamen Bewältigung einer Aufgabe. Ein Beispiel soll diesen Ansatz verdeutlichen:

Abb. 9 Der helle Mitspieler kann nicht angespielt werden, weil er im Rücken (Deckungsraum) des dunklen Gegners nicht frei steht

Situation: Spieler A am Ball, wird vom Gegner B angegriffen. Mitspieler C verharrt im Deckungsraum hinter Gegner B. Der Ball geht im Zweikampf von A an B verloren.

Lösungsfindung: *Frage an die Schüler:* „Wie hätte A den Ballverlust vermeiden können?"
Antwort: „Wenn er den Ball von B weg in den freien Raum geführt hätte!"
Trainer: „Gut. Zeig mal, wie du das meinst."

Der antwortende Spieler macht in der aktuellen Spielsituation seinen Lösungsvorschlag vor.

Frage an die Schüler: „Kann man den Ball nicht schneller und einfacher vor B in Sicherheit bringen?"
Antwort: „Wenn C sich freiläuft und anbietet, dann C anspielen."
Trainer: „Ja. Mach uns das mal vor."

Der antwortende Spieler zeigt in der aktuellen Spielsituation, wie und wohin C seiner Meinung nach hätte sich freilaufen und zum Abspiel anbieten können.

Frage an die Spieler: ,,Warum konnte C denn nicht sofort angespielt werden?''
Antwort: ,,Weil B zwischen ihm und dem Ball stand.''
Trainer: ,,Richtig. Worauf muß man also achten, wenn man sich freiläuft und den Ball bekommen möchte?''
Antwort: ,,Daß kein Gegner im Weg steht — daß der Weg für den Ball frei ist.''

Die aktuelle Spielsituation wird wiederholt. Dabei können sich die Spieler für eine Lösung aufgrund ihrer neuen Erfahrungen entscheiden.

Abb. 10 Der helle Mitspieler läuft sich aus dem Dechungsraum des Gegners zur Seite frei und wird anspielbar

Fragen und Antworten zu einer ersten allgemeinen taktischen Schulung erfordern zwar zunächst etwas mehr Zeit und Geduld. Längerfristig gesehen haften Erfahrungen und Kenntnisse tiefer und werden auch leichter in verbessertes Spielverhalten umgesetzt, die mit solcher oder ähnlicher Gründlichkeit und Anschaulichkeit gemeinsam ,,bewältigt'' worden sind.

Abb. 11 Täuschen und Haken schlagen ist die Freude der kleinen Fußballer

V. Praxis

1. Die verschiedenen Trainingsformen und Veränderungsmöglichkeiten

Die im folgenden Praxisteil beschriebenen, verschiedenartigen Parteispiele, Übungs- und Spielformen besitzen für das Kinder- und Jugendtraining unterschiedlichen Stellenwert. Während die Parteispiele als geeignetste Trainingsform im Mittelpunkt des Grundlagentrainings stehen sollten, bilden Übungen lediglich eine Hilfe, ,,spielfreie" Erholungszeiten sinnvoll zu nutzen und das Training abwechslungsreicher zu gestalten.

Die hier im Anhang an die Parteispiele und ihre Variationsmöglichkeiten vorgestellten Übungs- und Spielformen stehen exemplarisch für viele andere ähnliche Aufgaben. Alle Übungen sind mit einem Wettbewerbsgedanken verbunden. Solche Wettbewerbsaufgaben fordern die Spieler zu größerer Konzentration auf die Ausführung der Übung heraus. Auf diese Weise wird nicht nur der Lernprozeß beschleunigt und vertieft. Auch die Trainingsdiziplin läßt sich leichter aufrechterhalten bzw. verbessern.

Alle Übungsformen sind von der leichteren zur schwereren Aufgabe hin aufgeführt.

Jede einzelne Aufgabe läßt sich darüber hinaus noch leichter oder schwerer gestalten. Eine solche Veränderung des Schwierigkeitsgrades (Differenzierung) wird notwendig, weil nicht jeder Spieler das gleiche Leistungsniveau und Lernvermögen aufweist und daher seinem individuellen Können entsprechend angemessene Aufgaben gestellt bekommen muß.

Parteispiele werden in erster Linie durch die Veränderung des Spielerzahlverhältnisses erleichtert bzw. erschwert (3—1+2 oder 3—3). Andere Möglichkeiten zur Anpassung der Trainingsaufgabe an das Leistungsniveau der Spieler bieten die Spielraumgröße, die Anzahl und Größe der Tore sowie das Spieltempo. Der Schwierigkeitsgrad von Übungsformen läßt sich ebenfalls über das Spielerzahlverhältnis variieren. Darüber hinaus spielen die Gegenspieler (Abwehrspieler) und ihre Anzahl sowie die Gestaltung deren Aufgaben (passiv, teilaktiv oder aktiv) für die Erleichterung bzw. Erschwerung einer Aufgabe eine wesentliche Rolle.

Als ,,passiv" wird dabei ein Gegenspieler bezeichnet, dessen einzige Aufgabe darin besteht, ohne den Versuch, den Ball zu erkämpfen, beim übenden Spieler lediglich die Vorstellung eines möglichen Gegners zu wecken bzw. zu verstärken. So wird dem Spieler ein bestimmtes taktisches Verhalten mit dem Ball verständlicher und einsichtiger gemacht. Ein passiver Gegenspieler bereitet auf die bewußte, planvolle (taktische) Auseinandersetzung mit einem später aktiven Gegner vor.

Beispiel: ,,Doppelpaßspiel 2—1" *(Abb. 12)*

Der passive Abwehrspieler bleibt nur stehen und läßt sich einfach (ohne Gegenwehr) überspielen.

,,Teilaktive" Abwehrspieler erhalten eine bestimmte Abwehraufgabe, an die sie sich während der Übung halten müssen. Diese teilaktive Aufgabe wird dem Abwehrspieler vom Trainer ebenso vorgemacht wie die Aufgabe der anderen Spieler.

Das Abwehrverhalten eines teilaktiven Gegners liegt also im vorhinein fest. Es soll dem ballführenden Spieler helfen, ein bestimmtes Spielverhalten gegen einen oder mehrere Abwehrspieler in der Abhängigkeit zum Verhalten der Abwehrspieler schneller zu verstehen und auf diesem Wege leichter zu erlernen.

Beispiel: „Doppelpaßspiel 2—1" *(Abb. 12)*

Der teilaktive Abwehrspieler greift den ballführenden Spieler immer nur im Gehen an.

Der teilaktive Abwehrspieler führt seine festgelegte Aufgabe konsequent aus, obwohl er durch die Übungsaufgabe auch im vorhinein weiß, wie sich die anderen Spieler verhalten werden. Im Wettspiel selbst sind dann die Handlungen der Angreifer nicht vorher bekannt. Der Abwehrspieler weiß dann nicht im vorhinein, ob der ballführende Spieler einen Doppelpaß spielen oder ihn nur vortäuschen und allein durchbrechen wird.

Erst der „aktive" Abwehrspieler ist in seinem Verhalten „frei". Sein Spiel wird nicht mehr durch einseitige Verhaltensvorgaben festgelegt.

Abb. 12 Der Doppelpaß läßt dem Gegner keine Chance, den Ball im Zweikampf zu gewinnen

Beispiel: „Doppelpaßspiel 2—1" *(Abb. 12)*

Der aktive Abwehrspieler kann wie im Wettkampf den erfolgreichen Durchbruch der beiden Angreifer nach freiem Ermessen zu verhindern versuchen.

Der ballführende Spieler wird nun gezwungen, nicht immer nur abzuspielen, sondern je nach Abwehrverhalten des Gegners auch den Alleingang zu suchen. Auch sein als „Wand" helfender Mitspieler muß damit rechnen, den eingeleiteten Doppelpaß nicht weiterführen zu können, sondern seinerseits mit dem Ball zu dribbeln, weil der aktive Abwehrspieler diesesmal den direkten Rückpaß vorhersieht und verhindert.

Auch der Schwierigkeitsgrad von Spielformen wird in erster Linie aufgrund des organisierten Spielerzahlverhältnisses bestimmt. Im Gegensatz zu den Parteispielen, in denen die Tor- bzw. Punktwertung passives bzw. teilaktives, also festgelegtes Abwehrverhalten ausschließt, kann man das Verhalten der Gegner in Spielformen wie in den Übungsformen variieren und damit den Leistungsanspruch herauf- bzw. herabsetzen. Auch die Größe des Spielraumes spielt bei den Veränderungsmöglichkeiten eine Rolle. Je kleiner ein Spielraum gewählt wird, umso leichter wird das Spiel der abwehrenden, umso schwerer das der angreifenden, der ballführenden Spieler.

Mit der Anpassung der Aufgaben an das jeweilige Leistungsniveau des einzelnen wird eine für den Lernfortschritt und die Verbesserung entscheidende Bedingung guten und erfolgreichen Trainings erfüllt. Die folgende Übersicht bietet einen zusammenfassenden

Überblick über die wichtigsten Möglichkeiten, Trainingsaufgaben zu verändern und leichter bzw. schwerer zu gestalten.

Merkmal	Parteispiel	Übungen	Spielform
Spielerzahl-verhältnis	— Überzahlspiel (3—1+2) — indir. Überzahlspiel (3—3+je 2 Ausw.-Sp.) — Gleichzahlspiele (3—3) — Unterzahlspiele (1+2—3)	— Einzelübung — Partnerübung — Gruppenübung	— Überzahl — indirekte Überzahl — Gleichzahl — Unterzahl
Abwehrspieler		— ohne Gegner — Anzahl der Gegner — passiver Gegner — teilaktiver Gegner — aktiver Gegner	— Anzahl der Gegner — teilaktive Gegner — aktive Gegner
Tore	— mehrere Tore — ein Tor — großes Tor — kleines Tor	— mehrere Tore — ein Tor — großes Tor — kleines Tor	
Spielraum	— großer Raum — kleiner Raum		— großer Raum — kleiner Raum
Spiel	— mit Sohle angehaltener Ball ist „frei" — freies Spiel — Zeitregel/Abschluß in bestimmter Zeit — beschränkte Ballkontaktanzahl	— freies Üben — Übungszeitvorgabe — beschränkte Ballkontaktzahl	— mit Sohle angehaltener Ball ist „frei" — freies Spiel — beschränkte Ballkontaktzahl

Abb. 13 Kindertraining heißt spielend sich am Gegner messen

2. Die Trainingsinhalte im Kindes- und Jugendalter

2.1 Grundlegende Gesichtspunkte

Die graphische Übersicht stellt eine Art Leitlinie für eine langfristig ausgerichtete, kontinuierliche Vermittlung der verschiedenen Trainingsinhalte dar.

Die graphische Übersicht geht vom kleinen Parteispiel aus als zentrale Trainingsform für das Erlernen und Festigen technischer und taktischer Elemente.

Beherrschen eines Elementes bedeutet in diesem Zusammenhang nicht „Perfektion" sondern das Element zu verstehen und anwenden zu können.

Eine Spezialisierung des Spielers auf positionsgebundene Aufgaben innerhalb der Mannschaft erfolgt möglichst erst in den späten Jugendjahren.

Die graphische Darstellung zur Schulung der verschiedenen technischen und taktischen Mittel im Kinder- und Jugendtraining ist lediglich als Orientierungshilfe für die dem Alter und leistungsmäßigen Verbesserungen angemessenen Trainingsinhalte zu verstehen. Sie sollte in Verbindung mit der Übersicht über alterstypische Merkmale und entsprechend geeignete Trainingsformen in das Grundlagen- und Aufbautraining umgesetzt werden.

Die Graphik umfaßt denjenigen Lebensabschnitt sportlicher Ausbildung, der das Fundament für das Hochleistungstraining im Erwachsenenalter legt. Die meisten taktischen Mittel des Angriffs- und Abwehrspiels erfahren erst im Hochleistungsalter ihre vollkommene Ausprägung und Reifung. Daher wird das „Beherrschen" eines taktischen Mittels nicht mit „Perfektion" gleichgesetzt. Ein technisches oder taktisches Mittel beherrschen sollte und kann im Kindes- und Jugendalter lediglich heißen, in der Lage zu sein, dieses Mittel (z. B. Freilaufen, Dribbling, Decken) überwiegend richtig und erfolgreich auszuführen und bewußt, d. h. geplant im Spiel anzuwenden.

Als grundlegende Trainingsform für diesen altersorientierten Schulungs-Verlaufsplan wird das kleine, zirkuläre Parteispiel empfohlen. Im freien Spiel innerhalb solcher Parteispiele sammeln die jungen Fußballer zunächst ihre ersten eigenen Spielerfahrungen und lernen, die technischen und taktischen Mittel situationsgerecht anzuwenden.

Kinder müssen spielen dürfen. Sie sollen Freude am Spielen — auch am Fußballspielen — gewinnen und lernen, sich innerhalb einer festen Ordnung von Zielen, Regeln und Spielgruppen zurechtzufinden, sich anzupassen und einzufügen. Auf der Grundlage vielfältiger Spielerfahrungen werden die einzelnen technischen und taktischen Elemente des guten Fußballspiels erst später mit fortschreitendem Alter schrittweise hervorgehoben, gezielt geschult, verfeinert und erweitert.

Die Zuordnung des Kopfballspiels in der Graphik in das D-Juniorenalter z. B. ist so zu verstehen, daß erst in diesem Alter eine gezielte Ausbildung der Technik des Kopfballspiels beginnen sollte. Den Ball mit dem Kopf spielen die Kinder auch schon in jüngeren Jahren in unterschiedlichsten Spielsituationen, allerdings noch nicht als Lernziel einer Trainingsaufgabe.

Ein ähnlicher Lernweg wird auch für die verschiedenen taktischen Mittel in Angriff und Abwehr vorgeschlagen. Bereits in den ersten kleinen Parteispielen sammelt der Spieler Erfahrungen auch im Mitspielen ohne Ball. Auf diesen Erfahrungen und erworbenen Kenntnissen baut das gezielte taktische Grundlagentraining später auf.

So soll z. B. das Freilaufen nicht als neues Lernelement erst im C-Juniorenalter eingeführt werden, wie es in der Graphik ausgewiesen wird. Vielmehr tritt das Freilaufen erst im C-Juniorenalter in den Mittelpunkt der Ausbildung, wenn die eigenen Spielerfahrungen das Spiel ohne Ball in seiner taktischen Bedeutung („bewußt laufen") und Notwendigkeit für den Mannschaftserfolg einsichtiger und verständlicher machen. Spiele und Aufgaben, die durch geschicktes Freilaufen erfolgreicher gelöst werden können, gilt es im Grunde mit dem ersten Fußball-Kick zu bewältigen. Zunächst jedoch sollen die Kinder selber erfolgversprechende Handlungen und Situationslösungen herausfinden.

Abb. 14 Positionsspiele in größeren Spielergruppen fördern Ausdauer und taktisches Spielverständnis im Spiel „ohne Ball"

Der Aufbau der nachfolgenden Übersicht berücksichtigt die besondere sportmotorische Lernbegabung im Schulkindalter und strebt daher für diesen Lebensabschnitt eine möglichst umfassende Ausbildung aller technischen Fertigkeiten des Fußballspiels an.

Mit dem Einsetzen des Längenwachstums treten für den Jugendlichen vorübergehende Koordinationsstörungen auf, die wesentliche Lernfortschritte im technischen Bereich zumindest erheblich behindern. Mit den neuen Schulungsschwerpunkten im taktischen Verhalten, vor allem im Spiel ohne Ball, wird diesen Koordinationsproblemen ausgewichen und dennoch ein kontinuierlicher Ausbildungsverlauf fortgeführt.

Die Spezialisierung auf Mannschaftspositionen und bestimmte Aufgaben sollte erst zu einem möglichst späten Zeitpunkt des sportlichen Grundlagen- und Aufbautrainings erfolgen. Die Leistungsfähigkeit eines Spielers hängt weitgehend auch von seiner Handlungsvielseitigkeit und umfangreichen Spielerfahrungen ab. Er sollte sich in möglichst vielen Positionen einer Mannschaft zurechtfinden bzw. erfolgreich durchzusetzen verstehen. Die Grundlagen hierzu werden im Kindes- und Jugendalter angelegt und ausgeprägt. Wer in dieser sportlichen Entwicklungszeit verschiedene Positionen und deren grundlegende Aufgaben hat ausführen und bewältigen dürfen, wird sich auch im späteren Erwachsenenalter in unterschiedlichen Rollen schnell zurechtfinden und erfolgreich mitspielen können.

Wer dagegen bereits in frühen Jahren immer nur mehr oder weniger auf einer und derselben Mannschaftsposition (z. B. Libero) zu spielen hatte, wächst zu einem einseitig ausgebildeten Spieler mit Lücken im taktischen und nicht selten auch konditionellen Bereich heran, und kann später den Anforderungen des modernen Fußballs kaum mehr in vollem Umfang gerecht werden.

2.2 Zum inhaltlichen Aufbau

Altersangaben sind lediglich als durchschnittliche Orientierungswerte zu verstehen.

Die Spieler sollen zuerst ausreichende Spielerfahrungen sammeln, bevor mit gezieltem technischen und taktischen Training begonnen wird.

Grundlage der technischen Ausbildung ist die Fertigkeit der Ballführung.

Torschußtraining behandelt den technischen Bereich gezielten Ballabspiels auf ein Tor; im taktischen Training wird die Spielentwicklung bis zu einer Torschußgelegenheit in das Training miteinbezogen und daher der Begriff „Torabschluß" gewählt.

Der Torwart sollte auch vielfältige Spielerfahrungen als Feldspieler sammeln.

Konditionelle Fähigkeiten werden erst mit dem Einsetzen der pubertären Wachstums- und Reifungsentwicklung in zielgerichteten Trainingsformen verbessert.

Die graphische Darstellung der alters- und entwicklungsorientierten Trainingsinhalte ist von unten nach oben zu lesen. Die seitlich zugeordneten Altersangaben verstehen sich lediglich als durchschnittliche Alterszahlen. Individuelle Leistungsunterschiede sowie unterschiedlich schnell sich vollziehende Lernfortschritte erfordern immer auch eine entsprechende inhaltliche Anpassung im Training. Außerdem kann die körperliche Entwicklung und Reifung eines Jugendlichen zuweilen bis zu über ein Jahr vom Durchschnitt der Alterskameraden abweichen und eine inhaltliche Anpassung notwendig machen.

Die eigene **Spielerfahrung** bildet als eigenständiger Lernbereich sozusagen das Fundament der Entwicklung, Schulung und Förderung des jungen Fußballspielers. Der Vergleich mit einem Puzzle-Spiel verdeutlicht diesen Gesichtspunkt. Ohne das Endbild, das „Fußballspielen" zu kennen und sich immer wieder vergegenwärtigen zu können, wird das Kind die vielen kleinen Bausteine des Puzzles (technische und taktische Mittel) kaum erfolgreich zu einem richtigen Bild zusammensetzen können.

Im Gegensatz zu anderen Lehrmeinungen, die das Erlernen des Fußballspielens vom Torschuß, also einer Abspielform her aufbauen, wird in dieser Darstellung die **Ballführung** als grundlegende und wichtigste technische Fertigkeit herausgestellt:

1. Der Anfänger erhält bei der Ballführung ungleich längeren und häufigeren Kontakt mit dem Ball, als es bei jeder noch so motivierenden Abspielform der Fall sein kann. Ein intensiver und langer Ballkontakt, der möglichst ausgeprägte Umgang mit dem Ball, bietet die vorteilhafte Gelegenheit, sich mit dem „Spielgerät" vertraut zu machen, sich an das Laufen mit dem Ball zu gewöhnen, in verschiedene Richtungen, in unterschiedlicher Geschwindigkeit und um Hindernisse herum.
2. Das Laufen mit dem Ball entspricht weit mehr den Wünschen und der Einstellung eines Kindes, das sein Spielzeug zunächst für sich beansprucht.
3. Den Ball zu führen, stellt gleichzeitig auch eine Art Miniausprägung der „An- und Mitnahme" und des „Abspiels" des Balles dar. Diese technischen Fertigkeiten lassen sich über frühzeitiges Erlernen der Ballführung leichter und schneller entwickeln.
4. Der Spieler gewöhnt sich frühzeitig daran, mit dem Ball in der Bewegung zu bleiben und aus der Bewegung heraus den Ball zu spielen. Der typische Anfängerfehler, den zugespielten Ball im Stand anzuhalten oder direkt wieder abzuspielen, kann vermieden werden. Das Dribbling wird dem Spieler auch als wichtiges taktisches Mittel im Zusammenspiel („freidribbeln") bewußt und verständlich.

In Verbindung mit Torschußmöglichkeiten gewinnen Ballführungsaufgaben für Kinder zusätzlich an Reiz.

Spannstoß und Torschuß sind zu einem Lerninhalt zusammengefaßt. Der Torschuß stellt zwar nur eine, allerdings eine spielentscheidende Anwendungsform des Spannstoßes dar.

Torschüsse werden bald auch in den Trainingsaufgaben anderer technischer Schwerpunkte miteinbezogen. Die Aufgaben unterscheiden sich dann lediglich in Vorbereitung bis zu einem Schuß auf das Tor (z. B. Ballführung zum Torschuß, An- und Mitnahme zum Torschuß u. a.).

Im Bereich der taktischen Mittel — und zu denen ist der Torschuß im Grunde zu zählen — wird dagegen vom **Torabschluß** gesprochen. Unter Torabschluß soll die mehr oder weniger kurze Entwicklung bis zu einer Torschußmöglichkeit verstanden werden, wie sie vom Spieler vorausgesehen, geplant und herausgespielt werden muß. Im Gegensatz zum einfachen Torschuß sind in den Trainingsaufgaben zum Torabschluß wie auch in denen zu allen anderen taktischen Lerninhalten Gegenspieler und Mitspieler beteiligt. Aufgrund deren Spielverhalten ergeben sich die Möglichkeiten zu einem Torschuß.

Vom methodischen Aufbau her ist der Torabschluß als erschwerte Weiterführung der einfachen Torschußaufgaben zu sehen. Daher wird der Trainingsschwerpunkt „Torabschluß" auch erst eingeführt, wenn der Spieler den Torschuß in seinen vielfältigen Formen und Situationen kennengelernt hat.

Die gezielte Verbesserung des **Kopfballspiels** wird für eine körperliche Entwicklungszeit empfohlen, in der der noch im Wachstum befindliche weiche Knochenbau etwas an Stabilität gewonnen hat. Diese Zeit kann im allgemeinen im späten Schulkindalter (D-Junioren) angenommen werden. Vermehrtes Kopfballspiel stellt eine ungewohnte Beanspruchung nicht nur des Schädelknochens, sondern auch der Nackenmuskulatur und der Wirbelsäule dar. Mit dem Zugewinn entsprechend dem Körperbau relativ kräftiger Muskulatur kann diese die Belastung auffangen und verringern. Dennoch sollte das Kopfballtraining zeitlich nicht zu lange und zu intensiv und zudem auch mit leichten, elastischen Bällen erfolgen.

Auch gezieltes **Torwarttraining** ist erst für das D-Juniorenalter vorgesehen. Hierfür sprechen folgende grundsätzliche Überlegungen:

1. Der Torwart nimmt eine Position ein, deren Aufgaben im Spiel und im Training relativ bewegungsarm sind. Der heranwachsende Spieler sollte daher möglichst vielseitig ausgebildet und zunächst wie ein Feldspieler trainiert werden, um sich für die spätere Spezialisierung ein möglichst ausgeprägtes Bewegungsgeschick aneignen zu können.
2. Die besondere Eignung eines Spielers zum Torwart läßt sich erst zu einem späteren Zeitpunkt als in den ersten Fußballjahren erkennen. An einem allzu früh auf diese Position festgelegten Spieler kann ein besonders talentierter und wirkungsvoller Feldspieler verloren gehen.
3. Für die technischen Fertigkeiten eines Torwartes ist eine gewisse Muskelkraft von Vorteil. Diese erwirbt der Spieler erst im Verlauf des Schulkindalters, wenn das Wachstum des Muskel-Band-Apparates zum Knochenbau wieder ein ausgewogenes Verhältnis erreicht.
4. Je besser ein Torwart Spielsituationen voraussehen kann, je besser er „mitspielt", umso erfolgreicher wird auch sein Spiel im Strafraum sein. Daher sollte jeder Torwart auch die Erfahrungen und Fähigkeiten eines Feldspielers erwerben können.

Die verschiedenen **konditionellen Fähigkeiten** werden im Jugendtraining erst mit dem Einsetzen der pubertären Wachstums- und Reifungsveränderungen und auch dann nur allmählich als Trainingsschwerpunkte bedeutsam. Bis dahin verfügt ein gesunder Spieler über ausreichende Ausdauerfähigkeit und Fitneß. Die konditionellen Grundlagen erwerben Kinder noch durch ihren natürlichen Bewegungsdrang im alltäglichen Freizeitverhalten und im Training verstärkt innerhalb der kleinen Parteispielen. Zusätzliches Training auch nur einzelner konditioneller Eigenschaften hieße, dem Spieler Zeit zur Verbesserung seiner technischen und taktischen Mittel vorzuenthalten, hieße, seine Spielfreude und darauf aufbauend seine Leistungs- und Lernbereitschaft zu beeinträchtigen.

Alter	**Inhalte**	
16—18	Muskelkraftausdauer+Schnellkraft	Positionstraining
14—16	Raum schaffen u. Raum nutzen — Gruppenabwehrtaktik	Grundlagenausdauer Schnelligkeit
12—14	Kräftigung, Gymnastik, Freilaufen	Doppelpaß — Kombinieren Raumaufteilung
10—12	TW-Training — Abwehr-Einzelspiel — Tackling	Torabschluß — Dribbling — Dropkick — Täuschungen — Kopfball — Ballkontrolle hoher Bälle
9—10	Spiel mit der Innen- u. Außenseite	Spannstoß — Torschuß — Ballkontrolle flacher Bälle
8— 9	Koordination — Bewegungsgeschick mit dem Ball	Ballführung
6— 8	Spielerfahrung — Spielerfahrung — Spielerfahrung — Spielerfahrung allgemeine koordinative Spielaufgaben	

Die von unten nach oben gerichteten Pfeile von den einzelnen Trainingsinhalten ausgehend bedeuten, daß die entsprechenden Inhalte im Verlauf des Trainings der nächst höheren Altersklassen wiederholt, weitergeführt und vertieft werden.

3. Zur Darstellung der verschiedenen Trainingsformen

Zu allen technischen und taktischen Inhalten sind **Parteispiele** als grundlegende Trainingsformen beschrieben. Ihre Regeln fordern die Spieler dazu heraus, das jeweilige technische bzw. taktische Element wettkampfgerecht besonders häufig anzuwenden, um sich in diesem Spiel erfolgreich durchsetzen zu können. Die für das Erlernen der technischen Fertigkeit bzw. des geplanten (taktischen) Handelns bedeutsame häufige Wiederholung ist gewährleistet.

Alle Parteispiele sind von einer für die ballführende Mannschaft leichten bis zu einer Form variiert, die dem Können eines ausgebildeten und erfahrenen Spielers angemessen ist. Zusätzlich wird eine Variation des Parteispiels für ,,Anfänger" aufgeführt. Dieser Begriff **,,Anfänger"** soll nicht im üblichen Sinn als Spieler ohne jegliche Erfahrungen und Kenntnisse verstanden werden. Vielmehr bezieht sich die Bezeichnung ,,Anfänger" stets nur auf den jeweiligen technischen oder taktischen Schulungsbereich. Gemeint sind Kinder und Jugendliche, die aus welchen Gründen auch immer mit ihren spielerischen Mitteln hinter dem durchschnittlichen Leistungsniveau ihrer Alterskameraden spürbar zurückliegen. Über die beschriebenen sogenannten ,,Anfänger-Formen" sollen auch diese Spieler den Spielgedanken und entsprechende taktische Handlungen kennen- und verstehenlernen.

Im Kapitel der ergänzenden Trainingsformen folgen für jeden Lerninhalt jeweils vier **Übungsaufgaben,** denen im technischen Bereich noch jeweils zwei einfache Gewöhnungsaufgaben für all diejenigen Spieler vorangestellt sind, deren Erfahrungsumfang mit dem Ball und deren Bewegungsgeschick solcher hilfreicher Vorübungen noch bedürfen.

Alle Übungsformen sind lediglich als **ergänzende** Maßnahmen im Training zu verstehen, zur

1. Gestaltung notwendiger Erholungsphasen zwischen den Belastungen als sogenannte aktive Erholung und
2. als motivierende Abwechslungsmöglichkeit in der Trainingsgestaltung.

Sie sollen zugleich Anregungen geben, auf welche Weise der Trainer auch andere Übungsformen interessanter, abwechslungsreicher und damit auch motivierender gestalten und in kindgemäße spielerische Form kleiden kann:

Variationsmöglichkeiten in Übungsformen

- Übungsform mit wettkampfgemäßem Torabschluß
- Übungsform mit Wettbewerbsgedanken
- Übungsaufgabe mit wettkampfgemäßem Umschalten von Angriff auf Abwehr und umgekehrt
- Abwehrspieler aktiv in festgelegter Abwehrzone vor dem Tor
- Zusätzlicher nachsetzender Abwehrspieler
- ,,Störenfriede" innerhalb der Übungsaufgabe einer Gruppe
- ,,Zieltore" — kleine Fähnchentore zum Durchdribbeln anstelle eines Torschusses
- ,,Gymnastische Aufmunterung" — kurze gymnastische Übung für Gegenspieler bei Erreichen einer Zielsetzung der ballführenden Gruppe (nicht als Strafe darstellen!)

Zu den ergänzenden Trainingsformen gehören auch variierte **Spielformen,** die in gleicher Weise wie Übungen je nach Leistungsniveau der Spieler erleichtert bzw. erschwert und verändert werden können.

Die Beschreibung der verschiedenen Trainingsaufgaben erfolgt stets nach dem gleichen Muster:

Abb. 15 Parteispiele motivieren Kinder und Jugendliche zu hoher Einsatzbereitschaft, der Voraussetzung, um schnell und effektiv sich zu verbessern

Der **organisatorische Aufbau** ist getrennt von den **Spielregeln** dargestellt. Auf diese Weise soll dem Trainer die organisatorische Vorplanung auf dem zur Verfügung stehenden Trainingsfeld erleichtert werden.

Mit entsprechenden **Korrekturhinweisen** wird auf typische Fehler aufmerksam gemacht. Anhand eines realen Fehlerfotos kann man in jedem Parteispiel einen Ausschnitt einer technischen bzw. taktischen Fehlerkorrektur in Frage und Antwort zwischen Trainer und Spieler ausführlich nachvollziehen. Erfahrungen haben gezeigt, daß im Kinder- und Jugendtraining die wichtigste Arbeit des Trainers, Verbesserungen und Hilfen den Kindern in verständlicher Form zu geben, nicht selten zu kurz kommt. Training gleitet dann leicht zu einem reinen „Betriebmachen" ab.

Mit diesen **Korrekturgesprächen** soll dem Trainer über den einzelnen Fehler hinaus allgemein verdeutlicht werden, in welcher Weise grundsätzlich mit Kindern und Jugendlichen engagiert und erfolgreich trainiert wird.

Über die jeweiligen **Begründungen** der Korrekturen erfährt man Zusammenhänge im Bewegungs- sowie im Spielverhalten der technischen und taktischen Mittel des Fußballspiels. Vor allem die Begründungen können dabei dem Trainer helfen, dem Spieler erfolgversprechendere Handlungsmöglichkeiten einsichtig zu machen und auf diese Weise deren Spielverständnis zu erweitern und zu vertiefen.

Jeder Korrekturhinweis trägt eine **stichwortartige Überschrift.** Diese Überschriften sind der einfachen Fachsprache des Fußballers entnommen. Sie ermöglichen dem Trainer, zu einem bestimmten Lernziel auch Trainingsaufgaben aus anderen technischen oder taktischen Bereichen zur Schulung heranzuziehen und auf diese Weise eine gründliche Ausbildung zu geben.

Abb. 16 Hallenfußball fördert die Spielerfahrung und Handlungsschnelligkeit der Jüngsten

VI. Parteispiele

1. Mini-Spiele

Mini-Spiele sind kleinste Zweikampfspiele. Sie werden den Parteispielen zugeordnet, weil sie sich ganz besonders, allerdings nicht ausschließlich, für die jüngsten Fußballer eignen. Die Auseinandersetzung mit einem Gegenspieler stellt eine wesentliche Motivationsquelle zum Fußballspielen vor allem für die Zeit des Schulkindalters dar, in der räumliche Übersicht in dieser Entwicklungsphase noch unzureichend ausgeprägt ist. Mit dem Ball am Fuß zu laufen und den Ball auf ein Ziel zu schießen, entspricht weitgehend der Mentalität und dem Spielverhalten in den ersten Fußballjahren.

Abb. 17 Die Augen vom Ball hoch auf den Gegner richten

Mini-Spiele gewöhnen an den Umgang mit dem Ball. Sie wecken das Verständnis für das Spielziel des Fußballspiels, den Ball in das Tor des Gegners zu befördern. Kinder erfahren den Reiz des Fußballspielens und sammeln erste eigene Spielerfahrungen:

Der einzelne Spieler ist besonders häufig und in vielfältiger Form mit dem Ball beschäftigt.

Seine Umgangsformen mit dem Ball werden aufgrund der Spielregeln frühzeitig in ein Bewegungsspiel gelenkt.

Die ersten einfachen Spielerfahrungen im Umgang mit dem Ball machen die Bedeutung der einzelnen technischen Fertigkeiten und damit auch gezielte Trainingsformen schnell einsichtig.

Mini-Spiele eignen sich auch zur Nachahmung außerhalb des Vereinstrainings daheim mit Freunden im eigenen Garten, Hof oder auf kleinen freien Flächen.

Das von Kindern diesen Alters so beliebte Rollenspiel, das Nachahmen ihrer sportlichen Idole ist besonders einfach und intensiv zu verwirklichen.

In den ersten Fußballjahren kommt es zunächst darauf an, Spielerfahrungen zu sammeln. Schnelle technische Fortschritte werden noch nicht durch gezielte Aufgaben angestrebt. Daher wird bei der Darstellung der Mini-Spiele sowohl auf Korrekturhinweise als auch auf mögliche Veränderungsschritte verzichtet. Mini-Spiele stellen noch keinen Anspruch auf wettkampfgerechtes, taktisch kluges Verhalten. Sie sollen in erster Linie dem Bewegungs- und Spieltrieb der Kinder Entfaltungsmöglichkeiten mit Ball und Fuß bieten.

Mini-Spiel 1—1 auf ein kleines Tor

Organisationsform:
— ein Fähnchentor, 2 m breit;
— eine Konterlinie, 6 m breit, parallel zur Torlinie im Abstand von 4 m;
— zwei Spieler mit einem Ball.

Aufgabe/Regel:
— Spiel 1—1 auf ein Tor;
— bei Tor erhält der erfolgreiche Spieler den Ball zum erneuten Angriff zurück;
— bei Fehlschuß: Aufgabenwechsel der Spieler;
— bei Ballgewinn im Feld: Dribbling über die Konterlinie und Aufgabenwechsel der beiden Spieler;
— Spielzeit: 3 Minuten.

Mini-Spiel 1—1 auf zwei Doppeltore

Organisationsform:
— je zwei Fähnchentore, 2 m breit, im Abstand von 4 m nebeneinander und 6 m gegenüberstehend;
— zwei Spieler mit einem Ball.

Aufgabe/Regel:
— Spiel 1—1 auf zwei Fähnchentore (Doppeltor);
— Spielzeit: 2 Minuten.

Mini-Spiel 1—1 um ein kleines Tor herum

Organisationsform:
— ein Fähnchentor, 3 m breit, frei im Feld stehend;
— zwei Spieler mit einem Ball.

Aufgabe/Regel:
— Spiel 1—1 von beiden Seiten auf das Fähnchentor;
— nach jedem Torschuß (Tor oder Fehlschuß) Zweikampf der beiden Spieler um den Ballbesitz zur Spielfortsetzung;
— Spielzeit: 2 Minuten.

2. Parteispiele zu technischen Schwerpunkten

Ballführung

- Augen vom Ball hoch auf die Spielumgebung
- mit der Innenseite den Ball diagonal vor dem Standbein her nach vorn führen
- mit der Außenseite den Ball diagonal vom Standbein weg führen

Abb. 14

Die Ballführung ist die Fähigkeit, sich unbehindert mit dem Ball am Fuß zu bewegen und gleichzeitig das Spielgeschehen zu beobachten. Die sicherste Art der Ballführung erfolgt mit der *Innenseite.* Der Ball kann am leichtesten in der Bewegung kontrolliert und mit dem Körper gegen einen Gegner abgedeckt werden. Sie dient der Sicherung des Ballbesitzes auf der Suche nach einer Abspielmöglichkeit.

Die Ballführung mit der *Außenseite* wird vornehmlich zu schnellen Richtungswechseln und zu Täuschungen gegen einen angreifenden Gegner angewendet.

Am schnellsten läßt sich der Ball mit dem *Spann* führen (oft auch mit dem Außenspann [Außenrist]), wenn mit einem schnellen Alleingang freier Spielraum überwunden werden soll.

Parteispiel „3—3 auf vier Tore“

Organisationsform:

- abgegrenztes Spielfeld, 10 x 15 m;
- je zwei Fähnchentore, 3 m breit, auf beiden Grundlinien im Abstand von ca. 8 m;
- zwei Mannschaften zu je drei Spielern.

Abb. 19

Aufgabe/Regel:
- — Spiel 3—3 auf alle vier Tore;
- — ein Tor kann nur mit Dribbling durch ein Fähnchentor erzielt werden;
- — durch ein Tor darf von einer Mannschaft nicht zweimal in Folge ein Tor erzielt werden;
- — nach „erzieltem" Tor bleibt die ballführende Mannschaft im Ballbesitz; der erfolgreiche Spieler kann zur Spielfortsetzung von jeder Stelle außerhalb des Feldes wieder in das Feld hineindribbeln bzw. den Ball seinen Mitspielern zuspielen;
- — die abwehrenden Spieler dürfen nur innerhalb des Spielfeldes den Ball erkämpfen;
- — bei Ausball: „Einwurf" durch Dribbling oder Anspiel durch einen Spieler der gegnerischen Mannschaft;
- — Spielzeit: 5 Minuten.

Korrekturhinweise:	*Begründungen:*
ANGRIFFSAUFBAU	
Zur Vorbereitung eines Durchbruchs den Ball ruhig und langsam führen.	Die Spielübersicht für den Mann am Ball wird erleichtert.
WEG VOM MANN AM BALL	
Platz für den ballführenden Spieler schaffen durch Freilaufen zu weiträumigem Zusammenspiel.	Größerer freier Spielraum erleichtert das Dribbling und die Sicherung des Ballbesitzes.
BALLSICHERUNG	
Bei Angriff eines Gegners immer den Körper zwischen Ball und Gegner halten.	Dem Gegner wird der Weg zum Ball versperrt, der Ballbesitz ist leichter zu verteidigen.

Variation 1. Schritt

— gleiche Aufgaben/Regeln, jedoch zusätzlich:
— jeder zugespielte Ball muß erst in der Bewegung mitgenommen werden, bevor er wieder abgespielt werden darf, sonst Ballverlust.

Korrekturhinweise:

BALLSICHERUNG
Den zugespielten Ball zur Seite aus der Laufrichtung des angreifenden Gegners heraus an- und mitnehmen

Begründungen:

Der Gegner muß reagieren und seine Laufrichtung ändern; dadurch bleibt dem ballführenden Spieler mehr Zeit zur Sicherung des Ballbesitzes und der Spielbeobachtung.

Abb. 20 Der helle Angreifer läßt sich auf einen offenen Kampf mit dem Gegner um den Ball ein und verliert dabei das Leder

Korrekturgespräch:

Trainer (an korrigierten Spieler): ,,Ich spiele die gleiche Situation an deiner Stelle noch einmal und wir fragen deinen Gegenspieler: wann ist es für dich schwerer den Ball zu erkämpfen, eben oder bei mir jetzt?"

Demonstration des Trainer: ,,An- und Mitnahme zur Seite",

Gegner: ,,Jetzt — bei Ihnen!"

Trainer: ,,Und warum?"

Gegner: ,,Weil Sie den Ball sofort von mir weg mitgenommen haben!"

Trainer: (zum korrigierten Spieler): ,,Siehst Du, wie Du den Ball besser sichern kannst?"

Korrigierter Spieler: ,,Wenn ich den Ball gleich zur Seite nehme."

Trainer: ,,Richtig. Und nun machst Du das auch mal so."

Nachvollziehen der gleichen Situation durch den korrigierten Spieler ,,An- und Mitnahme zur Seite".

TÄUSCHUNG
Den zugespielten Ball mit einer Körpertäuschung an- und mitnehmen.

Gegner wird vom Ball weg „ins Leere geschickt". Dadurch hat man mehr Zeit zur sicheren An- und Mitnahme des Balles.

FREIDRIBBELN
Mit dem Ball schnell in freie Spielräume hineinstoßen.

Die Deckungsräume der Abwehrspieler werden schnell geöffnet und dadurch auch raumgedeckt stehende Spieler anspielbar.

Variation 2. Schritt

— gleiche Aufgabe/Regeln wie zu Beginn, jedoch zusätzlich:
— hinter den Torlinien der beiden Fähnchentore je ein 4 m breites Tor, 10 m von der Grundlinie entfernt;
— nach erfolgreichem Dribbling durch ein Fähnchentor kann mit Torschuß auf das große Tor ein weiteres Tor erzielt werden;
— ein Spieler der abwehrenden Partei darf auf kürzestem Weg (aber nicht durch Fähnchentor) als TW ins große Tor laufen;
— bei Tor bleibt die erfolgreiche Mannschaft im Ballbesitz: Spielfortsetzung nach Paß oder Dribbling ins Spielfeld;
— bei Toraus oder gehaltenem Ball: Aufgabenwechsel nach Paß oder Dribbling ins Spielfeld.

Korrekturhinweise:

SPIELVERLAGERUNG
Den Angriff weiträumig verlagern, sobald die Gegner den Spielraum um den Ball eng machen.

ALLEINGANG
Freie Spielräume mit schnellem Dribbling zielstrebig ausnutzen.

RAUMAUFTEILUNG
Freilaufen, so daß dem Mann am Ball sich stets eine Kurzpaß- und eine weiträumige Abspielmöglichkeit bietet.

Begründungen:

Für einen erfolgversprechenden Angriff und Torabschluß wird größerer Spielraum geschaffen, der das Angriffsspiel erleichtert.

Die abwehrenden Spieler haben weniger Zeit sich zu staffeln und den Durchbruch aufzuhalten.

Eine schnelle Verlagerung des Spielgeschehens und damit ein sicheres Aufbauspiel werden erleichtert.

Variation 3. Schritt

— Spiel wie in 2. Schritt; jedoch:
— je ein neutraler TW in beiden Toren;
— nach jedem Torabschluß erhält die zuletzt angreifende Mannschaft den Ball zurück;
— die abwehrenden Spieler dürfen nicht über die Grundlinie laufen.

Korrekturhinweise:

TORSCHUSS
Verlangsamte Ballführung und Blick hoch zum Torwart vor dem Torschuß.

Begründungen:

Eine günstigere Stellung zum Ball kann erreicht und dadurch ein zielsicherer Torschuß ermöglicht werden.

TORSCHUSS
Aus ungünstiger Stellung zum Tor Schuß nur antäuschen und in bessere Position dribbeln.

Der Torwart wird zu einer Reaktion verleitet und ist leichter auszuspielen.

TORABSCHLUSS
Torwart seitlich ausspielen.

Der Schußwinkel wird größer; dadurch ergeben sich größere Torerfolgschancen.

Variation 4. Schritt

- gleiches Spiel wie im 2. Schritt; jedoch:
- 2. Angreifer darf zum direkten Torschuß nach Vorlage mitlaufen;
- ein abwehrender Spieler darf über die Grundlinie nachsetzen, um einen Torschuß zu verhindern und den Ball für seine Mannschaft zu erkämpfen.

Korrekturhinweise:

TORABSCHLUSS
Nach erfolgreichem Dribbling durch ein Fähnchentor schnellen Torabschluß suchen.

Begründungen:

Ein nachsetzender Gegner hat weniger Zeit zu erfolgreicher Abwehr.

TORABSCHLUSS
Als mitlaufender Angreifer vor dem Tor sich dem ballführenden Mitspieler zum Rückpaß anbieten.

Der Torabschluß wird für Gegner nicht vorhersehbar (zwei Möglichkeiten und dadurch der Torabschluß erleichtert).

ANGRIFFSAUFBAU
Ball im Spielfeld ruhig in den eigenen Reihen halten und auf Durchbruchschance warten.

Die Abwehrspieler werden aus einer raumsichernden Position herausgelockt. Dadurch wird freier Spielraum zum überraschenden Durchbruch geschaffen.

Spielform für Anfänger

- Organisationsform ohne die Tore außerhalb des Feldes;
- Fähnchentore verbreitert (4 m);
- drei angreifende Spieler spielen gegen einen abwehrenden Spieler im Feld; je ein abwehrender Spieler verteidigt je zwei Tore nur an der Grundlinie;
- bei Ballverlust: Aufgabenwechsel: der Ball darf erst wieder zurückerkämpft werden, wenn zwei Spieler der zuletzt angreifenden Mannschaft an den Grundlinien ihre Positionen eingenommen haben, sonst: Zusatztor für die andere Mannschaft und Freistoß.

Spiel mit der Innen- und Außenseite

— beim Abspiel mit gebeugtem Knie fest auf dem ganzen Fuß stehen
— Fußspitze des Spielbeines zum Innenseitstoß anheben
— Fußspitze des Spielbeines zum Außenseitstoß zu Boden und schräg nach innen winkeln

Abb. 21

Die technische Fertigkeit, den Ball mit der Innenseite oder Außenseite des Fußes abzuspielen, wird vor allem im Zusammenspiel auf engerem Raum angewendet.

Am sichersten und genauesten läßt sich der Ball mit der *Innenseite* abspielen. Diese Fußseite bietet die breiteste Trefffläche. Der Fuß wird aus seiner natürlichen Haltung nach außen gewinkelt. Aufgrund dieser extremen Fußhaltung kann allerdings nur ein Teil der Schußkraft auf den Ball übertragen werden, so daß nur kürzere Pässe möglich sind. Die Bewegung des Fußes zum Innenseitabspiel läßt sich vom Gegner auch frühzeitig erkennen und das Vorhaben des Spielers voraussehen.

Ebenfalls kurze Pässe werden mit der *Außenseite* gespielt. Im Gegensatz zur Technik der Innenseite kann der Ball mit der Außenseite jedoch aus der natürlichen Laufbewegung heraus ohne wesentliche erkennbare Veränderung der Fußhaltung, sozusagen aus dem Fußgelenk heraus, abgespielt werden. Dadurch ist der Paß mit der Außenseite wesentlich schneller auszuführen und vom Gegner nicht vorherzusehen. Man spricht auch vom sogenannten „verdeckten Abspiel", das vor allem in schnellen Kombinationen auf engem Raum bevorzugt wird.

Parteispiel „3—3—3 auf zwei Tore"

Organisationsform:
— abgegrenztes Spielfeld, 20 x 30 m, mit zwei Toren; aufgeteilt in zwei Spielfeldhälften;
— drei Mannschaften zu je drei Spielern.

Abb. 22

Aufgabe/Regel:

- wechselweise Spiel 3—2+1 auf ein Tor wie folgt: Mannschaft A spielt gegen B in einer Spielfeldhälfte auf ein Tor; Mannschaft C wartet indes an der gegenüberliegenden Torlinie; nach Ballverlust bzw. Torabschluß: B greift auf das gegenüberliegende Tor gegen C an, während A an der Torlinie zurückbleibt und den nächsten Angriff von C erwartet;
- nach *Torabschluß bzw. Ballverlust* darf die zuletzt angreifende Mannschaft bis zur Mittellinie nachsetzen und den Ball zurückerkämpfen, um auf dasselbe Tor erneut anzugreifen;
- sobald der *Ball über die Mittellinie gespielt* ist, dürfen sich die Spieler der nun angegriffenen 3. Mannschaft von der Torlinie aus lösen und ihr Tor verteidigen;
- *nach erzieltem Tor* bleibt die erfolgreiche Mannschaft in Ballbesitz und greift auf das gegenüberliegende Tor an;
- ein Spieler der verteidigenden Mannschaft spielt im Tor als TW, zwei Spieler verteidigen das Tor im Feld;
- nach Ballverlust darf die zuletzt ballführende Mannschaft erst nachsetzen und den Ball zurückerkämpfen, wenn ein Spieler von ihr als TW auf die Torlinie gelaufen ist; sonst: Strafstoß;
- Spielzeit: 6 Minuten.

Korrekturhinweise:

KOMBINATION
Mit der Innenseite in den Fuß des Mitspielers spielen.

Begründungen:

Der Ball kann schneller mitgenommen oder weitergespielt werden, bevor ein Abwehrspieler zu stören vermag; dadurch wird das Zusammenspiel sicherer.

ABSPIEL
Den Ball neben dem Standbein abspielen.

Eine optimale Schußkraftübertragung auf den Ball ist gewährleistet; dadurch kann der Ball gezielter und weiter in die gewünschte Richtung gespielt werden.

ABSPIEL
Das Fußgelenk anspannen, so daß der Fuß sich beim Treffen des Balles nicht bewegt.

Konterbewegungen des Fußes werden beim Abspiel vermieden, dadurch wird ein zielgenauerer Paß möglich.

Variation 1. Schritt

- gleiches Spiel, jedoch: zusätzlich
- ein Tor kann nur nach einem Querpaß oder Rückpaß im Direktschuß oder Nachschuß erzielt werden.

Korrekturhinweise:

FLÜGELSPIEL
Freilaufen hinter dem ballführenden Mitspieler herum nach außen.

Begründungen:

Angriffsspiel wird zum Flügel hin verlagert und kann schnell zur Grundlinie vorgetragen werden; dadurch lassen sich aussichtsreiche Quer- und Rückpaßvorlagen vorbereiten.

Abb. 23 Der helle Mitspieler läuft zu dicht auf in den Abwehrbereich des Gegners und ist nicht anspielbar

Korrekturgespräch

Trainer: „Versucht euch mal nach außen um den Mann am Ball herum freizulaufen und anzubieten — so".

Demonstration des Trainers „Hinterlaufen des ballführenden Spielers".

Nachvollziehen der Aktion aus der Spielsituation heraus (mehrmals — alle Spieler).

Trainer: „Von wo kann man wohl schneller und sicherer dem Mitspieler den Ball quer oder zurück vorlegen, aus der Mitte oder von außen?"

Spieler: „Von außen."

Trainer: „Warum?"

Spieler: „Da ist mehr Platz und mehr Zeit zum Vorlegen."

Spieler: „Die Abwehrspieler können nicht so gut decken."

Trainer: „Richtig! Also kombiniert über die Flügel!"

Nachvollziehen der Spielsituation mit Hinterlaufen durch Spieler und Spielfortsetzung.

FLÜGELSPIEL
Freien Spielraum zur Grundlinie im Alleingang entschlossen ausnutzen.

Die Abwehrspieler müssen auch zur Grundlinie zurück; dadurch bietet sich vor dem Tor mehr Spielraum zum Torschuß.

TORABSCHLUSS
Vor dem Tor Quer- und Rückpaßmöglichkeiten für den ballführenden Mitspieler anbieten.

Der Gegner muß einen größeren Spielraum abdecken und kann die Abspielrichtung nicht vorhersehen.

Variation 2. Schritt

— gleiches Spiel ohne Quer- und Rückpaßregel, jedoch:
— auch der 3. Abwehrspieler darf im Feld verteidigen zum 3—3 allerdings ohne TW im Tor.

Korrekturhinweise:

Begründungen:

ANGRIFFSAUFBAU
Immer eine Rückpaßmöglichkeit für den Mann am Ball anbieten.

Zweikämpfe um den Ball können vermieden werden, der Angriffsaufbau wird sicherer.

ANGRIFFSAUFBAU
Weiträumig zusammenspielen.

Der einzelne Abwehrspieler muß einen größeren Raum abdecken und längere Wege zum Ball laufen; dadurch ergibt sich mehr Zeit und Freiraum zum erfolgreichen Torabschluß.

FREIDRIBBELN
In die freien Räume zum Tor hin dribbeln.

Abwehrspieler müssen sich zum Mann am Ball bewegen, dadurch werden die Mitspieler schneller frei und anspielbar.

Variation 3. Schritt

— gleiches Spiel 3—3, zusätzlich:
— je ein neutraler TW in beiden Toren.

Korrekturhinweise:	*Begründungen:*
RAUMAUFTEILUNG Das Angriffsspiel in die Tiefe und Breite des ganzen Spielraumes gestaffelt vortragen.	Jeder einzelne Angreifer findet mehr Zeit und Raum im Umgang mit dem Ball, dadurch wird das Angriffsspiel risikoloser.
ÜBERZAHL AM BALL Überraschendes Zusammenspiel durch Doppelpaß oder Übernehmen gegen einen störenden Abwehrspieler.	Abwehrspieler erhält keine Gelegenheit zum Kampf um den Ball; dadurch werden Torschußmöglichkeiten schneller und sicherer herausgespielt.
SPIEL OHNE BALL Beim Freilaufen immer wieder die Positionen wechseln.	Die Deckungsräume der Abwehrspieler werden kurzzeitig kleiner; dadurch bieten sich Lücken in der Abwehrstaffelung zum Durchbruch bzw. Steilpaß.

Variation 4. Schritt

— gleiches Spiel 3—3 mit neutralem TW, jedoch:
— ein Torschuß muß innerhalb von 10 sec nach Überspielen der Mittellinie erfolgen, sonst: Ballverlust.

Korrekturhinweise:	*Begründungen:*
TORABSCHLUSS Auch aus größerer Entfernung überraschende Torschüsse wagen.	Die Abwehrspieler haben weniger Zeit den Ball zu erkämpfen; dem Torwart ist zuweilen durch zurückhaltend abwartende Vorderleute die Sicht versperrt; dadurch ergeben sich überraschende Torchancen.
SPIEL OHNE BALL Freilaufen und dem Mann am Ball Steilpaßmöglichkeiten anbieten.	Die Abwehr ist schneller zu überspielen; der schnelle Torabschluß wird erleichtert.
ALLEINGANG Entschlossen jeden freien Spielraum zum Tor im Alleingang zum schnellen Torschuß ausnutzen.	Für die Abwehrspieler bleibt weniger Zeit zum Eingreifen. Der Torabschluß wird schwerer vorhersehbar.

Spielform für Anfänger

— gleiche Organisationsform;
— Spiel drei Angreifer gegen ein Abwehrspieler im Feld und zwei Spieler im Tor;
— bei Ballverlust kein Nachsetzen der zuletzt angreifenden Mannschaft.

Spiel mit dem Spann

— das Spielbein in Schußrichtung durchschwingen
— Fußspitze des Spielbeines gerade zu Boden drücken
— Treffpunkt des Balles: Ballmitte = Vollspann, außerhalb der Ballmitte = Innenspann, innerhalb der Ballmitte = Außenspann

Abb. 24

Die Technik des Spannstoßes wird hauptsächlich für weiträumige Pässe und zum Torschuß angewendet. Dabei unterscheidet man den Vollspannstoß, den Innenspannstoß (auch Innenrist genannt) und den Außenspannstoß (Außenrist). Mit dem *Vollspann* kann man den Ball besonders weit und schnell spielen. Durch die gerade Fußhaltung und Stoßrichtung wird die Schußkraft des Beines optimal auf den Ball übertragen und in Geschwindigkeit umgesetzt. Beim Paß mit dem *Innenspann* dreht der Fuß den Ball in eine Flugbahn über die gerade Spannstoßrichtung hinweg zum Körper hin. Weite Flankenbälle (Bananenflanken) und vor allem auch Freistöße lassen sich mit dieser technischen Variante des Spannstoßes besonders erfolgreich ausführen.

Mit dem *Außenspann* wird der Ball in eine Drehbewegung versetzt, die ihn aus der geraden Stoßrichtung vom Körper weg fliegen läßt. Ein solcher Kunststoß wird häufig für weitere Flugbälle um gegnerische Spieler herum angewendet.

Parteispiel „3—3 auf ein Tor"

Organisationsform:

— Spielfeld mit einem großen Tor auf einer markierten Torauslinie;
— parallel zur Torauslinie, 25 m vor dem Tor, eine 15 m breite Konterlinie;
— vor dem Tor ein markierter Schußkreis mit Radius von 10 m;
— zwei Mannschaften zu je drei Spielern.

Abb. 25

Aufgabe/Regel:

— drei Angreifer spielen gegen zwei Abwehrspieler im Feld und dem 3. Abwehrspieler als TW im Tor auf ein Tor zum 3—2+1;
— bei Tor und Toraus erhält die zuletzt angreifende Mannschaft den Ball zum erneuten Angriff zurückgespielt;
— bei gehaltenem Torschuß und Ballverlust im Feld: Konter der abwehrenden Mannschaft (Feldspieler + TW) mit Paß des Balles über die Konterlinie zum anschließenden Aufgabenwechsel der Mannschaften;
— Spielzeit: 5 Minuten.

Korrekturhinweise:	*Begründungen:*
ABSPIEL Den Ball mit dem Spann neben dem Standbein spielen.	Die Schußkraft wird optimal auf den Ball übertragen und dadurch eine größere Fluggeschwindigkeit und -genauigkeit erzielt.
ABSPIEL Beim Abspiel mit dem Spann das Fußgelenk fest und angespannt halten.	Der Fuß macht bei der Ballberührung keine Konterbewegung; dadurch wird eine größere Zielgenauigkeit erreicht.
ABSPIEL Beim Spannstoß mit federnd nachgebendem Knie fest auf dem ganzen Fuß des Standbeines stehen.	Die Körperbeherrschung auf einem Bein wird erleichtert; dadurch wird die Ballbehandlung (z. B. Spannstoß) einfacher und sicherer.

Variation 1. Schritt

— gleiches Spiel; jedoch:
— jeder zugespielte Ball muß zuerst in der Bewegung an- und mitgenommen werden, bevor er weitergespielt werden darf (ausgenommen: Torschuß und Konterschuß).

Korrekturhinweise:

TORSCHUSS
Mit dem Spannstoß dem Ball einige Schritte in Schußrichtung nachlaufen wie zum Nachschuß.

Begründungen:

Die Stellung des Standbeines zum Ball wird automatisch verbessert, dadurch der gezielte und flache Torschuß erleichtert.

Abb. 26 Der Spieler spielt den Ball vor dem Standbein und mehr mit der Innenseite (Rücklage! Fußhaltung!)

Korrekturgespräch:

Trainer: „Schau, wie ich es mache! Steht mein Standbein beim Torschuß hinter oder neben dem Ball?"

Demonstration des Trainers „Standbein neben dem Ball beim Torschuß".

Spieler: „Neben dem Ball!"

Trainer: „Richtig — nun mach Du das auch mal!"

Nachvollziehen durch korrigierten Spieler aus der Spielsituation heraus (auch mehrmals) und anschließende Spielfortsetzung zum „Torschuß".

DRIBBLING
Zielstrebig in die freien Spielräume zum Tor hineindribbeln.

Die Abwehrspieler müssen zum Mann am Ball laufen, dadurch wird ein schnelleres Dribbling und ein schneller Torschuß möglich.

TORSCHUSS
Den Ball aus einer leichten Drehbewegung auf das Tor schießen.

Die Fußhaltung für den Vollspannstoß wird leichter und natürlicher auszuführen, aus der Drehbewegung läßt sich ein zusätzlicher Schwungimpuls auf die Schußkraft übertragen.

Variation 2. Schritt

- gleiches Spiel; jedoch Regel zur Ballkontrolle aufgehoben;
- ein Tor kann nur mit Spannstoß außerhalb des Schußkreises erzielt werden.

Korrekturhinweise:	*Begründungen:*
RAUMAUFTEILUNG Weiträumig zusammenspeilen und freilaufen.	Der einzelne Spieler hat mehr Zeit und Spielraum zur An- und Mitnahme des Balles bzw. zum gezielten Torschuß.
TORSCHUSS Nach Rückpaß oder Hereingabe des Balles einen Direktschuß wagen.	Die Abwehrspieler erhalten keine Zeit mehr beim Torschuß zu stören; weniger Reaktionszeit verbleibt auch für den Torwart.
TORSCHUSS Den Ball aus dem Dribbling heraus zum Torschuß ein wenig schräg zur Seite mit der Außenseite bzw. dem Außenspann vorlegen.	Der Ball nähert sich dem Tor ,,langsamer", dadurch erhält der Spieler mehr Zeit, die Anlaufschritte für eine optimale Stellung zum Ball auszugleichen.

Variation 3. Schritt

- gleiches Spiel wie im 2. Schritt, jedoch Schußkreisregel aufgehoben;
- ein Torschuß muß innerhalb von 10 sec nach Ballgewinn bzw. Aufgabenwechsel erfolgen, sonst: Ballverlust.

Korrekturhinweise:	*Begründungen:*
TORABSCHLUSS Auch aus größerer Distanz auf das Tor schießen.	Zögerndes Abwehrverhalten kann entschlossen ausgenutzt und der Torwart überrascht werden.
SPIELVERLAGERUNG Angriff über den Flügel vortragen.	Die Abwehrspieler werden aus der Abwehrmitte nach außen gezogen; dadurch ergibt sich vor dem Tor mehr Spielraum zum erfolgreichen Torschuß nach einer Hereingabe.
FLÜGELSPIEL Spielraum am Flügel mit Alleingang zur Torauslinie schnell ausnutzen zum Rückpaß oder zur gezielten Hereingabe.	Die Abwehrspieler müssen zum eigenen Tor laufen; dadurch ergibt sich vor dem Tor mehr Spielraum für einen erfolgreichen Torabschluß.

Variation 4. Schritt

- Spiel 3—3 auf ein Tor mit neutralem TW;
- Zeitregel aufgehoben;
- bei Tor, Toraus und gehaltenem Ball erhält stets die zuletzt angreifende Mannschaft den Ball durch TW-Abwurf zurück;
- Aufgabenwechsel erfolgt nur nach Ballgewinn im Feld und anschließendem erfolgreichen Dribbling eines Abwehrspielers über die Konterlinie.

Korrekturhinweise:

ÜBERZAHL AM BALL
Zielstrebig mit dem Mann am Ball durch Doppelpaß oder Übernehmen zusammenspielen.

Begründungen:

Zweikämpfe um den Ball werden vermieden, die Abwehrspieler schneller überspielt; dadurch wird ein unbedrängter Torschuß erleichtert.

ALLEINGANG
Freien Raum zum Tor mit entschlossenem Alleingang nutzen.

Für die Abwehrspieler bietet sich weniger Zeit einen Torschuß zu verhindern; dadurch wird der schnelle Torschuß erfolgversprechender.

ANGRIFFSAUFBAU
Gestaffelt angreifen mit Steilpaß- und Rückpaßmöglichkeit.

Dem ballführenden Spieler bietet sich mehr Spielraum, um Zweikämpfe um den Ball zu vermeiden; dadurch wird der Angriffsaufbau sicherer.

— Spiel des Balles dicht neben dem Standbein
— Fußgelenk festgestellt
— Schwung aus dem Unterschenkel heraus
— Fußhaltung gerade hinter dem Ball

Abb. 27

Spielform für Anfänger

— Spiel von drei Angreifern gegen einen Abwehrspieler im Feld und zwei Abwehrspieler als TW im Tor auf ein Tor.

Ballkontrolle

- mit federnd gebeugtem Knie bei der Annahme bzw. dem Spiel des Balles fest auf einem Bein (Standbein) stehen
- keinen Ball im Stand anhalten (stoppen)
- mit der Innenseite den Ball zum Körper hin mitnehmen (sichern)
- mit der Außenseite den Ball vom Körper weg mitnehmen . (Täuschung)

Abb. 28

Ballkontrolle ist die technische Fertigkeit eines Fußballspielers, den ihm flach, halbhoch oder hoch zugespielten Ball an- und mitzunehmen.

1. An- und Mitnahme flach zugespielter Bälle

Flach zugespielte Bälle lassen sich am sichersten mit der *Innenseite* des Fußes, bei einer Körpertäuschung gegen einen angreifenden Gegner auch mit der *Außenseite* aus der Laufrichtung des heranstürmenden Gegenspielers heraus zur Seite an- und mitnehmen. Die Bewegung mit dem zugespielten Ball entspricht weitgehend der der Ballführung. Lediglich im Augenblick der ersten Ballberührung bremst der Spieler die Geschwindigkeit des Balles mit dem Spielbein zunächst gefühlvoll etwas ab.

Parteispiel „3—3+ je zwei Auswechselspieler im Raum"

Organisationsform:

- abgegrenzter Spielraum, 20 x 30 m, durch Mittellinie in zwei Spielfeldhälften unterteilt;
- zwei Mannschaften zu je fünf Spieler, davon: je drei Spieler im Feld zum 3—3 und je zwei Auswechselspieler diagonal in den Spielfeldecken gegenüberstehend.

Abb. 29

Aufgabe/Regel:
- Ball in den eigenen Reihen halten;
- jeder zugespielte Ball muß zuerst an- und in die Bewegung mitgenommen werden, bevor er weitergespielt werden darf;
- wer einen seiner Auswechselspieler anspielt, tauscht mit diesem Position und Aufgabe;
- fünf Abspiele ohne Ballverlust in Folge = 1 Tor;
- Spielzeit: 5 Minuten.

Korrekturhinweise:

BALLSICHERUNG
Den zugespielten Ball vom Gegner weg in den freien Raum an- und mitnehmen.

ZUSAMMENSPIEL
Den Ball möglichst in den Fuß des Mitspielers passen.

BALLKONTROLLE
Bei der Annahme des Balles fest auf einem Fuß stehen und bei Ballberührung mit dem Fuß etwas nachgeben.

Begründungen:

Der nachsetzende Gegner muß seine Laufrichtung ändern; dadurch wird ein unmittelbarer Zweikampf um den Ball vermieden und die Sicherung des Ballbesitzes erleichtert.

Der Ball kann schneller unter Kontrolle gebracht werden, dadurch läßt sich der Ball sicherer in den eigenen Reihen halten.

Im sicheren Stand wird die Körperbeherrschung und damit das Spiel des Balles erleichtert; der Ball springt nicht weit vom Fuß ab, dadurch kann man dem Ball den Schwung nehmen und ihn sicherer mitnehmen.

Variation 1. Schritt

— gleiches Spiel, jedoch:
— ein Tor nach fünf Abspielen ist nur erzielt, wenn dabei mindestens einmal ein Auswechselspieler in das Spiel miteinbezogen worden ist;
— die Auswechselspieler dürfen sich frei an allen vier Spielfeldseiten bewegen und anspielen lassen.

Korrekturhinweise:

ÜBERZAHL AM BALL
Die Auswechselspieler als zusätzliche Anspielmöglichkeiten im Zusammenspiel ausnutzen.

Begründungen:

Der Spieler am Ball hat mehrere Abspielmöglichkeiten, auch wenn die Mitspieler im Feld abgedeckt sind; dadurch vermeidet er den risikoreichen Zweikampf um den Ball.

Abb. 30 Der helle, ballführende Spieler übersieht seinen freistehenden Auswechselspieler (vorn) und verliert im unnötigen Zweikampf den Ball

Korrekturgespräch:

Trainer (zu korrigiertem Spieler): ,,Warum hast Du den Ball nicht frühzeitig abgespielt?"

Spieler: ,,Die beiden anderen Mitspieler haben sich nicht angeboten und waren gedeckt."

Trainer: (an alle) ,,Mußte er dribbeln und sich auf den Zweikampf mit dem Gegner einlassen oder gab es noch eine andere Möglichkeit?"

Auswechselspieler: ,,Er hätte doch mich anspielen können!"

Trainer: ,,Richtig. Zeig Du uns, was Du in derselben Situation getan hättest."

Demonstration durch Auswechselspieler, der für die Korrektur die Rolle mit korrigiertem Spieler tauscht: ,,Abspiel auf freistehenden Auswechselspieler".

Trainer:,,Gut!" (zu korrigiertem Spieler) ,,Wann kann man den Ball wohl sicherer in den eigenen Reihen halten, mit Deiner Lösung, dem Dribbling, oder wie jetzt mit dem Abspiel?"

Korrigierter Spieler: „Mit dem Abspiel natürlich."

Trainer: „Warum?"

Korrigierter Spieler: „Dann kommt der Gegner nicht an den Ball!"

Trainer: „Richtig! — Also nutzt auch die sich anbietenden Auswechselspieler im Zusammenspiel aus!"

Nachvollziehen derselben Situation durch den korrigierten Spieler mit Paß auf Auswechselspieler und Spielfortsetzung.

Korrekturhinweise:	*Begründungen:*
RAUMAUFTEILUNG *Weiträumig über das ganze Spielfeld sich anbieten (auch Auswechselspieler) und zusammenspielen.*	*Die Abwehrspieler müssen weitere Laufwege zum Ball zurücklegen; dadurch bekommt der angespielte Spieler mehr Zeit zur sicheren Ballkontrolle.*
ZUSAMMENSPIEL *Freilaufen und sich mit Blick zum Mann am Ball anbieten.*	*Der Blickkontakt zu den Mitspielern erleichtert das Verständnis im Zusammenspiel; die Spieler sehen sich und aus ihren Bewegungen auch ihr Vorhaben; dadurch werden Ballverluste durch Mißverständnisse vermieden.*

Variation 2. Schritt

— gleiches Spiel, jedoch:
— Regel zur An- und Mitnahme ist aufgehoben;
— beide Auswechselspieler einer Mannschaft stehen in den Spielfeldecken einer Spielfeldhälfte.

Korrekturhinweise:	*Begründungen:*
BALLKONTROLLE Dem zugespielten Ball entgegenlaufen.	Die An- und Mitnahme des Balles erfolgt schneller; dadurch hat der angespielte Spieler mehr Zeit zur sicheren Ballkontrolle vor dem Gegner.
FREIDRIBBELN In die freien Räume dribbeln.	Die Mitspieler ohne Ball benötigen kürzere Wege, um sich freizulaufen und anzubieten; dadurch wird ein schnelleres Abspiel zur Sicherung des Ballbesitzes möglich.
BALLKONTROLLE Den Fuß des Spielbeines bei der Annahme des Balles vom Boden etwas anheben.	Der Ball kann nicht über den Fuß rollen oder vom Fuß hoch abspringen; dadurch wird die Mitnahme des flach rollenden Balles erleichtert.

Variation 3. Schritt

— gleiches Spiel, jedoch:
— ein Tor wird erzielt durch ein erfolgreiches Zuspiel auf einen eigenen Auswechselspieler aus der gegnerischen (entfernten) Spielfeldhälfte heraus;
— Zusammenspiel mit Auswechselspieler innerhalb der eigenen Spielfeldhälfte bleibt zulässig (jedoch kein Tor).

Korrekturhinweise:

ANGRIFFSAUFBAU
Ruhiges Zusammenspiel in der gegnerischen Spielfeldhälfte.

Begründungen:

Die Spieler erhalten bessere Spielübersicht; dadurch wird die Vorbereitung eines weiten Steilpasses auf einen Auswechselspieler erleichtert.

ANGRIFFSAUFBAU
Die ganze Breite des Spielfeldes zur Vorbereitung des Steilpasses ausnutzen.

Die Abwehrspieler werden auseinandergezogen und müssen weitere Wege zum Mann am Ball laufen; dadurch werden größerer Spielraum und Lücken zum erfolgreichen Steilpaß geschaffen.

ÜBERZAHL AM BALL
Durch Übernehmen oder Doppelpaß einen Gegner ausspielen.

Für den Mann am Ball wird kurzzeitig Spielraum und Zeit zum erfolgreichen Steilpaß geschaffen.

Variation 4. Schritt

— gleiches Spiel wie im 3. Schritt, jedoch:
— Zusammenspiel nur mit flachen Pässen, sonst: Ballverlust (max. Hüfthöhe);
— auch fünf Pässe innerhalb der gegnerischen Spielfeldhälfte ohne Ballverlust = 1 Tor zusätzlich.

Korrekturhinweise:

BALLKONTROLLE
Den zugespielten Ball sofort in die Bewegung mitnehmen.

Begründungen:

Die Abwehrspieler müssen ihre Laufrichtungen ändern; dadurch können sie den Spielraum in die Tiefe auch auf Auswechselspieler nicht immer abschirmen; Steilpaßmöglichkeiten lassen sich leichter herausspielen.

ALLEINGANG
Entschlossenen Alleingang in den freien Raum zum Steilpaßabspiel riskieren.

Das raumdeckende Stellungsspiel der Abwehrspieler wird durchbrochen, dadurch ergeben sich Abspielmöglichkeiten in den Rücken der Abwehrspieler (Steilpaß).

TEMPOWECHSEL
In der gegnerischen Spielfeldhälfte den Ball zunächst ruhig in den eigenen Reihen halten.

Die Abwehrspieler werden aus ihrer raumdeckenden Positionen herausgelockt; dadurch wird der Spielraum geschaffen für einen überraschenden Steilpaß.

Spielform für Anfänger

— Ball in den eigenen Reihen halten;
— Spiel 3—3 im Feld;
— je ein neutraler Spieler an den vier Spielfeldseiten;
— die vier Neutralen spielen immer mit der ballführenden Mannschaft nur an der jeweiligen Auslinie;
— der ballführende Spieler darf nicht angegriffen, der Ball also nur beim Abspiel erkämpft werden;
— drei Abspiele in Folge ohne Ballverlust = 1 Tor.

An- und Mitnahme halbhoch und hoch zugespielter Bälle

— keinen Ball springen lassen
— angestoppten Ball in unmittelbarer Körpernähe zu Boden tropfen lassen
— Körpertäuschung nach anstoppen vor der Mitnahme des Balles am Boden

Abb. 31

Auch halbhoch und hoch einfliegende Bälle werden am Boden beim Aufprall am sichersten mit der *Innenseite* oder nach einer kurzen Körpertäuschung mit der *Außenseite* in die Bewegung an- und mitgenommen. Diese Technik der Ballkontrolle hoher Bälle stellt eine spezielle Form des „Drop-kicks“ dar, den man im Grunde zur Technik des Abspiels rechnet.

Bei hohen bzw. springenden Bällen gilt es, den Ball möglichst schnell spielbereit zu bekommen, bevor ein nachsetzender gegnerischer Spieler die Ballkontrolle stören kann. Der Ball darf nicht mehr vom Boden hochspringen. Dadurch würde Zeit im Zusammenspiel verschenkt und einem bereits ausgespielten Gegner Gelegenheit gegeben, den Ball doch noch zu erreichen.

Auf engem Raum ohne größere Bewegungsfreiheit für den angespielten Spieler werden hohe Flanken mit der *Brust* oder dem *Oberschenkel* zunächst angestoppt. Das heißt, dem Ball wird seine Fluggeschwindigkeit genommen, so daß er vor dem Spieler weich zu Boden fällt und mühelos mit der Innen- oder Außenseite in die Bewegung mitgenommen oder kontrollierter auf das Tor geschossen werden kann.

Seltener dagegen findet der Spieler die Zeit, den hoch zugespielten Ball im Stand mit dem *Spann* anzustoppen und sich bereitzulegen.

Parteispiel „3—3+1 Neutralen über zwei Linien“

Organisationsform:
— abgegrenzter Spielraum 20 x 30 m, die 20-m-Stirnseiten als Ziellinien markiert;
— zwei Mannschaften zu je drei Spielern;
— ein neutraler Spieler im Feld.

Abb. 32

Aufgabe/Regel:
— Spiel 3—3 von Linie zu Linie und zurück;
— jedes hohe Zuspiel über eine Linie auf einen Mitspieler und dessen erfolgreiche Ballkontrolle = 1 Tor;
— nach Torerfolg bleibt die erfolgreiche Mannschaft im Ballbesitz und greift zurück zur gegenüberliegenden Linie an;
— der Neutrale spielt immer mit der ballführenden Mannschaft und darf nur hohe Flugbälle spielen;
— der Neutrale darf nicht angegriffen werden;
— jeder zugespielte Ball muß zunächst in die Bewegung an- und mitgenommen werden, bevor er weitergespielt werden darf;
— bei jedem Angriff muß einmal auch der Neutrale angespielt worden sein;
— Spielzeit: 5 Minuten.

Korrekturhinweise:

BALLKONTROLLE
Den Ball bei seiner Bodenberührung sofort in die Bewegung zur Seite an- und mitnehmen.

Begründungen:

Der nachsetzende Gegner hat weniger Zeit, bei der An- und Mitnahme des Balles noch störend einzugreifen, weil er die Angriffsrichtung verändern muß.

BALLKONTROLLE
Den Ball mit der Drop-kick-Technik der Innen- oder Außenseite des Fußes schräg über dem Ball mitnehmen („Dach“ bilden).

Der Ball kann nicht mehr vom Boden hochspringen, sondern wird in eine flache Rollbewegung gezwungen; dadurch wird eine schnellere Ballkontrolle möglich.

BALLKONTROLLE
Unmittelbar vor der An- und Mitnahme des Balles bereits dicht neben dem Aufprallpunkt des Balles auf dem ganzen Fuß des Standbeines bereitstehen.

Eine bessere Körperbalance und damit sichere Bewegungsfreiheit für das Spielbein wird erzielt; dadurch wird die gefühlvolle An- und Mitnahme des aufprallenden Balles erleichtert.

Variation 1. Schritt:

- — gleiches Spiel, jedoch:
- — auch der neutrale Spieler darf angegriffen werden;
- — auch fünf hohe Abspiele mit erfolgreicher An- und Mitnahme ohne zwischenzeitlichen Ballverlust — bei beliebig vielen Flachpässen dazwischen — zählen = 1 Tor.

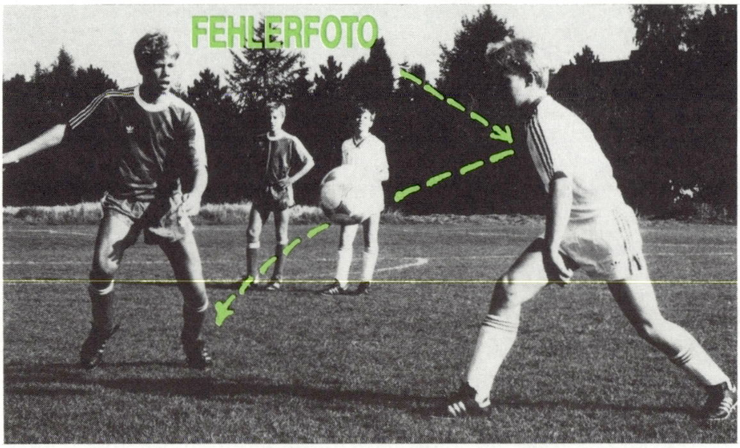

Abb. 33 Der helle Spieler läßt den Ball von der Brust zu weit wegprallen, so daß der Ball dem Gegner vor die Füße fällt und verloren geht

Korrekturhinweise:

BALLKONTROLLE
Die Brust dem hoch einfliegenden Ball breit (Hohlkreuz) entgegenhalten und bei Ballberührung auch in den Knien etwas nachgeben.

Begründungen:

Die breite Auffangfläche für den Ball läßt sich bei Ballberührung leichter federnd zurücknehmen: dadurch wird dem Ball der „Schwung“ genommen und der Ball springt nicht weit vom Körper fort.

Korrekturgespräch:

Trainer (zu korrigiertem Spieler): ,,Schau, wie ich den hohen Ball mit der Brust anstoppe; ziehe ich die Brust ein oder strecke ich sie im Hohlkreuz ganz breit dem Ball entgegen?"

Demonstration durch Trainer in korrekter Ausführung ,,Annahme des hohen Balles mit der Brust".

Spieler: ,,Sie strecken die Brust dem Ball entgegen."

Trainer: ,,Richtig. — Warum ist das wohl günstiger?"

Spieler: ,,Sie können den Ball sicherer abfangen."

Trainer: ,,Klar. Und mit etwas Nachgeben in den Knien kannst Du den Ball auch schnell am Boden mitnehmen, bevor ein Gegner da ist. Nun versuch Du das mal mit dem gleichen Zuspiel wie eben."

Nachvollziehen der korrekten Annahme mit der Brust durch korrigierten Spieler — einige Male, dann Spielfortsetzung.

Korrekturhinweise:

WEG VOM MANN AM BALL
Weiträumiges Zuspiel fordern durch Freilaufen und sich Anbieten vom Mann am Ball weg in den freien Raum.

Begründungen:

Die Abwehrspieler müssen längere Laufwege zum Ball ausführen; der freie Spielraum des ganzen Feldes kann erfolgreicher genutzt werden; dadurch schafft sich der angespielte Spieler mehr Zeit und Raum zur sicheren Ballkontrolle.

TÄUSCHUNG
Vor der Ballmitnahme am Boden mit dem Körper falsche Mitnahmerichtung antäuschen.

Der angreifende Gegner wird vom Ball weg ins ,,Leere" geschickt; dadurch wird Zeit und Raum, zur sicheren Mitnahme gewonnen und der Spieler kann sich schnell vom Gegner lösen.

Variation 2. Schritt

— gleiches Spiel wie im 1. Schritt, jedoch:
— Feldspieler zu drei Spielerpaare in 3 x 1—1 aufgeteilt;
— jeder Spieler spielt nur gegen seinen direkten Gegenspieler.

Korrekturhinweise:

TEMPOWECHSEL
Nach der erfolgreichen An- und Mitnahme den Ball ruhig führen und langsam werden.

Begründung:

Die Spielübersicht wird erleichtert und der Ball kann sicherer gegen den Gegner abgedeckt werden; dadurch gelingt ein erfolgreicheres Zusammenspiel.

BALLSICHERUNG
Den Körper beim Herabfallen des angestoppten Balles zwischen Ball und Gegner bringen.

Der Gegner kann nicht an den Ball heran; dadurch wird die sichere Ballmitnahme erleichtert.

Variation 3. Schritt:

— gleiches Spiel wie im 2. Schritt, jedoch:
— flach zugespielte Bälle können auch direkt weitergespielt werden.

Korrekturhinweise:	*Begründungen:*
ANGRIFFSAUFBAU Dem Mann am Ball Rückpaßmöglichkeit anbieten.	Die ruhige und sichere Vorbereitung des raumgewinnenden Flugballs wird erleichtert, weil der Gegner zur Ziellinie hin abdeckt.
ZUSAMMENSPIEL Das weite Zuspiel bei Blickkontakt zum Mann am Ball mit plötzlichem Spurt fordern.	Der Mann am Ball erkennt sofort, zu wem, wann und wohin der Ball gespielt werden kann; dadurch wird ein besseres Verständnis untereinander und ein sichereres Zusammenspiel erzielt.
RAUMAUFTEILUNG Freilaufen und die Positionen wechseln in die ganze Breite und Tiefe des Spielraumes.	Die abwehrenden Spieler werden auseinandergezogen; dadurch ergibt sich für den einzelnen freilaufenden Spieler größerer Freiraum zum überraschenden Durchbruch.

Variation 4. Schritt

— gleiches Spiel wie im 3. Schritt, jedoch:
— 15 m hinter jeder Ziellinie steht je ein großes Tor mit einem neutralen TW;
— ein Tor kann nur nach Flugballzuspiel über die Ziellinie von dem angespielten Spieler erzielt werden;
— auch ein Direktschuß auf das Tor ist möglich;
— nach Tor, Toraus und gehaltenem Ball erhält immer ein Spieler der zuletzt angreifenden Mannschaft den Ball durch TW-Abwurf zurück;
— der Ball kann nur im Feld oder vom direkten Gegenspieler des über eine Ziellinie angespielten Spielers vor dem Tor erkämpft werden.

Korrekturhinweise:	*Begründungen:*
TORSCHUSS Vor das Tor hoch zugespielte Bälle sicher an- und mitnehmen, kein überhasteter Torschuß.	Eine Torschußgelegenheit nach erfolgreichem Dribbling bleibt erhalten; der Torschuß kann erfolgreicher und gezielter ausgeführt werden.
RAUM SCHAFFEN Freilaufen und Spielraum schaffen für den Mitspieler.	Die Spieler stehen sich nicht im Weg, auch die Gegenspieler können sich nicht gegenseitig helfen; Abspiel zum Tor hin wird schneller ermöglicht.
ÜBERZAHL AM BALL Den Neutralen immer wieder mit in das sichere Aufbauspiel einbeziehen.	Spielerüberzahl wird geschaffen und dadurch ein Zweikampf um den Ball vermieden und Zeit zum sicheren Zusammenspiel gewonnen.

Spielform für Anfänger

— drei Spieler halten zusammen mit dem neutralen Spieler den Ball gegen drei abwehrende Spieler in den eigenen Reihen;
— der ballführende Spieler darf nicht angegriffen werden;
— Ballgewinn nur durch Abfangen eines Passes möglich;
— drei Flugbälle und erfolgreiche An- und Mitnahme des Balles ohne gegnerische Berührung bei beliebig vielen Flachpässen zwischenzeitlich = 1 Tor.

Drop-kick

— Ball unmittelbar *nach* dessen Bodenberührung spielen
— den letzten Schritt zum Ball erst, wenn der Ball zu Boden fällt
— minimaler Zeitabstand zwischen Boden- und Fußberührung des Balles (wie Doppelberührung)

Abb. 34

Eine besonders hohe Ballgeschwindigkeit erzielt man mit der „Drop-kick-Technik". Die Bezeichnung kommt aus dem Englischen und beschreibt diese technische Variante mit den beiden entscheidenden Worten (to drop = fallen, aufprallen und to kick = stoßen, treten, abspielen).

Der Ball wird unmittelbar nach seiner Bodenberührung getroffen. Dadurch übernimmt man die Rückprallgeschwindigkeit des Balles vom Boden auf die eigene Schußkraft.

Ein Drop-kick kann mit dem Spann oder mit der Innen- und Außenseite des Fußes gespielt werden (vgl. dazu auch „Ballkontrolle"). Der besondere Vorteil dieser Abspiel- bzw. Schußtechnik liegt darin, daß man den hoch einfliegenden bzw. den springenden Ball ohne Zeitverlust und ziemlich zielsicher sofort weiterspielen oder auf das Tor schießen kann, bevor ein Gegner zu stören in der Lage ist.

Parteispiel „4—4 auf beide Tore"

Organisationsform:

— abgegrenztes Spielfeld, 20 x 30 m, mit zwei Toren auf den 20-m-Linien;
— das Feld durch deutlich markierte Mittellinie in zwei Spielfeldhälften geteilt;
— zwei Mannschaften zu je vier Spielern.

Abb. 35

Aufgabe/Regel:
— Spiel 4 gegen 4 auf beide Tore;
— Tore können auf beide Tore aber nur per Drop-kick erzielt werden;
— die Abwehrspieler dürfen auf der Torlinie nicht aber mit der Hand abwehren;
— bei Tor und Toraus erhält immer die zuletzt angreifende Mannschaft den Ball zu einem neuen Angriff zurück;
— nach jedem Torabschluß bzw. Ballgewinn vom Gegner muß der Ball erst einmal über die Mittellinie gespielt werden, bevor ein Tor erzielt werden kann;
— Spielzeit: 5 Minuten.

Korrekturhinweise:	*Begründungen:*
TORSCHUSS Einen Schritt zum Ball machen, wenn der Ball zu Boden fällt.	Eine günstigere (dichtere) Stellung zum Ball wird erreicht; dadurch kann der Ball sicherer als Drop-kick gespielt werden.
DROP-KICK Den Ball dicht neben dem Standbein spielen.	Der Ball kann mit dem Fuß unmittelbar nach der Bodenberührung gespielt werden; dadurch wird ein gezielter und auch flacher Torschuß (Abspiel) erleichtert.
DROP-KICK Mit dem Fuß beim Drop-kick-Schuß etwas oberhalb der Ballmitte den Ball spielen.	Der Ball kann nicht wieder hoch vom Boden abspringen; dadurch wird der gezielte Paß (Schuß) erleichtert.

Variation 1. Schritt

— gleiches Spiel, jedoch: die abwehrenden Spieler in den Toren dürfen auch mit der Hand den Ball spielen;
— ein Torschuß kann nur per Drop-kick mit dem Spann erfolgen.

Korrekturhinweise:

TORSCHUSS
Dem geschossenen Ball zum Tor sofort nachsetzen.

Begründungen:

Eine günstigere Stellung des Standbeines zum Ball wird erreicht; die Möglichkeit eines Nachschusses kann genutzt werden.

Abb. 36 Der helle Angreifer trifft den Ball nach dessen Bodenberührung zu spät und verzieht den Schuß

Korrekturgespräch:

Trainer (zum korrigierten Spieler): ,,Lauf Deinem Torschuß für einen Nachschuß sofort nach."

Demonstration durch Trainer ,,Drop-kick mit Nachlaufen".

Nachvollziehen durch korrigierten Spieler ,,Drop-kick-Torschuß mit Nachsetzen zum Tor".

Trainer: ,,Wann fiel Dir der Drop-kick leichter, vorhin, als Du stehengeblieben bist oder jetzt mit dem Nachsetzen?"

Spieler: ,,Jetzt."

Trainer: ,,Was war denn besser?"

Spieler: ,,Der Ball ist mir jetzt nicht über den Spann weggerutscht."

Trainer: ,,Richtig, weil Du jetzt dichter am Ball gestanden hast.

Und welche Chance hast Du noch, wenn Du dem Schuß sofort nachläufst?"

Spieler: ,,Den Nachschuß — falls der Ball abgewehrt wird."

Trainer: ,,Genau! Also lauf jedem Schuß sofort nach."

Nachvollziehen durch korrigierten Spieler ,,Drop-kick-Torschuß" aus gleicher Spielsituation mit Nachsetzen und anschließender Spielfortsetzung.

TORSCHUSS
Den Ball nicht springen lassen.

Unnötiger Zeitverlust bis zum Torschuß wird vermieden, so daß der Gegner nicht mehr störend eingreifen kann.

ANGRIFFSAUFBAU
Weiträumig über die Flügel den Torabschluß vorbereiten.

Flanken vom Flügel her erleichtern den Torschuß per Drop-kick; die Abwehrspieler werden auseinandergezogen; dadurch verschafft man den Stürmern vor dem Tor mehr Raum zum Torschuß.

Variation 2. Schritt

- gleiches Spiel wie im 1. Schritt, jedoch:
- ein Torabschluß muß innerhalb von 15 sec nach Ballgewinn erfolgen, sonst: Ballverlust.

Korrekturhinweise:	*Begründungen:*
SPIELVERLAGERUNG Die Seiten überraschend wechseln gegen eine verstärkte Abwehr vor dem Tor (Seitenwechsel zum anderen Tor).	Günstigere Spielerzahl- und Raumverhältnisse vor dem anderen Tor bieten mehr Zeit zum sicheren Drop-kick-Torschuß.
TORSCHUSS Hohe Flanken mit der Brust oder dem Oberschenkel anstoppen und den herabfallenden Ball schießen.	Eine bessere Ballkontrolle und dadurch ein gezielterer Drop-kick-Torschuß wird ermöglicht, weil die Fallgeschwindigkeit des Balles geringer ist.
ANGRIFFSAUFBAU Ruhiges und überlegtes Aufbauspiel im Feld ohne Hektik.	Die Spielübersicht wird erleichtert; dadurch kann die erfolgversprechendere Angriffsseite schneller erkannt und ein sicherer Torabschluß herausgespielt werden.

Variation 3. Schritt

- gleiches Spiel wie im 1. Schritt, jedoch:
- je ein neutraler TW in den Toren;
- bei Tor und Toraus: TW-Abschlag per Drop-kick stets auf einen Spieler der zuletzt angreifenden Mannschaft;
- bei gehaltenem Ball: TW-Abschlag per Drop-kick auf einen Spieler der abwehrenden Mannschaft zum Aufgabenwechsel.

Korrekturhinweise:	*Begründungen:*
TORSCHUSS Auch aus größerer Entfernung einen Torschuß wagen.	Die abwehrenden Spieler haben weniger Zeit, einen Torschuß zu verhindern; der Torwart kann überrascht werden.
TORABSCHLUSS Hohe Flugbälle dem nachrückenden Mitspieler per Kopf oder Fuß halbhoch zu dessen Torschuß auflegen.	Störende Abwehrspieler können ausgespielt und für den Mitspieler erfolgversprechende Torschußmöglichkeiten vorbereitet werden.
TORSCHUSS Vom Boden hochspringende Bälle mit dem Körper in die Bewegung zum Tor hin mitnehmen, nicht stehenbleiben und warten.	Der Gegenspieler hat weniger Zeit, störend den Weg zum Tor zu verstellen und einen Torschuß abzublocken; der Ball kann in der Vorwärtsbewegung beim nächsten Bodenkontakt als Drop-kick geschossen werden.

Variation 4. Schritt

— gleiches Spiel wie im 3. Schritt, jedoch:
— Spiel 4—4 immer von einem Tor zum anderen und zurück;
— nach einem Torabschluß auf ein Tor muß der nächste Angriff auf das gegenüberliegende Tor erfolgen.

Korrekturhinweise:

SPIELVERLAGERUNG
Den TW als rückwärtigen Anspielpunkt zum überraschenden Seitenwechsel auf das andere Tor einbeziehen, wenn Torschuß nicht erfolgversprechend erscheint.

FREILAUFEN
Nach Torabschluß sich schnell vom Gegner lösen und den TW-Abschlag in den Lauf fordern.

TORABSCHLUSS
Nach dem Seitenwechsel zielstrebig einen Torabschluß suchen.

Begründungen:

Die noch günstigen Raumverhältnisse zum gegenüberliegenden Tor können gegen die aufgerückte Abwehr besser zu einem schnellen Torabschluß genutzt werden.

Der TW erkennt schneller, wohin er den Ball abspielen kann; dadurch wird das Zuspiel und der erneute Angriff sicherer.

Mehr Zeit und Spielraum wird gegen eine noch ungeordnete und zahlenmäßig geschwächte Abwehr für einen aussichtsreichen Torschuß geschaffen.

Spielform für Anfänger

— Spiel 4—4 auf beide Tore ohne neutrale TW, jedoch:
— jedes Zuspiel erfolgt aus der Hand per Drop-kick zum Mitspieler und darf von diesem wieder gefangen werden;
— mit dem Ball in der Hand darf nicht gelaufen werden;
— im Tor darf der Ball von abwehrenden Spielern mit der Hand gefangen werden zum Aufgabenwechsel.

Kopfballspiel

— Zum Kopfball gegen einen Gegner nur auf den Ball sich konzentrieren und möglichst frühzeitig hochspringen
— Anlauf ohne Unterbrechung ausführen zum Absprung in maximale Höhe (nicht dem Ball entgegenspringen!)
— Stoß des Balles mit dem Kopf nach vorn erst bei unmittelbarer Ballnähe (nicht zu früh)
— Kopfstoß zur Seite über die Schulter hinweg mit halber Drehung des Oberkörpers

Abb. 37

Hohe Flugbälle können auch in der Luft mit dem Kopf weitergespielt werden. Dabei benutzt der Spieler die Stirn als sicherste und für den Kopf ungefährlichste Stoßfläche.

Hohe Flanken werden per Kopf direkt auf das Tor gestoßen oder vom Abwehrspieler aus der „Gefahrenzone" vor seinem Tor herausbefördert.

Auch im Zusammenspiel bringt das schnelle Abspiel eines Flugballes mit dem Kopf einen entscheidenden Zeitvorteil für den erfolgreichen Torabschluß. Allerdings kann das Kopfballspiel verglichen mit den verschiedenen Abspielformen des Fußes nicht immer zielgenau erfolgen. Es wird daher in der Regel immer nur dann angewendet, wenn dem Spieler keine Zeit oder kein Spielraum mehr zur Ballkontrolle bleibt oder die Spielsituation das direkte Weiterleiten des Balles besonders vorteilhaft erscheinen läßt wie z. B. bei Kopfballvorlagen vor dem Tor auf einen nachrückenden Mitspieler.

Parteispiel „4—4 von Tor zu Tor"

Organisationsform:
— Spielfeld, 20 x 30 m, mit zwei Toren auf den 20-m-Linien, durch Mittellinie in zwei Spielfeldhälften geteilt;
— zwei Mannschaften zu je vier Spielern.

Abb. 38

Aufgabe/Regel:

— Spiel 4—4 von einem Tor zum anderen und zurück;
— ein Spieler der verteidigenden Mannschaft muß jeweils im Tor stehen, bevor die anderen drei Mitspieler den Ball erkämpfen dürfen;
— der abwehrende Spieler im Tor darf den Ball nicht mit der Hand spielen;
— bei jedem Torabschluß (Tor und Toraus) erhält die zuletzt angreifende Mannschaft den Ball zurück zum Angriff auf das gegenüberliegende Tor;
— ein Tor kann nur per Kopf erzielt werden;
— Spielzeit: 5 Minuten.

Korrekturhinweise:	*Begründungen:*
KOPFBALLSPIEL Den Ball mit der Stirn stoßen.	Die Stirn bietet die größte Spielfläche des Kopfes; der Ball kann auch nach dem Kopfstoß mit den Augen verfolgt werden; daher ist eine große Zielgenauigkeit möglich.
KOPFBALLSPIEL Den Schwung zum Kopfstoß aus der Hüfte heraus mit angespanntem (steifen) Nacken führen.	Aus der Hüfte heraus erzielt man eine starke Hebelwirkung auf den Ball; dadurch wird eine größere Stoßkraft auf den Ball übertragen.
KOPFBALLSPIEL Nach dem Kopfstoß dem Ball in dessen Flugrichtung nachschauen.	Die Kopfhaltung mit der Stirn als Trefffläche des Balles erfolgt optimal.

Variation 1. Schritt

— gleiches Spiel, jedoch:
— vier Angreifer spielen nun gegen vier Abwehrspieler im Feld ohne „Torhüter";
— Spiel des Balles ins Tor ohne Kopfstoß: Ballverlust.

Korrekturhinweise:

KOPFBALLSPIEL
Dem hoch zugespielten Ball entgegenlaufen.

Begründungen:

Der Ball kann vor dem Gegenspieler erreicht und dadurch eine größere Chance zum erfolgreichen Kopfstoß geschaffen werden.

Abb. 39 Der helle, angespielte Angreifer bleibt stehen und wartet auf den Ball, so daß der abwehrende Spieler ungehindert dem Ball entgegenlaufen und ihn abwehren kann

Korrekturgespräch:
Trainer (an korrigierten Spieler): „Schau mal, wie ich das mache. Warte ich auf den Ball oder laufe ich ihm zum Absprung entgegen?"
Demonstration durch den Trainer aus der gleichen Situation heraus: „Kopfball nach Anlauf und Absprung vor dem Gegner".
Spieler: „Sie laufen dem Ball entgegen."
Trainer: „Warum wohl?"
Spieler: „Dann kommt der Abwehrspieler nicht heran."
Trainer: „Richtig! Und nun mach Du das mal in derselben Situation."
Nachvollziehen des günstigeren Verhaltens (mit Anlauf) durch korrigierten Spieler einige Male und dann Spielfortsetzung.

KOPFBALLSPIEL
Mit einem Bein nach Anlauf zum Kopfball abspringen.

Die Anlaufgeschwindigkeit kann in größere Sprunghöhe umgesetzt werden; dadurch sind höhere Bälle zu erreichen und der Spieler ist schneller in der Luft.

KOPFBALL
Zum Kopfball aus dem Anlauf in die Höhe und nicht nach vorn springen (vgl. Hochsprung).

Der Spieler gewinnt mehr an Höhe und mehr Zeit zur Vorspannung im Hohlkreuz und Konzentration auf den Ball.

Variation 2. Schritt

— gleiches Spiel wie im 1. Schritt, jedoch:
— auf der Mittellinie von den Seitenauslinien her je ein Fähnchentor, 8 m breit;
— jeder Angriff muß durch eines der beiden Seitentore gespielt werden; ohne Ball darf auch durch die Mitte gelaufen werden.

Korrekturhinweise:

ANGRIFFSAUFBAU
Weiträumig zusammenspielen.

SPIELVERLAGERUNG
Überraschend die Seiten wechseln, wenn die gegnerische Abwehr ein Fähnchentor absichert.

ÜBERZAHL AM BALL
Am Flügel immer einen Spieler freispielen ohne Risiko eines Zweikampfes.

Begründungen:

Gegen die noch ungeordnete Abwehr wird mehr Zeit und Spielraum zum schnellen Torabschluß erzielt.

Die massierte Abwehr wird schnell umgangen und dadurch Spielraum zum zielstrebigen Torabschluß über den anderen Flügel geschaffen.

Der freigespielte Spieler hat Zeit und Raum, in Ruhe gezielt vor das Tor zu flanken; dadurch erfolgt ein aussichtsreicherer Torabschluß.

Variation 3. Schritt

— gleiches Spiel wie im 2. Schritt, jedoch:
— nach Spiel durch ein Fähnchentor muß der Torabschluß innerhalb von 15 sec erfolgen, sonst Ballverlust.

Korrekturhinweise:

TORABSCHLUSS
Aus dem Rücken der Abwehr von der Grundlinie her in den Lauf der nachrückenden Mitspieler flanken.

TORABSCHLUSS
Vor dem Tor die Flanke in die Tiefe gestaffelt erwarten; nicht alle zum Tor drängen.

TORABSCHLUSS
Die Flanken vom Tor weg ins Feld ziehen.

Begründungen:

Das Kopfballspiel aus dem Anlauf heraus bei entgegenfliegendem Ball ist leichter; dadurch wird der Torabschluß erfolgversprechender.

Dem Mann am Ball bieten sich mehrere Abspielmöglichkeiten für die Flanke; dadurch wird der Torabschluß aussichtsreicher.

Der Ball fliegt dem angreifenden Mitspieler entgegen und ist so leichter auf das Tor zu köpfen.

Variation 4. Schritt

— gleiches Spiel wie im 2. Schritt, jedoch:
— in den beiden Toren spielt je ein neutraler TW;
— nach jedem Torabschluß wirft der TW den Ball immer einem der zuletzt angreifenden Mannschaft zum nächsten Angriff auf das gegenüberliegende Tor zu;
— der Ball muß im Feld erkämpft werden zum Aufgabenwechsel;
— ein Tor kann auch nach Kopfballvorlage im Direktschuß erzielt werden.

Korrekturhinweise:	*Begründungen:*
TORABSCHLUSS Mit dem Vollspann hart vor das Tor flanken.	Der Ball kommt schneller vor das Tor, dadurch bleibt für die Abwehrspieler und den TW eine kürzere Reaktionszeit zur Abwehr; die Angreifer können den Ball härter auf das Tor köpfen.
TORABSCHLUSS Auf den kurzen Torpfosten flanken.	Der TW hat kaum eine Möglichkeit, den Ball mit den Händen zu erreichen; dadurch bieten sich aussichtsreichere Torgelegenheiten für die Angreifer.
TORABSCHLUSS Aus wenig aussichtsreicher Position zum Tor den Ball verlängern oder dem nachrückenden Mitspieler zurück auflegen.	Erfolgversprechendere Torschußgelegenheiten können per Kopf herausgespielt und genutzt werden; dadurch ist das Angriffsspiel für die Abwehr schwerer berechenbar.

Abb. 40 Hechtflugkopfbälle entwickeln Mut und Risikobereitschaft, eine entscheidende Voraussetzung, sich im sportlichen Wettkampf erfolgreich durchzusetzen

Spielform für Anfänger

- — Spielfeld 15 x 20 m;
- — vier Angreifer spielen gegen zwei Abwehrspieler im Feld und zwei Abwehrspieler als TW jeweils im Tor;
- — Tore können nur per Kopf erzielt werden;
- — der Ball wird aus der Hand hoch zugeworfen und muß dann mit dem Kopf von Angreifer oder Abwehrspieler gespielt werden, bevor er mit der Hand wieder aufgenommen werden darf;
- — fällt der Ball ohne Kopfberührung zu Boden: Ballverlust und Aufgabenwechsel;
- — mit dem Ball in der Hand darf nicht gelaufen werden;
- — die beiden Spieler im Tor dürfen nicht mit der Hand abwehren, sonst: Strafstoß;
- — nach Ballverlust oder Torabschluß und Wechsel der Angriffsrichtung müssen erst zwei Abwehrspieler im Tor stehen, bevor der 3. und 4. Spieler den Ball erkämpfen dürfen, sonst: Strafstoß;
- — Spielzeit: 5 Minuten.

Tackling

- niemals frontal oder von hinten den Gegner im tackling angreifen: Verletzungsgefahr für sich und den Gegner!
- Ballführenden Gegner vor dem Tackling erst einholen (gleiche Höhe)
- sliding tackling möglichst als Abspiel zum Mitspieler nutzen
- tackling erst, wenn ballführendem Gegner keine Ausweichmöglichkeit bleibt

Abb. 41

Das Tackling ist die Technik des Abwehrspielers, dem Gegner den Ball wegzuspielen oder abzunehmen. Das Wort kommt aus dem Englischen und bedeutet „angreifen". Gemeint ist der Angriff auf den Ball.

Im Zweikampf um den Ballbesitz wenden die abwehrenden Spieler zwei unterschiedliche Ausführungen des Tacklings an, das „Block-Tackling" oder das „Sliding-Tackling".

Als Block-Tackling bezeichnet man das Blockieren des Balles mit dem Fuß. Der Fuß des Spielbeines wird vor den Ball gebracht, so daß der Ball in seiner Bewegung auf- und angehalten wird. Gegen diesen Block kann nun der Gegner den Ball nicht mehr weiter mitführen. Er läuft über den blockierten Ball hinweg und wird so korrekt vom Ball getrennt. Der Abwehrspieler hat sich den Ballbesitz erkämpft *(Abb. 41).*

Beim Sliding-Tackling gleitet der Abwehrspieler mit einer Grätschbewegung zum Ball und spielt diesen aus dem Kontrollbereich des Gegners fort. Der Ball ist dann frei und muß neu erkämpft werden *(Abb. 42 und 43).*

Jedes Tackling birgt ein gewisses Risiko in sich. Der abwehrende Spieler muß zum korrekten Tackling zu Boden gehen. Verfehlt er den Ball oder vermag der ballführende Gegner den Ball trotz des Tacklings schnell wieder unter Kontrolle zu bringen, so ist der Abwehrspieler praktisch hilflos und ausgespielt. Daher wird das Tackling nur angewendet, wenn die Spielsituation diesen schnellen Angriff auf den Ball notwendig macht, wenn der Ball frei und vom abwehrenden Spieler aus kurzer Distanz zu erreichen ist und keine andere Abwehrmöglichkeit mehr, d. h. auch höchste Torgefahr besteht.

Abb. 42 sliding tackling mit der Außenseite

Abb. 43 sliding tackling mit der Innenseite

Parteispiel „3—3 auf je zwei Tore“

Organisationsform:
— abgegrenztes Spielfeld 15 x 20 m;
— je zwei Fähnchentore, 3 m breit, auf den 15-m-Grundlinien im Abstand von 5 m zueinander; parallel gegenüberstehend;
— zwei Mannschaften zu je drei Spielern.

Abb. 44

Aufgabe/Regel:

— drei Angreifer spielen gegen zwei abwehrende Spieler im Feld und einen abwehrenden Spieler auf der Grundlinie auf zwei nebeneinander liegende Tore;
— ein Tor kann nur durch Flachschuß erzielt werden;
— der dritte abwehrende Spieler darf nur auf der Grundlinie die beiden Tore verteidigen;
— innerhalb von 10 sec nach Ballbesitz muß ein Torschuß erfolgen, sonst: Ballverlust;
— wird der Ball im Tackling ins Aus gespielt: Ballbesitz für die abwehrende Mannschaft und Aufgabenwechsel;
— bei Ballgewinn: Aufgabenwechsel beider Mannschaften, die Spieler der zuletzt ballführenden Mannschaft dürfen den Ball erst wieder zurückerkämpfen, wenn ein Spieler von ihnen sich an der Grundlinie befindet; der dritte abwehrende Spieler greift zum 3—2 mit in das eigene Angriffsspiel ein;
— Spielzeit: 4 Minuten.

Korrekturhinweise:

SLIDING-TACKLING:
Den Ball mit dem Außenrist des dem Gegner nahen Spielbeines zur Seite wegspielen.

Begründungen:

Der Außenrist bietet die sicherste Trefffläche, um den Ball aus gleicher Laufrichtung mit dem Gegner aus dessen Besitz wegzuspitzeln und so dessen Alleingang zu stoppen.

SLIDING-TACKLING
Den Ball mit dem Innenrist des Spielbeines schräg gegen die Laufbewegung des Balles wegspielen.

Der Innenrist bietet die aussichtsreichste Trefffläche, um den Ball zielsicher zu einem eigenen Mitspieler hin abzuwehren.

SLIDING-TACKLING
Mit der Sohle des Spielbeines gegen den Ball gleiten.

Der Fuß gleitet regelgerecht in natürlicher Haltung gegen den Ball; dadurch wird der Lauf des Balles blockiert oder der Ball besonders schwungvoll aus dem Besitz des Gegners weggestoßen.

Variation 1. Schritt:

— gleiches Spiel, jedoch;
— die Zeitregel wird aufgehoben.

Korrekturhinweise:

SLIDING-TACKLING
Beim Tackling mit dem Außenrist das Spielbein als Gleitbein benutzen; beim Tackling mit dem Innenrist den Fuß des anderen Beines nach innen unter den Körper ziehen.

Begründungen:

Der Spieler kann sich beim Tackling seitlich zum Ball drehen und mit dem freien Spielbein den Ball gezielter spielen.

BLOCK-TACKLING
Zum Block-Tackling auf dem Oberschenkel des Standbeines mit angewinkeltem Spielbein vor den Ball gleiten.

Der Körper kann seitlich zum Ball gedreht und das Spielbein zum Anhalten und Blockieren des Balles frei bewegt werden.

Korrekturhinweise:

TACKLING

Den Ball am Boden gleitend im Tackling mit einem Bein (Spielbein) angreifen.

Begründungen:

Mit der auf diese Weise erzielten größeren Bewegungsfreiheit für das Spielbein wird dem Abwehrspieler die Möglichkeit geboten, den Ball gezielt zu spielen.

Abb. 45 Der dunkle Abwehrspieler greift den Ball mit beiden Füßen zugleich an und wird so mit einer schnellen Seitwärtsbewegung leicht angespielt

Korrekturgespräch:

Trainer (zu korrigiertem Spieler): ,,Schau, ich mach Dir das Tackling vor. Grätsche ich mit beiden Beinen oder nur mit einem Bein zum Ball?"

Demonstration durch den Trainer ,,Tackling mit dem Spielbein zum Ball".

Spieler: ,,Mit einem Bein."

Trainer: ,,Richtig. — Mach Du das auch mal und versuche dann den Ball zur Seite zu spielen."

Nachvollziehen durch den Spieler ,,Tackling mit dem Spielbein und Abwehr des Balles zur Seite".

Trainer: ,,Prima! — Wann konntest Du den Ball im Tackling leichter wegspielen, wie vorhin mit beiden Beinen gleichzeitig oder jetzt mit nur einem Bein?"

Spieler: ,,Jetzt — mit nur einem Bein."

Trainer: ,,Warum fiel Dir das leichter?"

Spieler: ,,Ich kann mit dem Fuß besser ausholen und den Ball richtig abspielen."

Trainer: ,,Richtig. — Nun dieselbe Situation noch einmal."

Nachvollziehen durch den korrigierten Spieler in derselben Situation ,,Tackling mit einem Bein" und anschließende Spielfortsetzung.

Variation 2. Schritt:

— gleiches Spiel wie vor der Variation, jedoch:
— die Tore sind auf je 4 m verbreitert;
— die Spieler sind zu drei Spielerpaaren zum 3 x 1—1 im Feld aufgeteilt;
— jeder spielt nur gegen seinen direkten Gegner;
— ein Tor wird nur durch Dribbling über die Torlinie erzielt;
— innerhalb von 15 sec muß ein Torabschluß versucht worden sein, sonst: Ballverlust.

Korrekturhinweise:	*Begründungen:*
BLOCK-TACKLING Mit dem Fuß des Spielbeines vor den Ball gleiten und den Ball aufhalten, nicht spielen.	Der Ball bleibt am Fuß „hängen" und springt nicht weg; dadurch wird der unmittelbare Ballgewinn erleichtert.
TACKLING Den Oberkörper mit ausgestrecktem Arm des Gleitbeines nach hinten zurücklegen.	Das Spielbein läßt sich beim Tackling leichter anheben und über dem Boden zum Ball führen (kein Einhaken in die Erde).
TACKLING Den ballführenden Spieler immer von der Seite schräg im Tackling angreifen, niemals frontal von vorn.	Dem ballführenden Spieler bleibt keine alternative Ausweichbewegung; dadurch kann der Abwehrspieler nicht getäuscht und ausgespielt werden.

Variation 3. Schritt:

— gleiches Spiel wie im 2. Schritt, jedoch:
— die Zeitregel ist aufgehoben.

Korrekturhinweise:	*Begründungen:*
TACKLING Angriff im Tackling auf den Ball erst dann, wenn sich der Mann am Ball für eine Laufrichtung entschieden hat.	Dem Mann am Ball bleibt nur die gewählte Durchbruchsrichtung. Er kann dem Tackling nicht mehr ausweichen; dadurch wird das Tackling erfolgversprechender.
TACKLING Tackling zum Ball in dem Augenblick, wenn der Ball frei rollt und vom Gegner nicht sofort gespielt werden kann (wenn er gerade vorgelegt worden ist).	Dem Abwehrspieler bleibt etwas Zeit, bis der Gegner mit dem nächsten Schritt den Ball erst wieder in seiner Richtung bzw. Geschwindigkeit verändern kann; dadurch kann der Ball im Tackling sicherer erreicht und gespielt werden.
TACKLING Kein Tackling zum Ball, wenn der Gegner mit dem Rücken zum Abwehrspieler und zum Tor den Ball abschirmt.	Der Gegner stellt für das Tor keine unmittelbare Gefahr dar; ein Tackling kann dagegen leicht zu einem Foulspiel führen und dadurch eine größere Gefahr heraufbeschwören.

Variation 4. Schritt:

— gleiches Spiel wie im 3. Schritt, jedoch:
— die Spielerpaare sind aufgelöst: freies Spiel 3—3.

Korrekturhinweise:	*Begründungen:*
TACKLING Den Ball möglichst zu einem Mitspieler spitzeln.	Ein schnelleren Ballgewinn für die eigenen Mannschaft wird möglich und damit die Gelegenheit zum Gegenangriff.
TACKLING Tackling nur dann, wenn der Ball nicht mehr anders erreichbar bzw. wegzuspielen ist.	Der Abwehrspieler vermeidet das Risiko, zu häufig zu Boden zu gehen, und damit unnötigen Kraftverbrauch.
TACKLING Den Ball nur aus kurzer Entfernung im Tackling angreifen.	Der Abwehrspieler benötigt weniger Zeit bis zur ersten Ballberührung; dadurch wird ein Ausweichmanöver des Gegners erschwert.

Spielform für Anfänger

— gleiches Spiel wie vor den Variationen, jedoch: Zusammenspiel mit nur zwei Ballkontakten.

3. Parteispiele zu taktischen Schwerpunkten

Torabschluß

Abb. 46 Voraussetzungen zum Torerfolg: Entschlossenheit — Konzentration und innere Ruhe — Vorausahnen der sich anbahnenden Torschußchance (Torriecher). Der Torjäger rechnet mit jedem möglichen Zuspiel bzw. gegnerischen Fehler

Tore entscheiden über Sieg und Niederlage. Daher ist der Torschuß das wichtigste taktische Mittel des Angriffsspiels. Wer nicht auf das Tor schießt, kann kein Tor erzielen. Wer kein Tor erzielt, kann ein Spiel nicht gewinnen.

Der Torschuß sollte nur aus einer erfolgversprechenden Position und Situation vor dem Tor erfolgen. Erscheint die Spielsituation für einen erfolgreichen Torschuß wenig günstig, wie z. B. aus zu spitzem Schußwinkel oder aus zu großer Entfernung zum Tor, so ist das Abspiel zu einem günstiger stehenden Mitspieler oder ein möglicher Alleingang bis in Tornähe vorzuziehen. Wann und in welcher Weise ein Spieler auf das Tor schießen will, diese Entscheidung kann nur er allein aufgrund seiner eigenen Beurteilung und Einschätzung der aktuellen Spielsituation treffen. Dazu muß er in der Lage sein bzw. lernen, vorauszusehen und zu erkennen, wie die Situation aussehen wird, in der sich ihm oder einem Mitspieler eine aussichtsreiche Torschußmöglichkeit bieten wird. Er muß also die Entwicklung zum Torschuß hin voraussehen.

Parteispiel „4—4+2 Neutrale auf 1 Tor“

Organisationsform:

— Spielfeld 30 x 40 m mit 1 großen Tor auf der 40-m-Linie;
— auf dem Tor gegenüberliegender Linie eine 15 m breite Konterlinie markiert;
— zwei Mannschaften zu je vier Spielern;
— zwei neutrale Außenstürmer und ein neutraler TW.

Abb. 47

Aufgabe/Regel:

— Spiel 4—4 auf ein Tor;
— zwei neutrale Außenstürmer spielen nur an je einer Seitenlinie außerhalb des Feldes immer mit der ballführenden Mannschaft;
— ein Tor kann nur nach Zusammenspiel mit einem neutralen Außenstürmer erzielt werden;
— bei Ballgewinn im Feld: Konter der abwehrenden Mannschaft durch Dribbling über die Konterlinie zum Aufgabenwechsel der Mannschaften;
— verschossene Bälle werden stets von einem Spieler der angreifenden Mannschaft zurückgeholt, während mit einem zweiten Ball weitergespielt wird;
— bei Tor, Toraus und gehaltenem Ball: TW-Abwurf immer auf einen Spieler der zuletzt angreifenden Mannschaft;
— Spielzeit: 8 Minuten.

Korrekturhinweise:

TORSCHUSS
Jedem hereingespielten Ball zum Torschuß entgegenspurten.

TORSCHUSS
Jedem auf das Tor geschossenen Ball sofort entschlossen nachsetzen.

Begründungen:

Der Ball kann vor dem deckenden Abwehrspieler erreicht und auf das Tor gelenkt bzw. geschossen werden.

Ein Abwehrfehler oder ein abprallender Ball kann vor einem Gegner sofort zum Nachschuß genutzt werden.

Variation 1. Schritt

— gleiches Spiel, jedoch:
— die neutralen Außenstürmer spielen an den Linien aber innerhalb des Feldes und dürfen auch angegriffen werden.

Korrekturhinweise:

HIN ZUM MANN AM BALL
Dem bedrängten Außenstürmer sich schnell zum Abspiel anbieten.

Begründungen:

Zeitraubende Zweikämpfe um den Ball werden vermieden; dadurch kann ein schneller Torabschluß sicherer herausgespielt werden.

Abb. 48 Der helle Angreifer läßt seinen ballführenden Mitspieler allein und zwingt diesen so zum risikoreichen Zweikampf mit dem Gegner

Korrekturgespräch:

Trainer: „Wie hätte der Ballverlust des Außenstürmers verhindert werden können?"

Spieler: „Wenn er abgespielt hätte."

Trainer: „Wohin? — Konnte er rechtzeitig abspielen?"

Spieler: „Nein. Es stand keiner frei."

Trainer: „Wie hätte man ihm also helfen müssen?"

Spieler: „Zu ihm hinlaufen und sich anbieten!"

Trainer: „Gut. Die gleiche Situation nochmal. Der Außenstürmer am Ball wird angegriffen. Wer hilft ihm?"

Demonstration der taktischen Korrektur durch Mitspieler „Hin zum Mann am Ball"

Trainer: „Ja. Dasselbe noch einmal. Einer bietet sich zum Querpaß, ein anderer zum Rückpaß an. Hin zum Mann am Ball."

Nachvollziehen der Anweisungen durch die Spieler und anschließende Spielfortsetzung.

Korrekturhinweise:

ANGRIFFSAUFBAU
Den Angriff in die Tiefe des Raumes gestaffelt vortragen, nicht auf einer Linie mitlaufen.

SPIELVERLAGERUNG
Gegen eine massierte Abwehrkonzentration auf einer Seite mit weitem Wechsel auf den entfernten Außenstürmer das Angriffsspiel verlagern.

Begründungen:

Dem Außenstürmer bieten sich mehrere Abspielmöglichkeiten zur Hereingabe; bei überraschendem Ballverlust kann ein Konter erfolgreicher aufgehalten werden.

Auf der entfernten Spielfeldseite bietet sich kurzzeitig größerer Freiraum für einen schnellen und sicheren Torabschluß an.

Variation 2. Schritt

— gleiches Spiel, jedoch:
— ein Torabschluß muß innerhalb von 15 sec nach Ballbesitz im Feld erfolgen, sonst: Ballverlust.

Korrekturhinweise:

ANGRIFFSAUFBAU
Risikolos und ruhig im Feld einen Torabschluß vorbereiten.

FLÜGELSPIEL
Außenstürmer bieten sich am Flügel ständig zum Aufbauspiel an und fordern den Paß in den Lauf.

TORABSCHLUSS
Vom Flügel den Ball auch flach ohne Verzögerung in den Lauf der nachrückenden Mitspieler hereingeben.

Begründungen:

Die Spielübersicht wird erleichtert, um erfolgversprechende Torschußgelegenheiten sicher herauszuspielen.

Die Überzahl im Aufbauspiel kann schneller ausgespielt und zum sicheren Torabschluß ausgenutzt werden.

Der Angreifer kann in den Ball hineinlaufen und sofort aus vollem Lauf schießen; dadurch wird ein Torschuß erfolgversprechender.

Variation 3. Schritt

— gleiches Spiel wie im 1. Schritt, jedoch:
— Tore können nur nach halbhoch oder hoch gespielten Flanken der Außenstürmer im Direktschuß oder Nachschuß erzielt werden.

Korrekturhinweise:

TORSCHUSS
Dem hoch vor das Tor gespielten Ball zum Kopfstoß auf das Tor entgegenlaufen.

TORABSCHLUSS
Den Ball schnell vor das Tor flanken.

TORABSCHLUSS
Bei weiten Flanken über den langen Torpfosten hinaus gestaffelt angreifen mit ausreichendem Abstand zum Mitspieler.

Begründungen:

Der Ball kann leichter vor einem Gegner und unbehinderter auf das Tor geköpft werden.

Eine noch nicht gestaffelte Abwehr bietet mehr Freiräume zum erfolgreichen Torschuß.

Die Flanke kann in jeder Position vor dem Tor von einem der Angreifer erreicht werden; die Angreifer stören sich nicht gegenseitig beim Torabschluß.

Variation 4. Schritt

- — gleiches Spiel wie im 1. Schritt, jedoch:
- — die Feldslpieler sind in vier Spielerpaare zum 4 x 1—1 aufgeteilt;
- — jeder spielt nur gegen seinen direkten Gegenspieler, oder gegen einen Außenstürmer.

Korrekturhinweise:	*Begründungen:*
ANGRIFFSAUFBAU Weiträumig zusammenspielen und den Angriff vorbereiten.	Für den Mann am Ball bietet sich größerer Spielraum; dadurch kann er sich erfolgreicher am Ball behaupten.
ÜBERZAHL AM BALL Den angreifenden Gegenspieler im Doppelpaßspiel oder durch Übernehmen ausspielen.	Zweikämpfe um den Ball werden vermieden, der Angriffsaufbau wird sicherer.
FLÜGELSPIEL Überzahl durch die Außenstürmer mit schnellem Spiel über die Flügel ausnutzen.	Der Gegenspieler kann schneller ausgeschaltet und ein Torabschluß sicherer vorbereitet werden.

Spielform für Anfänger

- — Spiel von vier Angreifern gegen drei Abwehrspieler im Feld und dem 4. Abwehrspieler als TW im Tor auf ein Tor;
- — die neutralen Außenstürmer dürfen nicht angegriffen werden;
- — die abwehrenden Spieler dürfen den Ball erst erkämpfen, wenn ein Mitspieler als TW im Tor steht, sonst: Strafstoß;
- — bei Aufgabenwechsel muß erst ein Spieler der zuletzt angreifenden Mannschaft als TW im Tor stehen, bevor die übrigen drei Feldspieler nachsetzen und den Ball zurückerobern dürfen.

Beachte:

- **Torschußzone möglichst lange offen (frei) halten**
- **Beim Spurt zum Ball den Weg des Gegners kreuzen (Schneiden)**
- **Bei Hereingaben von der Seite dem Ball in Richtung vorderer Torpfosten entgegenlaufen**

Dribbling — Ballsicherung

- Gegner mit der Schulter vom Ball abblocken
- Stellung und Verhalten des Gegners im Auge behalten
- zuerst Zweikampf ohne Ball (abblocken), dann sich mit dem Ball aus dem Zweikampf lösen

Abb. 49

Unter Dribbling versteht man die gezielte, also taktische Anwendung der Technik der Ballführung. Nach ihren verschiedenen taktischen Zielen werden das Dribbling zur Ballsicherung und das Dribbling zum Raumgewinn, der sogenannte Alleingang, voneinander unterschieden.

Das Dribbling zur Ballsicherung zielt in erster Linie auf die Sicherung und Verteidigung des Ballbesitzes ab. Im Gegensatz zum Alleingang geht der ballführende Spieler nicht auf Raum- sondern auf Zeitgewinn aus. Er sucht einen Anspielpartner und entzieht sich drohenden Zweikämpfen mit einem Abwehrspieler um den Ballbesitz. Eine solche Situation kann sich z. B. ergeben, wenn ein Angreifer mit einem weiten Steilpaß ins Spiel gebracht wird, sich aber einer Überzahl an Gegenspieler gegenübersieht, weil seine Mitspieler noch nicht schnell genug nachgerückt sind.

Parteispiel „6 x 1—1 im Raum“

Organisationsform:

- abgegrenzter Spielraum 40 x 50 m;
- zwei Mannschaften zu je sechs Spielern, aufgeteilt in sechs Spielerpaare zum 6 x 1—1.

Aufgabe/Regel:
— Ball in den eigenen Reihen halten;
— jeder spielt nur gegen seinen direkten Gegenspieler;
— jeder zugespielte Ball muß erst in die Bewegung an- und mitgenommen werden, bevor er weitergespielt werden darf;
— sechs Abspiele in Folge ohne Ballverlust = ein Tor;
— Spielzeit: 6 Minuten.

Abb. 50

Korrekturhinweise:	*Begründungen:*
BALLSICHERUNG Den Körper immer zwischen dem Ball und dem Gegner halten.	Der Abwehrspieler kommt nicht an den Ball heran; dadurch wird die Verteidigung des Ballbesitzes erleichtert.
BALLSICHERUNG Den Ball ruhig und langsam führen.	Die Spielübersicht und das Abdecken des Balles mit dem Körper werden erleichert.
BALLSICHERUNG Mit dem Ball vom Gegner weg in die freien Räume dribbeln.	Einem Zweikampf um den Ball wird ausgewichen, dadurch die Verteidigung des Ballbesitzes erleichert.

Variation 1. Schritt

— gleiches Spiel, jedoch:
— die Spielerpaare von 1—6 durchnumeriert;
— jeder Spieler kann immer nur seinen Mitspieler mit der nächst folgenden Nummer anspielen, sonst: Ballverlust.

Korrekturhinweise:

FREILAUFEN

Das Zuspiel bei Blickkontakt mit dem ballführenden Spieler fordern.

Begründungen:

Eine gegenseitige Verständigung der beiden Spieler über ihr Vorhaben wird möglich; dadurch ist ein schnelles und zielsicheres Abspiel mit Zeit zur Sicherung des zugespielten Balles erleichtert.

Abb. 51 Der helle Angreifer läuft, ohne den Ball zu beobachten, weg. Er kann dadurch nicht angespielt werden und das Geschehen um den Ball auch nicht verfolgen und entsprechend helfend mitspielen

Korrekturgespräch:

Trainer tauscht korrigierten, freigelaufenen mit dem Mitspieler am Ball in ihren Positionen aus.

Trainer (zu korrigiertem Spieler): „Kannst Du Deinen Mitspieler jetzt anspielen?"

Spieler: „Nein."

Trainer: „Warum nicht?"

Spieler: „Weil er hinter meinem Rücken steht, ich kann ihn nicht sehen!"

Trainer: „Nun zeig ihm mal, wohin er sich freilaufen soll, damit Du ihn anspielen kannst."

Demonstration durch den korrigierten Spieler mit seinem Mitspieler bis korrekt „Freilaufen, so daß sich beide sehen können".

Trainer: „Gut. Warum kannst Du ihn jetzt anspielen?"

Spieler: „Weil ich jetzt sehen kann, wohin er läuft."

Trainer: „Richtig. Darauf mußt auch Du immer achten, wenn Du den Ball haben willst. Und nun mach Du das in der gleichen Situation mal genauso gut."

Nachvollziehen durch korrigierten Spieler, nachdem er und der Mitspieler wieder ihre ursprünglichen Positionen eingenommen haben. „Freilaufen mit Blickkontakt" und Spielfortsetzung.

BALLSICHERUNG

Den zugespielten Ball schnell seitlich aus der Angriffsrichtung des Gegners heraus an- und mitnehmen.

Für die sichere Ballkontrolle wird mehr Zeit und Raum gewonnen, da der Gegner auf die Richtungsänderung erst reagieren muß.

BALLSICHERUNG

Bei der An- und Mitnahme des Balles möglichst den Gegner mit einer Körpertäuschung in eine falsche Richtung schicken.

Der angespielte Spieler kann sich schneller vom nachsetzenden Gegner lösen und den Ball mitnehmen, weil eine Täuschung die Reaktionszeit des Gegners noch verlängert.

Variation 2. Schritt

— gleiches Spiel wie im 1. Schritt, jedoch:
— das Abspiel auf den Mitspieler mit der folgenden Nummer kann erst erfolgen, wenn der ballführende Spieler zuvor mindestens einmal mit einem beliebigen Mitspieler einen erfolgreichen Doppelpaß gegen seinen direkten Gegenspieler gespielt hat oder
ein beliebiger Mitspieler von ihm den Ball übernommen und ihm zurückgespielt hat (Doppelpaß oder Übernehmen).

Korrekturhinweise:	*Begründungen:*
ZUSAMMENSPIEL Dem Mitspieler mit dem Ball entgegendribbeln, wenn der Ball übernommen werden soll.	Das Entgegendribbeln ist eine erkennbare und allgemein verständliche Aufforderung an den Mitspieler ohne Ball, zur Übernahme des Balles auch entgegenzukommen; dadurch werden im Zusammenspiel Mißverständnisse vermieden.
ZUSAMMENSPIEL Blickkontakt untereinander und Spurt zum Doppelpaß dem Mann am Ball entgegen.	Das Sich-Anbieten dem Mann am Ball entgegen ist eine erkennbare und allgemeinverständliche Aufforderung an den ballführenden Mitspieler, zum Doppelpaßspiel als „Wand“ helfen zu wollen; dadurch kann schneller und sicherer zusammengespielt werden.
ÜBERNEHMEN Den Ball zur Übernahme durch den Mitspieler immer an einer, der vom Gegner freien Körperseite führen.	Der Gegner kann den Ball nicht erreichen; Die Ballführung an einer Seite ist das erkennbare Zeichen, auf welcher Seite der Mitspieler den Ball übernehmen soll.

Variation 3. Schritt

— gleiches Spiel wie im 1. Schritt, jedoch:
— je zwei Spielerpaare (2 x 1—1) als Spielgruppe zusammengestellt, und die Gruppen von 1—3 durchnumeriert; (je zwei Spieler tragen also die gleiche Nummer);
— das Abspiel kann nur zu einem der beiden Mitspieler mit der folgenden Nummer ausgeführt werden.

Korrekturhinweise:	*Begründungen:*
RAUMAUFTEILUNG Im ganzen Spielfeld weiträumig zusammenspielen.	Für den ballführenden Spieler ergeben sich größere Spielräume; dadurch wird ihm die Sicherung des zugespielten Balles erleichtert.
SPIEL OHNE BALL Die Mitspieler mit der nächsten Nummer laufen sich in verschiedene Spielräume frei.	Für den Mann am Ball bieten sich zwei Abspielmöglichkeiten; dadurch kann der Gegner die Abspielrichtung schwerer vorhererkennen, das Zusammenspiel wird sicherer.

Variation 4. Schritt

- gleiches Spiel wie im 3. Schritt, jedoch:
- der Ball darf erst zu einem Mitspieler mit der nächsten Nummer weitergespielt werden, wenn der angespielte Spieler mindestens einmal mit seinem Mitspieler mit gleicher Nummer durch Übernehmen oder Doppelpaß zusammenspielt haben.

Korrekturhinweise:	*Begründungen:*
WEG VOM MANN AM BALL Dem ballführenden Spieler Spielraum schaffen.	Gegen einen Gegenspieler ist die Sicherung des Ballbesitzes in größerem Freiraum einfacher; dadurch wird das Zusammenspiel erfolgreicher.
BALLSICHERUNG Den gegnerischen Angriff auf den Ball bei Körperkontakt mit der Schulter abblocken.	Der Körper steht so zwischen Ball und Gegner, daß das Verhalten des Gegners beobachtet und entsprechend reagiert werden kann.
ZUSAMMENSPIEL Den Ball nur bei gegenseitigem Blickkontakt und nach klarem Erkennen der besseren Abspielmöglichkeit zum Mitspieler abspielen.	Mißverständnisse und Ballverluste nach vorschnellem, überhastetem und unüberlegtem Abspiel können vermieden werden. Das Zusammenspiel wird sicherer.
SPIEL OHNE BALL Platz machen für die freilaufenden und den ballführenden Spieler durch die anderen Mitspieler.	Die Spielübersicht für den Mann am Ball wird erleichtert, das Zusammenspiel übersichtlicher.

Spielform für Anfänger

- gleiches Spiel um den Ball in den eigenen Reihen zu halten, 6 x 1—1;
- neben dem Spielfeld steht ein großes Tor mit TW;
- je ein Spieler der beiden Mannschaften steht 11 m vor dem Tor mit vielen Bällen;
- bei Ballbesitz seiner Mannschaft schießt der Mitspieler vor dem Tor Strafstöße solange, bis seine Mannschaft den Ball wieder verloren hat, dann beginnt der Gegenspieler mit dem Strafstoßschießen;
- die erzielten Tore gelten als erzielte Tore der Mannschaft;
- Foulspiel im Zweikampf: ein Tor für den Gegner und Freistoß;
- 2 Spieler spielen als neutrale Anspieler frei mit.

Alleingang — Täuschungen

— bei freiem Spielraum sich den Ball zum Alleingang weiter vorlegen
— zur Täuschung das Lauftempo verlangsamen
— mit der Täuschung den Gegner zu einer Seitwärtsbewegung verleiten

Abb. 52

Der Alleingang ist die zielgerichtete Form des Dribblings. Der Spieler versucht, möglichst schnell einen bestimmten Spielraum zum gegnerischen Tor hin zielstrebig zu überbrücken und je nach Spielsituation einen angreifenden Gegner auch zu überspielen, das heißt, den Zweikampf mit dem Gegner zu riskieren.

Das wichtigste taktische Mittel beim Alleingang ist die Täuschung aus der Ballführung heraus. Der Fußballer braucht nicht möglichst viele verschiedene Täuschungen zu kennen. Er sollte vielmehr eine bestimmte zu ihm passende Täuschung in allen denkbaren Variationen beherrschen. Beherrschen bedeutet dabei vor allem, nach dem ersten Täuschungsschritt an beiden Seiten des Gegners vorbeigehen zu können, je nachdem, wie der Gegner auf die Täuschung reagiert, d. h. welche Seite er abdeckt (zumacht).

Parteispiel „3 x 1—1 von Tor zu Tor“

Organisationsform:

— abgegrenztes Spielfeld, 10 x 15 m, mit zwei Fähnchentoren, 4 m breit;
— zwei Mannschaften zu je drei Spielern, aufgeteilt in drei Spielerpaare mit je einem Ball zum 3 x 1—1;
— 3 Bälle.

Aufgabe/Regel:

— Spiel im Feld 1—1 von Tor zu Tor;
— ein Angreifer spielt gegen seinen direkten Gegenspieler auf ein Tor und verteidigt das gegenüberliegende Tor;
— je ein Spielerpaar wartet hinter der Torauslinie neben den beiden Toren mit „eigenem“ Ball;

— ein Tor wird mit Paß aus beliebiger Entfernung durch das Fähnchentor erzielt;
— bei Torerfolg: Aufgabenwechsel der Spielerpaare an diesem Tor: der Mitspieler des erfolgreichen Schützen dribbelt mit „seinem" Ball gegen seinen direkten Gegenspieler auf das gegenüberliegende Tor;
— bei Fehlschuß: Aufgabenwechsel der Spielerpaare an diesem Tor: der Mitspieler des zuletzt abwehrenden Spielers dribbelt mit „seinem" Ball gegen seinen direkten Gegenspieler auf das gegenüberliegende Tor;
— jeder Angriff muß mit Dribbling über die Torlinie des eigenen Tores ins Feld begonnen werden;
— Spielzeit: 5 Minuten.

Abb. 53

Korrekturhinweise:	*Begründungen:*
ALLEINGANG Dribbling seitlich neben dem Gegner vorbei in den freien Raum.	Der Gegner muß sich zum Mann am Ball zur Seite bewegen; dadurch ist er mit einer Täuschung leichter auszuspielen.
ALLEINGANG Dem Gegner aus dem Dribbling heraus eine Durchbruchsrichtung an ihm vorbei antäuschen.	Der Gegner wird in eine Seitwärtsbewegung auf den „falschen" Fuß „versetzt"; dadurch kann er leichter an der freien Seite überlaufen werden.
TÄUSCHUNG Den Lauf mit Ball auf den Gegner zu verlangsamen und den Gegner beobachten.	Der Ball kann leichter kurz am Fuß unter Kontrolle gehalten, der Gegner mit überraschendem Tempowechsel wirkungsvoller getäuscht und überlaufen werden.

Variation 1. Schritt

— gleiches Spiel, jedoch:
— Fähnchentore auf 2 m Breite verkleinert.

Korrekturhinweise:

TÄUSCHUNG
Den Ball nach der Täuschung sich selbst am Gegner vorbei etwas vorlegen.

Begründungen:

Ein schneller Antritt am Gegner vorbei wird erleichtert; der Gegner hat weniger Zeit, sich zu drehen und den Ball noch aufzuhalten.

Abb. 54 Der helle Angreifer will den Ball am Gegner vorbeiführen und bietet diesem so mehr zum Angriff auf den Ball

Korrekturgespräch:

Trainer (zu korrigiertem Spieler): ,,Führe ich den Ball nach dem Täuschungsschritt am Gegner vorbei oder lege ich mir ihn vor und spurte ihm nach?"

Demonstration durch Trainer ,,kurze Selbstvorlage und nachspurten".

Spieler: ,,Sie legen sich den Ball vor!"

Trainer: ,,Richtig! Warum wohl?"

Spieler: ,,Dann kann der Gegner nicht mehr an den Ball kommen."

Trainer: ,,Genau — und Du kannst schneller antreten —. Und nun mach Du das auch mal so."

Nachvollziehen durch den Spieler mehrmals in korrekter Weise (Selbstvorlage), anschl. Spielfortsetzung aus der Situation heraus.

Korrekturhinweise:

TÄUSCHUNG
Die Augen auf den Gegner richten und seine Reaktion auf den Täuschungsschritt beobachten.

Begründungen:

Der ballführende Spieler kann schnell entsprechend die „freie" Seite sehen und reagieren; dadurch wird ein erfolgreicher Durchbruch erleichtert.

ALLEINGANG
Stellungsfehler des Gegners entschlossen im Alleingang in den sich bietenden freien Raum zum Tor hin ausnutzen.

Der Abwehrspieler hat weniger bzw. keine Zeit und Gelegenheit mehr, den Fehler noch zu korrigieren und einen erfolgreichen Torabschluß zu verhindern.

Variation 2. Schritt

— gleiches Spiel wie im 1. Schritt, jedoch:
— ein Torschuß muß innerhalb von 10 sec nach Ballbesitz erfolgen, sonst: Ballverlust.

Korrekturhinweise:

TÄUSCHUNG
Die Täuschungsbewegung überzeugend ausführen.

Begründungen:

Der Abwehrspieler wird von der vorgetäuschten Absicht des ballführenden Spielers überzeugt; dadurch reagiert er auf die Täuschungsbewegung und ist leichter auszuspielen.

STELLEN
Sich als abwehrender Spieler verzögernd auf dem kürzesten Weg zum Tor zurückziehen (abwarten).

Der Mann am Ball muß den längeren Weg um den Gegner herumlaufen; dadurch wird die Abwehr und der Kampf um den Ball erleichtert.

STELLEN
Unachtsamkeit und Zaghaftigkeit des ballführenden Spielers mit überraschenden Angriff auf den Ball entschlossen nutzen.

Der ballführende Spieler darf nicht zu dicht auf den Gegner auflaufen bzw. sich den Ball weiter vorlegen; dadurch wird sein Lauftempo verlangsamt bzw. verzögert.

Variation 3. Schritt

— gleiches Spiel wie im 1. Schritt, jedoch:
— die Fähnchentore 5 m breit;
— der Mitspieler des jeweils das Tor verteidigenden Feldspielers steht als TW im Tor, sein Gegenspieler wartet hinter der Torauslinie;
— bei gehaltenem Torschuß: TW-Abwurf auf den eigenen Mitspieler im Feld und Fortsetzung des Zweikampfes der Spieler im Feld, kein Aufgabenwechsel.

Korrekturhinweise:

TORSCHUSS
Mit dem Spann auf das Tor schießen.

Begründungen:

Mit dem Spann wird die größte Schußgeschwindigkeit erzielt; dadurch ist der Torschuß schwieriger abzuwehren.

Korrekturhinweise:

TORABSCHLUSS
Auch am Gegner vorbei den schnellen Torschuß wagen.

Begründungen:

Der Abwehrspieler und auch der Torwart kann überrascht und dadurch der Torschuß erfolgversprechender werden.

STELLEN
Dem ballführenden Gegner die Seite vom Tor weg anbieten und ihn so vom direkten Weg zum Tor abdrängen.

Der Schußwinkel wird für den Angreifer ungünstiger und die Gelegenheit für den Abwehrspieler zum Angriff auf den Ball aussichtsreicher.

Variation 4. Schritt

— gleiches Spiel wie im 3. Schritt, jedoch:
— der Mitspieler des jeweils verteidigenden Spieler im Feld darf auch außerhalb des Tores als Libero mitspielen.

Korrekturhinweise:

TORABSCHLUSS
Schneller Torschuß aus der Distanz gegen weit aufgerückten 2. Abwehrspieler als Heber oder Schlenzer ins leere Tor wagen.

Begründungen:

Eine konsequente Unterstützung des Mitspielers durch den 2. Abwehrspieler kann umgangen und überspielt werden; dadurch wird eine massierte Abwehrkonzentration gegen den Ball gelockert bzw. verhindert.

ÜBERZAHL GEGEN DEN BALL
Dem bedrängten Abwehrspieler auf engem Spielraum den Rücken sichern.

Ein Alleingang gegen zwei Abwehrspieler ist weniger aussichtsreich; der vordere Abwehrspieler kann ohne Risiko den Ball angreifen.

ÜBERZAHL GEGEN DEN BALL
Der hintere Abwehrspieler deckt die dem Angreifer vom abwehrenden Feldspieler angebotene (freigemachte) Seite ab.

Beide Durchbruchmöglichkeiten für den Mann am Ball am 1. Abwehrspieler vorbei sind abgeschirmt; dadurch wird der Alleingang wenig aussichtsreich.

Spielform für Anfänger

— gleiches Spiel 3 x 1—1, jedoch:
— auf jeder Torauslinie stehen je zwei Fähnchentore im Abstand von 4 m zueinander; jedes Tor 3 m breit;
— Tore werden mit Paß durch eines der beiden Fähnchentore erzielt.

Freilaufen

Ein Spieler läuft sich frei, um sich seinem ballführenden Mitspieler zum Abspiel anzubieten und den Ball zugespielt zu bekommen. Da sich im guten Fußballspiel mehrere Mitspieler freilaufen und anbieten, einer aber immer nur den Ball erhalten kann, muß jeder Spieler die Abspielentscheidung des ballführenden Mitspielers akzeptieren. Für welche Abspielmöglichkeit sich der Mann am Ball entscheidet, bleibt allein seiner Beurteilung der Situation überlassen, so wie er sie aus seiner Sicht heraus erkennt.

Die Spieler ohne Ball laufen sich „aus dem Deckungsraum" des Gegners frei. Als Deckungsraum wird dabei jener Raum bezeichnet, in den der Ball flach nicht zugespielt, sondern von einem Gegner abgefangen werden kann. In diesem Raum steht jeder Spieler gedeckt und ist nicht anspielbar. Den freien Raum findet er dort, wohin ihm der Ball flach und risikolos in den Fuß zu gespielt werden kann.

Abb. 55 Schnell bietet sich der helle Spieler ohne Ball seinem ballführenden Mitspieler aus dem Rücken (Deckungsraum) des dunklen Gegners heraus zum sichernden Abspiel des Balles an

Zuweilen bietet sich dem Mitspieler ohne Ball auch im Rücken von zwei oder mehreren Abwehrspielern eine Lücke, durch die man mit einem Steilpaß ihn ins Spiel bringen kann. Dazu läuft er aus einem Deckungsraum heraus wie man sagt „auf Lücke", d. h. in einen freien Raum zwischen den beiden Deckungsräumen der Abwehrspieler vor ihm. Eine solche Position gilt als besonders günstig und torgefährlich für die gegnerische Abwehr, weil der Steilpaß zwei oder gar mehrere Abwehrspieler überspielt, also ausschaltet und der Ball in Richtung Tor gespielt wird.

Parteispiel „5—5 über zwei Linien“

Organisationsform:
— abgegrenztes Spielfeld, 40 x 30 m;
— zwei Mannschaften zu je fünf Spielern.

Abb. 56

Aufgabe/Regel:
— Spiel 5—5 von einer Grundlinie (30 m) des Feldes über die gegenüberliegende und zurück = 1 Tor;
— die Spieler der abwehrenden Mannschaft dürfen nicht über die Ziellinien laufen;
— der Ball muß über die Linien geführt (Dribbling) werden, um ein Tor zu erzielen, sonst: Ausball;
— nach erfolgreichem Dribbling über eine Linie bleibt die ballführende Mannschaft weiter im Ballbesitz;
— Spielzeit: 10 Minuten.

Korrekturhinweise:

FREILAUFEN
Blickverbindung zum Ball halten.

Begründungen:

Das Abspiel und dessen Richtung kann sofort erkannt und entsprechend gehandelt werden; dadurch wird das Zusammenspiel sicherer.

Korrekturhinweise:

HIN ZUM MANN AM BALL
Zum ballführenden Mitspieler in dessen Blick- und Spielbereich laufen und sich anbieten.

Begründungen:

Der Mann am Ball kann sofort die Abspielmöglichkeiten erkennen und nutzen; dadurch wird sein Zweikampf um den Ball mit einem Gegner vermieden.

RAUMAUFTEILUNG
Weiträumig zusammenspielen und die ganze Breite und Tiefe des Raumes nutzen.

Die Abwehrspieler müssen längere Wege zum Ball laufen; dadurch bleibt mehr Zeit zur Spielbeobachtung und zum sicheren Zusammenspiel.

Variation 1. Schritt

— gleiches Spiel, jedoch:
— auf den Grundlinien sind vom Spielfeldeck aus gemessen je zwei Fähnchentore von 10 m Breite als Zieltore gesteckt;
— Dribbling durch eines der beiden Zieltore = 1 Tor.

Abb. 57 Die hellen Mitspieler nehmen ihrem Mann am Ball den Spielraum und ermöglichen dem Gegner, den Ball auch in Unterzahl zu erobern

Korrekturhinweise:

HIN ZUM MANN AM BALL
Aus engem Raum zum ballführenden Spieler weg vom Ball in die freien Räume laufen und das weite Abspiel fordern.

Begründungen:

Mit einem langen Zuspiel kann der Ball aus bedrängter Situation befreit, durch den Freilaufenden ein Gegner weggezogen werden; dadurch erhält der Mann am Ball mehr Spielraum zur Verteidigung des Ballbesitzes.

Korrekturgespräch:

Trainer: ,,Wenn es so eng wird wie jetzt, müßt ihr dem Mann am Ball Spielraum schaffen. So z. B.“

Demonstration durch Trainer mit Spielern ,,Weg vom Mann am Ball“ — der oder die Mitspieler werden vom Trainer in günstigere Positionen gewiesen.

Trainer (an Abwehrspieler): ,,Und was machen die gegnerischen Spieler jetzt?“

Demonstration durch gegnerische Spieler ,,abdecken der weg vom Mann am Ball freilaufenden Spieler“.

Trainer: ,,Aha, ihr deckt sie ab. Sonst könnten die ja auch sofort angespielt werden. — (an ballführenden Spieler)
,,Wann kannst Du den Ball leichter verteidigen und eine günstige Abspielmöglichkeit suchen, wie eben, als alle Mitspieler sich um Dich versammelten oder jetzt, wenn einige auch von Dir weg sich freilaufen?“

Ballführender Spieler: ,,Wenn einige auch weglaufen!“

Trainer: ,,Warum?“

Ballführender Spieler: ,,Dann gehen die Gegenspieler auch mit und ich habe mehr Platz.“

Trainer: ,,Richtig. Also dasselbe nochmal aus der Spielsituation heraus.“

Nachvollziehen durch korrigierte Spieler ,,weg vom Mann am Ball“ und Spielfortsetzung.

Korrekturhinweise:	*Begründungen:*
SPIEL OHNE BALL Nach dem Abspiel sich sofort wieder freilaufen und anbieten.	Ein schnelleres Zusammenspiel wird möglich; dadurch hat die Abwehr weniger Zeit, den Ball zu erkämpfen.
SPIELVERLAGERUNG Im Zusammenspiel immer wieder überraschend die Seiten wechseln.	Aus dem von der gegnerischen Mannschaft eng abgesicherten Angriffsraum kann man sich überraschend befreien und die weniger gesicherte Angriffsseite zum schnellen Durchbruch nutzen.

Variation 2. Schritt

— gleiches Spiel wie im 1. Schritt, jedoch:
— Zusammenspiel erfolgt nur mit Flachpässen (bis Hüfthöhe) sonst Ballverlust.

Korrekturhinweise:	*Begründungen:*
HIN ZUM MANN AM BALL Keinen Mitspieler am Ball allein lassen.	Der Ball kann schnell abgespielt und dadurch ein risikoreicher Zweikampf mit einem Gegner vermieden werden.
ANGRIFFSAUFBAU Freilaufen und dem Mann am Ball eine Steil- und eine Rückpaßmöglichkeit anbieten.	Die Breite und Tiefe des ganzen Spielfeldes wird vorteilhafter genutzt; dadurch fällt ein zielstrebiges Zusammenspiel leichter.
ANGRIFFSAUFBAU Im Rücken von Abwehrspielern sich in die Lücken zwischen beiden freistellen.	Raumgewinnende Steilpässe in den Rücken der Abwehrspieler werden möglich; dadurch können mehrere Abwehrspieler überspielt und ein Durchbruch erfolgversprechender vorgetragen werden.

Variation 3. Schritt

— gleiches Spiel wie im 1. Schritt, jedoch:
— das Feld durch Mittellinie in zwei Hälften geteilt;
— Zusammenspiel mit der Abseitsregel.

Korrekturhinweise:	*Begründungen:*
ZUSAMMENSPIEL Hinter dem ballführenden Mitspieler nach außen herum freilaufen (Hinterlaufen).	Das Abspiel in den Lauf des freilaufenden Mitspielers kann zu einem Zeitpunkt erfolgen, in dem dieser noch nicht in eine Abseitsstellung geraten ist (Gegenspieler müssen sich auch zur Seite bewegen).
ALLEINGANG Gegen eine Linienabwehr entschlossen zwischen den Abwehrspielern durchdribbeln.	Die Abwehrspieler haben keine klar gestaffelte Rückensicherung; dadurch wird der Alleingang aussichtsreicher und eine Abseitsstellung umgangen.
ZUSAMMENSPIEL Steilpässe vorlegen in den Rücken der Abwehr in den Lauf eines aus der Tiefe des Raumes antretenden Mitspielers.	Die abseits stellenden Abwehrspieler müssen sich drehen und sind leichter zu überlaufen; dadurch kann der größere Spielraum im Rücken der Abwehr zum Durchbruch genutzt werden.

Variation 4. Schritt

— gleiches Spiel wie im 1. Schritt, jedoch:
— die Mannschaften zu vier Spielerpaare zum 4 x 1—1 aufgeteilt;
— jeder spielt nur gegen seinen direkten Gegenspieler;
— der 5. Spieler jeder Mannschaft spielt mit nur zwei Ballkontakten als Spielmacher.

Korrekturhinweise:	*Begründungen:*
FREILAUFEN Sich mit plötzlichem Antritt freilaufen.	Der Antritt ist ein erkennbares Zeichen für den Mann am Ball für den Zeitpunkt und die Richtung der angebotenen Abspielmöglichkeit; dadurch können Mißverständnisse und Verzögerungen im Zusammenspiel vermieden werden.
FREILAUFEN Sich vom Gegner mit einer kurzen Täuschung lösen und das Zuspiel fordern.	Der freilaufende Spieler schafft sich mehr Zeit und Spielraum zur An- und Mitnahme des zugespielten Balles, weil der Gegner erst reagieren muß. Das sichere Zusammenspiel wird erleichert.

Spielform für Anfänger

— gleiches Spiel 5—5 über zwei Linien, jedoch:
— wer den Ball mit der Sohle anhält, darf nicht angegriffen werden.

Kombination

Die Kombination ist ein taktisches Angriffsmittel, an dem mindestens zwei Spieler sich beteiligen, der Spieler am Ball und der oder die Mitspieler ohne Ball. Dieses taktische Mittel gehört in den Bereich des Zusammenspiels der Mannschaft. Es

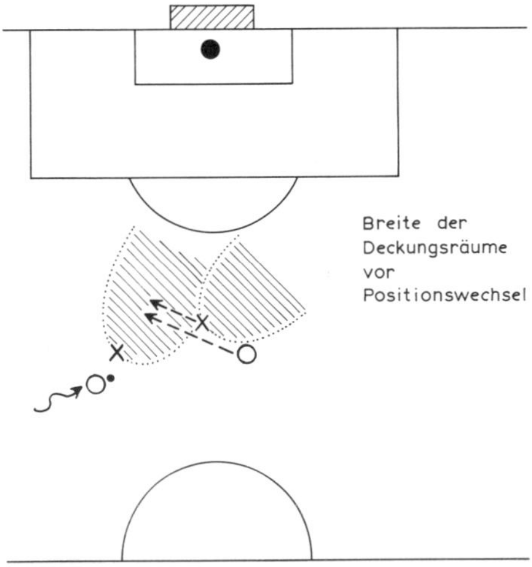

Abb. 57a

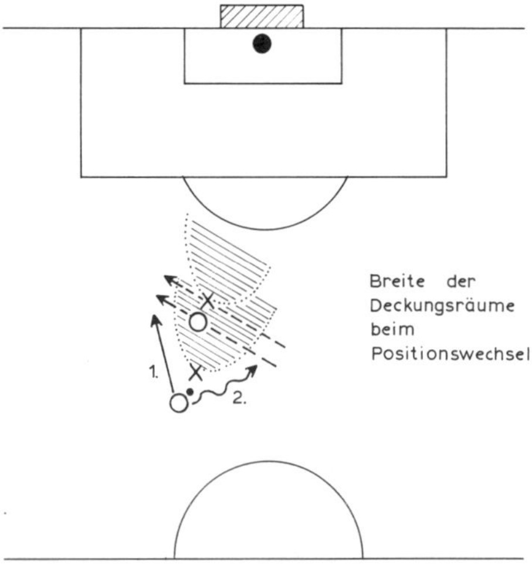

Abb. 57b

Abb. 58 Diagonalspurt, um den Steilpaß zu fordern

gibt unterschiedliche Kombinationsformen. Die meisten beruhen auf dem Positionswechsel der beiden miteinander kombinierenden Spieler. Ein solcher Wechsel der Positionen führt die beiden Gegenspieler, soweit sie ihren Gegnern folgen, kurzzeitig auf eine Höhe zusammen. Dadurch büßen sie ihre zum eigenen Tor hin günstige Abwehrstellung ein. Ihre Deckungsräume, die sie aus ihrer Position zu Ball und Tor beherrschen, werden verkleinert und bieten den Angreifern nun mehr freien Spielraum, die Gegner mit einem Paß, einer geschickten, schnellen Kombination zu überspielen (Abb. 57a + b).

Abb. 59 Positionswechsel durch Hinterlaufen des ballführenden Mitspielers

Abb. 60 Kombination durch Doppelpaßspiel

Parteispiel „2—2 von Tor zu Tor“

Organisationsform:

- abgerenztes Spielfeld, 20 x 30 m, mit zwei großen Toren;
- je ein neutraler Spieler als TW in den Toren;
- zwei Mannschaften zu je zwei Spielern.

Abb. 61

Aufgabe/Regel:

- zwei Angreifer spielen gegen zwei Abwehrspieler auf ein Tor;
- nach Tor und Toraus erhält stets ein Spieler der zuletzt angreifenden Mannschaft den Ball zurück zum neuen Angriff auf das gegenüberliegende Tor;
- nach gehaltenem Ball: TW-Abwurf auf einen der beiden zuletzt abwehrenden Spieler zu deren Gegenangriff auf das gegenüberliegende Tor;
- Spielzeit: 5 Minuten.

Korrekturhinweise:	*Begründungen:*
KOMBINATION Blickkontakt zum Mitspieler halten.	Schnelles gegenseitiges Verständigen für ein Zusammenspiel wird erleichtert; dadurch hat die Abwehr weniger Zeit, den Kombinationszug vorauszusehen und erfolgreich zu bekämpfen.
KOMBINATION Abspielen nicht auf Zuruf, sondern erst nach Überprüfen der besseren Alternative einer Kombination.	Die aussichtsreichere Kombination wird aufgrund eigener Beobachtung des gegnerischen Verhaltens leichter erkannt.

Korrekturhinweise:

KOMBINATION
Ohne Ball entschlossen eine Kombinationsmöglichkeit im Spurt anbieten.

Begründungen:

Der Mann am Ball kann sich aufgrund der Bewegung des Mitspielers und der entsprechenden Reaktion der Abwehrspieler schneller für den erfolgversprechenderen Kombinationsweg entscheiden.

Variation 1. Schritt

— gleiches Spiel, jedoch:
— innerhalb von 15 sec nach Ballbesitz muß ein Torschuß erfolgen, sonst: Ballverlust.

Korrekturhinweise:

KOMBINATION
Vor einem Abspiel genau das Verhalten der Abwehrspieler beobachten.

Begründungen:

Durch die Reaktion der Abwehrspieler wird erkennbar, welche Kombinationsmöglichkeit nicht abgedeckt und dadurch aussichtsreicher ist.

Abb. 62 Der helle Angreifer paßt den Ball, obwohl sein Gegenspieler frühzeitig und erkennbar den Spielraum abdeckt und so den Paß mühelos abfangen kann

Korrekturgespräch:

Trainer (zu korrigiertem Spieler): ,,Was wäre wohl taktisch klüger gewesen als Dein Steilpaß auf den freilaufenden Mitspieler? — Schau Dir noch einmal die gleiche Situation bis zu Deinem Abspiel an.“

Demonstration der gleichen Spielentwicklung mit gleichem Verhalten aller in langsamer Bewegung bis zum Augenblick des unklugen Abspiels.

Spieler: ,,Einen Alleingang in den freien Raum zum Tor hin!“

Trainer: ,,Warum wäre der Alleingang erfolgversprechender?“

Spieler: ,,Weil der Abwehrspieler aus dem Raum weggelaufen ist, um den steillaufenden Gegner eng zu decken!“

Trainer: ,,Richtig — deshalb konnte er auch Deinen Steilpaß abfangen! — Also was hättest Du tun müssen, bevor Du den Ball abspielst?"

Spieler: ,,Schauen, was der Abwehrspieler tut!"

Trainer: ,,Genau! — Und nun das Gleiche noch einmal!"

Nachvollziehen des klügeren Verhaltens ,,Erst Beobachten, dann entscheiden" der Abwehrspieler kann sich frei entscheiden und dann Spielfortsetzung.

Korrekturhinweise:	*Begründungen:*
KOMBINATION Zielstrebig zusammenspielen.	Die nachsetzenden Abwehrspieler haben weniger Zeit, um einzugreifen; dadurch wird ein Torabschluß aussichtsreicher.
TORABSCHLUSS Auch aus der Distanz einen Torschuß wagen.	Verzögerndes Abwehrverhalten und eine dicht gestaffelte Abwehr kann überrascht werden, für den TW ist der Torschuß oft spät zu erkennen; dadurch wird ein Torabschluß erfolgversprechender.

Variation 2. Schritt

— gleiches Spiel, jedoch:
— die Zeitregel aufgehoben;
— die Spieler zu Spielerpaaren (2 x 1—1) aufgeteilt;
— jeder spielt nur gegen seinen direkten Gegenspieler.

Korrekturhinweise:	*Begründungen:*
HIN ZUM MANN AM BALL Dem ballführenden Mitspieler zum schnellen Kombinationsspiel immer wieder zu Hilfe kommen.	Zweikämpfe um den Ballbesitz können vermieden werden; dadurch wird das Kombinationsspiel sicherer und erfolgreicher.
KOMBINATION Mit plötzlichem Wechsel des Lauftempos die Bereitschaft zum Kombinationsspiel anzeigen.	Der Mann am Ball erkennt sofort, wer, wann und wohin eine Abspielmöglichkeit anbietet; dadurch wird die schnelle Ausführung der aussichtsreicheren Kombinationsvariante erleichtert.
ÜBERZAHL AM BALL Dem Mann am Ball entgegenspurten als ,,Wand" zum Doppelpaßspiel oder zum Übernehmen des Balles.	Die schnelle Überzahl am Ball ermöglicht, den direkten, bedrängenden Gegenspieler risikolos auszuspielen; dadurch wird der Torabschluß zielstrebiger und aussichtsreicher.

Variation 3. Schritt

— gleiches Spiel wie im 1. Schritt, jedoch:
— die abwehrenden Spieler spielen mit Abseitsregel.

Korrekturhinweise:

KOMBINATION
Hinter dem angespielten Mitspieler herum sich zur anderen Seite freilaufen und die Position wechseln.

Begründungen:

Eine Abseitsstellung kann leichter umgangen werden; dadurch wird das zielstrebige Zusammenspiel aussichtsreicher.

KOMBINATION
Zusammenspiel antäuschen und Möglichkeiten zum Alleingang ausnutzen.

Abseitsgefahr ist beim Alleingang nicht gegeben, der Durchbruch zum Torabschluß wird unvorhersehbar.

ANGRIFFSAUFBAU
Weiträumig und ruhig zusammenspielen zur Vorbereitung eines Durchbruchs.

Die Abwehrspieler müssen längere Wege zum Ball laufen; dadurch erhält der angespielte Spieler mehr Zeit zum entschlossenen Alleingang in den sich bietenden freien Raum zum Tor.

Variation 4. Schritt

— gleiches Spiel wie im 3. Schritt, jedoch:
— der neutrale TW spielt auch im Feld als Libero immer gegen die ballführende Mannschaft mit.

Korrekturhinweise:

KOMBINATION
Mit schnellem Doppelpaßspiel sich Torschußmöglichkeiten schaffen.

Begründungen:

Kurzzeitig wird mehr Spielraum für den Mann am Ball geschaffen; dadurch findet er Zeit und Gelegenheit gegen höchstens 1 Abwehrspieler zum Torschuß zu kommen.

TORABSCHLUSS
Mit zielstrebiger Kombination den schnellen Torschuß versuchen.

Der zusätzliche Libero findet weniger Zeit, seinen Vorderleuten noch wirksam zu Hilfe zu kommen und die Abwehr im Feld zu verstärken.

ALLEINGANG
Gegen nur einen Abwehrspieler zum Tor hin entschlossen im Alleingang den Zweikampf wagen.

Die abwehrenden Mitspieler können dem bedrängten Mitspieler nicht mehr zur Hilfe kommen; dadurch Zeit und Raum für einen erfolgversprechenden Durchbruch.

Spielform für Anfänger

— gleiches Spiel ohne neutralen TW;
— Ein Spieler der abwehrenden Mannschaft spielt immer als TW im Tor zum 2—1 + 1 auf ein Tor.

Doppelpaß

Der Doppelpaß gilt als wirkungsvollste Kombinationsform im Fußballspiel. Dabei versucht der ballführende Spieler, durch direktes Zusammenspiel mit seinem Mitspieler einen Zweikampf um den Ball zu vermeiden, wenn ihm ein Abwehrspieler den Weg zum Tor verstellt. Durch den schnellen Antritt am Gegner vorbei nach dem Abspiel kann der ballführende Angreifer mit direktem Rückpaß seines Mitspielers (doppelter Paß) im Rücken des Gegners sofort wieder in Ballbesitz gebracht werden. Der Mitspieler hilft beim Doppelpaß wie eine ,,Wand", von der der Ball direkt zu dem abspielenden Spieler zurückprallt.

Abb. 63 Der Mitspieler ohne Ball zeigt durch seine offene Stellung und Blick zum ballführenden Mitspieler seine Bereitschaft an, diesem zum Doppelpaß zu helfen

Der Doppelpaß wird überwiegend auf engem Raum angewendet, wenn ein Alleingang weniger aussichtsreich erscheint und der schnelle Durchbruch zu einer erfolgversprechenden Torschußgelegenheit führen kann.

Parteispiel ,,4 x 1—1 + 1—1 auf ein Tor"

Organisationsform:

— abgegrenztes Spielfeld, 30 x 40 m, mit einem großen Tor und davor markiertem Strafraum;
— zwei Mannschaften zu je fünf Spielern; aufgeteilt in fünf Spielerpaare zum 5 x 1—1, davon: vier Spielerpaare außerhalb des Strafraumes und ein Spielerpaar im Strafraum;
— ein neutraler Feldspieler außerhalb des Strafraumes;

Aufgabe/Regel:

— Spiel 1 + 4 x 1—1 + 1—1 auf ein Tor;
— jeder Spieler spielt nur gegen seinen direkten Gegenspieler;
— Angriffsvorbereitung: Zusammenspiel 4 x 1—1 außerhalb des Strafraumes;
fünf Abspiele in Folge ohne Ballverlust außerhalb des Strafraumes = ein Tor; der neutrale Feldspieler spielt als Anspieler nur außerhalb des Strafraumes immer mit der ballführenden Mannschaft und darf nicht angegriffen werden;

— Angriffsabschluß: der Mitspieler der ballführenden Mannschaft spielt innerhalb des Strafraumes als Sturmspitze mit nur zwei Ballkontakten;
der Mitspieler der verteidigenden Mannschaft im Strafraum steht als TW im Tor;
jeder Angriff muß über ein Zuspiel auf die eigene Sturmspitze im Strafraum erfolgen;
nur wer die Sturmspitze angespielt hat, darf in den Strafraum nachlaufen und mit diesem zusammen ein Tor erzielen;
auch der direkte Gegenspieler des vorstoßenden Angreifers darf zur Abwehr in den Strafraum nachsetzen zum 2—1 auf ein Tor;
nach Abspiel auf die Sturmspitze muß innerhalb von 10 sec ein Torschuß erfolgen;
— bei Tor und Toraus: TW-Abwurf auf den neutralen Feldspieler zur Vorbereitung eines neuen Angriffs der zuletzt angreifenden Mannschaft;
— bei gehaltenem Ball: TW-Abwurf auf den neutralen Feldspieler und Aufgabenwechsel der beiden Mannschaften;
— bei Ballverlust im Feld: Anspiel des neutralen Feldspielers und anschließender Aufgabenwechsel der Mannschaften;
— Spielzeit: 10 Minuten.

Abb. 64

Korrekturhinweise:

DOPPELPASS

Sich als „Wand“ zum Doppelpaß im Spurt direkt dem Mann am Ball entgegen anbieten.

Begründungen:

Der Spurt dem Ball entgegen ist ein verständliches Zeichen der Absicht zum Doppelpaß mit dem Mann am Ball; dadurch wird das schnelle Doppelpaßspiel sicherer und leichter.

Korrekturhinweise:

DOPPELPASS
Den Ball genau in den Fuß des als ,,Wand" helfenden Mitspielers spielen.

Begründungen:

Der kürzeste (schnellste) Weg des Balles zur ,,Wand" läßt dem Abwehrspieler weniger Zeit zu reagieren und einzugreifen; der Mitspieler kann den Ball leichter direkt zurückpassen.

DOPPELPASS
Nach dem Abspiel auf die ,,Wand" sofort am Gegenspieler vorbei in dessen Rücken spurten.

Der Gegenspieler hat weniger Zeit, sich zu drehen und nachzusetzen; dadurch kann man ihn leichter überlaufen und ausspielen.

Variation 1. Schritt

— gleiches Spiel, jedoch:
— der neutrale Feldspieler darf auch angegriffen werden;
— zehn Abspiele einschl. Abspiele auf den Neutralen = ein Tor.

Korrekturhinweise:

DOPPELPASS
Zum Doppelpaßspiel dicht an den Gegner herandribbeln.

Begründungen:

Der Gegner kann nach dem Abspiel leichter überlaufen und dadurch im Doppelpaß ausgespielt werden.

Abb. 65 Der helle, ballführende Mitspieler hat den Ball abgespielt, als er noch zu weit vom dunklen Gegner entfernt war, und kann den Doppelpaß nun kaum erlaufen

Korrekturgespräch:

Trainer (an korrigierten Spieler): ,,Dribble dichter auf den Gegner zu, bevor Du den Doppelpaß einleitest!"

Nachvollziehen durch korrigierten Spieler ,,Dribbling dicht an Gegner heran und dann Doppelpaß"

Trainer: ,,Wann konntest Du den Gegner leichter überlaufen und den Ball wieder annehmen, wenn Du noch weiter von ihm entfernt abspielst oder wie zuletzt wenn Du dicht vor dem Gegner zum Doppelpaß abspielst?"

Spieler: ,,Wenn ich dicht vor dem Gegner Doppelpaß spiele!"

Trainer: ,,Warum?"

Spieler: ,,Der Gegner muß sich erst drehen und ich bin schneller an ihm vorbei."

Trainer: ,,Und warum ist das wichtig?"

Spieler: ,,Dann habe ich mehr Platz und Zeit, den Ball sicher mitzunehmen."

Trainer: ,,Richtig. — Und nun spiel den Doppelpaß noch einmal in der gleichen Situation."

Nachvollziehen der korrigierten Handlung aus der Spielsituation heraus und Spielfortsetzung.

Korrekturhinweise:

DOPPELPASS
Vor dem Abspiel Blickkontakt zur Sturmspitze (Wand) suchen.

Begründungen:

Mißverständnisse im Zusammenspiel können vermieden, der Ball kann im richtigen Augenblick gespielt werden; dadurch wird das Doppelpaßspiel aussichtsreicher.

Variation 2. Schritt

— gleiches Spiel wie vor dem 1. Schritt, jedoch:
— der neutrale Spieler spielt im Tor als TW;
— im Strafraum spielt die Sturmspitze gegen den direkten Gegenspieler (als Vorstopper) zum 1—1;
— die Sturmspitze darf mit beliebig vielen Ballkontakten spielen;
— Angriffsvorbereitung 4 x 1—1 außerhalb des Strafraumes mit fünf erfolgreichen Pässen in Folge = ein Tor;
— ein Torabschluß muß innerhalb von 20 sec erfolgen.

Korrekturhinweise:

DOPPELPASS
Den Ball möglichst einfach und flach dem helfenden Mitspieler zuspielen.

FREILAUFEN
Sich als Sturmspitze mit einer kurzen Täuschung im Spurt vom Gegner lösen.

TORABSCHLUSS
Nach erfolgreichem Doppelpaßdurchbruch den schnellen Torabschluß anstreben.

Begründungen:

Das direkte Zurückspielen des Balles (Wand) bzw. die An- und Mitnahme des Doppelpasses werden für den angespielten Spieler leichter; dadurch wird der Doppelpaß erfolgversprechend.

Der Mann am Ball kann den Augenblick zum Doppelpaßabspiel leichter erkennen; der helfende Mitspieler (Wand) hat mehr Zeit und Raum zum sicheren Rückpaß (Doppelpaß).

Die kurzzeitige zahlenmäßige Überlegenheit am Ball kann erfolgreich ausgenutzt werden; der nachsetzende Abwehrspieler hat keine Zeit mehr, störend einzugreifen.

Variation 3. Schritt

— gleiches Spiel wie im 2. Schritt, jedoch:
— nach Torabschluß: Positionswechsel der beteiligten Spielerpaare: wer als Sturmspitze gespielt hat, wechselt zum nächsten Angriff ins Mittelfeld außerhalb des Strafraumes, das Paar aus dem Mittelfeld, wird neue Sturmspitze/VS;
— bei Tor oder Toraus: TW-Abwurf auf die freilaufende Sturmspitze aus dem Strafraum heraus;
— bei gehaltenem Ball: TW-Abwurf auf den aus dem Strafraum freilaufenden Vorstopper und Aufgabenwechsel der Mannschaften.

Korrekturhinweise:	*Begründungen:*
DOPPELPASS Doppelpaß als Sturmspitze antäuschen und allein gehen.	Der Gegenspieler kann den Doppelpaß nicht voraussehen und abfangen; dadurch wird sein Abwehrspiel erschwert, der Torabschluß erleichtert.
DOPPELPASS Das Abspiel zum Doppelpaß durch Drehung zum Mitspieler nicht vorher „anzeigen", sondern verdeckt abspielen.	Der Gegner kann das Vorhaben nicht vorhersehen und den Paß abfangen bzw. verhindern; dadurch wird das Doppelpaßspiel aussichtsreicher.
SCHNELLES UMSCHALTEN Nach einem Torschuß sofort wieder freilaufen und den TW-Abwurf fordern.	Der freilaufende Spieler hat mehr Zeit und Freiraum, den zugeworfenen Ball gegen den nachsetzenden Gegner an- und mitzunehmen und den Ball seinen Mitspielern zuzuspielen.

Variation 4. Schritt

— gleiches Spiel wie im 3. Schritt, jedoch:
— im Strafraum spielen zwei Spielerpaare als zwei Sturmspitzen gegen zwei Vorstopper zum 2 x 1—1;
— außerhalb des Strafraumes erfolgt die Vorbereitung im 3 x 1—1;
— Aufgabenwechsel wie im 3. Schritt.

Korrekturhinweise:	*Begründungen:*
RAUMAUFTEILUNG Als Sturmspitzen sich im Strafraum auseinander staffeln.	Die angespielte Sturmspitze hat mehr Spielraum zum erfolgreichen Doppelpaßspiel oder Alleingang.
RAUM SCHAFFEN Als Sturmspitze sich möglichst außerhalb des kürzesten Weges (Raumes) für den ballführenden Mitspieler zum Tor hin diagonal zum Doppelpaß anbieten.	Der Mitspieler aus dem Mittelfeld gelangt mit erfolgreichem Doppelpaß in aussichtsreichere Torschußposition (frontaler); die Sturmspitze kann leichter den Doppelpaß antäuschen und allein gehen (schräge Stellung zum Tor).
TORABSCHLUSS Direkten Distanzschuß nach Doppelpaß aus vollem Lauf wagen.	Die Abwehrspieler finden keine Zeit und Gelegenheit mehr, den Torschuß zu stören; ein Torschuß aus vollem Lauf mit dem entgegenrollenden Ball läßt sich besonders vehement und leicht ausführen.

Spielform für Anfänger

— gleiches Spiel, jedoch:
— Angriffsvorbereitung: 5—4 ohne Spielerpaareinteilung außerhalb des Strafraumes.

Raum schaffen — Raum nutzen

„Raum schaffen und Raum nutzen" bedeutet, sich freizulaufen, um seinen direkten Gegenspieler mitzuziehen, ihn aus einem Spielraum herauszulocken und damit diesen Spielraum für den eigenen schnellen Angriffsvorstoß der eigenen Mitspieler zu öffnen. Ein oder zuweilen auch mehrere Spieler schaffen den Freiraum, ihre Mitspieler nutzen diesen Freiraum zu erfolgversprechenden Angriffsaktionen. Der freilaufende, Raum-schaffende Spieler ohne Ball ermöglicht dabei einen Steilpaß bzw. Alleingang eines Mitspielers zum gegnerischen Tor hin.

Raum schaffen ist praktisch auch eine Form des Zweikampfes mit dem direkten Gegenspieler im Spiel ohne Ball. Dabei wird immer der zentrale Angriffsraum zum gegnerischen Tor hin freigemacht. Als zentralen Angriffsraum bezeichnet man die Spielzone auf dem direkten Weg zwischen Ball und Tor (Abb. 66).

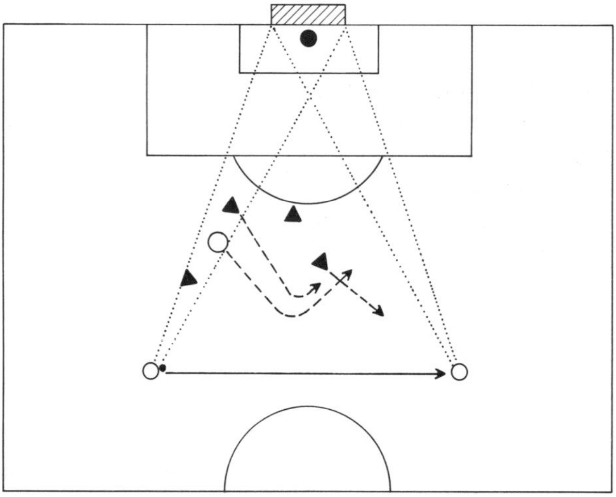

Abb. 66

Auf diesem zentralen Weg kann der Angriff am zielstrebigsten und schnellsten zu einem Torabschluß vorgetragen werden.

Verändert sich der Ort des Balles, so verschiebt sich auch der zentrale Angriffsraum (vgl. Abb. 66). Dieser Spielraum mit den torgefährlichsten Angriffsmöglichkeiten (Steilpaß, Alleingang) wird in der Regel von der verteidigenden Mannschaft in jedem Fall besetzt und damit abgedeckt, ganz gleich, ob sich ein Angreifer in diesem Raum befindet oder nicht.

Bewegt sich ein Angreifer in diesen zentralen Angriffsraum, so muß er eng (mann-) gedeckt werden, weil dessen Ballbesitz eine unmittelbare Gefahr für das Tor bedeuten würde. Läuft sich dieser manngedeckte Angreifer zur Seite frei, so hat sich sein Gegenspieler blitzschnell zu entscheiden, ob er ihm folgen (immerhin befindet sich der Angreifer auch weiterhin in Tornähe!) und verhindern will, daß dieser angespielt wird, oder ob er im Raum verharrt und diesen abschirmen und damit den Angreifer kurzzeitig frei und damit auch anspielbar lassen will. Entweder kann der freilaufende Spieler in Tornähe angespielt oder der zentrale Angriffsraum durch andere Mitspieler zum Durchbruch genutzt werden.

Abb. 67 Der vordere helle Angreifer ohne Ball läuft aus dem Angriffsraum zum Tor heraus und zieht seinen Gegner mit, so daß der hintere helle Mitspieler in den freigemachten Spielraum spurten und den Steilpaß zum Torschuß erreichen kann

Freier Spielraum muß überraschend und im richtigen Augenblick geschaffen werden, so daß der Gegner nicht mehr auf die Gefahr reagieren und diese verhindern kann. Der Angriffsspieler läuft sich in dem Augenblick frei, um Raum zu schaffen, sobald er erkennt, daß

a) der ballführende Spieler unbehindert in Richtung auf das gegnerische Tor durchbrechen kann oder
b) ein oder mehrere Mitspieler in den freigemachten Spielraum starten und einen erfolgversprechenden Steilpaß in den Lauf zugespielt bekommen können.

Die Mitspieler nutzen den freigemachten Raum in dem Augenblick, wenn

a) der Mann am Ball ihre Bewegung sehen (Blickkontakt) und
b) der Mann am Ball auch sofort abspielen kann.

Im Gegensatz zum Freilaufen, um sich anzubieten, bei dem sich der Spieler ohne Ball mit einer kurzen Körpertäuschung und plötzlichem Antritt von seinem Gegenspieler und aus seiner Position heraus zu lösen versucht, läuft der Spieler ohne Ball, um Spielraum freizumachen für seine Mitspieler, ohne Täuschung und nur so schnell, daß der Abwehrspieler den Versuch, sich freizulaufen zwar vermuten muß, ihm aber noch folgen kann. So behält der Abwehrspieler den Eindruck, ein Abspiel auf den freilaufenden Gegner noch abfangen zu können. Der Abwehrspieler wird entschlossen folgen. Genau das ist das erste Ziel des Raumschaffenden Spielers. Der Spielraum wird frei.

Grundsätzlich sollten die Spieler ohne Ball folgende Gesichtspunkte beachten:

1. Jeder Spieler sollte immer wieder eine Position im Spielfeld suchen, von der aus er sowohl den Ball als auch das gegnerische Tor beobachten kann. Wer nur Tor oder Ball sehen kann, befindet sich im zentralen Angriffsraum und damit in einer für das eigene Angriffsspiel nicht optimalen Ausgangsposition.
2. In den freigemachten zentralen Angriffsraum sollte niemals zu früh, sondern immer erst mit dem unmittelbaren Angriffszug gestartet werden.
3. Jeder Spurt in einen freien Raum sollte mit Blickverbindung zum Ball erfolgen (d. h. diagonal zum direkten Weg des ballführenden Spielers zum gegnerischen Tor).
4. Jeder Spieler sollte durch seine Bewegungen (Spurt mit Täuschung oder schneller Lauf ohne Täuschung) seinem ballführenden Mitspieler verständlich machen, was er mit dem Freilaufen bezweckt (Zuspiel oder Raum schaffen).

Parteispiel „3 x 1—1 + je 1 MFS auf zwei Tore“

Organisationsform:

— abgegrenztes Spielfeld, 30 x 40 m, mit zwei Toren;

— zwei Mannschaften zu je vier Spielern, davon: je ein Spieler als MFS/TW und je drei Spieler im Feld zu Spielerpaaren aufgeteilt 3 x 1—1.

Abb. 68

Aufgabe/Regel:
- Spiel 3 x 1—1 auf ein Tor;
- jeder spielt nur gegen seinen direkten Gegenspieler in Angriff und Abwehr;
- je ein Spieler spielt bei Abwehr als TW im Tor und bei Angriff als spielgestaltender MFS hinter seinen drei Sturmspitzen;
- jeder Angriff muß vom MFS eingeleitet und nach maximal drei Abspielen zum Torschuß oder wieder zurück zum MFS führen, sonst Ballverlust;
- der MFS darf selbst keine Tore erzielen;
- Spielzeit: 6 Minuten.

Korrekturhinweise:	*Begründungen:*
RAUM SCHAFFEN Den direkten Weg des ballführenden Mitspielers zum Tor hin freimachen.	Die Abwehrspieler werden aus dem Abwehrzentrum herausgelockt, der Mann am Ball bekommt mehr Spielraum für einen möglichen Alleingang.
RAUM SCHAFFEN Freilaufen in eine torgefährliche Position.	Der Abwehrspieler muß folgen und den Raumschaffenden Spieler im Auge behalten; dadurch wird der Abwehrspieler leichter aus dem Angriffsraum herausgezogen und der Raum freigemacht.
RAUM NUTZEN Die Laufbewegungen der Mitspieler ohne Ball beobachten; nicht alle gleichzeitig freilaufen.	Die frei werdenden Spielräume können leichter erkannt und entsprechend erfolgreich im Spurt zum Steilpaß genutzt werden.

Variation 1. Schritt

- gleiches Spiel, jedoch:
- ein Torschuß muß innerhalb von 10 sec nach Ballbesitz erfolgen, sonst Ballverlust.

Korrekturhinweise:	*Begründungen:*
RAUM SCHAFFEN Abwehrspieler vom Tor weg in für sie ungünstigere Positionen wegziehen.	Der Spielraum vor dem Tor und zum Tor hin wird geöffnet; dadurch wird das Steilpaßspiel in den freien Raum torgefährlicher und erfolgversprechender.
RAUM SCHAFFEN Im Spiel ohne Ball ständig den Ball im Auge behalten.	Der Spieler ohne Ball kann auf eine Veränderung der Spielsituation oder ein Abspiel sofort reagieren; dadurch wird das Zusammenspiel aussichtsreicher.
RAUM NUTZEN Sich vom Gegner lösen und das Zuspiel in den Raum im Spurt fordern.	Der Mann am Ball kann schneller die Möglichkeit zum Paß in den Lauf erkennen; der freilaufende Mitspieler schafft sich mehr Zeit und Vorsprung zum erfolgreichen Torabschluß gegen den nachsetzenden Gegner.

Abb. 69 Der weiße Mitspieler zögert und wartet auf das Abspiel des Balles. Der Mann am Ball kann nicht risikolos abspielen

Korrekturgespräch:

Trainer (an freilaufenden Spieler): „Du mußt Deinem Mitspieler am Ball zeigen, daß Du den Ball haben möchtest! — Schau mal, wie ich das mache, laufe ich langsam oder ganz plötzlich im Spurt los?"

Demonstration durch den Trainer „Sich lösen und freilaufen im Spurt in den freien Raum" innerhalb der gleichen Spielsituation.

Spieler: „Sie spurten plötzlich los."

Trainer: „Richtig. (An den Mann am Ball) — Wen konntest Du in der Situation leichter anspielen, Deinen Mitspieler vorhin oder mich jetzt?"

Spieler (am Ball): „Sie!"

Trainer: „Warum?"

Spieler (am Ball): „Weil der Spurt sofort auffällt."

Trainer (zum korrigierten Spieler): „Wie kann man also dem Mann am Ball deutlich zeigen, daß man angespielt werden möchte?"

Spieler: „Klar — im Spurt."

Trainer: „Gut. — Dann mach Du das jetzt in der gleichen Situation besser."

Nachvollziehen durch den korrigierten Spieler „Freilaufen im Spurt" und Spielfortsetzung.

Variation 2. Schritt

— gleiches Spiel, jedoch:
— die Zeitregel wird aufgehoben;
— die Sturmspitzen spielen mit nur zwei Ballkontakten.

Korrekturhinweise:

RAUM NUTZEN
Erst wenn der Mann am Ball schaut und sofort auch abspielen kann; in den freien Raum starten und den Steilpaß fordern.

Begründungen:

Der Reaktionsvorsprung gegenüber den Abwehrspielern in Zeit und Raum kann mit schnellem Abspiel wirkungsvoll ausgenutzt werden; dadurch wird der Angriff erfolgversprechender.

RAUM NUTZEN
Sich diagonal von außen nach innen freilaufen und den Steilpaß fordern.

Der Ball kann in Richtung Tor gespielt werden; dadurch kommt der angespielte Mitspieler in eine günstige Position zum schnellen Torabschluß.

ANGRIFFSAUFBAU
Sich dem Mann am Ball auch zum sicheren Querpaß anbieten.

Die Abwehrspieler können aus dem zentralen Angriffsraum herausgelockt werden; dadurch wird mehr Spielraum zum überraschenden Steilpaßspiel und Torabschluß geschaffen.

Variation 3. Schritt

— gleiches Spiel, jedoch:
— Spiel wieder mit beliebig vielen Ballkontakten;
— die Abseitsregel gilt.

Korrekturhinweise:

RAUM NUTZEN
Im Bogenlauf den Steilpaß in den freien Raum fordern (zuerst dem Ball entgegen und dann in einem Bogen in den Raum abbrechen).

Begründungen:

Eine Abseitsstellung beim Abspiel kann vermieden werden, ohne daß der Reaktionsvorteil verloren geht.

RAUM NUTZEN
Zielstrebig im Alleingang den freigemachten Raum zum Tor hin nutzen.

Das Verhalten des ballführenden Spielers wird schwerer vorhersehbar; dadurch ist das Abwehrspiel erschwert; Abseitsstellungen können vermieden werden.

Variation 4. Schritt

— gleiches Spiel, jedoch:
— je ein TW in den Toren;
— der MFS der verteidigenden Mannschaft spielt im Feld als Libero, den MFS der angreifenden Mannschaft weiter als Anspieler, darf aber auch aus der 2. Reihe Tore erzielen;
— die Abseitsregel wird wieder aufgehoben.

Korrekturhinweise:

ANGRIFFSAUFBAU
Ruhig und weiträumig zusammenspielen.

Begründungen:

Alle Mitspieler erhalten eine bessere Spielübersicht; mit überraschendem Tempowechsel kann der Gegner erfolgreicher ausgespielt werden.

RAUM NUTZEN
Kurze, dosierte Steilpässe in den Lauf des Mitspielers.

Der Ball kann vom Mitspieler schnell und vor dem gegnerischen Libero an- und mitgenommen und zum Alleingang 1—1 erfolgreich ausgenutzt werden.

RAUM NUTZEN
Auch die Möglichkeit des Abspiels auf den Raum-schaffenden Mitspieler im Auge behalten.

Stellungs- bzw. Abwehrfehler können erfolgreich genutzt werden; das Angriffsspiel wird für den Gegner schwerer berechenbar und dadurch aussichtsreicher.

RAUM SCHAFFEN
Beim Freilaufen und Raum schaffen auch die Positionen untereinander wechseln.

Die Abwehrspieler müssen sich stärker auf ihren Gegenspieler konzentrieren und zwangsläufig vom Geschehen um den Ball wegschauen; sie können leicht den kürzeren Weg zum Tor (ihre günstige Abwehrposition) verlieren; dadurch wird das Steilpaßspiel in die freien Räume torgefährlicher.

Abb. 70 Der Blick für den freien Raum und der Paß in den freien Raum können nur aus kleinen Spielen heraus geschult und verbessert werden

Spielform für Anfänger

— gleiches Spiel ohne die Variationen, jedoch:
— das Spielfeld wird in zwei gleiche Spielfeldhälften geteilt;
— fünf Abspiele ohne Ballverlust innerhalb der eigenen Spielfeldhälfte auch = ein Tor;
— ein Torabschluß ist ohne Beschränkung der Abspielzahl zugelassen;
— auch unmittelbar nach Ballgewinn darf sofort ein Tor erzielt werden (ohne Anspiel der MFS).

Abwehren

Abwehren heißt nachsetzen bis zum Ballgewinn, um wieder ein Tor erzielen zu können. Die wichtigsten Grundregeln erfolgreichen Abwehrspiels sind:

1. Der Abwehrspieler muß immer die torgefährlichere Angriffsmöglichkeit des Gegners abdecken.
2. Das Stellungsspiel des abwehrenden Spielers orientiert sich immer an dem für ihn gegenüber seinem Gegenspieler kürzeren Weg zum Tor.
3. Wer den ballführenden Spieler angreift, sollte stets von einem Mitspieler im Rücken zum eigenen Tor hin zusätzlich gesichert werden.

Abb. 171 Der Abwehrspieler greift den Ball erst an, nachdem sich der Mann am Ball auf eine Richtung festgelegt hat

Je nach Spielsituation muß der Abwehrspieler seinen Gegner

- eng decken und das Zuspiel auf ihn verhindern,
- den ballführenden Spieler stellen und seinen Alleingang aufhalten,
- den Gegenspieler bei der Ballannahme oder im Dribbling bekämpfen und ihm den Ball abzujagen versuchen.

Das Decken eines Gegners

Ein Gegenspieler wird gedeckt, um diesen nicht in Ballbesitz gelangen zu lassen. Wird er angespielt, so versucht der Abwehrspieler, den Ball vor dem Gegner abzufangen oder ihn bei der Ballannahme zu stören.

Abb. 72 Der dunkle Abwehrspieler deckt den hellen Gegner zum Tor hin so eng, daß ein Paß auf ihn den Ball in Gefahr bringen würde

Der deckende Abwehrspieler bewegt sich stets
— auf dem kürzeren Weg zum Tor
— auf der Ball-nahen Seite des Gegners und
— schräg hinter dem Gegner

Den kürzeren Weg zum Tor verteidigt er, um nicht mit einem überraschenden Antritt überlaufen werden zu können.
Mit seiner Position auf der Ball-nahen Seite verhindert er den torgefährlicheren Steilpaß an ihm vorbei in Richtung Tor.
Schräg hinter seinem Gegner kann der Abwehrspieler das Spielgeschehen unbehindert verfolgen und zur Abwehr auf dem kürzesten (direkten) Weg vor seinen Gegner spurten, um den diesem zugespielten Ball abzufangen.
Je weiter sich der Ball von seinem Gegner entfernt befindet, aber auch je weiter sich der Gegner selbst vom Tor zurückgezogen hat, um so lockerer versieht der Abwehrspieler seine Deckungsaufgabe und kann ungefährdet zusätzlich vorübergehend noch Raum-sichernde Abwehraufgaben übernehmen. Entscheidend für ihn ist, den Gegenspieler bei dessen Ballkontrolle rechtzeitig wieder erreichen zu können oder eine für das Tor gefährlichere Angriffsmöglichkeit der gegnerischen Mannschaft verhindert zu haben.

Das Stellen eines Gegners

Befindet sich der Gegenspieler bereits im Besitz des Balles, wäre ein ungestümer Angriff auf den Ball wenig erfolgversprechend. Der ballführende Gegenspieler könnte den Abwehrspieler mit einer einfachen, täuschenden Bewegung ins Leere laufen lassen und ausspielen.

In solchen Situationen gilt es, zunächst einmal auf den sofortigen Ballgewinn zu verzichten und den Alleingang des Angreifers oder dessen Abspiel in Richtung Tor (torgefährlich) zu verzögern bis

a) eine Überzahl an Abwehrspielern den Zweikampf um den Ball risikoloser
b) eine für den ballführenden Spieler ungünstige Position den Angriff des abwehrenden Spielers auf den Ball erfolgversprechenderer (Auslinie) oder
c) der Durchbruch des ballführenden Spielers nach einer Seite eine entsprechende Reaktion des Abwehrspielers herausfordert, den Angriff auf den Ball möglich und notwendig werden läßt.

Abb. 73 Der dunkle Abwehrspieler verstellt dem ballführenden Angreifer den direkten Weg zum Tor und wartet ab (auf seine Chance, den Ball zu erkämpfen)

Der Abwehrspieler stellt also zunächst den ballführenden Gegner. Dabei

- kommt er dem ballführenden Gegner langsam entgegen (Abb. 73),
- verstellt ihm den Weg zum Tor in einem sicheren Abstand zum Gegner, der einerseits einen überraschenden Alleingang am Abwehrspieler vorbei wenig erfolgversprechend erscheinen läßt, andererseits dem Abwehrspieler dennoch die Möglichkeit einräumt, einen Fehler, eine Unachtsamkeit in der Ballführung des Gegners zum sofortigen Ballgewinn ausnutzen zu können,
- zieht er sich in gleichbleibendem Abstand verzögernd in Richtung Tor zurück und versucht, den Gegner vom direkten Weg zum Tor nach außen zur Seite hin abzudrängen,
- verhindert er einen Steilpaß an sich vorbei in seinen Rücken,
- versucht er den Gegner zu verleiten, sich als erster auf eine Seite zum Durchbruch festzulegen, um diesen dann nach einer schnellen Drehung erfolgreicher aus gleicher Laufrichtung heraus in einen Zweikampf um den Ball zu verwickeln.

Das Bekämpfen eines Gegners

Sobald der Abwehrspieler eine aussichtsreiche Gelegenheit erkennt, dem ballführenden Gegner den Ball abzunehmen, bekämpft er ihn und versucht mit aller Entschlossenheit, den Ball zu erobern. Dabei muß der Abwehrspieler blitzschnell vorausbeurteilen,

Abb. 74 Der dunkle Abwehrspieler greift aus gleicher Laufrichtung den Ball konsequent an

1. Ob er vor seinem Gegenspieler den Ball erreichen kann. In diesem Fall spurtet er entschlossen vor den Gegner dem Ball entgegen und nimmt den Ball zum schnellen Gegenangriff an und mit oder spielt ihn direkt zu einem freistehenden Mitspieler.
2. Ob er den Ball erreichen kann, bevor der Gegner ihn unter Kontrolle gebracht hat, also etwa zu gleicher Zeit mit dem Gegner. Auch in diesem Fall spurtet er entschlossen dem Ball entgegen und versucht, den Gegner bei der Ballannahme zu stören und den Ball im Tackling aufzuhalten bzw. aus der Kontrolle des Gegners wegzuspielen.
3. Ob der Gegenspieler den Ball vor ihm erreichen und kontrollieren kann. Nun kommt der Abwehrspieler nur verhalten dem angespielten Gegner entgegen, verstellt ihm den Weg zum Tor und wartet auf seine Chance zum Angriff auf den Ball (vgl. Stellen).

Parteispiel „3 x 1—1 + 1 auf ein Tor“

Organisationsform:

— abgegrenztes Spielfeld, 20 x 30 m mit 1 großen Tor;
— ein neutraler TW;
— ein neutraler Feldspieler als Anspieler;
— zwei Mannschaften zu je drei Spielern, aufgeteilt in Spielpaare zum 3 x 1—1.

Aufgabe/Regel:
- die drei Sturmspitzen spielen auf gleicher Höhe in festen Positionen (RA, MS, LA) verteilt vor dem Tor; sie dürfen dem ballführenden Mitspieler Platz machen;
- jeder Abwehrspieler spielt nur gegen seinen direkten Gegenspieler;
- der neutrale Anspieler spielt abwechselnd einen Stürmer aus einer rückwärtigen Position flach an, spielt dann aber nicht weiter mit;
- Spiel eines Stürmers gegen seinen Abwehrspieler zum 1—1 auf ein Tor;
- bei gewonnenem Zweikampf durch den Abwehrspieler und dessen erfolgreichem Paß zurück auf den Anspieler oder zum TW: Aufgabenwechsel aller Spieler der beiden Mannschaften (Stürmer werden Abwehrspieler und umgekehrt);
- Spielzeit: 8 Minuten.

Abb. 75

Korrekturhinweise:	*Begründungen:*
DECKEN Schräg hinter dem Stürmer zum Tor hin den Gegner decken.	Der Gegner kann den Abwehrspieler nicht überlaufen (muß einen Bogen um ihn herumlaufen), die Spielsituation ist besser zu beobachten. Man kann dem Ball auf direktem (kürzesten) Weg entgegenlaufen.
DECKEN Vom Gegner gelöst, ohne Körperkontakt, das Abspiel auf den Gegner erwarten.	Der Abwehrspieler hat mehr Handlungsfreiheit und kann den Ball besser beobachten; die Gefahr eines unnötigen Foulspiel ist geringer.
STELLEN Dem Mann am Ball die Seite vom Tor weg nach außen freimachen und zum Durchbruch anbieten.	Der ballführende Gegner kann nicht den torgefährlichen Weg direkt zum Tor nach innen wählen und ist leichter in eine für den Angriff auf den Ball günstigere Position abzudrängen.

Variation 1. Schritt

— gleiches Spiel, jedoch:
— der neutrale Anspieler spielt den Ball den Stürmern halbhoch und hoch zu.

Korrekturhinweise:

BEKÄMPFEN
Dem Ball auf kürzestem Weg vor den Gegner entgegenspurten.

Begründungen:

Der Ball kann vom Abwehrspieler schneller erreicht werden; er kann durch den Gegner nicht vom Ball abgeblockt werden.

Abb. 76 Der dunkle Abwehrspieler schaut zu und läßt seinen angespielten Gegner unbedrängt in Ballbesitz kommen

Korrekturgespräch:

Trainer: (an Abwehrspieler) „Spurte dem Ball direkt entgegen, ohne auf den Gegner zu achten! — Ich zeig Dir, wie!"

Demonstration mit korrigiertem Spieler in gleicher Situation aber langsamem Tempo zur Abwehr des Balles vor den Gegner auf kürzestem Weg".

Trainer: „Und nun versuch Du das mal in Wettkampfgeschwindigkeit!"

Nachvollziehen des korrigierten Verhaltens durch den Abwehrspieler in gleicher Situation einige Male wiederholt

Trainer: „Wann kannst Du den Ball leichter abwehren, wenn Du wie zuerst hinter dem Gegner bleibst oder wenn Du wie jetzt schnell vor den Gegner spurtest?"

Spieler: „Wenn ich vorlaufe!"

Trainer: „Warum?"

Spieler: „Ich bin schneller am Ball und der Gegner kann mich nicht vom Ball wegdrängen!"

Trainer: „Richtig! — So versuche jetzt, den Gegner zu bekämpfen."

Nachvollziehen der korrigierten Handlung aus der gleichen Wettkampfsituation heraus und anschließende Spielfortsetzung.

BEKÄMPFEN
Bei Bedrängnis den Ball vor dem Gegner direkt abwehren, nicht anzunehmen versuchen.

Der Gegner erhält keine Gelegenheit mehr, den Ball sich sofort wieder zurückzuerkämpfen; dadurch wird die Abwehr risikoloser.

BEKÄMPFEN
Den mit dem Rücken zum Tor angespielten Gegner nicht angreifen, sondern nur stellen, wenn er den Ball mit dem Körper abdeckt.

Der Abwehrspieler hat den längeren Weg um den Gegner herum zum Ball; der Stürmer ist nicht torgefährlich, weil er nicht in Richtung Tor weiterspielen oder dribbeln kann; ein Angriff auf den Ball wird in den meisten Fällen zu einem überflüssigen Foulspiel führen.

Variation 2. Schritt

- gleiches Spiel, jedoch:
- Zuspiel des Anspielers erfolgt beliebig flach und hoch;
- nach dem Zuspiel können die Stürmer auch untereinander aber mit nur zwei Ballkontakten zusammenspielen, ohne ihre Positionen zu wechseln.

Korrekturhinweise:	*Begründungen:*
DECKEN Ständig den Ball und den Gegner im Auge behalten.	Der Angreifer kann sich nicht unbemerkt in den Rücken des Abwehrspielers absetzen und freistellen; der Abwehrspieler kann die Spielentwicklung besser voraussehen.
STELLEN Den ballführenden Gegner schräg zum eigenen Tor hin stellen und sich verzögernd zurückziehen.	Der Abwehrspieler kann sich schneller drehen, sobald sich der Angreifer den Ball vorlegt, um durchzubrechen; dadurch wird der Kampf um den Ball aus gleicher Laufrichtung heraus für den Abwehrspieler aussichtsreicher.
DECKEN In Tornähe den Gegner ganz eng abdecken.	Ballbesitz des Gegners in Tornähe bedeutet unmittelbare Gefahr; der Gegner kann erfolgreicher beim Anspiel gestört und bekämpft werden.

Variation 3. Schritt

- gleiches Spiel wie im 2. Schritt, jedoch:
- die Stürmer können mit beliebig vielen Ballkontakten bis zu einem Torschuß zusammenspielen;
- die Stürmer können bei Bedrängnis auch den Ball zurück auf den Anspieler spielen;
- wer den Ball zurück zum Anspieler spielt, wechselt (Stürmer) mit diesem auch seine Position und Aufgabe;
- die Positionen der Stürmer dürfen untereinander noch nicht gewechselt werden;
- der neutrale Spieler im Tor (TW) spielt als Libero hinter den Abwehrspielern;
- das Tor wird verkleinert; 3 m;
- nur flache Torschüsse zulässig.

Korrekturhinweise:	*Begründungen:*
BEKÄMPFEN Den Ball im Tackling spielen nur aus gleicher Laufrichtung zum ballführenden Stürmer.	Der Gegner kann keine Täuschungsbewegung mehr erfolgreich ausführen; die Ball- und Laufgeschwindigkeit des Gegner sind leichter einzuschätzen; dadurch wird der Angriff auf den Ball erfolgversprechender.

Korrekturhinweise:	*Begründungen:*
BEKÄMPFEN Den Torschuß oder die Hereingabe des ballführenden Stürmers mit dem Fuß abzublocken versuchen.	Die torgefährlichste Angriffsmöglichkeit (Torschuß bzw. Vorlage) kann noch verzögert oder verhindert werden, auch wenn keine Chance zum rechtzeitigen Ballgewinn mehr besteht.
BEKÄMPFEN Den ballführenden Spieler niemals frontal nach vorn angreifen, sondern stellen und abwarten auf Unterstützung und die erste Aktion des Stürmers.	Der Abwehrspieler vermeidet, mit einer einfachen Täuschung überspielt zu werden; der Stürmer kann nicht nach vorn laufen bzw. spielen, das Angriffsspiel wird verzögert.

Variation 4. Schritt

— gleiches Spiel wie im 3. Schritt, jedoch:
— die Stürmer können auch ihre Positionen im Zusammenspiel wechseln;
— der Anspieler spielt beliebig auf einen freilaufenden Stürmer.

Korrekturhinweise:	*Begründungen:*
DECKEN Vor dem Tor dem freilaufenden Stürmer in enger Manndeckung auch auf andere Positionen folgen.	Das Zusammenspiel der Stürmer wird erschwert, die Abwehrspieler können schneller den Ball abfangen bzw. bei der Ballannahme stören.
DECKEN Den freilaufenden und seine Position wechselnden Gegner immer auf dem ihm gegenüber kürzeren Weg zum Tor decken.	Der freilaufende Stürmer kann nicht mit einem Steilpaß in den Rücken des Abwehrspielers in Schußposition gebracht werden.
ÜBERZAHL GEGEN DEN BALL Schnelle Übernahme der Rückensicherung durch den ausgespielten Abwehrspielers bei seinem helfenden, den freien Gegner stellenden Libero.	Das verzögernde Stellen des Libero wird abgesichert; der überspielte Abwehrspieler kann wieder in das Spiel eingreifen, der Libero kann schnell den Angriff auf den Ball wagen.

Spielform für Anfänger

— gleiches Spiel ohne Variationen, jedoch:
— der angespielte Stürmer muß im Fall der Ballannahme nach Zuspiel innerhalb von 10 sec zu einem Abschluß kommen, sonst: Ballverlust und Aufgabenwechsel aller Spieler.

Raum decken

Als Raumdeckung bezeichnet man im modernen Fußball eine andere Abwehrordnung als die Manndeckung früherer Jahre.

Während die Manndeckung für den einzelnen Spieler die Bewachung und Ausschaltung eines bestimmten, im vorhinein festgelegten gegnerischen Spielers vorsieht, unabhängig von der aktuellen Position, in der sich dieser Gegner gerade aufhält, legt die Raumdeckung für jeden Spieler einen bestimmten Spielraum fest. Innerhalb dieses Spielraumes hat der Abwehrspieler jeden Gegner zu übernehmen und zu decken, der in diesen Bereich eindringt. Manngedeckt wird also auch in der Raumdeckung. Nur deckt man nicht immer nur einen und denselben Gegner, sondern immer wieder einen anderen gegnerischen Spieler. Daher wird in der Raumdeckung auch von „Gegnerdeckung" gesprochen zur Abgrenzung des Begriffes „Manndeckung".

Abb. 77 Ein dunkler Abwehrspieler stellt den Mann am Ball, seine beiden Nebenspieler sichern in seinem Rücken den Spielraum zum eigenen Tor hin. Der helle Angreifer kann nicht steil angespielt werden

Wechselt dieser Gegner seine Position, so wird er vom Abwehrspieler an seinen Nebenmann praktisch „abgeliefert" und nun von diesem in Gegnerdeckung übernommen.

Raumdeckung will das gegnerische Angriffsspiel zunächst verzögern, den Angriffsschwung nach vorn lähmen. Die Spieler ziehen sich in Richtung eigenes Tor zusammen, verengen damit die Freiräume für die gegnerischen Angreifer und versuchen, den gegnerischen Spieler am Ball entweder in einen Zweikampf um den Ballbesitz zu locken oder zu einem riskanten oder übereilten Abspiel zu verleiten, das von einem der Abwehrspieler abgefangen und zu einem schnellen Gegenstoß ausgenutzt werden kann.

Raumdeckung als taktisches Abwehrverhalten einer gesamten Mannschaft erfordert viel Spielerfahrung, Übersicht und Spielverständnis. Daher sind Kinder und Jugendliche mit dieser mannschaftstaktischen Abwehrart eindeutig noch überfordert. Darüber hinaus wird vom einzelnen Spieler in der Raumdeckung ein besonders gutes und überlegtes Zweikampfverhalten verlangt, wie es in der Manndeckung zunächst erst einmal erlernt und verbessert werden muß.

Bestimmte Spielsituationen, die sich nicht selten vor allem im Spiel von Kindern und Jugendlichen ergeben, zwingen den einzelnen oder kleine Spielergruppen jedoch auch trotz angewiesener Manndeckungsordnung oder kombinierter Mann- und Raumdeckung (manndeckende Spieler mit dem freien Mann in ihrem Rücken) vorübergehend mehr den Raum zum Tor hin abzuschirmen und sich vom eigenen Gegenspieler kurzzeitig zu entfernen.

Wenn z. B. die Gegner mit mehreren Spielern angreifen als Abwehrspieler gerade zur Stelle sind, darf nicht ungestüm der schnelle Ballgewinn angestrebt werden. Vielmehr gilt das Gebot der Sicherheit, zunächst die torgefährlichste Möglichkeit des Gegners abzudecken. Und diese besteht im Alleingang oder im Steilpaß zum Tor hin. Querpässe, das Abspiel zum seitlich freistehenden Mitspieler oder gar zurück, lassen sich nicht verhindern. Sie bringen aber Zeit für bereits ausgespielte Abwehrspieler, nachzusetzen und sich erneut in die Deckung einzuschalten, die eigene Abwehr zu verstärken.

Daher sollten im Jugendtraining auch die Grundlagen überlegten Raumdeckungsverhaltens erlernt und ausgeprägt werden. Hierzu zählen

— das Spiel der Abwehr auf einer Linie mit gegenseitiger Rückensicherung

— das Spiel auf „abseits stellen"

— das Zusammenwirken mit dem Nebenmann, Hintermann und Vordermann in gemeinsamer Verantwortung für einen bestimmten Spielraum

— das Übergeben und Übernehmen eines seine Position wechselnden Gegners

— das Abschirmen im Mittelfeld und Angriff durch Stellung zwischen zwei oder mehreren Gegnern

— das Vorausahnen und Abfangen von Pässen des Gegners und

— der Angriff auf den Mann am Ball im günstigen Moment, wenn dieser zum Abwehrspieler quer- oder rückwärts dribbelt bzw. den Ball annimmt.

Raumdeckung ist untrennbar mit dem Spiel auf abseits verbunden. Nur mit diesem taktischen Abwehrmittel lassen sich die Spielräume untereinander und vor allem in die Tiefe eng machen. Mit dem Spiel auf abseits bietet sich auch das Spiel der hinteren Abwehrspieler auf einer etwa parallel zur Torauslinie verlaufenden Linie (Viererkette) an. Auf diese Weise können die Abwehrspieler blitzschnell nach vorn rücken und steil laufende Gegner ins Abseits stellen bzw. Steilpässe des Gegners verhindern. (Abb. 79).

In der Raumdeckung sind mehrere Spieler für einen Spielraum verantwortlich. Der Nebenmann bzw. Vordermann übernimmt jeweils die Sicherung des Spielraumes seines Mitspielers und die Deckung eines gegnerischen Spielers dort, wenn sich der Mitspieler in das eigene Angriffsspiel mit einschaltet. Der Neben- und Hintermann sichern gleichzeitig aber auch immer den Rücken des vom ballführenden Gegner bedrängten Abwehrspielers ab.

Eine starre Raumaufteilung von rechts nach links und von hinten nach vorn gibt es praktisch nicht. Spielräume sind besser als Verantwortlichkeitsbereiche zu bezeichnen. Sie verschieben und verengen sich je nach Spielsituation stets in Richtung Ball und Tor. Diese

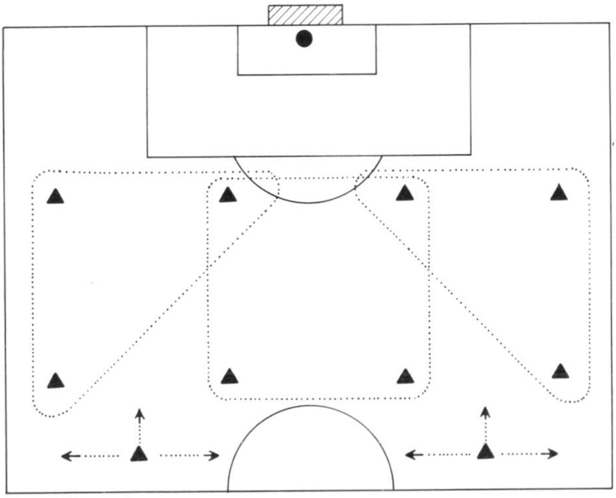

Abb. 78 Schema der Verantwortlichkeitsbereiche im 4-4-2-System

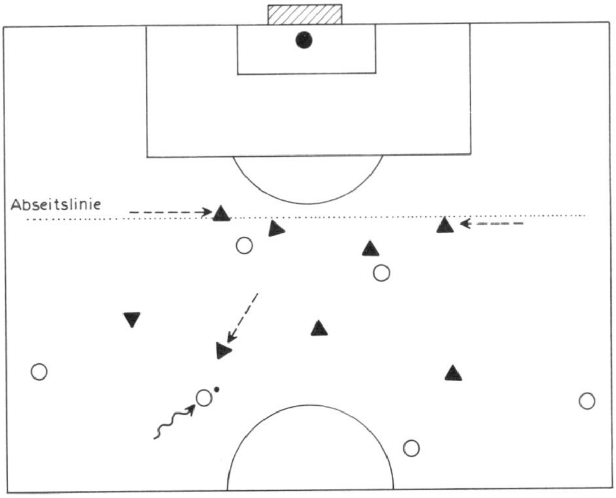

Abb. 79 „Linienabwehr" im 4-4-2-System

„Verantwortlichkeitsbereiche" sind in der Abb. 78 entsprechend markiert. Sie gewährleisten, daß an den häufig als Schwachpunkte der Raumdeckung angeführten, sogenannten „Nahtstellen" der Abwehrräume Abstimmungsprobleme vermieden werden.

Wechselt ein Gegner seine Position, so folgt ihm sein Bewacher immer nur soweit, bis sein Nebenmann sich nun seinerseits der weiteren Abschirmung dieses Gegners annehmen kann. Allerdings wird in Tornähe ein Gegner nicht mehr übergeben. Vielmehr muß in der torgefährlichen Zone jegliches Risiko mit konsequenter Manndeckung ausgeschaltet und der Gegner zuweilen auch in andere „Verantwortlichkeitsbereich" verfolgt werden (Abb. 80).

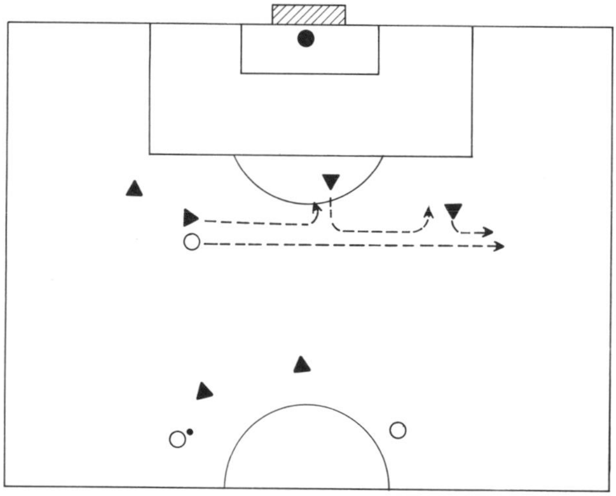

Abb. 80 Übernehmen — Übergeben

Raumdeckung wird auch vornehmlich im Mittelfeld und im Angriff gespielt. Dies trifft vor allem auf die heute gängigen 4-4-2- und 3-5-2-Spielsysteme des Spitzenfußballs zu. Hier können die nur zwei Sturmspitzen gar nicht anders als die direkten Spielräume zum Mittelfeld hin abzudecken, um Zeit zur Staffelung der eigenen Mittelfeldspieler zu gewinnen. Für das verstärkte Mittelfeld bietet sich die Raumdeckung um den Mann am Ball zudem auch schon allein aus zahlenmäßigen Gründen an.

Rückt der Gegner nach, so stellen sich die abwehrenden Spieler im Mittelfeld nicht wie in der Manndeckung oder in Tornähe innerhalb ihres Spielraumes direkt zum Gegner, sondern zwischen zwei oder gar mehrere Gegner. Der Abstand zu den freistehenden gegnerischen Spielern wird dabei allerdings stets nur so groß gewählt, daß im Falle des Abspiels auf einen Gegner der Ball noch vor oder spätestens bei der Ballannahme erlaufen werden kann. Auf diese Weise sind die Gegner praktisch auch abgedeckt, d. h. nicht risikolos anspielbar. Für die abwehrenden Spieler werden nur kurze Laufwege notwendig. Kurze körperliche Beanspruchung erfordert auch nur eine kürzere Erholungszeit. Die konditionelle Belastung wird geringer, der ersparte Kraftanteil kommt konzentrierterem und dynamischerem Abwehrverhalten zugute (Abb. 81).

Das Abwehrspiel aus der Raumdeckung heraus erfordert ein geschultes Auge für die Situationsentwicklung, für den nächsten Paß des Gegners. In gleichem Maße aber muß der einzelne auch im Zweikampfverhalten gegen den ballführenden Spieler gut geschult und erfahren sein.

Solange der Gegner frontal auf den Abwehrspieler zudribbelt oder vor ihm steht, ist er bei gutem technischen Können praktisch unangreifbar, d. h. jeder Angriff auf den Ball nach vorn würde vom Gegner mühelos mit einer Täuschung zur Seite pariert und der unkluge und überhastete Abwehrspieler schnell ausgespielt werden. Nur der Alleingang und der Steilpaß können und müssen vom Abwehrspieler verhindert werden. Er stellt den ballführenden Gegner also in einer sicheren Entfernung, um einerseits auf ein Abspiel an ihm vorbei in seinen Rücken noch reagieren und andererseits mit einem schnellen Antritt auch nicht überspurtet werden zu können.

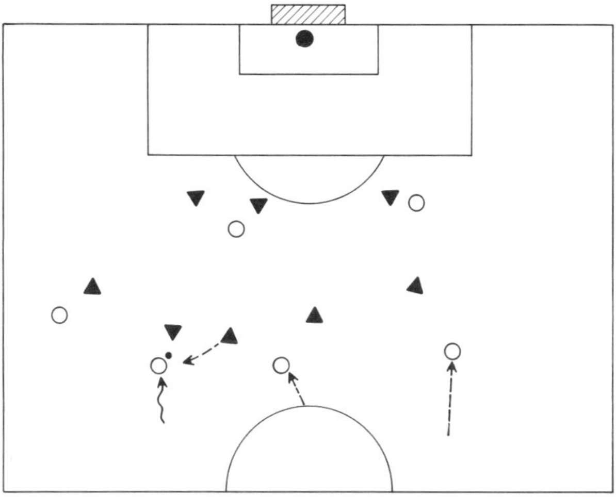

Abb. 81

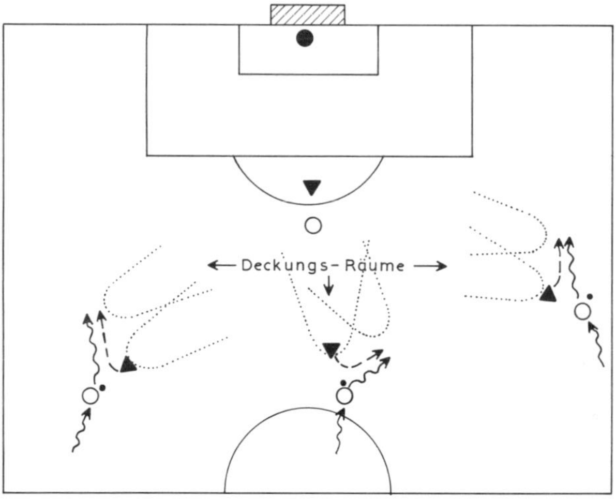

Abb. 82

Der Abwehrspieler greift den Ball erst an bzw. rückt an den ballführenden Gegner „hautnah" heran, wenn dieser den Ball seitlich oder nach hinten wegführt, d. h. wenn sich der Mann am Ball als erster für eine Richtung entschieden und sich auf diese festgelegt hat. Dann nämlich kann der Abwehrspieler nicht mehr mit einer schnellen Täuschung ausgespielt werden, weil dem Mann am Ball nur noch eine Spiel- bzw. Laufrichtung verbleibt (Abb. 82).

Eine andere Spielsituation erlaubt es dem abwehrenden Spieler gleichfalls, den ballführenden Gegner mutig und entschlossen nach vorn zu attackieren. Ein Tackling birgt dann kein Risiko mehr für den Abwehrspieler, wenn ein oder mehrere Mitspieler den attackierenden Abwehrspieler seitlich bzw. im Rücken abdecken. Auch wenn der stürmisch angreifende Abwehrspieler ausgespielt werden sollte, wird der Ball dennoch leicht erkämpft, weil der zweite und dritte Mitspieler bereits auf das Ausweichmanöver des Gegners lauern und den freigegebenen Ball sofort aufnehmen und sichern. Wird dieses aggressive Abwehrverhalten mit einer Überzahl gegen den ballführenden Spieler planvoll gespielt, so spricht man vom sogenannten „pressing". Diese „Jagd" nach dem Ball wie auf einen Hasen durch die Meute von Jagdhunden stellt allerdings hohe konditionelle Ansprüche. Sie läßt sich immer nur kurzzeitig durchhalten, vermag jedoch den Gegner zu verunsichern und unter Druck zu setzen und auf diese Weise zu Fehlern zu verleiten.

Ein ähnlich vorgeschobenes Abwehrverhalten, allerdings abwartender und daher auch nicht so kraftraubend, gegen den Angriffsaufbau bereits in der gegnerischen Spielfeldhälfte bezeichnet man als „forechecking". Auch hier versuchen die abwehrenden Spieler, den Angriffsaufbau bereits frühzeitig zu stören. Sie warten aber auf ihre Chance, auf den Zweikampf um den Ball oder auf den überhasteten oder ungenauen Paß, während sie beim „pressing" diese Chance durch konsequente Verfolgung und sofortige Angriffe auf den Ball sich selber zu schaffen suchen und dem Gegner keine Zeit mehr zu überlegtem Spielaufbau einräumen.

Parteispiel „1 + 3—4 auf zwei Tore"

Abb. 83

Organisationsform:

— abgegrenztes Spielfeld, 20 x 30 m, mit je einem großen Tor auf den 20-m-Grundlinien;
— das Spielfeld durch Mittellinie in zwei Hälften geteilt;
— zwei Mannschaften zu je vier Spielern und je ein TW.

Aufgabe/Regel:
- vier Abwehrspieler verteidigen ihr Tor gegen drei Sturmspitzen und 1 anspielenden MFS im Rückraum der Sturmspitzen zum 1 + 3—4;
- die abwehrenden Spieler verteidigen nebeneinander;
- die drei Sturmspitzen dürfen während des Angriffs nicht ihre Positionen wechseln;
- der Anspieler darf selbst keine Tore erzielen;
- gegen die drei Sturmspitzen gilt auch die Abseitsregel, nicht aber gegen die Abwehrmannschaft beim Konter;
- bei Tor und Toraus: TW-Abwurf immer auf den Anspieler der Angriffsmannschaft;
- bei Ballgewinn im Feld oder durch den TW: Kontergegenstoß der Abwehrmannschaft auf das 2. Tor;
- Spielzeit: 10 Minuten.

Korrekturhinweise:	*Begründungen:*
RAUMDECKUNG Den ballführenden Gegner frühzeitig stellen.	Die torgefährlichste Angriffsmöglichkeit, der Alleingang oder der Steilpaß zum Tor, wird verhindert; dadurch wird der Angriff verzögert und Zeit zu sicherer Abwehrstaffelung gewonnen.
RAUMDECKUNG Die Nebenleute des stellenden Abwehrspielers sichern dessen Rücken eng nach den Seiten hin ab.	Ein Alleingang wird wenig aussichtsreich, weil mehrere Abwehrspieler den Spielraum zum Durchbruch abschirmen; dadurch muß quer oder zurückgespielt werden.
RAUMDECKUNG Die Abwehrspieler verschieben ihre Position seitlich je nach Ort des Balles.	Der direkte Raum zum Tor wird immer durch die Überzahl der Abwehrspieler abgedeckt; dadurch wird ein schneller erfolgversprechender Torabschluß verhindert.

Variation 1. Schritt

- gleiches Spiel, jedoch:
- die Sturmspitzen dürfen im Zusammenspiel auch ihre Positionen wechseln.

Korrekturhinweise:	*Begründungen:*
RAUMDECKUNG So dicht in die Nähe des freilaufenden Angreifers stellen, daß man ihn beim Anspiel sofort angreifen kann.	Das Abspiel auf den nur scheinbar frei stehenden Gegner ist riskant, der Ball kann abgefangen oder erkämpft werden, bevor der Gegner ihn unter Kontrolle bringen kann.
RAUMDECKUNG Ball und Gegner sofort entschlossen angreifen, sobald ihm bei der Annahme oder beim Dribbling nur noch eine Bewegungsrichtung offen bleibt (er sich für eine Richtung festgelegt hat).	Der ballführende Gegner kann dem Abwehrspieler nicht mehr mit einer Täuschung zur anderen Seite ausweichen. Er muß quer oder zurück sofort abspielen oder gerät in einen Zweikampf um den Ball, dadurch wird der Angriff auf den Ball risikolos und erfolgversprechender.

Korrekturhinweise:

RAUMDECKUNG
Dicht neben und versetzt hintereinander stehend wie auf einer Linie den gegnerischen Angriff auffangen.

Begründungen:

Der Angriffsspieler kann nicht steil laufen, weil er sofort in eine Abseitsposition gerät; dadurch wird der zielstrebige Angriff zum Tor hin erschwert und verzögert.

Abb. 84 Der dunkle hintere Abwehrspieler steht zu tief hinter seinem Vordermann gestaffelt, so daß er den Steilpaß auf den hellen Angreifer nicht abfangen kann

Korrekturgespräch:

Trainer (an den Mann am Ball): „Schau mal, wann Du den Ball schwerer steil nach vorn zum Tor spielen kannst, wenn die Abwehrspieler wie eben tief sich zum Tor staffeln oder jetzt, wenn sie fast eine Abwehrlinie bilden?"

Demonstration durch Trainer „Abwehrstaffelung fast auf einer Linie" und kurze Spielfortsetzung mit und Freilaufen Abspielversuch der Sturmspitzen.

Spieler: „Jetzt kann ich nicht steil spielen."

Trainer: „Warum nicht?"

Spieler: „Die Sturmspitzen geraten ja in eine Abseitsposition! Ich muß den Ball halten oder zurückspielen."

Trainer (an Abwehrspieler): „Seht ihr, was ist weniger torgefährlich, der Steilpaß oder der Rückpaß?"

Abwehrspieler: „Der Rückpaß natürlich. — Dann können wir auch wieder vom Tor weg nachrücken!"

Trainer: „Richtig. Also nun staffelt euch noch einmal in der gleichen Situation auf eine Linie, — laßt den Gegner ruhig ins abseits laufen."

Nachvollziehen durch die Spieler „Abwehrlinie mit enger Rückensicherung" und Spielfortsetzung.

Variation 2. Schritt

— gleiches Spiel wie im 1. Schritt, jedoch:
— auch der anspielende MFS darf sich in das Angriffsspiel mit einschalten und Tore erzielen.

Korrekturhinweise:	*Begründungen:*
RAUMDECKUNG Jeden Gegner decken, der sich in den Abwehrbereich des Abwehrspielers zum Tor hin freiläuft.	Ein Gegner näher zum Tor als der Ball ist torgefährlich; er muß soweit abgedeckt werden, daß er möglichst gar nicht in Ballbesitz kommt und das Zuspiel vor ihm abgefangen werden kann.
RAUMDECKUNG Den freilaufenden und seine Position wechselnden Gegner aus enger Manndeckung an den Nebenmann zur Bewachung weitergeben.	Der Gegner bleibt stets eng gedeckt; die Abwehrspieler brauchen nicht längere Wege mitlaufen und können sich so mehr der Situationsentwicklung am Ball widmen; dadurch kann die Abwehr sich besser staffeln und gegenseitig unterstützen.
RAUMDECKUNG Bei längerem Rückpaß des Gegners schnell geschlossen vom Tor weg aufrücken.	Die Sturmspitzen in Tornähe werden ins abseits gestellt; dadurch wird ein Steilpaß verhindert und der Mann am Ball kann risikoloser sofort angegriffen werden.

Variation 3. Schritt

— gleiches Spiel wie im 2. Schritt, jedoch:
— auch die Angriffsmannschaft spielt bei Kontern mit Abseitsregel.

Korrekturhinweise:	*Begründungen:*
RAUMDECKUNG Den ballführenden Gegner zum Tor hin stellen und seitlich mit weiteren Abwehrspielern einkreisen und bekämpfen.	Ein Steilpaß, aber auch das Abspiel zur Seite werden abgedeckt; der Mann am Ball muß dribbeln und wird dadurch schnell in einen Zweikampf verwickelt oder muß weit zurückspielen; dadurch bietet sich die Möglichkeit zum Abseitsstellen.
RAUMDECKUNG Das Verhalten des Mannes am Ball und die Position seiner nächsten Mitspieler genau beobachten, um das Abspiel vor einem Gegner abfangen zu können.	Das Verhalten des Mannes am Ball wird leichter berechenbar; dadurch braucht der Abwehrspieler eine kürzere Reaktionszeit, um den Ball zu erlaufen und abzufangen.
KONTERN Bei Ballgewinn schnell und mit sicheren Pässen einen zielstrebigen Gegenstoß und Torabschluß suchen.	Die mitlaufenden Mitspieler sind aus ihrer raumdeckenden Position heraus sofort anspielbar, die Überzahl um den Ball kann gegen eine noch ungeordnete Abwehr des aufgerückten Gegners ohne zeitraubende und risikoreiche Verzögerung ausgespielt werden.

Variation 4. Schritt

— gleiches Spiel wie im 3. Schritt, jedoch:
— die Abwehrmannschaft muß innerhalb von 15 sec nach Angriffsbeginn des Gegners den Ball zumindest einmal berührt (gespielt/oder erobert) haben, sonst: Freistoß von der aktuellen Position des Balles.

Korrekturhinweise:	*Begründungen:*
FORECHECKING Den ballführenden Gegner möglichst frühzeitig schon in der gegnerischen Hälfte stellen.	Für den gegnerischen Angriffsaufbau bleibt weniger Zeit; dadurch gerät der Mann am Ball unter Druck und wird schneller zu Fehlern verleitet.
PRESSING Den ballführenden Spieler mit einer Überzahl von Abwehrspielern entschlossen angreifen.	Der Mann am Ball hat keine Ausweichmöglichkeit im Zweikampf um den Ball; dadurch muß er hastiger abspielen (Fehlpaßgefahr) oder verliert den Ball an die Abwehrüberzahl.
FORECHECKING Den ballführenden Spieler frontal in sicherem Abstand zum Tor hin stellen und mit überzähligen Spielern von der Seite her Abspielmöglichkeiten abdecken.	Der Mann am Ball kann von der Seite schnell und risikolos bedrängt und angegriffen und so zum Dribbling nach vorn verleitet werden; dadurch gerät er wie in einen „Sack“, aus dem er sich bzw. den Ball nicht mehr befreien kann.

Abb. 85 Tackling von der Seite ist riskant. Der Abwehrspieler hat nur einen ganz kleinen Spielraum und nur einen Augenblick Zeit, den Ball zu treffen und zu spielen

Spielform für Anfänger

— gleiches Spiel ohne Positionswechsel der Sturmspitzen und ohne Einschalten des MFS;
— alle Spieler der Angriffsmannschaft spielen mit nur zwei Ballkontakten.

VII. Ergänzende Trainingsformen

Abb. 86 Die Jüngsten motiviert zunächst nur der Ball und das Tor

1. Spielgemäße Trainingsformen vom 2—1 zum 5—5

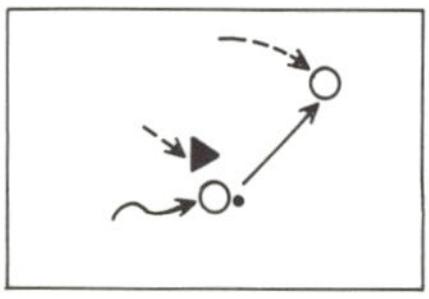

Abb. 87

2 gegen 1 im Raum

Organisation:

— je drei Spieler mit einem Ball in einem abgegrenzten Spielraum 10 x 15 m (Abb. 87).

1. Aufgabe:

BALLHALTEN UND FREILAUFEN

— zwei Spieler halten im Raum den Ball gegen einen abwehrenden Spieler in den eigenen Reihen;
— bei Ballverlust: Aufgabenwechsel der beteiligten Spieler;
— jeder Spieler beginnt mit 6 Punkten, jeder neue Abwehrspieler erhält 1 Punkt Abzug;
— wer behält die meisten Punkte?

Korrekturtips:

BALLSICHERUNG
Den zugespielten Ball in die Bewegung an- und mitnehmen.

FREIDRIBBELN
Vom Gegner weg in den freien Raum dribbeln.

FREILAUFEN
Aus dem Deckungsraum des Gegners in das Blickfeld des ballführenden Mitspielers freilaufen.

2. Aufgabe

DOPPELPASS UND ÜBERNEHMEN
- wie 1. Aufgabe, jedoch:
- anstatt Punktwertung: nach jeweils drei erfolgreichen Kombinationen durch Doppelpaß oder Übernehmen ohne zwischenzeitlichen Ballverlust: „lohnende" Pause = Abwehrspieler „darf" zwei Liegestütz ausführen (oder andere gymn. Übung).

RAUMAUFTEILUNG
Den ganzen Spielraum zum Zusammenspiel ausnutzen.

KOMBINATION
Zusammenspiel nach Blickkontakt untereinander.

KOMBINATION
Doppelpaß oder Übernehmen nur bei Bedrängnis (Nähe) durch den Abwehrspieler.

3. Aufgabe:

BALLSICHERUNG
- wie 1. Aufgabe, jedoch:
- Spiel 1—1, der 2. Angreifer spielt mit nur einem Ballkontakt als „Wand" (1 + 1—1);
- wer nach jeweils 15 sec den Ball besitzt = 1 Punkt; („Wand" oder Trainer zählen);
- Aufgabenwechsel nach 90 sec, jeder spielt einmal als „Wand";
- wer erzielt nach 3 x 90 sec die meisten Punkte?

BALLSICHERUNG
Den Körper zwischen Ball und Gegner halten.

DRIBBLING
Blick vom Ball hoch auf die Spielumgebung richten (Mit- und Gegenspieler)

BALLSICHERUNG
Den Ball langsam vom Gegner wegführen.

4. Aufgabe:

KOMBINATION
- wie 1. Aufgabe, jedoch:
- 10-m-Linien als Ziellinien markiert;
- Spiel 2—1 von einer zur gegenüberliegenden Ziellinie und zurück;
- Abwehrspieler darf nur innerhalb der Ziellinien angreifen;
- die Angreifer beginnen mit 12, der Abwehrspieler mit 15 Gutpunkten;
- bei jedem erfolgreichen Durchbruch über zwei Linien = 1 Punkt Abzug beim Abwehrspieler;
- wer behält die meisten Punkte?

KOMBINATION
Zielstrebig zusammenspielen.

KOMBINATION
Ohne Ball im Spurt auch Steilpaßmöglichkeiten in die Tiefe anbieten.

RAUM NUTZEN
Freien Spielraum entschlossen mit überraschendem Alleingang nutzen.

2 gegen 1 auf ein Tor

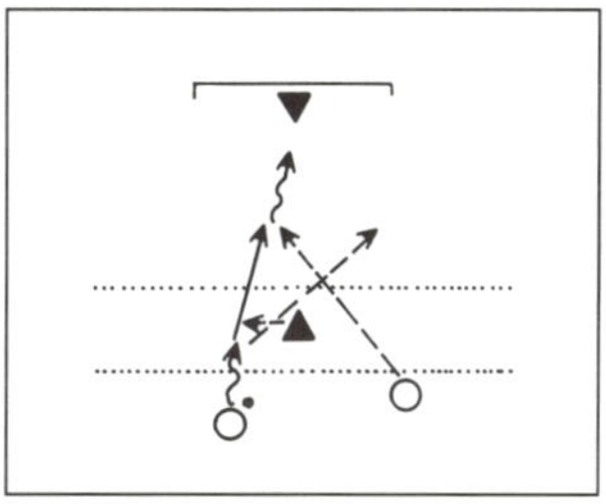

Abb. 88

Organisation:
- zwei Spieler mit einem Ball 30 m vor einem Tor;
- 20 m vor dem Tor eine 3 m tiefe Abwehrzone parallel zur Torlinie;
- 1. Abwehrspieler in der Zone, der 2. als TW im Tor (Abb. 88).

1. Aufgabe:

TORABSCHLUSS

— zwei Spieler greifen gegen einen Abwehrspieler in einer Abwehrzone und den 2. als TW im Tor auf ein Tor an;
— der Abwehrspieler verteidigt nur in der Abwehrzone;
— nach jedem Torabschluß: TW-Abwurf auf einen der zuletzt angreifenden Spieler hinter die Abwehrzone;
— bei Ballverlust im Feld: Aufgabenwechsel der beteiligten Spielerpaare;
— nach Überspielen der Abwehrzone muß mit maximal drei Ballkontakten ein Torschuß erfolgen;
— welches Spielerpaar erzielt die meisten Tore?

Korrekturtips:

KOMBINATION
Weiträumig zusammenspielen.

TORABSCHLUSS
Überzahl zielstrebig ausspielen.

TORABSCHLUSS
Möglichkeit zum Torschuß nach Rückpaß anbieten.

2. Aufgabe:

TORABSCHLUSS

— wie 1. Aufgabe, jedoch:
— im Tor steht ein neutraler TW;
— 2. Abwehrspieler spielt vor dem Tor frei (ohne Zone) und wechselt sich mit jedem Angriff mit seinem Partner ab.

ANGRIFFSAUFBAU
In die Tiefe gestaffelt angreifen (Steilpaßmöglichkeit).

KOMBINATION
Ständig Blickverbindung zum Mitspieler halten.

ALLEINGANG
In den freien Raum seitlich neben dem Abwehrspieler dribbeln.

3. Aufgabe:

TORABSCHLUSS

— wie 2. Aufgabe, jedoch:
— der 2. Abwehrspieler setzt mit Beginn des Angriffs von einer 5 m hinter dem Angriffspaar markierten Position aus nach, um seinen Mitspieler in der Abwehr noch zu unterstützen (Wechsel der Abwehrspieler untereinander bei jedem neuen Angriff).

TORABSCHLUSS
Einen schnellen Torschuß anstreben.

ALLEINGANG
Beim Dribbling dem nachsetzenden Abwehrspieler den kürzesten Weg zum Tor „schneiden".

STELLEN
Den ballführenden Spieler verzögernd zurückweichend zum Querpaßspiel verleiten.

4. Aufgabe

TORABSCHLUSS

— wie 2. Aufgabe, jedoch:
— ein Angreifer spielt mit nur einem Ballkontakt als „Wand" zum 1 + 1—1 mit seinem Partner zusammen.

RAUM NUTZEN
Freien Spielraum zum Durchbruch und schnellen Torabschluß entschlossen nutzen.

TORABSCHLUSS
Torschuß auch aus größerer Entfernung wagen.

ANGRIFFSAUFBAU
Als „Wand" aus der Tiefe des Raumes (vom Tor her) zum Doppelpaß entgegenkommen.

3 gegen 2 im Raum

Organisation:
— je fünf Spieler mit einem Ball in einem 15 x 20 m abgegrenzten Spielraum (Abb. 89).

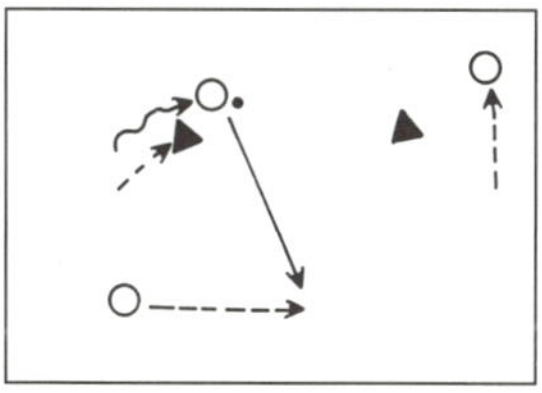

Abb. 89

1. Aufgabe:

RAUMAUFTEILUNG
- drei Spieler halten im Raum den Ball gegen zwei abwehrende Spieler in den eigenen Reihen;
- bei Ballverlust: Aufgabenwechsel der beteiligten Spieler;
- jeder Wechsel als neuer Abwehrspieler = 1 Fehlpunkt;
- wer hat am Ende die wenigsten Fehlpunkte?

Korrekturtips:

RAUMAUFTEILUNG
Weiträumig zusammenspielen und den ganzen Spielraum ausnutzen.

ZUSAMMENSPIEL
Überzahl ausspielen, Zweikämpfe vermeiden.

ZUSAMMENSPIEL
Ruhig und ohne Hast zusammenspielen, das Tempo aus dem Spiel nehmen.

2. Aufgabe:

DOPPELPASS UND ÜBERNEHMEN
- wie 1. Aufgabe, jedoch:
- jeder erfolgreiche Doppelpaß bzw. jedes gelungene Übernehmen des Balles = zusätzlich je 1 Fehlpunkt für die beiden Abwehrspieler.

KOMBINATION
Dem Mitspieler sich als ,,Wand" mit plötzlichem Antritt zum Doppelpaß anbieten bzw. zur Übernahme des Balles helfen.

DOPPELPASS
Überraschendes Doppelpaßspiel, wenn Gegner den Ball angreift (nah ist).

ÜBERNEHMEN
Den Ball an der vom Gegner freien Seite auf den Mitspieler zu führen.

3. Aufgabe

FREILAUFEN AUF LÜCKE / STEILPÄSSE
- wie 1. Aufgabe, jedoch:
- drei erfolgreiche Steilpässe in die Gasse (zwischen den Abwehrspielern hindurch in deren Rücken) ohne zwischenzeitlichen Ballverlust oder fünf Abspiele in Folge = ,,lohnende" Pause für die Abwehrspieler: zwei Hocksprünge.

FREILAUFEN
Quer- und Steilpaßmöglichkeiten anbieten.

FREIDRIBBELN
Vom Gegner weg in den freien Raum dribbeln und Gegner heranlocken.

FREILAUFEN
Überraschend in den Rücken der Abwehrspieler hindurch sich zum Steilpaß zwischen beiden in die Gasse anbieten.

4. Aufgabe:

RAUM SCHAFFEN — RAUM NUTZEN
- wie 1. Aufgabe, jedoch:
- 15-m-Linien als Ziellinien markiert; Spiel 3—2 über beide Ziellinien und zurück;
- die Abwehrspieler dürfen nur innerhalb der Ziellinien den Ball erkämpfen;
- jeder erfolgreiche Vorstoß über eine Ziellinie = je 1 Pluspunkt für die Angreifer.

ANGRIFFSAUFBAU
Möglichkeit zum überraschenden Alleingang in den sich bietenden Raum nutzen.

ANGRIFFSAUFBAU
Dem Mann am Ball Steilpaß- und Rückpaßmöglichkeiten anbieten.

RAUM NUTZEN
Steilpässe in den freien Raum und den Lauf des freilaufenden Mitspielers wagen.

3 gegen 2 auf ein Tor

Organisation:
- drei Spieler mit einem Ball ca. 30 m vor einem Tor;
- zwei Abwehrspieler vor und der 3. Abwehrspieler in dem Tor (Abb. 90).

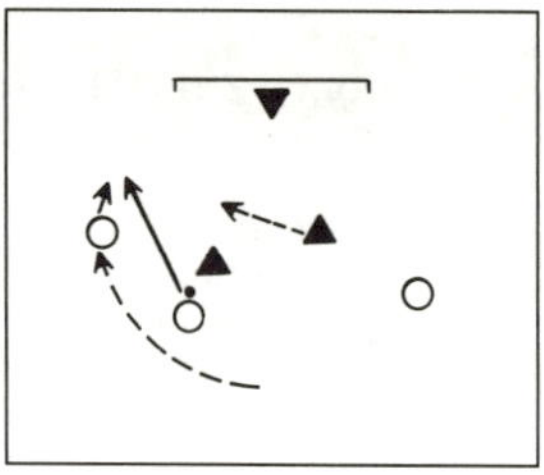

Abb. 90

1. Aufgabe:

ÜBERZAHLSPIEL
- drei Spieler greifen auf ein Tor gegen zwei Abwehrspieler vor dem Tor und den 3. Abwehrspieler als TW im Tor an;
- bei jedem Torabschluß: TW-Abwurf auf einen freilaufenden der zuletzt angreifenden Spieler zu deren erneutem Angriff;
- bei Ballverlust im Feld: Aufgabenwechsel der 3er-Gruppe mit der Abwehrgruppe;
- welche Gruppe erzielt die meisten Tore?

Korrekturtips:

RAUMAUFTEILUNG
Weiträumig zusammenspielen.

ANGRIFFSAUFBAU
In die Tiefe und Breite gestaffelt angreifen.

TORABSCHLUSS
Überzahl an Angreifern ausspielen, Zweikämpfe vermeiden.

2. Aufgabe:

KOMBINATION
- wie 1. Aufgabe, jedoch:
- ein Tor wird nur gewertet, wenn es nach einer Kombination mit Positionswechsel oder im Alleingang erzielt wurde.

KOMBINATION
Blickkontakt zu den Mitspielern halten.

FREILAUFEN
Im Spurt sich auf eine neue Position freilaufen und so auch Platz für die Mitspieler schaffen.

FREILAUFEN
Anspielmöglichkeit für den Mann am Ball in Richtung Tor anbieten.

3. Aufgabe:

SPIEL GEGEN ABSEITS
- wie 1. Aufgabe, jedoch:
- die Abwehrspieler spielen mit Abseitsregel.

SPIEL GEGEN ABSEITS
Zusammenspiel durch Übernehmen.

SPIEL GEGEN ABSEITS
Kombinieren durch Hinterlaufen des ballführenden Spielers.

SPIEL GEGEN ABSEITS
Freien Spielraum zwischen den Abwehrspielern im Alleingang entschlossen ausnutzen.

4. Aufgabe:

SCHNELLER TORABSCHLUSS
- wie in 1. Aufgabe, jedoch:
- im Tor spielt ein neutraler TW;
- der 3. Abwehrspieler setzt aus Position 10 m hinter dem Startpunkt mit Angriffsbeginn nach, um seine Mitspieler in der Abwehr noch zu unterstützen;
- ständiger Wechsel des nachsetzenden Abwehrspielers untereinander.

TORABSCHLUSS
Zielstrebiges Zusammenspiel zum schnellen Torschuß.

TORABSCHLUSS
Überraschenden Torschuß auch aus größerer Entfernung wagen.

RAUM DECKEN
Verzögernd Zurückweichen und den Angriffsraum zum Tor abschirmen, die Gegner zu vielen Pässen verleiten.

2 gegen 2 im Raum

Organisation:
— je sechs Spieler mit einem Ball in einem 15 x 20 m abgegrenzten Spielraum (Abb. 91).

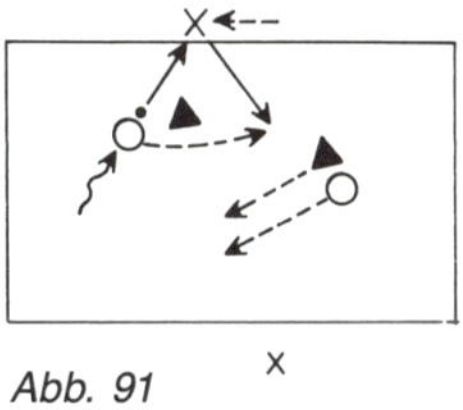

Abb. 91

1. Aufgabe:

BALLHALTEN
— zwei Spieler halten in einem abgegrenzten Spielraum den Ball gegen zwei abwehrende Spieler in den eigenen Reihen;
— an den Seitenlinien außerhalb des Spielraumes spielen zwei weitere Spieler als Neutrale mit nur einem Ballkontakt als „Wand" immer mit den ballführenden Spielern;
— mehrfacher Aufgabenwechsel der drei Paare jeweils nach einer Minute;
— Ballbesitz beim Wechsel = 1 Punkt;
— welches Paar macht die meisten Punkte?

Korrekturtips:

BALLHALTEN
Langsame, ruhige Ballführung in die freien Räume.

RAUMAUFTEILUNG
Den ganzen Spielraum mit weiträumigem Zusammenspiel ausnutzen.

ZUSAMMENSPIEL
Ständig Blickverbindung zum Mitspieler halten.

2. Aufgabe:

BALLSICHERUNG
— wie 1. Aufgabe, jedoch:
— Spieler im Raum zu zwei Spielerpaaren in 2 x 1—1 aufgeteilt;
— die Neutralen spielen mit beliebig vielen Ballkontakten, aber nicht untereinander.

BALLSICHERUNG
Den Gegner mit einer Körpertäuschung abschütteln.

WEG VOM MANN AM BALL
Dem ballführenden Mitspieler Spielraum zur Ballsicherung schaffen.

BALLSICHERUNG
Den Ball aus engen Räumen vom Feldrand weg zur Mitte führen.

3. Aufgabe:

ZUSAMMENSPIEL
— wie 1. Aufgabe, jedoch:
— je ein Neutraler spielt als Anspielpunkt hinter einer 15-m-Grundlinie;
— Zusammenspiel von einem Anspielpunkt zum gegenüber spielenden und zurück = 1 Punkt;
— die Anspielpunkte spielen mit beliebig vielen Ballkontakten;
— Aufgabenwechsel nun nach jeweils 3 Minuten (3 x 3 Minuten).

ANGRIFFSAUFBAU
In die Tiefe gestaffelt zusammenspielen.

ANGRIFFSAUFBAU
Möglichkeit zum Steilpaß und Durchbruch suchen.

RAUM DECKEN
Den Spielraum zum Steilpaß auf den Anspieler sowie den Rücken des bedrängten Mitspielers abschirmen.

4. Aufgabe:

KOMBINATION
— wie 1. Aufgabe, jedoch:
— die 15-m-Grundlinien als Ziellinien markiert;
— Spiel 2—2 von einer Ziellinie über die gegenüberliegende = 1 Punkt;

KOMBINATION
Zusammenspiel mit Positionswechsel.

KOMBINATION
Schnelles Doppelpaßspiel gegen den stellenden Abwehrspieler.

— die abwehrenden Spieler können nur innerhalb der Ziellinien den Ball erkämpfen;
— bei Ballgewinn im Feld: Gegenstoß zur anderen Ziellinie;
— das 3. Spielerpaar wartet hinter einer Ziellinie und wechselt jeweils mit dem dort erfolgreich durchgebrochenen Paar die Angriffsaufgabe.

KOMBINATION
Angetäuschtes Kombinationsspiel zum überraschenden Durchbruch im Alleingang.

Beachte:

Spielformen ohne Tore erfordern mehr Spielerfahrung. Die Spielvorstellung, den Ball in den eigenen Reihen zu halten, entwickelt sich erst schrittweise. Solche Formen sollten daher frühestens im D-Juniorenalter eingesetzt werden.
In den ersten Spieljahren ist das Tor und das Toreschießen leicht verständliches und erstrebenswertes Spielziel der Kinder.

2 gegen 2 auf ein Tor

Organisation:
— zwei Spieler mit einem Ball ca. 25 m vor dem Tor;
— ein neutraler TW im Tor;
— zwei abwehrende Spieler vor dem Tor (Abb. 92).

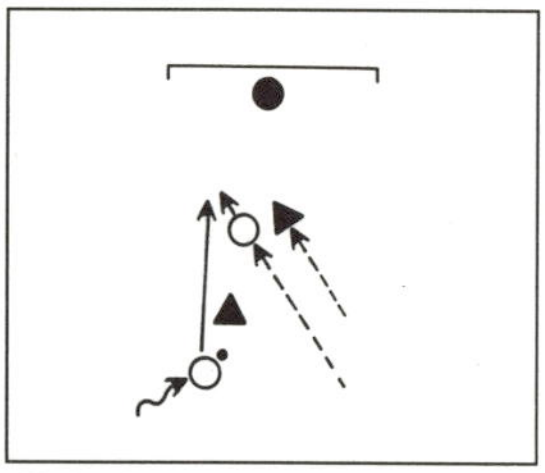
Abb. 92

1. Aufgabe:
TORABSCHLUSS
— zwei Spieler greifen gegen zwei abwehrende Spieler auf ein Tor an;
— nach jedem Torabschluß erhalten die angreifenden Spieler den Ball zum erneuten Angriff zurück;
— bei Ballverlust im Feld: Aufgabenwechsel mit den abwehrenden Spielern;
— welches Spielerpaar erzielt die meisten Tore?

Korrekturtips:
ANGRIFFSAUFBAU
Weiträumig zusammenspielen und dem Mann am Ball Spielraum belassen.

FREILAUFEN
Im Spurt das Zuspiel vom Mitspieler fordern.

KOMBINATION
Zusammenspiel mit Positionswechsel.

2. Aufgabe:
KOMBINATION
— wie 1. Aufgabe, jedoch:
— die Formen des Zusammenspiels sind vorgegeben: — Querpaß/Steilpaß bzw. Alleingang
  — Hinterlaufen bzw. Alleingang
  — Doppelpaß bzw. Übernehmen
— in jedem Angriff muß einer der beiden vorgegebenen Kombinationen gespielt werden.

KOMBINATION
Beim Zusammenspiel das Verhalten der Abwehrspieler beobachten zu entsprechender Kombinationsalternative.

KOMBINATION
Den Torschuß zielstrebig herausspielen.

KOMBINATION
Mit Überzahl einen Abwehrspieler schnell zu überspielen versuchen.

3. Aufgabe:

SCHNELLER TORABSCHLUSS
— wie 1. Aufgabe, jedoch:
— jeweils ein Spieler eines 2. abwehrenden Spielerpaares setzt bei Angriffsbeginn mit 5 m Rückstand nach, um die Abwehr zu verstärken;
— bei Ballgewinn durch den nachsetzenden Spieler: Aufgabenwechsel mit dessen Spielerpaar.

4. Aufgabe:

ZWEIKAMPF UND TORABSCHLUSS
— wie 1. Aufgabe, jedoch:
— zwei Angreifer spielen gegen zwei direkte Gegenspieler zum 2 x 1—1 nach Freilaufen und TW-Abwurf auf ein Tor;
— bei Ballgewinn durch Abwehrspieler: deren Gegenstoß über eine 30 m vor dem Tor markierte Konterlinie direkt oder nach Rückpaß auf TW und dessen Zuwurf;
— nach erfolgreichem Kontergegenstoß: Aufgabenwechsel der beiden Spielerpaare.

KOMBINATION
Als Mitspieler ohne Ball schnell freilaufen und den Steilpaß fordern.

KOMBINATION
Dribbling vom Gegner weg in den freien Raum zum eigenen Mitspieler hin.

TORABSCHLUSS
Jede erfolgversprechende Torschußgelegenheit entschlossen nutzen.

RAUM SCHAFFEN
Freilaufen und dem ballführenden Spieler zu dessem Alleingang Spielraum schaffen.

FREILAUFEN
Sich mit Richtungsänderung (Täuschung) vom Gegner lösen und Abspielmöglichkeit schaffen.

DECKEN
Dem Gegenspieler den kürzesten Weg zum Tor verstellen.

2 gegen 3 im Raum

Organisation:
— sechs Spieler mit einem Ball in einem 20 x 30 m abgegrenzten Spielraum (Abb. 93).

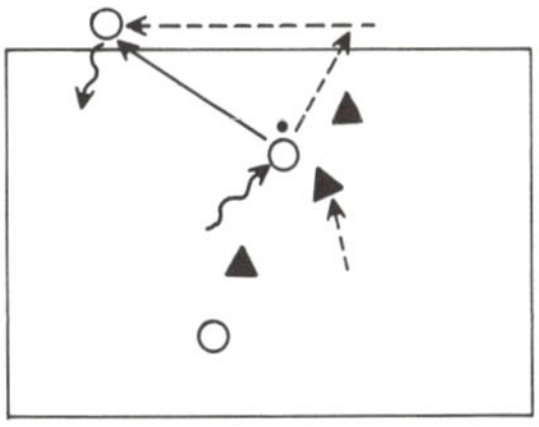

Abb. 93

1. Aufgabe:

BALLSICHERUNG
— zwei Spieler verteidigen den Ball im abgegrenzten Spielraum gegen drei abwehrende Spieler;
— der 3. Spieler der ballführenden Mannschaft spielt als Auswechselspieler außerhalb des Raumes;
— wer den Auswechselspieler anspielt, wechselt mit ihm Aufgabe und Position;
— jeder Ballgewinn = 1 Punkt für die abwehrende Mannschaft, und deren Rückpaß auf 3. Angreifer außerhalb des Raumes zu dessen erneutem Anspiel seiner Mitspieler;
— nach drei Minuten wechseln beide Parteien ihre Aufgaben;
— wer gestattet innerhalb 2 x 3 Minuten dem Gegner mehr Punkte?

Korrekturtips:

RAUMAUFTEILUNG
Den ganzen Spielraum im Zusammenspiel nutzen.

BALLSICHERUNG
Sich mit Körpertäuschung im Spurt aus bedrängter Situation in freien Spielraum lösen.

BALLSICHERUNG
Den Ball mit dem Körper abgedeckt in Bewegung halten.

2. Aufgabe:

DOPPELPASS — ÜBERNEHMEN

— wie 1. Aufgabe, jedoch:
— jeder erfolgreiche Doppelpaß und jedes gelungene Übernehmen des Balles durch die beiden Angriffsspieler = 1 Punkt für sie.

KOMBINATION
Mit dem Ball ohne viele Richtungsänderungen länger in einer Richtung dribbeln.

KOMBINATION
Übernehmen durch Dribbling dem Mitspieler entgegen antäuschen und überraschend den Doppelpaß spielen gegen den eng bedrängenden Gegner.

DOPPELPASS
Aus dem Dribbling heraus für den Gegner verdeckt (Außenrist) abspielen.

3. Aufgabe:

ZWEIKAMPF UND BALLSICHERUNG

— wie 1. Aufgabe, jedoch:
— Abwehrspieler als direkte, manndeckende Gegenspieler den beiden Angreifern zugeteilt zum 2 x 1—1 sowie ein freier zusätzlicher Abwehrspieler.

RAUM SCHAFFEN
Dem ballführenden Mitspieler möglichst viel Spielraum offenhalten und nur überraschend zur Kombination entgegenkommen.

SPIELVERLAGERUNG
Den Auswechselspieler aus größerer Entfernung bei Bedrängnis ins Spiel bringen.

ÜBERZAHL GEGEN DEN BALL
Als freier Abwehrspieler immer dem bedrängten Mitspieler gegen den Mann am Ball eng den Rücken sichern.

4. Aufgabe:

DURCHBRUCH und RAUMGEWINN

— wie 1. Aufgabe, jedoch:
— die 20-m-Grundlinien als Ziellinien markiert;
— Spiel 2—3 von Ziellinie zu Ziellinie = 1 Punkt und zurück;
— der Auswechselspieler darf nur mit einem Rückpaß ins Spiel gebracht werden;
— die Abwehrspieler dürfen den Ball nur innerhalb der Ziellinien erkämpfen.

ANGRIFFSAUFBAU
Weiträumig und gestaffelt zusammenspielen.

ALLEINGANG
Sich bietenden freien Raum entschlossen auch mit Zweikampf 1—1 im Alleingang ausnutzen.

ANGRIFFSAUFBAU
Rückpaßmöglichkeit zum Auswechselspieler nutzen, wenn keine erfolgversprechende Durchbruchschance besteht und der Ball in Gefahr ist.

2 gegen 3 auf ein Tor

Organisation:

— zwei Spieler mit einem Ball vor einem Tor;
— 25 m vor dem Tor eine 3 m tiefe Abwehrzone mit zwei Abwehrspielern;
— 3. Abwehrspieler als Libero hinter der Abwehrzone; 4. Abwehrspieler als TW im Tor (Abb. 94).

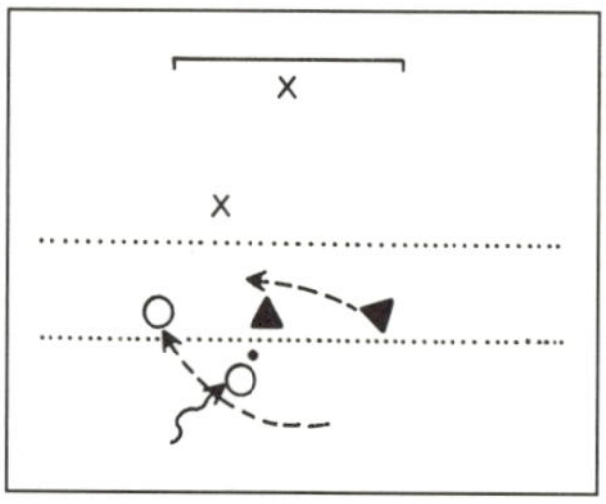

Abb. 94

1. Aufgabe:

TORABSCHLUSS

— zwei Spieler greifen gegen zwei Abwehrspieler (1. Abwehrpaar) innerhalb der Abwehrzone auf ein Tor an;
— ein Spieler des 2. Abwehrpaares verteidigt hinter der Abwehrzone als Libero, sein Mitspieler als TW im Tor;
— bei Ballverlust im Feld: Aufgabenwechsel der beteiligten Spielerpaare;
— nach jedem Torabschluß: TW-Abwurf auf einen Spieler des zuletzt angreifenden Spielerpaares hinter die Abwehrzone zu deren erneuten Angriff;
— welches Spielerpaar erzielt die meisten Tore?

Korrekturtips:

FREILAUFEN
Steilpaß durch die Abwehrzone hindurch fordern.

KOMBINATION
Blickverbindung zum Mitspieler halten.

KOMBINATION
Über eine Seite mit Positionswechsel kombinieren (Hinterlaufen u. a.).

2. Aufgabe:

TORABSCHLUSS

— wie 1. Aufgabe, jedoch:
— die Abwehrzone wird aufgehoben; die beiden Abwehrspieler spielen zusammen mit dem Libero zum 2—3 vor dem Tor.

TORABSCHLUSS
Jede sich bietende, aussichtsreiche Gelegenheit zum Torschuß nutzen.

ÜBERZAHL AM BALL
Dem Mitspieler am Ball zum schnellen Kombinationsspiel gegen den direkten Gegner zu Hilfe kommen.

TORABSCHLUSS
Möglichkeit zum Alleingang durch die Freiräume zwischen den Abwehrspielern hindurch überraschend nutzen.

3. Aufgabe:

TORABSCHLUSS

— wie 2. Aufgabe, jedoch:
— jeder Angriff muß innerhalb von 10 sec zu einem Torschuß führen, sonst: Ballverlust und Aufgabenwechsel mit dem Abwehrpaar Li/TW.

ANGRIFFSVORBEREITUNG
Im Dribbling über eine Seite zwei Abwehrspieler auf sich ziehen, um den Mitspieler in eine aussichtsreiche Position zum Torabschluß frei zuspielen.

TORABSCHLUSS
Jede Gelegenheit zum Alleingang und schnellen Torabschluß auch gegen einen Gegner ausnutzen.

TORABSCHLUSS
Auch aus größerer Entfernung und Bedrängnis den Torschuß wagen.

4. Aufgabe:

ZWEIKAMPF und TORABSCHLUSS

— wie 2. Aufgabe, jedoch:
— ein zusätzlicher neutraler Anspieler 40 m vor dem Tor, der immer mit den beiden Angreifern spielt, aber nicht aufrückt;
— die beiden Angreifer werden in enger Manndeckung bekämpft zum 2 x 1—1 + Li;
— die Angreifer können den Ball auf den Anspieler zurückspielen.

ZUSAMMENSPIEL
Den zugespielten Ball möglichst mit schneller Drehung und Blick zu Gegner und Tor an- und mitnehmen.

RAUM SCHAFFEN, RAUM NUTZEN
Freilaufen mit Wechsel der Positionen; die Gegenspieler aus dem Abwehrzentrum für eine Steilpaßmöglichkeit herausziehen.

FREILAUFEN
Sich mit Täuschung im Spurt vom Gegner lösen und Zuspiel am Gegner vorbei in den Lauf fordern.

„4 gegen 3" und „3 gegen 4 im Raum"

Organisation:
— sieben Spieler mit einem Ball in einem 30 x 40 m abgegrenzten Spielraum.

1. Aufgabe:

RAUMAUFTEILUNG
— vier Spieler halten den Ball gegen drei abwehrende Spieler — und umgekehrt — im abgegrenzten Spielraum in den eigenen Reihen;
— zehn Abspiele in Folge der Vierer-Mannschaft bzw. fünf Abspiele der Dreier-Mannschaft jeweils = 1 Tor,
— welche Mannschaft erzielt die meisten Tore?

Korrekturtips:

RAUMAUFTEILUNG
Kurzpaß- und auch raumgewinnende Abspielmöglichkeiten anbieten.

ZUSAMMENSPIEL
Überzahl an Spielern risikolos ausspielen. Zweikämpfe vermeiden (Vierer-Mannschaft).

FREIDRIBBELN
Weg vom Gegner in die freien Räume dribbeln, um Mitspieler sicherer und schneller anspielen zu können (Dreier-Mannschaft).

2. Aufgabe:

STEILPÄSSE — SEITENWECHSEL
— wie 1. Aufgabe, jedoch:
— jeder erfolgreiche Steilpaß in die „Gasse" zwischen zwei Gegnern hindurch = 1 Tor zusätzlich für die Vierer-Mannschaft;
— jeder erfolgreiche weite Seitenwechsel (mind. 20 m) = 1 Tor zusätzlich für die Dreier-Mannschaft.

FREILAUFEN
Auf Lücke im Rücken der gegnerischen Spieler sich freistellen (Vierer-Mannschaft)

BALLHALTEN
Tempo aus dem Spiel nehmen, ruhige Ballführung.

HIN ZUM MANN AM BALL /
WEG VOM MANN AM BALL
Dem Mann am Ball zum schnellen Zusammenspiel immer wieder zu Hilfe kommen: sich aus kurzer Entfernung von ihm lösen und auch weite Abspielmöglichkeit anbieten (Dreier-Mannschaft).

Abb. 95 Spielformen belassen die Entscheidung zur jeweiligen Spielhandlung beim Spieler selbst und entwickeln so wettkampfgerechte Spielerfahrung

3. Aufgabe:

ZUSAMMENSPIEL
— wie 1. Aufgabe, jedoch:
— die 30-m-Grundlinien als Ziellinien markiert;
— Spiel 4—3 bzw. 3—4 von einer Ziellinie über die gegenüberliegende = 1 Tor und zurück;

ANGRIFFSAUFBAU
Gestaffelt mit Steilpaß- und Rückpaßmöglichkeit angreifen.

— nach Erfolg bleibt die ballführende Mannschaft im Ballbesitz;
— die Spieler der Vierer-Mannschaft spielen mit nur zwei Ballkontakten.

ÜBERZAHL AM BALL
Den ballführenden Mitspieler nicht allein lassen, ihm zum schnellen Doppelpaßspiel gegen einen Gegner helfen, um Spielraum zu gewinnen (Dreier-Mannschaft)

ANGRIFFSAUFBAU
Die ganze Breite und Tiefe des Spielraumes ausnutzen.

4. Aufgabe:

SPIEL AUF und GEGEN ABSEITS
— wie 3. Aufgabe, jedoch:
— das Feld durch Mittellinie in zwei Hälften aufgeteilt;
— Spiel mit Abseitsregel;
— auch die Vierer-Mannschaft spielt mit beliebig vielen Ballkontakten;
— erfolgreicher Durchbruch der Dreier-Mannschaft = 2 Tore.

RAUM DECKEN
Linienabwehr bilden, in der jeweils der Nebenmann den Rücken des bedrohten Mitspielers sichert.

ABSEITS STELLEN
Geschlossen aufrücken und den Mann am Ball abblocken, wenn dieser den Ball mit Rücken zur Angriffsrichtung hält oder der Ball weit zurückgespielt wird.

ZUSAMMENSPIEL
Den Alleingang in die Zwischenräume der auf Abseits spielenden Linienabwehr überraschend wagen.

5 gegen 5 im Raum

Organisation:
— zehn Spieler mit einem Ball in einem 40 x 50 m abgegrenzten Spielraum.

1. Aufgabe:

BALLHALTEN
— fünf Spieler verteidigen den Ballbesitz gegen fünf abwehrende Spieler im abgegrenzten Raum;
— bei Ballverlust: Aufgabenwechsel;
— zehn Abspiele in Folge ohne Ballverlust = 1 Tor, Pässe zum gleichen Spieler direkt zurück rechnen nicht mit;
— welche Mannschaft erzielt die meisten Tore?

Korrekturtips:

RAUMAUFTEILUNG
Den ganzen Spielraum im Zusammenspiel weiträumig nutzen, den Ball die langen Wege machen lassen.

BALLSICHERUNG
Den zugespielten Ball in die Bewegung an- und mitnehmen.

RAUM SCHAFFEN
Aus dem Spielraum des ballführenden Spielers heraus freilaufen und ihm sowie anderen Mitspielern Raum schaffen.

2. Aufgabe:

MANNDECKUNG
— wie 1. Aufgabe, jedoch:
— Spiel von der 40-m-Grundlinie (Ziellinie) über die gegenüberliegende Ziellinie = 1 Tor und zurück;
— Spieler zu fünf Spielerpaaren zum 5 x 1—1 aufgeteilt;
— jeder spielt nur gegen seinen direkten Gegner.

MANNDECKUNG
Immer den Ball und Gegenspieler im Auge behalten.

MANNDECKUNG
Auf die ballnahe Seite schräg hinter dem Gegner sich stellen.

MANNDECKUNG
Als Abwehrspieler Körperkontakt zum Gegenspieler auch in unmittelbarer Nähe des Balles vermeiden.

3. Aufgabe:

ZWEIKAMPF
- wie 2. Aufgabe, jedoch:
- Ball in den eigenen Reihen halten im Spielraum (nicht über zwei Linien);
- Spielerpaare von 1—5 durchnumeriert;
- der Ball kann nur dem Mitspieler mit der folgenden Nummer weitergespielt werden;
- jeder zugespielte Ball muß erst an- und mindestens 5 m mitgenommen werden, bevor er weitergespielt werden darf, sonst: Ballverlust;
- fünf Abspiele in Folge ohne Ballverlust = 1 Tor.

4. Aufgabe:

SPIELVERLAGERUNG
- wie 1. Aufgabe, jedoch:
- zwei kenntlich gemachte Spieler jeder Mannschaft dürfen nur weite (ab 20 m), die anderen drei Mitspieler jeweils nur kurze (bis zu 10 m) Pässe spielen;
- zehn Abspiele in Folge mit mindestens einem spielverlagerndem weiten Paß = 1 Tor.

BALLSICHERUNG
Den zugespielten Ball mit einer Körpertäuschung an und zu ruhigem Dribbling vom Gegner weg mitnehmen.

BALLSICHERUNG
Ball mit dem ganzen Körper seitlich zum Gegner abblocken und Blickverbindung zum Mitspieler suchen.

FREILAUFEN
Sich mit einer kurzen Richtungsänderung (Körpertäuschung) vom Gegner lösen und den Paß in den Lauf fordern, wenn Mitspieler die Bewegung sehen und den Ball spielen kann.

HIN ZUM MANN AM BALL
Als Weitpaßspieler (Spielverlagerer) sich immer wieder dem ballführenden Mitspieler schnell kurz anbieten.

BALLHALTEN
Den Ball nur in sicheren und risikolosen Situationen abspielen, sonst dribbeln.

SPIELVERLAGERUNG
Mehrere Gegner mit vorbereitendem Kurzpaßspiel heranlocken und Spielräume zur Spielverlagerung freimachen.

Abb. 96 Positionsspiele mit größeren Spielergruppen (5-5) bieten zahlreiche spielgemäße Variationsmöglichkeiten zur Schulung und Verbesserung des Spielverhaltens ohne Ball (vgl. Band 1 „Modernes Fußballtraining")

2. Übungen zu technischen und taktischen Schwerpunkten

Abb. 97 Übungsformen mit Wertung bzw. als Wettbewerb ausführen lassen!

Ballführung

1. Aufgabe:

— in einem 10 x 10 m abgegrenzten Raum führt jeder Spieler beliebig seinen Ball;
— wer seinen Ball über die Linie verliert oder mit einem anderen zusammenstößt, führt zwei Liegestütz („lohnende" Pause) aus, bevor er wieder weiterdribbeln darf;
— ein Spieler dribbelt mit einem Hemd als Erkennungszeichen in der Hand als „Leitspieler";
— wenn der Leitspieler mit der Sohle seinen Ball anhält, müssen alle anderen auf gleiche Weise ihren Ball anhalten;
— wer als letzter seinen Ball unter Kontrolle bringt, erhält das Hemd und einen Fehlpunkt und wird neuer Leitspieler;
— wer hat am Ende die wenigsten Fehlpunkte?

2. Aufgabe:

— jeweils ein Spieler dribbelt wie ein Schatten hinter seinem Partner (mit Ball) her;
— der Vordermann muß den Ball mit jedem Schritt des Spielbeins berühren;
— der Hintermann versucht, seinen Ball so dicht hinter dem Vordermann herzuführen, daß dieser ihn nicht sehen kann;
— jeder klare Blickkontakt = 1 Punkt für den Vordermann;
— jeder Fehler (z. B. volle Drehung ohne Ball zu spielen) = 1 Punkt für Hintermann;
— nach 30 sec: Wechsel der Aufgaben;
— wer erzielt die meisten Punkte?

3. Aufgabe:

— alle Spieler führen in einem 15 x 20 m abgegrenzten Spielraum beliebig ihren Ball;
— ein Spieler dribbelt als „Fänger" (Hemd in Hand) und versucht einen Mitspieler aus dem Dribbling heraus abzuschlagen;
— Abschlag gilt nur, wenn der Fänger den Ball dabei auch unter Kontrolle hat;
— wer abgeschlagen wird, holt sich von außerhalb des Raumes ein bereitliegendes Markierungshemd und fängt mit;
— welcher Spieler bleibt zuletzt übrig = 1 Punkt?
— jeder Spieler beginnt einmal als Fänger.

4. Aufgabe:

— jeweils zwei Spieler dribbeln mit ihrem Ball im Slalom durch einen für sie abgesteckten Fähnchenslalomkurs mit drei Fähnchen im Abstand von je 4 m;
— ein Spieler startet an der mittleren Fahne und läuft weg, der 2. Spieler startet von der äußeren Fahne und versucht ihm zu folgen und ihn abzuschlagen;
— beide Spieler müssen immer den gleichen Kurs und nur in einer Richtung laufen;
— wer abgeschlagen ist, muß fangen (Aufgabenwechsel).

5. Aufgabe:

— in einem 20 x 30 m abgegrenzten Raum stehen mehrere kleine Fähnchentore, 2 m breit, beliebig verteilt;
— jeder Spieler führt seinen Ball in diesem Raum durch möglichst viele Tore = je 1 Tor; (zweimal dasselbe Tor gilt nicht);
— zwei Spieler ohne Ball mit Hemd als Markierung in der Hand, versuchen, den anderen Spielern als „Störenfriede" den Ball wegzuspielen und zu erobern;
— wer seinen Ball verliert, wird neuer Störenfried (mit Hemdübergabe), der erfolgreiche Störenfried dribbelt mit dem eroberten Ball;
— wer erzielt innerhalb von 2 Minuten die meisten Tore?

6. Aufgabe:

— zwei Spielräume, 15 x 20 m groß, sind durch eine 5 m breite Abwehrzone voneinander getrennt;
— alle Spieler dribbeln in einem der Räume mit ihrem Ball beliebig;
— 2—4 Abwehrspieler verteidigen in der Abwehrzone ohne Ball;
— jedes erfolgreiche Dribbling durch die Abwehrzone in den gegenüberliegenden Raum = 1 Punkt;
— wer in der Abwehrzone den Ball verliert, wird neuer Abwehrspieler und wechselt Position und Aufgabe mit dem erfolgreichen Abwehrspieler;
— wer erzielt die meisten Punkte?

Spiel mit der Innen- und Außenseite

1. Aufgabe:

— jeweils zwei Spieler (der 1. mit Ball) stehen einem 3. Spieler im Abstand von 6 m gegenüber und passen sich den Ball gegenseitig zu;
— wer den Ball gespielt hat, wechselt hinter dem Ball her auf die gegenüberliegende Position (Dreierwechsel);
— der Ball muß mit höchstens zwei Ballkontakten gespielt werden;
— welche Dreier-Gruppe macht innerhalb von fünf Durchgängen die wenigsten Fehler?

2. Aufgabe:

— in einem 20 x 30 m abgegrenzten Raum spielen mehrere Spielerpaare mit einem Ball sich den Ball jeweils gegenseitig zu;
— bei Ballverlust oder Ballberührung durch fremden Spieler/Ball muß der Abspieler zwei Liegestütz ausführen, bevor er weiter mit seinem Partner zusammenspielen darf;
— zwei markierte Störenfriede versuchen möglichst viele Bälle aus dem Feld zu spielen;
— welches Paar erzielt zuerst 20 erfolgreiche Pässe?
— jedes Paar spielt einmal Störenfried.

3. Aufgabe:

— mehrere Spielerpaare spielen in einem abgegrenzten Raum mit je einem Ball zusammen;
— im Raum sind sechs kleine Fähnchentore (2 m breit) beliebig verteilt;
— jedes erfolgreiche Zuspiel zum Partner durch ein Tor = 1 Tor;
— durch ein Tor darf zweimal hintereinander nicht gespielt werden;
— im Feld versuchen 3—4 Spieler als TW die erfolgreichen Pässe durch ein Tor zu verhindern; jede erfolgreiche Abwehr = 1 Punkt für die TW;
— welches Paar erzielt am Ende die meisten Punkte (Tore);
— Torwertung auch mit den TW, wer erzielt die meisten Punkte insgesamt?

4. Aufgabe:

— je zwei Spieler stehen sich im Abstand von 4 m gegenüber und spielen sich den Ball direkt und flach genau in den Fuß, bis einer einen Fehler macht;
— halbhoher oder nicht mehr spielbarer (erreichbarer) Ball = 1 Punkt für den Gegner;
— wer macht die meisten Punkte im Wettkampf 1—1?

5. Aufgabe:
— je drei Spieler spielen zusammen mit einem Ball um ein kleines Fähnchentor, 3 m breit, gegen einen abwehrenden Spieler (3—1);
— durch das Tor darf kein Spieler laufen;
— fünf Tore in Folge ohne Ballverlust: eine gymnastische Übung für den Abwehrspieler;
— bei Ballberührung durch Abwehrspieler oder Berührung des Torpfostens durch den Ball: Aufgabenwechsel des abwehrenden mit dem Spieler, der den Fehler verursacht hat (Abb. 98).

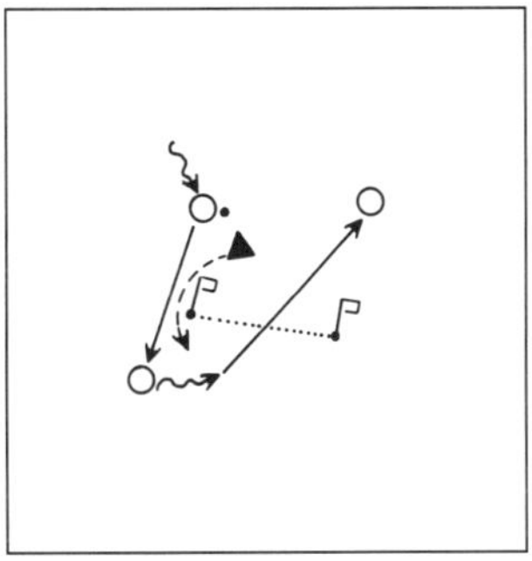
Abb. 98

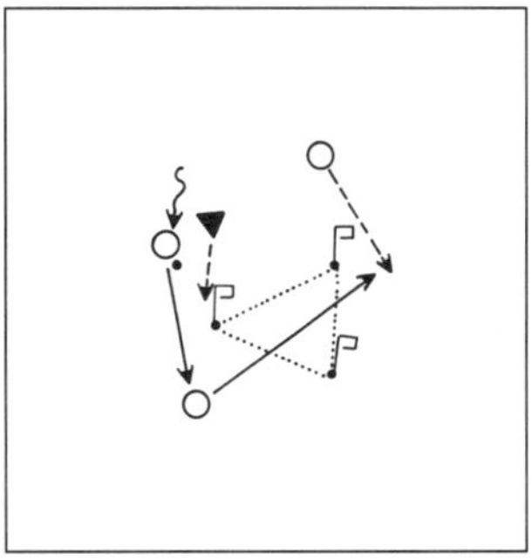
Abb. 99

6. Aufgabe:
— je drei Spieler spielen um ein Dreieckstor mit 3 x 3 m Breite und 1 Abwehrspieler darin herum und versuchen durch das Tor sich den Ball zuzuspielen (3—1);
— der Abwehrspieler darf nicht durch das Tor laufen = 2 Liegestütz;
— jeder erfolgreiche Paß durch das Tor auf einen Mitspieler = 1 Tor;
— bei Ballverlust: Aufgabenwechsel mit dem Abwehrspieler;
— fünf Tore in Folge ohne zwischenzeitlichen Ballverlust: „lohnende" Pause für den Abwehrspieler = 2 Liegestütz (oder andere gymnastische Übung) (Abb. 99).

Spiel mit dem Spann

1. Aufgabe:
— die Spieler stehen an der Strafraumlinie vor dem Tor, jeder mit seinem Ball;
— Schuß des Balles aus der Hand mit dem Spann auf das Tor;
— wer erzielt die meisten Tore?

2. Aufgabe:
— Strafstoßschießen auf mehrere Tore in kleineren Gruppen;
— jeder Spieler darf solange vom Strafstoßpunkt auf das Tor schießen, bis er einen Fehlschuß tut, dann kommt der nächste Spieler an die Reihe (Schütze ins Tor);
— jeder Strafstoß muß mit dem Spann geschossen werden, sonst: Fehler;
— wer erzielt in mehreren Durchgängen die meisten Tore?

3. Aufgabe:
— mehrere Spieler mit je einem Ball 20 m vor dem Tor; (auch an einer Strafraumecke)
— Dribbling auf das Tor zu und Torschuß mit dem Spann etwa von der Strafraumgrenze aus; (auch an der Strafraumlinie entlang bis zur Mitte und dann Torschuß);
— wer erzielt die meisten Tore?

4. Aufgabe:

— je zwei Fähnchentore, 5 m breit, im Winkel von 90 Grad zueinander und im Abstand von 10—15 m;
— je vier Spieler spielen zusammen mit mehreren Bällen; aufgeteilt zu 2—2;
— je ein Spieler als TW in den Toren, der Partner steht im Winkelschnittpunkt vor dem Tor und schießt den von seinem TW flach entgegengespielten Ball aus der Drehung direkt auf das Tor des Gegners; dann Torschuß des gegnerischen Stürmers;
— welche Partei erzielt bei je 10 Torschüssen und Wechsel der Aufgaben zwischen Schütze und TW am Ende die meisten Tore? (Abb. 100)

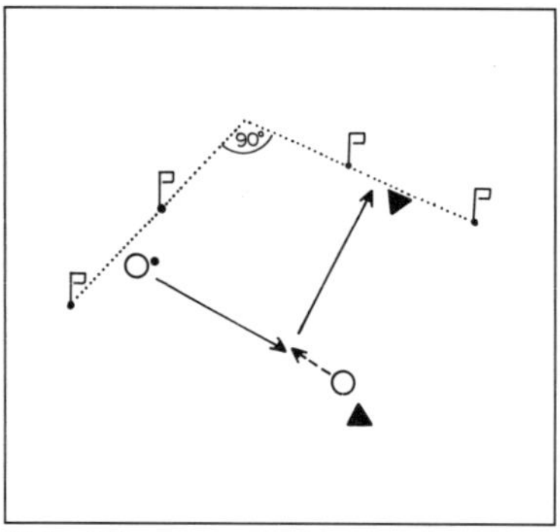

Abb. 100

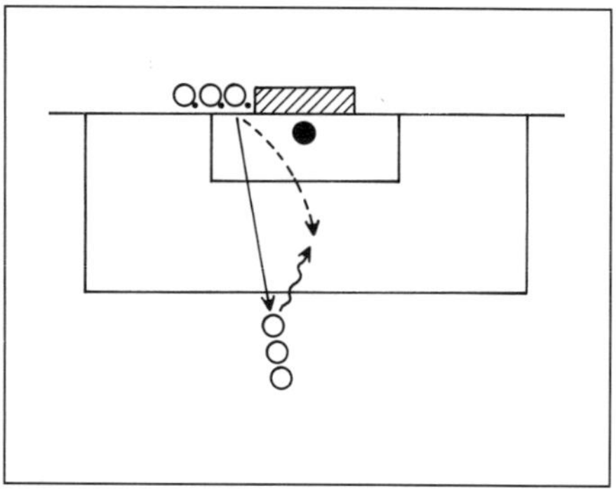

Abb. 101

5. Aufgabe:

— gleiche Organisation und Aufgabe wie in 4. Aufgabe, jedoch:
— der Ball wird hoch zum Schützen geworfen, der den Ball direkt aus der Luft oder nach ein- oder zweimaligem Aufspringen volley auf das Tor des Gegners schießt.

6. Aufgabe:

— je zwei Spieler spielen zusammen: 1. Spieler spielt den Ball von der Torauslinie seinem 20 m vor dem wartenden Partner flach (auch hoch) entgegen und greift ihn mit dem Abspiel sofort auch an;
— der 2. Spieler nimmt den zugespielten Ball an und mit zum schnellen Torschuß gegen den angreifenden Partner;
— bei Torerfolg, kein Aufgabenwechsel, sonst Wechsel nach jedem Torschuß;
— wer erzielt die meisten Tore? (Abb. 101)

Ballkontrolle

An- und Mitnahme flach zugespielter Bälle

1. Aufgabe:

— je zwei Fähnchentore, 5 m breit, im Winkel von 90 Grad und im Abstand zueinander von 15 m aufgestellt;
— je vier Spieler spielen zusammen in zwei Parteien zu zwei Spielern, jeweils ein Spieler als TW in einem Tor und der 2. Spieler als Schütze im Winkelschnittpunkt der Tore vor dem Tor seines Partners;
— Flachpaß des TW seinem Mitspieler entgegen zu dessen An- und Mitnahme des Balles zum gegnerischen Tor und anschließenden Torschuß; dann gleiche Aufgabe der gegnerischen Partei (Technik, frei — nur Innenseite — nur Außenseite);
— der TW darf auch als Libero zur Abwehr das Tor verlassen;
— welche Partei hat am Ende nach je zehn Versuchen und Wechsel der Aufgaben zwischen TW und Schütze die meisten Tore erzielt? (vgl. dazu: Abb. Nr. 100)

2. Aufgabe:
- abgegrenzter Spielraum mit mehreren Spielerpaaren;
- mehrere kleine, 2 m breite Fähnchentore beliebig im Raum verteilt;
- je zwei Spieler passen sich ihren Ball durch ein Fähnchentor zu;
- nach jedem Paß muß der nächste Paß zum Partner durch ein anderes Fähnchentor erfolgen;
- jeder erfolgreich zugespielte Ball zum Partner und dessen An- und Mitnahme ohne Ballverlust bzw. Berührung eines anderen Balles bzw. Spielers = 1 Punkt;
- welches Spielerpaar erzielt in zwei Minuten die meisten Punkte?

3. Aufgabe:
- abgegrenzter Spielraum mit mehreren Spielerpaaren;
- mehrere kleine 2 m breite Fähnchentore beliebig im Raum verteilt;
- Flachpaß zum Partner und sofortiges Nachsetzen als Gegner zum 1—1;
- An- und Mitnahme des zugespielten Balles zum Dribbling durch eines der Fähnchentore = 1 Tor und Aufgabenwechsel;
- der Ball kann nur bis zum Fähnchentor zurückerkämpft werden;
- bei Ballverlust: Dribbling des erfolgreichen Spielers durch ein Tor;
- wer erzielt die meisten Tore? (Abb. 102)

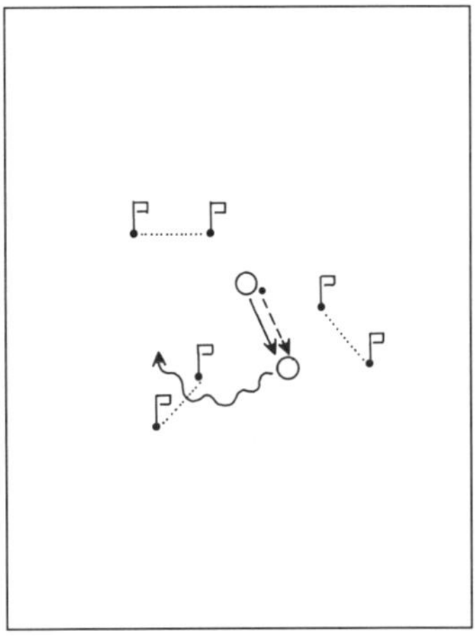

Abb. 102

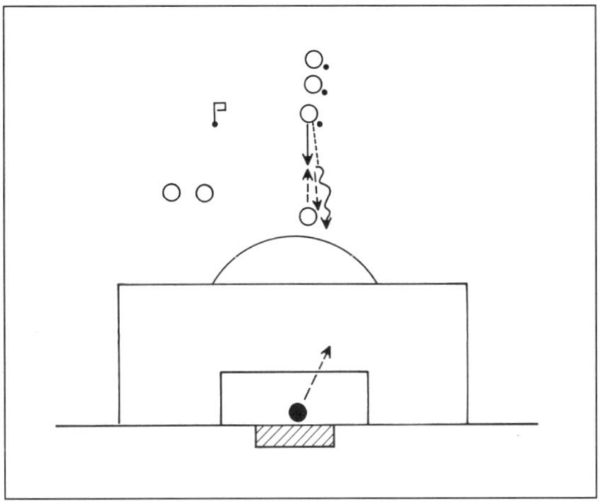

Abb. 103

4. Aufgabe:
- Organisation mit 2 Toren rechtwinklig gestellt wie in 1. Aufgabe;
- je zwei Spieler spielen zusammen, je ein Spieler in den Toren, ein Spieler jeder Partei im Raum vor den Toren zum 1—1;
- Flachpaß des TW auf seinen freilaufenden Mitspieler zu dessen An- und Mitnahme des Balles gegen den Gegner und Torabschluß auf das andere Tor, dann gleiche Aufgabe der anderen Partei;
- welche Partei erzielt nach Wechsel der TW mit den Feldspielern am Ende die meisten Tore?

5. Aufgabe:
- je zwei Spieler üben zusammen mit je einem Ball;
- ein Spieler paßt den Ball von einem Fähnchen, 30 m vor dem Tor, seinem 25 m vor dem Tor wartenden Partner entgegen und greift diesen nach dem Abspiel als nachsetzender Gegner sofort an;
- An- und Mitnahme des zugespielten Balles zum Torschuß auf das große Tor mit neutralem TW;
- TW darf auch als Libero aus dem Tor herauslaufen und lange Pässe aufnehmen;
- wer erzielt die meisten Tore bei stetem Aufgabenwechsel? (Abb. 103)

6. Aufgabe:
- vier Spielerpaare mit je einem Ball spielen 1—1 innerhalb eines ca. 30 m breiten Spielraumes zwischen zwei Toren mit je einem TW;
- zwei neutrale Spieler (gekennzeichnet) spielen im Feld frei als Anspielstationen immer mit dem ballführenden Spieler eines Paares;
- wer einen Neutralen anspielt, läuft sich frei und erhält den Ball zurückgespielt zur An- und Mitnahme gegen seinen Gegner und anschließendem Dribbling und Torschuß auf eines der beiden Tore;
- bei Torerfolg bleibt der Schütze am Ball, sonst Aufgabenwechsel;
- wer erzielt am Ende die meisten Tore? (auch Wechsel der Neutralen und TW ins Feld) (Abb. 104).

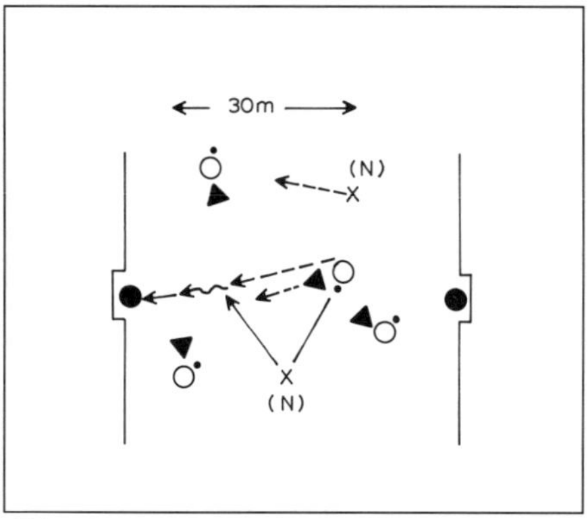

Abb. 104

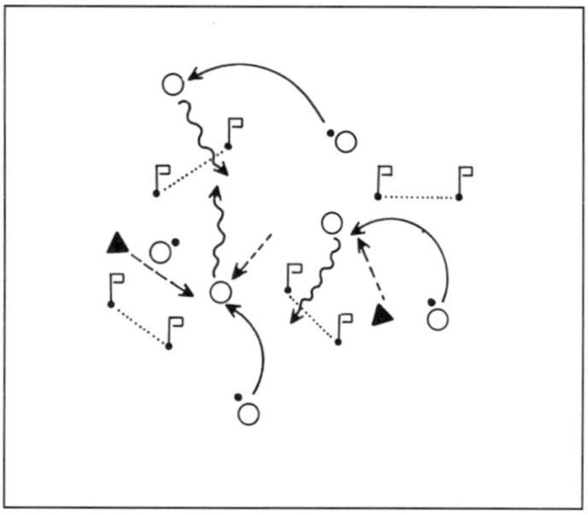
Abb. 105

An- und Mitnahme halbhoch und hoch zugespielter Bälle

1. Aufgabe:
- mehrere Fähnchentore beliebig im Feld verteilt;
- jeder Spieler mit einem Ball;
- Ball mit dem Fuß (auch Hand) kopfhoch spielen und den herabfallenden Ball am Boden an- und mitnehmen zum Dribbling durch ein Fähnchentor;
- nach erfolgreichem Dribbling durch ein Tor: erneuter Übungsbeginn;
- An- und Mitnahme festgelegt (Innenseite/Außenseite) oder frei;
- wer schafft die meisten erfolgreichen Versuche in zwei Übungsminuten?

2. Aufgabe:
- abgegrenzter Spielraum mit mehreren Fähnchentoren beliebig im Feld verteilt;
- je zwei Spieler spielen mit einem Ball zusammen;
- in freier Laufbewegung Zuwurf (auch Flugballspiel) des Balles auf den freilaufenden Partner und dessen An- und Mitnahme des Balles mit der Innen-/Außenseite oder beliebig zum Dribbling durch ein Tor = 1 Punkt;
- zwei Spieler versuchen als Störenfried-Paar sich im Feld einen Ball zu erobern zum Aufgabenwechsel mit dem jeweiligen Spielerpaar;
- welches Spielerpaar schafft in zwei Minuten die meisten Punkte?
- der Ball darf erst wieder geworfen (gespielt) werden nach Dribbling durch ein Tor (Abb. 105).

3. Aufgabe:
- zwei Spieler üben zusammen mit einem Ball auf ein Fähnchentor, 4 m breit;
- ein Spieler im Tor wirft den Ball hoch seinem 15 m vor dem Tor wartenden Partner zu;
- An- und Mitnahme des Balles mit der Innen- oder Außenseite zum anschließenden Torschuß;
- der TW darf nach Annahme des Balles auch als Libero zur Abwehr sein Tor verlassen;
- wer erzielt bei je 20 Versuchen die meisten Tore?

4. Aufgabe:
— zwei Tore im rechten Winkel zueinander und ca. 15 m voneinander entfernt aufgestellt; mehrere Bälle in den Toren;
— je zwei Spieler spielen zusammen; je ein Spieler als TW im Tor, der Partner im freien Raum vor den Toren;
— TW wirft den Ball hoch seinem Partner entgegen zu dessen Annahme mit dem Oberschenkel/Brust/Spann und sofortiger Mitnahme in Richtung anderes Tor und anschließendem Torschuß; anschließend gleiche Aufgabe der anderen Partei;
— welche Partei erzielt die meisten Tore nach Wechsel der Aufgaben zwischen TW und Feldspieler?

5. Aufgabe:
— Organisation wie in 4. Aufgabe, jedoch:
— hoher Zuwurf des TW auf einen der beiden Feldspieler und sofortiges Nachsetzen des TW als Gegner nach Ballannahme (oder schon Abwurf);
— angespielter Feldspieler nimmt den Ball an und mit zum Torschuß auf eines der beiden Tore;
— jeder Spieler spielt für sich allein, Wechsel der Aufgaben untereinander;
— nach Torabschluß wird der 4. Spieler (freie Feldspieler) TW im verlassenen Tor; der angreifende TW neuer Feldspieler und Zuwurf vom anderen TW;
— wer erzielt am Ende die meisten Tore? (Abb. 106)

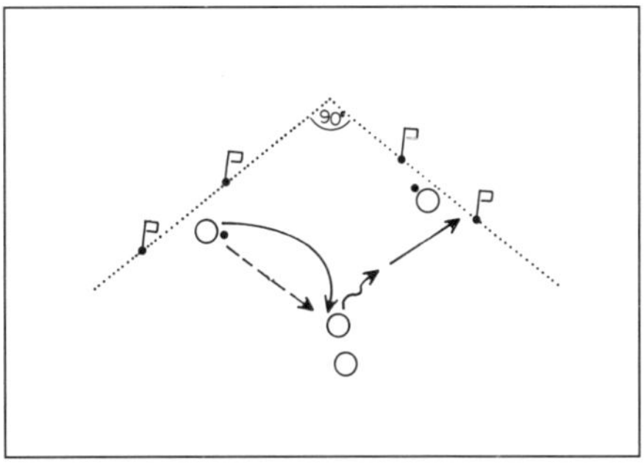

Abb. 106

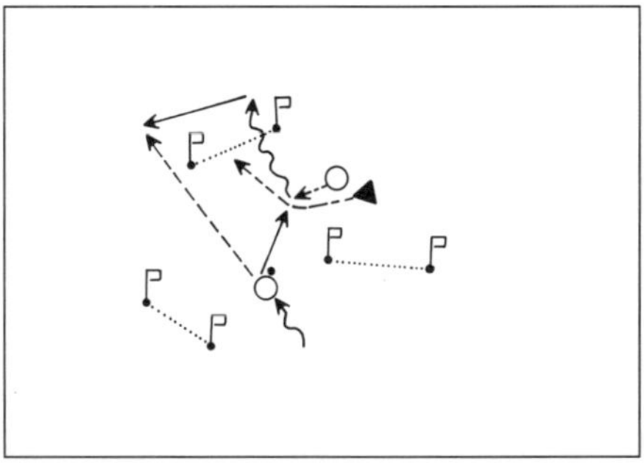

Abb. 107

6. Aufgabe:
— abgegrenzter Spielraum mit mehreren Fähnchentoren im Raum beliebig verteilt;
— je drei Spieler spielen zusammen mit einem Ball;
— zwei Spieler spielen zum 1—1 gegeneinander im Raum, der 3. ballführende Spieler spielt den Ball dem freilaufenden Angreifer des Spielerpaares hoch zu;
— An- und Mitnahme des Balles gegen den Gegner zum Dribbling durch eines der Fähnchentore und anschließendem Rückpaß auf den freilaufenden Anspieler = 1 Tor;
— jeder Spieler spielt je zehn Angriffe in jeder der drei Rollen;
— wer erzielt die meisten Tore? (Abb. 107)

Drop-kick

1. Aufgabe:
— je drei Spieler spielen zusammen mit einem Ball;
— zwei Spieler spielen sich den Ball in 15 m Entfernung per Drop-kick mit der Innenseite aus der Hand hoch zu;
— der 3. Spieler versucht zwischen den beiden in der Mitte den Ball (auch mit der Hand) zu erobern;
— bei Ballgewinn oder technischem Fehler: Aufgabenwechsel mit dem beteiligten Spieler und 1 Punkt Abzug für den neuen Mittelspieler;
— jeder Spieler beginnt mit 5 Gutpunkten;
— wer behält die meisten Punkte?

2. Aufgabe:
— jeder Spieler mit einem Ball vor einem großen Tor mit TW;
— den Ball an der Strafraumgrenze vor sich zu Boden fallen lassen und ihn (beim 2. Aufspringen) per Drop-kick mit dem Spann auf das Tor schießen;
— wer erzielt die meisten Tore?

3. Aufgabe:
— zwei Tore rechtwinklig im Abstand von ca. 15 m zueinander gestellt mit mehreren Bällen in den Toren;
— je zwei Spieler spielen zusammen, ein Spieler als TW im Tor, der 2. Spieler als Schütze vor den Toren;
— hoher Zuwurf des Balles vom TW auf seinen Mitspieler im Feld zu dessen Annahme des Balles mit der Brust oder Oberschenkel und anschließendem Torschuß per Drop-kick auf das Tor der gegnerischen Partei; dann gleiche Aufgabe der anderen Partei;
— welche Partei erzielt am Ende nach Wechsel der Aufgaben in Feld und Tor die meisten Tore?

4. Aufgabe:
— je sechs Spieler spielen auf ein großes Tor;
— ein Spieler steht als TW im Tor und wirft einen Ball hoch einem Feldspieler entgegen zu dessen anschließenden Torschuß per Drop-kick direkt (oder auch nach mehrmaligem Aufspringen des Balles); nur Tore per Drop-kick zählen;
— der Ball muß hinter dem Elfmeterpunkt aber vor der Strafraumline auf den Boden fallen, sonst: Punktabzug;
— Torschuß per Drop-kick wie beim Elfmeterkönig hintereinander;
— bei gehaltenem Ball: Aufgabenwechsel der beteiligten Spieler;
— bei Tor: 1 Punkt Abzug für den TW;
— der TW beginnt mit elf, die Feldspieler mit 9 Punkten; wer hat am Ende die meisten Punkte behalten?

5. Aufgabe:
— je drei Spieler spielen gegen einen abwehrenden Feldspieler um ein 4 m breites Fähnchentor herum von beiden Seiten auf das Tor (3—1+1);
— im Tor verteidigt ein Spieler als TW;
— der Ball wird aus der Hand nur per Drop-kick zum Mitspieler bzw. auf das Tor gespielt und darf nach Abspiel wieder gefangen werden;
— bei Ballverlust bzw. technischem Fehler: Aufgabenwechsel mit dem Feldspieler;
— bei gehaltenem Ball: Aufgabenwechsel mit dem TW;
— drei erzielte Tore in Folge ohne zwischenzeitlichen Aufgabenwechsel = eine gymnastische Übung für die beiden abwehrenden Spieler;
— TW und Abwehrspieler dürfen auch mit der Hand den Ball abfangen.

6. Aufgabe:
— je zwei Spieler mit einem Ball vor einem großen Tor mit TW;
— ein Spieler flankt den Ball von der Seite außerhalb des Strafraumes hoch vor das Tor auf seinen vor der Strafraumgrenze wartenden Partner;
— Torschuß per Drop-kick direkt oder auch nach einmaligem Anstoppen des Balles;
— wer macht nach je zehn Flanken die meisten Tore?

Kopfball

1. Aufgabe:
— Kopfballspiel 2—2 auf zwei Fähnchentore, 5 m breit und 6 m gegenüberliegend;
— beide Spieler verteidigen auf der Torlinie
— ein Spieler wirft von der Seite der Mittellinie (3 m) seinem Partner auf der Torlinie den Ball zu dessen Kopfball auf das gegenüberliegende Tor zu;
— wer den Ball hält, wirft den Ball wieder zu;

— bei direkt zurückgeköpftem Ball: Kopfball vom gegnerischen Tor aus nach Zuwurf aus der Feldmitte.

2. Aufgabe:

— je drei Spieler spielen gegen einen abwehrenden Spieler auf ein Tor ohne TW;
— der Ball kann nur per Kopf in das Tor gespielt werden;
— der Ball wird mit der Hand zum Partner geworfen und muß nach Wurf zuerst mindestens einmal von einem Spieler mit dem Kopf gespielt sein, bevor der Ball wieder mit der Hand aufgenommen werden darf; bei Fehler: Aufgabenwechsel mit dem Abwehrspieler;
— bei drei Toren ohne Ballverlust in Folge: eine gymnastische Übung für den Abwehrspieler.

3. Aufgabe:

— zwei Spieler mit einem Ball; ein Fähnchentor, 4 m breit;
— ein Spieler steht als TW im Tor und wirft den Ball seinem 5 m vor dem Tor wartenden Partner hoch zu; Kopfball auf das Tor aus dem Stand (Sprung);
— wer erzielt bei 15 Kopfbällen die meisten Tore?

4. Aufgabe:

— zwei Tore rechtwinklig im Abstand von 10 m zueinander gestellt;
— vier Spieler spielen zusammen, je zwei als Partei;
— ein Spieler wirft als TW seinem vor dem gegnerischen Tor wartenden Partner den Ball hoch zu für dessen Kopfball aus dem Stand oder Sprung seitlich auf das Tor des gegnerischen TW; dann umgekehrter Kopfballangriff;
— welche Partei hat am Ende nach Wechsel der TW mit ihren Feldspielern die meisten Tore erzielt?

5. Aufgabe:

— Organisationsform wie in 4. Aufgabe, jedoch:
— vor den Toren spielen die Feldspieler gegeneinander zum 1—1;
— jeder Spieler spielt für sich; TW-Zuwurf auf den freilaufenden Angreifer zu dessen Kopfball auf eines der beiden Tore;
— bei erfolgreichem Kopfball (Tor oder gehalten) bleibt der Feldspieler Angreifer und erhält auch den nächsten Zuwurf; sonst: Aufgabenwechsel im Feld;
— nach je zehn Angriffen wechseln die TW mit den Feldspielern;
— wer erzielt am Ende die meisten Tore (auch jeder gegen jeden)? (Abb. 108)

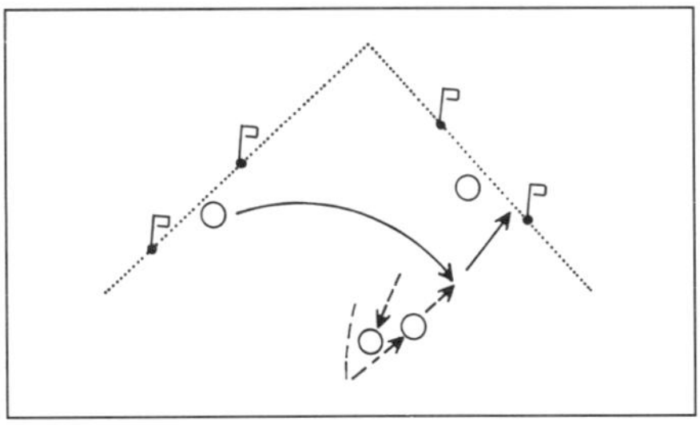

Abb. 108

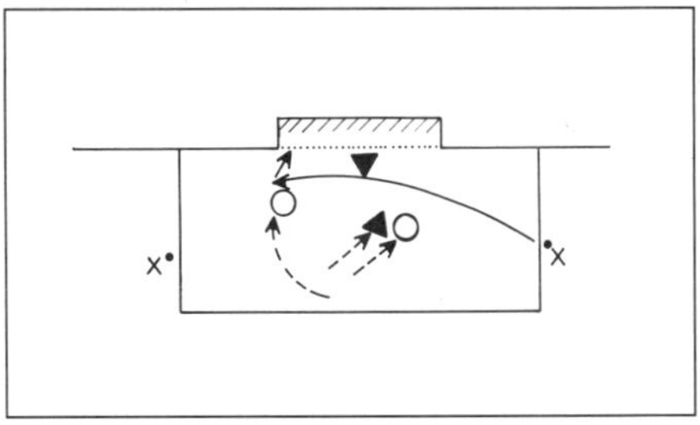

Abb. 109

6. Aufgabe:

— je drei Spielerpaare mit mehreren Bällen vor einem großen Tor;
— je ein Spieler des 1. Paares spielt als TW im Tor bzw. als Abwehrspieler vor dem Tor gegen die beiden Spieler des 2. Spielerpaares zum 2—1 vor dem Tor;
— die beiden Spieler des 3. Paares werfen abwechselnd als neutrale Anspieler den Ball von der Seite des Fünf-Meter-Raumes hoch zu auf die freilaufenden beiden Angreifer zu deren Kopfball gegen den Abwehrspieler auf das Tor;
— nach 15 Angriffen (Bällen) wechseln reihum die Aufgaben der drei Paare;
— welches Paar erzielt die meisten Tore? (Abb. 109)

Tackling

1. Aufgabe:

— ein Spieler spielt im Tackling aus einem 10 x 10 m abgegrenzten Feld nacheinander sechs beliebig verteilt liegende Bälle heraus;
— vier weitere Spieler stehen um das Feld herum verteilt und legen die aus dem Feld gespielten Bälle schnell an die Eckpunkte (Fähnchen/Hütchen);
— Wettkampf zwischen zwei oder mehreren Fünfer-Gruppen: welche Gruppe ist zuerst fertig (alle Bälle liegen bereit)? = 1 Punkt, dann Spielerwechsel im Feld;
— technischer Fehler (kein korrektes Tackling) = Ball muß ins Feld zurückgespielt werden;
— welche Gruppe gewinnt am Ende nach Punkte?

2. Aufgabe:

— zwei Spieler mit mehreren Bällen vor zwei kleinen Toren, 4 m parallel nebeneinander;
— ein Spieler spielt den Ball aus 10 m Entfernung flach auf eines der beiden Tore;
— der 2. Spieler versucht, einen erfolgreichen Torschuß im Tackling zu verhindern;
— erzieltes Tor = 1 Tor für den Angreifer; ein im Block-Tackling eroberter Ball mit anschließendem Rückpaß zum Angreifer = 1 Tor für den Abwehrspieler;
— wer erzielt nach je 15 Angriffen die meisten Tore? (Abb. 110)

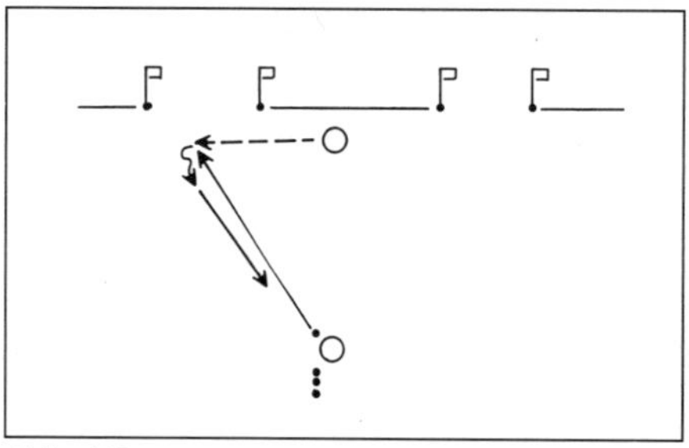

Abb. 110

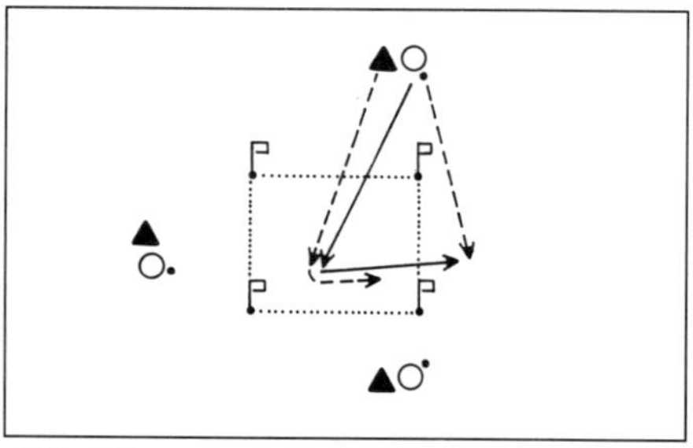

Abb. 111

3. Aufgabe:

— sechs Spieler zu drei Spielerpaaren 1—1 spielen um ein 6 x 6 m mit Fähnchen markiertes Feld;
— jedes Paar steht 5 m von einer Seitenlinie entfernt mit je einem Ball;
— wechselweise spielt ein Spieler den Ball in das Feld und versucht anschließend außerhalb des Feldes an einer der beiden Seitenlinien den im Tackling aus dem Feld herausgespielten Ball noch zu erreichen = 1 Punkt;
— der 2. Spieler läuft dem Ball nach zum Tackling des Balles über eine der beiden seitlichen Begrenzungslinien = 1 Punkt;
— nach dem Tackling neue Ausgangsposition hinter der Seitenlinie, die der Ball überschritten hat und die gleiche Übung des nächsten Paares;
— ein nicht erreichbarer Ball (zu hart gespielt) = 1 Minuspunkt gegen den Anspieler;
— wer erzielt am Ende die meisten Punkte? (Abb. 111)

4. Aufgabe:

— drei Spieler mit einem Ball und zwei Ziellinien, 10 m breit und 10 m parallel gegenüberliegend;
— auf der Mitte jeder Ziellinie ein Fähnchentor, 5 m breit;
— zwei Spieler spielen sich von den Ziellinien aus den Ball flach hin und her mit nur zwei Ballkontakten (Freilaufen nur auf der Linie);
— der 3. Spieler versucht den Ball im Feld durch Block-Tackling zu erobern zum Torschuß auf das Tor des Abspielers;
— vier Pässe ohne Ballverlust im Feld = 1 Tor für beide Angriffsspieler;
— nach jeweils zwei Minuten wechseln die Aufgaben reihum;
— wer erzielt nach jeweils 2 x 2 Minuten die meisten Tore?

5. Aufgabe:

— acht Spieler spielen in vier Spielerpaare zum 4 x 1—1 aufgeteilt zwischen zwei Toren;
— 1. Spielerpaar als TW in den beiden Toren, das 2. und 3. Spielerpaar wartet im Feld rechts bzw. links außerhalb der Feldmitte;
— der Angreifer des 4. Spielerpaares dribbelt mit dem Ball von einem Tor gerade und ohne Täuschung zum anderen Tor; sein Gegenspieler läuft neben ihm mit und spielt den Ball im Tackling seitlich weg oder erobert durch Block-Tackling selber den Ball;
— wer von den Spielerpaaren im Feld den abgewehrten Ball erkämpft, darf ihn auf einen der beiden Tore schießen, bei Ballverlust erzielt der Gegner das Tor;
— nach Torabschluß, Aufgabenwechsel: das Tackling-Paar wird neuer TW, das Schützenpaar wird neues Tackling-Paar vom entsprechenden Tor aus (wer geschossen hat, tackelt), die TW wechseln als Feldspielerpaar auf die frei gewordene Seite und Übungsfortsetzung;
— bei Ballgewinn des Abwehrspielers durch Block-Tackling: Alleingang und Torschuß durch ihn selber;
— welche Partei erzielt am Ende die meisten Tore? (Abb. 112)

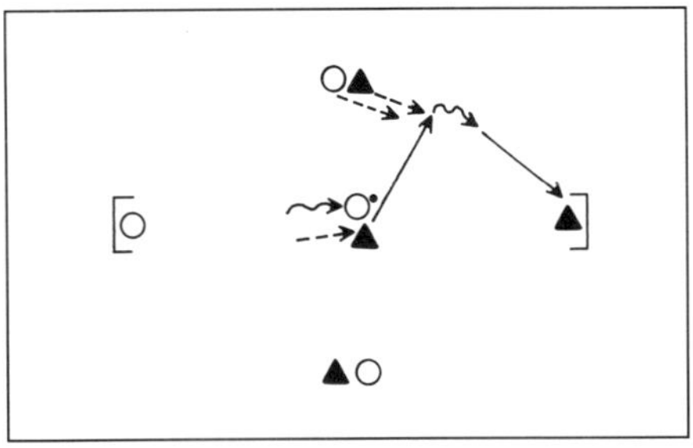

Abb. 112

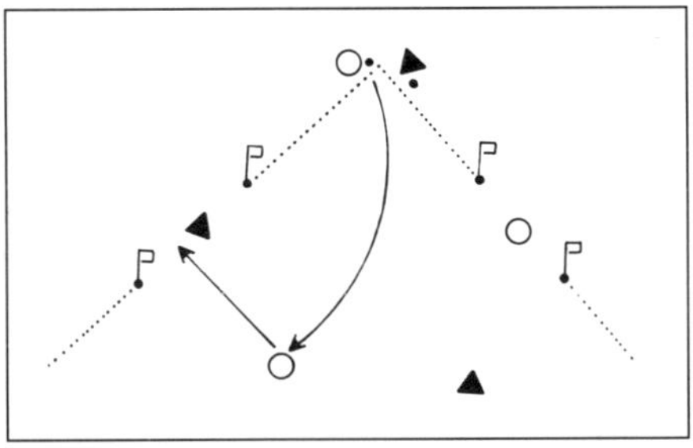

Abb. 113

6. Aufgabe:

— zwei Spieler mit einem Ball;
— jeder Spieler verteidigt zwei kleine, 4 m nebeneinander gestellte Fähnchentore, im Abstand von 10 m gegenüberliegend;
— Spiel 1—1 auf je zwei Tore;
— unkorrekter Angriff/Foulspiel = 1 Tor zusätzlich für den Gegner;
— wer erzielt die meisten Tore?

Torabschluß

1. Aufgabe:

— zwei Tore rechtwinklig im Abstand von 15 m zueinander aufgestellt;
— zwei Spieler schießen im Feld abwechselnd auf die Tore, zwei Spieler flanken den Ball vom Schnittpunkt der Torauslinien aus jeweils ihrem Partner hoch zu dessen Volley-Torschuß/Hüftdreh-Torschuß (direkt aus der Luft oder nach einmaligem Aufspringen bzw. Anstoppen);
— zwei Spieler stehen als TW ihrer Partei in den Toren;
— reihum Aufgabenwechsel nach jeweils zehn Flanken;
— welche Partei erzielt am Ende die meisten Tore? (Abb. 113)

2. Aufgabe:

— je zwei Spieler spielen zusammen auf ein Tor zum 1—1;
— Dribbling aus 30 m Entfernung auf das Tor zum Torschuß, der Gegenspieler steht 1 m schräg versetzt und 1 m vor dem Mann am Ball mit Blick zum Ball (Rücken zum Tor) und darf erst sich drehen und nachsetzen, um den Torschuß zu verhindern, wenn der Mann am Ball mit dem Ball antritt;

— bis zum Antritt muß der Abwehrspieler alles nachmachen (gymnastische Bewegungen etc.), was der Mann am Ball macht; (Überraschungseffekt)
— erkämpft der Abwehrspieler bis zum Tor den Ball, kann er selber ein Tor erzielen;
— bei Torerfolg bleibt der Schütze weiter Angreifer, sonst Aufgabenwechsel beim nächsten Durchgang;
— wer erzielt am Ende die meisten Tore?

3. Aufgabe:

— drei Spielerpaare üben vor einem großen Tor;
— die Spieler des 1. Spielerpaares spielen als TW im Tor bzw. als Abwehrspieler vor dem Tor;
— die Spieler des 2. Paares spielen vor dem Tor gegen den Abwehrspieler zum 2—1 nach Hereingabe vom Flügel;
— je ein Spieler des 3. Paares spielt vom rechten bzw. linken Flügel her außerhalb des Strafraumes nach Dribbling den Ball abwechselnd gezielt auf einen der beiden vor dem Tor sich freilaufenden Stürmer zum Torabschluß 2—1;
— Positionswechsel unmittelbar vor der Hereingabe;
— nach je zehn Flügelangriffen wechseln die Aufgaben reihum, so daß jedes Paar jede Aufgabe einmal gespielt hat;
— welches Spielerpaar erzielt die meisten Tore? (Abb. 114)

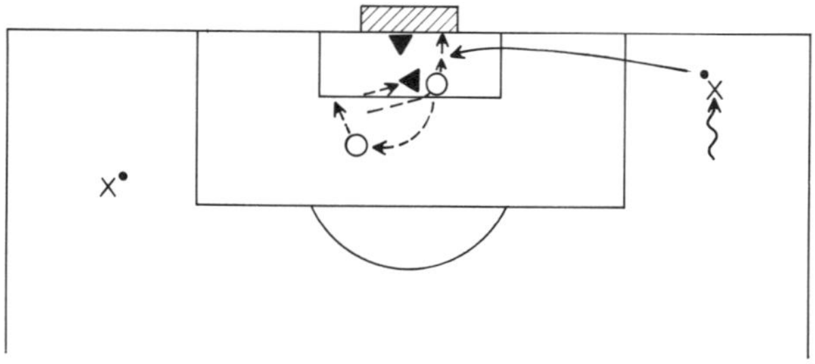

Abb. 114

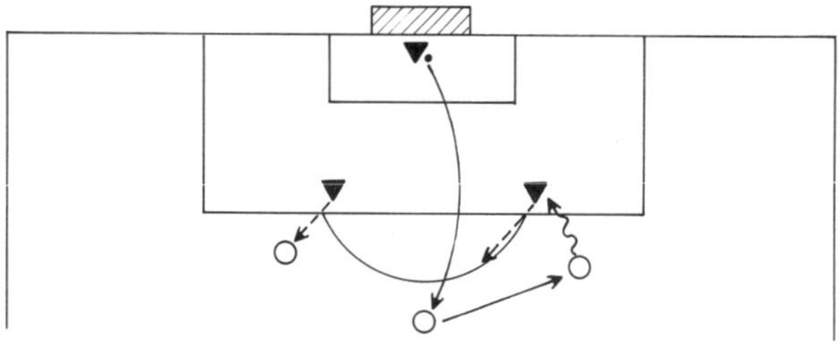

Abb. 115

4. Aufgabe:

— je drei Spieler spielen vor einem Tor zusammen zum Torabschluß;
— ein Spieler der abwehrenden Gruppe spielt im Tor, der 2. und 3. spielen vor dem Tor und greifen nach TW-Abwurf auf den hinteren Angreifer beliebig zwei der drei Angreifer an; (die zwei Spieler ohne Ball oder ein Spieler ohne Ball und den Mann am Ball);
— die drei Angreifer spielen nach TW-Abwurf zum schnellen Torabschluß 3—2 zusammen; der angespielte Spieler muß zunächst den freien Mitspieler anspielen bzw. selber mit dem Ball zum Tor dribbeln, danach wird frei 3—2 weitergespielt;
— jede Gruppe hat zehn Angriffe, dann Aufgabenwechsel;
— welche Gruppe erzielt die meisten Tore? (Abb. 115)

Dribbling

1. Aufgabe:

— acht Spieler verteilen sich beliebig um einen 10 x 10 m abgegrenzten Spielraum herum an den vier Grenzlinien als Verteidiger;
— acht Spieler mit je einem Ball dribbeln innerhalb des Raumes und versuchen, mit dem Ball an den Verteidigern vorbei über eine der Grenzlinien aus dem Raum herauszudribbeln = 1 Tor;
— die Verteidiger dürfen nur an den Linien und nur den aus dem Raum herausdribbelnden Spielern den Ball abnehmen zum Aufgabenwechsel der beiden beteiligten Spieler;
— wer aus dem Raum herausgedribbelt ist, darf ungehindert wieder in den Raum dribbeln, um erneut einen erfolgreichen Ausbruchversuch zu versuchen;
— nach einer Spielminute wechseln automatisch die Aufgaben der beiden Gruppen und die zuerst verteidigenden Spieler beginnen im Raum mit dem Dribbling;
— welcher Spieler erzielt nach 2 x 1 Minute die meisten Tore (Ausbrüche)? (Abb. 116)

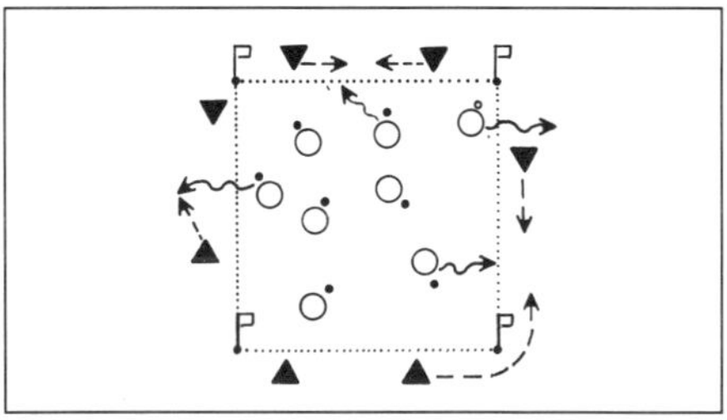

Abb. 116

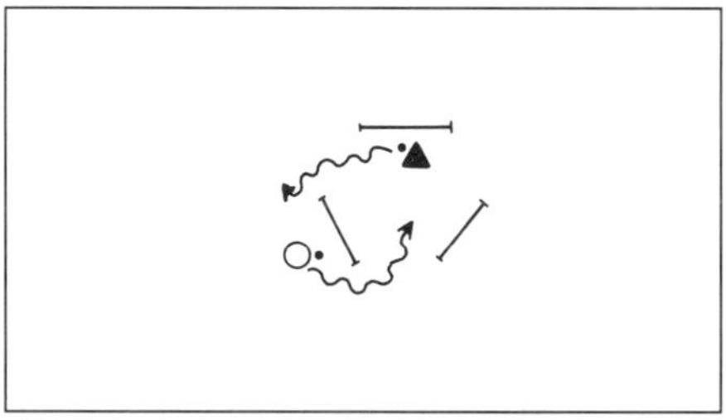

Abb. 117

2. Aufgabe:

— je zwei Spieler spielen zusammen gegen einen abwehrenden Spieler im Feld und dessen Mitspieler als TW auf ein Tor;
— bei gehaltenem Ball bzw. Ballgewinn im Feld: Aufgabenwechsel beider Mannschaften nach einem Rückpaß auf den eigenen Mitspieler (Abwehrmannschaft); und nach Ausball;
— evtl. darf auch der Feldspieler mit der Hand den Ball zu gewinnen suchen.

3. Aufgabe:

— mehrere Spielerpaare mit je einem Ball spielen in einem entsprechend der Spieleranzahl begrenzten Raum mit mehreren, beliebig verteilten kleinen Fähnchentoren;
— jeweils ein Spieler verteidigt den Ball gegen seinen direkten Gegenspieler zum 1—1 und versucht mit dem Ball durch ein Fähnchentor zu dribbeln = 1 Tor;
— die Abwehrspieler dürfen nicht durch die Tore laufen, sonst: ein Zusatztor für den Mann am Ball;
— durch ein Tor darf zweimal hintereinander nicht gedribbelt werden;
— bei Ballverlust kann der Ball zurückerkämpft werden;
— nach einer Spielminute werden die Aufgaben gewechselt: alle Spieler, die zuerst im Ballbesitz waren, werden nun zuerst als Abwehrspieler spielen und umgekehrt;
— wer erzielt bei 2 x 1 Minute Spielzeit die meisten Tore; welche Gruppe erzielt insgesamt die meisten Tore?

4. Aufgabe:

— ein Spieler dribbelt mit dem Ball zwischen drei im Dreieck aufgestellten Hindernissen (mit Durchschlupfzwischenräumen) und außen frei herum und versucht seinem Partner immer wieder auszuweichen;
— der 2. Spieler versucht mit dem Ball dribbelnd seinen Partner zu jagen und ihn mit der Hand abzuschlagen (dann Aufgabenwechsel) zum 1—1 Verfolgungsdribbling;
— erfolgreiches Dribbling ohne abgeschlagen zu werden über 30 sec = 1 Punkt;
— Fangen des Partners = 1 Punkt für den Fänger;
— wer schafft nach acht Durchgängen die meisten Punkte? (Abb. 117)

Täuschungen aus der Ballführung

1. Aufgabe:

- ein Spieler dribbelt zwischen zwei Fähnchen im Abstand von 6 m beliebig zur Seite nach rechts und links und versucht, gegen seinen Partner an einem Fähnchen mit einem Vorsprung von mehr als 2 m vorbeizulaufen = 1 Punkt;
- der 2. Spieler dribbelt gegenüber dem „angreifenden" Partner und versucht, einen solchen Vorsprung zu vermeiden;
- bei Ballverlust in den Dribbelbereich des Partners hinein = Aufgabenwechsel;
- wer erzielt die meisten Punkte (Abb. 118)?

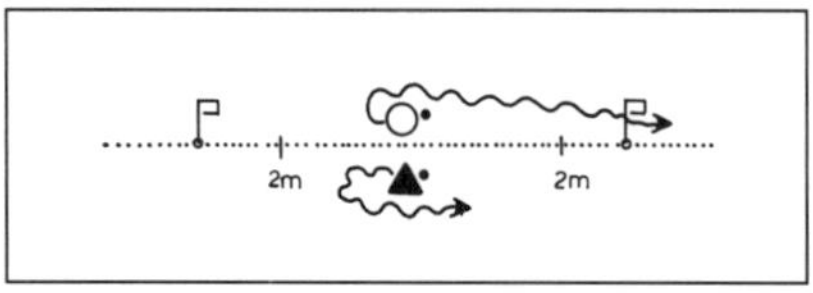

Abb. 118

2. Aufgabe:

- ein Spieler verteidigt den Ballbesitz zwischen zwei 15 m gegenüberstehenden Toren gegen einen abwehrenden Spieler zum 1—1 und versucht, auf beide Tore beliebig immer wieder ein Tor zu erzielen;
- in den Toren spielt jeweils ein Spieler, der nach zwei Minuten die Aufgaben mit einem Spieler im Feld wechselt;
- nach Torerfolg bekommt der Schütze den Ball zurückgespielt und darf weiter nach beiden Seiten hin Tore erzielen;
- bei Toraus, Ballverlust an TW oder im Feld: Aufgabenwechsel der beiden Feldspieler;
- wer erzielt die meisten Tore?

3. Aufgabe:

- je ein Spieler spielt seinen direkten Gegenspieler mit dem Matthews-Trick aus und versucht anschließend, den Ball durch ein kleines Fähnchentor zu spielen = 1 Tor;
- der Abwehrspieler geht zunächst (teilaktiv) auf die Täuschung ein, (hilft bei der Übung) und versucht nach der Täuschung, aktiv den anschließenden Torschuß noch zu verhindern;
- nach Torschuß erneuter Angriff des erfolgreichen Spielers von der anderen Seite auf das Fähnchentor; sonst Aufgabenwechsel.
- wer erzielt am Ende die meisten Tore (gültig nur bei korrekter [vorgegebener] Täuschung)?.
  - 3a) einfache Täuschung, Gegner geht auf die Täuschung ein.
  - 3b) doppelte Täuschung, Gegner reagiert erst auf die 2. Täuschung (auch teilaktiv)
  - 3c) freies Spiel 1—1 mit dem Matthews-Trick, Gegner spielt aktiv, Mann am Ball muß entsprechend reagieren, um zum Torschuß zu gelangen.

4. Aufgabe:

- ein Spieler spielt den Ball (von der Torlinie aus) seinem 16 m vor dem Tor stehenden Partner flach zu und greift ihn anschließend als Abwehrspieler an;
- der angespielte Spieler spielt den angreifenden Gegner mit dem Scheren-Trick aus zum anschließenden Torschuß;
- ein 3. Spieler spielt als TW im Tor und wird nach Torabschluß neuer Anspieler (Abwehrspieler);
- nach Torabschluß wechselt der Schütze als TW ins Tor, der Abwehrspieler wird neuer Angreifer;
- wer erzielt am Ende die meisten Tore?
  - 4a) Scheren-Trick, Gegner geht auf die Täuschung ein und versucht anschließend aktiv den Torschuß zu verhindern.
  - 4b) angetäuschter Scheren-Trick, Gegner geht nicht auf die Täuschung ein, sondern erwartet den Scheren-Trick, um anschließend den Torschuß zu verhindern.
  - 4c) freies Spiel 1—1, Gegner spielt aktiv 1—1.

5. Aufgabe:

— Spiel 1—1 auf ein Dreieckstor (3 x 2 m);
— Dribbling und Ausspielen nur mit dem Sohlen-Trick;
— Abwehrspieler greift aktiv erst nach der Täuschung ein und versucht, den erfolgreichen Torschuß zu verhindern;
  5a) Sohlen-Trick, Gegner (teilaktiv) geht auf die Täuschung ein.
  5b) angetäuschter Sohlen-Trick und Durchbruch in Laufrichtung, Gegner (teilaktiv) versucht, den Sohlen-Trick zu verhindern.
  5c) freies Spiel 1—1, der Gegner verteidigt aktiv.

6. Aufgabe:

— vier Spieler spielen zwischen zwei Toren abwechselnd 1—1;
— in jedem Tor stehen zwei Spieler mit je zwei Bällen;
— ein Spieler dribbelt aus seinem Tor gegen den entgegenkommenden Gegner aus dem anderen Tor zum 1—1 und anschließenden Torschuß;
— nach Torschuß dribbelt der 2. Spieler (TW) des jeweiligen Tores gegen den Torschützen auf das gegenüberliegende Tor, während der zuletzt abwehrende Spieler als TW im Tor bleibt usw;
— welcher Spieler erzielt am Ende die meisten Tore? (Abb. 119)

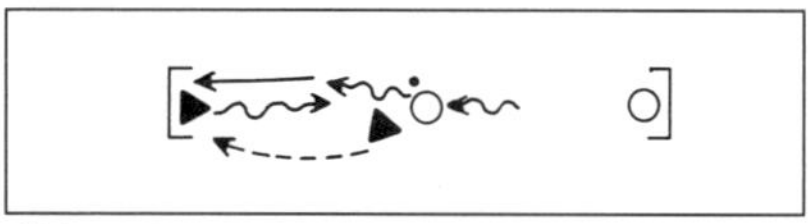

Abb. 119

Freilaufen

1. Aufgabe:

— drei Spieler spielen gegen einen abwehrenden Spieler auf ein Fähnchentor, 3 m breit, zum 3—1;
— bei Torerfolg: Fortsetzung des Spiels von der anderen Seite aus auf das Tor;
— bei Ballverlust: Aufgabenwechsel des Angreifers mit dem Abwehrspieler
  Ballverlust: — Ballgewinn des Abwehrspielers
  — Ballberührung des Abwehrspielers
  — Abwehrspieler darf auch mit der Hand spielen
— bei drei Toren in Folge ohne Ballverlust: 1 Fehlpunkt gegen den Abwehrspieler;
— wer bekommt zuerst den 3. Fehlpunkt?

2. Aufgabe:

— vier Spieler spielen gegen zwei abwehrende Spieler um ein Fähnchentor, 4 m breit, herum zum 4—2;
— bei Ballverlust: Aufgabenwechsel des Angreifers (Verursacher) mit dem erfolgreichen Abwehrspieler;
— bei drei Toren (Steilpässe) in Folge ohne zwischenzeitlichen Ballverlust: eine gymnastische Übung für die beiden Abwehrspieler.

3. Aufgabe:

— drei Spieler spielen gegen zwei abwehrende Spieler um ein Dreieckstor 3 x 2 m herum zum 3—2;
— bei Ballverlust: Aufgabenwechsel des Verursachers mit dem erfolgreichen Abwehrspieler;
— bei drei Toren in Folge ohne Ballverlust: eine gymnastische Übung für die beiden Abwehrspieler.

4. Aufgabe:

— Spiel 3—3 auf vier kleine Fähnchentore;
— jede Mannschaft verteidigt zwei kleine, 20 m nebeneinander gestellte Tore und greift auf die beiden, 15 m gegenüberstehenden Tore des Gegners an.

Kombination

1. Aufgabe:

- je zwei Spieler spielen zusammen in wellenförmigen Angriffen gegen einen abwehrenden Spieler, 20 m vor dem Tor, und dessen Mitspieler, als TW im Tor.
- das Zusammenspiel erfolgt mit Positionswechsel „Querpaß — Steilpaß": wird der ballführende Spieler angegriffen, kann er im Alleingang durchbrechen oder quer abspielen und diagonal sich freilaufen und den Steilpaß erhalten zum anschließenden 2—1;
- bei Ballverlust im Feld: Aufgabenwechsel der beiden Spielerpaare;
- welches Paar erzielt die meisten Tore (nur nach korrekter Kombination gültig)?
  1a) teilaktiver Abwehrspieler verteidigt nur auf einer Abwehrlinie und darf nicht nachsetzen; Torabschluß nach Überspielen des Gegners mit maximal drei Ballkontakten.
  1b) teilaktiver Gegenspieler folgt dem diagonal freilaufenden Spieler: Steilpaß ist wenig aussichtsreich: angespielter Mitspieler dribbelt hinter dem Spielerpaar in den freigemachten Raum zum Alleingang und anschließenden 2—1 mit Torabschluß.
  1c) Der Abwehrspieler verteidigt aktiv; die Angreifer müssen sich für eine der beiden Möglichkeiten (neben dem Alleingang) entscheiden zum 2—1 auf ein Tor.

2. Aufgabe:

- vier Spieler spielen 2—2 auf zwei Tore: zwei Spieler greifen gegen einen abwehrenden Spieler auf dessen Tor an, der 2. Abwehrspieler verteidigt als TW das Tor;
- Zusammenspiel nur durch Hinterlaufen des angespielten Mitspielers (Umlaufen) zum 2—1 auf ein Tor (auch Alleingang möglich);
- bei Ballverlust: Aufgabenwechsel: nach Paß zum Mitspieler aus dem Tor; ein Gegner muß als TW in sein Tor zurücklaufen; sonst: Strafstoß;
  2a) teilaktiver Abwehrspieler verhindert den Durchbruch des angespielten Angreifers nach innen zum Tor: Hinterlaufen des Mitspielers und Paß in dessen Lauf, danach freies Spiel zum Torabschluß.
  2b) teilaktiver Abwehrspieler versucht, ein Abspiel auf den hinterlaufenden Angreifer abzufangen und läßt überraschend den Alleingang nach innen frei.
  2c) aktiver Abwehrspieler spielt wettkampfgerecht zum freien Spiel innerhalb der gelernten Möglichkeiten des Hinterlaufens.

3. Aufgabe:

- zwei Spieler spielen gegen einen abwehrenden Spieler vor dem Tor und einem abwehrenden Spieler im Tor zum 2—1 + 1 auf ein Tor;
- 10 m vor dem Tor wird eine 15 m breite Konterlinie parallel zur Torlinie markiert;
- Zusammenspiel nur durch Übernehmen, angetäuschtes Übernehmen oder Alleingang;
- bei Ballgewinn der abwehrenden Spieler: Spie! des Balles über die Konterlinie und Aufgabenwechsel der beiden Parteien;
- bei Torerfolg bleibt die erfolgreiche Mannschaft im Ballbesitz.

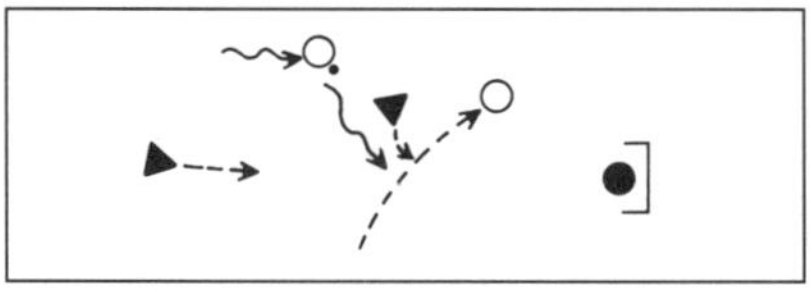

Abb. 120

4. Aufgabe:

- je zwei Spieler spielen zusammen wellenförmig auf ein Tor gegen einen aktiven Abwehrspieler vor dem Tor mit TW zum 2—1;
- der 2. Abwehrspieler setzt bei Angriffsbeginn 5 m hinter dem Mann am Ball nach zur Unterstützung seines Partners (anschl. Aufgabentausch);
- bei Ballverlust: Aufgabenwechsel der beteiligten Paare;
- welches Spielerpaar erzielt am Ende die meisten Tore? (Abb. 120)

Doppelpaß

1. Aufgabe:

- je ein Spieler dribbelt auf einen abwehrenden Spieler vor dem Tor zu, zum Alleingang an ihm vorbei oder Doppelpaßspiel mit einem als ,,Wand" helfenden Mitspieler und abschließendem Torschuß;
- ein Spieler spielt im Rückraum des Abwehrspielers mit nur einem Ballkontakt als ,,Wand" immer mit dem ballführenden Spieler zusammen;
- bei Ballverlust im Feld: Aufgabenwechsel mit dem Abwehrspieler;
- wer erzielt die meisten Tore am Ende? (Abb. 121)

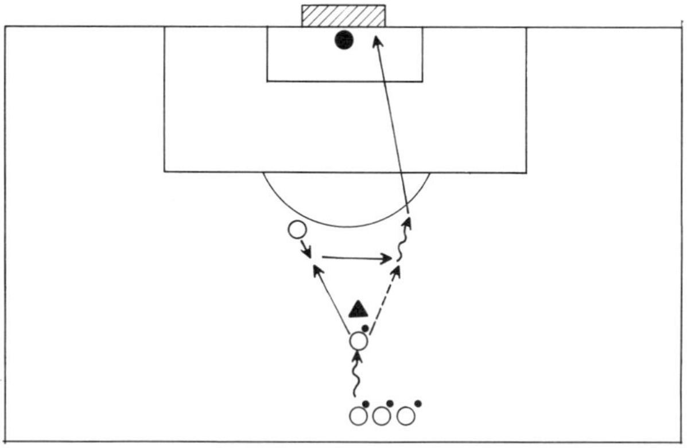

Abb. 121

2. Aufgabe:

- ein Spieler spielt vor dem Tor als Sturmspitze gegen einen abwehrenden Spieler 1—1;
- jeweils ein Spieler spielt aus 25 m Entfernung vor dem Tor die sich vom Gegner lösende Sturmspitze an und folgt seinem Abspiel zum anschließenden 2—1 auf ein Tor;
- freilaufende Sturmspitze kann den Ball zum nachrückenden Mitspieler prallen lassen oder auch (je nach Verhalten des Gegners) an- und mitnehmen zum Alleingang oder verzögertem Doppelpaßspiel gegen den Gegner;
- der Schütze auf das Tor wird nächste Sturmspitze, der Abwehrspieler bleibt und kann nur durch Ballgewinn Angreifer werden.
- bei Ballverlust: Aufgabenwechsel der beteiligten Spieler;
- wer erzielt die meisten Tore?

3. Aufgabe:

- je vier Spieler spielen auf zwei Tore zum 2—2;
- ein Spieler dribbelt gegen einen gegnerischen Spieler im Feld, der 2. Angreifer kann mit nur einem Ballkontakt (Wand) seinem Mitspieler zum Doppelpaß helfen, der 2. Abwehrspieler steht im Tor als TW;
- nach Torschuß verteidigt der Schütze im Feld, während sein Mitspieler als TW ins Tor zurückläuft; der gegnerische TW dribbelt zum Gegenangriff, der Abwehrspieler aus dem Feld hilft als ,,Wand" zum erneuten 1 + 1—1 auf das gegnerische Tor, usw.

4. Aufgabe:

- je zwei Spieler spielen als Spielerpaar 1—1 mit ihrem Ball aus dem Mittelfeld auf ein Tor;
- vor dem Tor spielt ein Spieler als Sturmspitze gegen einen abwehrenden Gegner (Vorstopper) 1—1 ohne Ball;

- der Mann am Ball des jeweils angreifenden Spielerpaares dribbelt aus 25 m Entfernung gegen seinen Gegner zum Alleingang oder Zusammenspiel mit der Sturmspitze und anschließendem Torabschluß;
- nach Torabschluß eines Angriffs spielt das Spielerpaar aus dem Mittelfeld beim nächsten Angriff als Sturmspitze/Vorstopper, das andere Spielerpaar schließt sich den übrigen Spielerpaaren im Mittelfeld an;
- bei Torerfolg bleibt der erfolgreiche Schütze für den nächsten Angriff des Paares Angreifer, sonst Aufgabenwechsel;
- wer erzielt die meisten Tore? (Abb. 122)

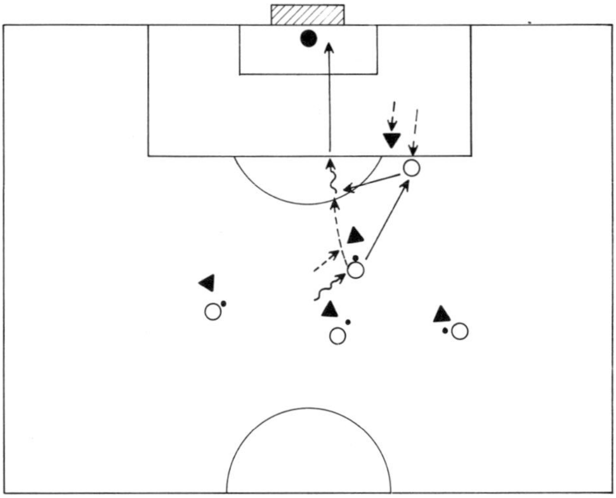

Abb. 122

Raum schaffen — Raum nutzen

1. Aufgabe:

- je zwei Spieler spielen nach Einwurf eines neutralen 5. Spielers von einer Strafraumecke aus gegen zwei manndeckende Abwehrspieler zum 1 + 2 x 1—1 auf ein Tor;
- der neutrale 5. Spieler spielt nach dem Einwurf bis zum Torabschluß immer mit der angreifenden Mannschaft;
- bei Ballverlust im Feld: Aufgabenwechsel der Parteien, sonst bleiben die beiden Angreifer auch zum erneuten Einwurf Angreifer.

2. Aufgabe:

- drei Spieler spielen als Stürmer nach Steilpaß eines neutralen 7. Spielers gegen drei manndeckende Abwehrspieler zum 1 + 3 x 1—1 auf ein Tor;
- der neutrale 7. Spieler (MFS) spielt vom Mittelkreis aus den ruhenden Ball in den Lauf der sich freilaufenden und den Steilpaß fordernden Angreifer und bleibt bis zum Angriffsabschluß in seiner Position als Konteranspielpunkt;
- bei Ballgewinn im Feld: Konterspiel der Abwehr auf den neutralen Spieler und Aufgabenwechsel beider Parteien;
- nach jedem Torabschluß: TW-Abwurf auf den Neutralen zum erneuten Angriff der zuletzt angreifenden Mannschaft.

3. Aufgabe:

- drei Stürmer spielen gegen drei Abwehrspieler zum 3 x 1—1 auf ein Tor;
- ein Spieler spielt im Mittelfeld gegen einen abwehrenden Mittelfeldspieler zum 1—1;
- alle Abwehrspieler spielen in konsequenter Manndeckung;

- ein neutraler 9. Spieler beginnt von der Mittellinie aus den Angriff mit Anspiel des freilaufenden offensiven Mittelfeldspielers und schaltet sich danach mit in das Angriffsspiel zum 2—1 im Mittelfeld ein;
- der ballführende Mittelfeldspieler muß einen seiner freilaufenden Angreifer mit Steilpaß zum schnellen Torabschluß anspielen;
- jeder Torabschluß kann nur nach Steilpaß in den Lauf eines Angreifers erfolgen;
- bei Ballverlust: Anspiel des neutralen Spielers in seiner aktuellen Position im Feld und Aufgabenwechsel der Mannschaften;
- der neutrale Spieler kehrt zum Ausgangspunkt zurück und spielt immer mit der zuletzt ballbesitzenden Mannschaft (Abb. 123).

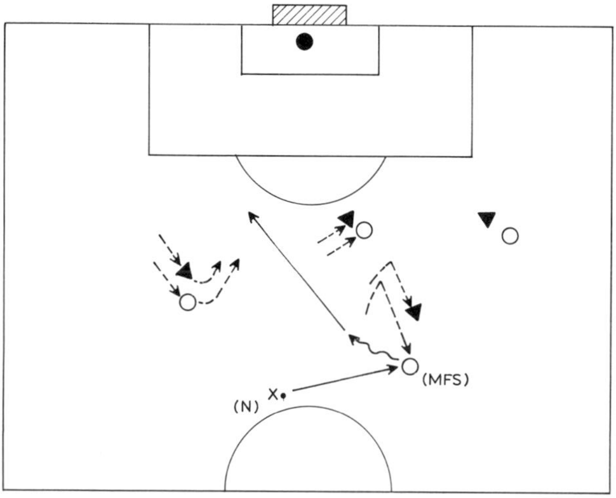

Abb. 123

4. Aufgabe:

- fünf Spieler spielen gegen fünf manndeckende Gegner zum 5 x 1—1 von zwei Zieltoren (10 m breit) auf einer Ziellinie (40 m breit) durch eines der beiden gegenüberliegenden gleichen Zieltore = 1 Tor und zurück;
- der Ball muß durch das Tor geführt werden;
- die erfolgreiche Mannschaft bleibt weiter im Ballbesitz und greift auf die gegenüberliegenden Tore erneut an;
- der Ball kann nur im Feld erkämpft werden;
- zehn Abspiele ohne Ballverlust in Folge auch = 1 Tor;
- der Ball muß flach (kniehoch) gespielt werden.

Abwehren

1. Aufgabe:

- ein Spieler spielt als Stürmer 5 m vor einem 3 m breiten Fähnchentor gegen einen manndeckenden Abwehrspieler zum 1—1;
- ein 3. Spieler spielt 15 m vor dem Tor den Ball dem Stürmer zu;
- der Stürmer kommt dem Ball entgegen und versucht, mit dem Ball durch das Fähnchentor zu dribbeln = 1 Tor;
- der Abwehrspieler versucht, entweder den Ball vor dem Stürmer zum Anspieler zurück direkt abzuwehren oder den Ball im anschließenden Zweikampf zu gewinnen und dann zum Anspieler zurückzuspielen = 1 Tor;
- nach je 15 Angriffen wechseln die Aufgaben untereinander reihum;
- wer erzielt am Ende die meisten Tore?

2. Aufgabe:

— ein Abwehrspieler spielt von einem 2 m breiten Fähnchentor aus den Ball jeweils einem Stürmer 20 m vor dem Tor entgegen und kommt ihm nach dem Abspiel als Gegner sofort entgegen, stellt ihn und versucht seinen Durchbruch und Dribbling durch das Tor zu verhindern;
— der Stürmer versucht mit dem Ball durch das Tor zu dribbeln = 1 Tor;
— je ein 2. Abwehrspieler setzt nach dem Abspiel mit 5 m Rückstand zum Stürmer nach, um seinen Mitspieler in der Abwehr zu unterstützen; danach Aufgabenwechsel der beiden;
— bei Ballgewinn eines Abwehrspielers: dessen Dribbling durch Tor = 1 Tor;
— nach zehn Angriffen reihum Aufgabenwechsel aller Spieler;
— wer erzielt nach 3 x 10 Angriffen die meisten Tore? (Abb. 124)

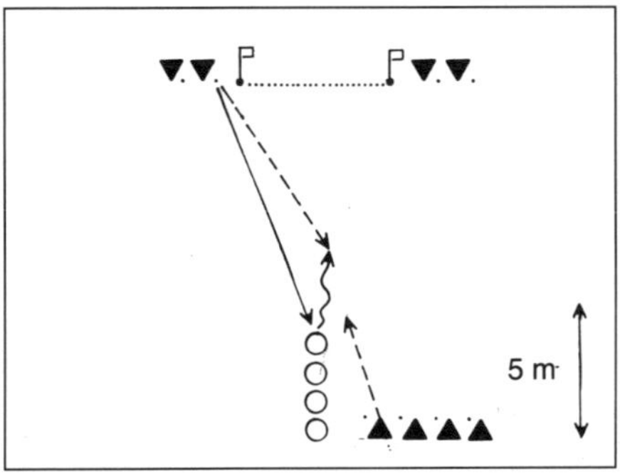

Abb. 124

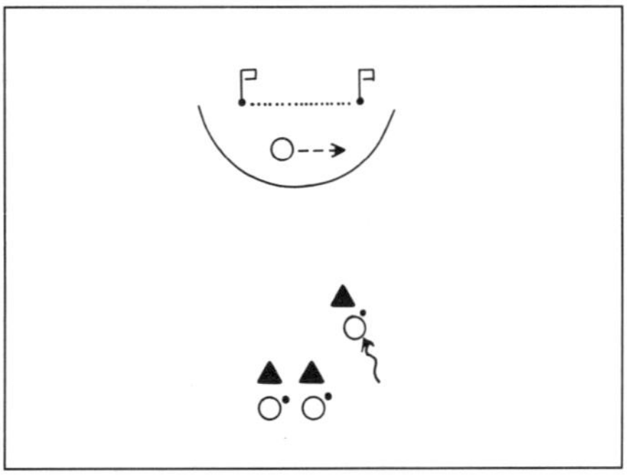

Abb. 125

3. Aufgabe:

— ein Stürmer dribbelt gegen einen Abwehrspieler zum 1—1 auf ein Fähnchentor, 2 m breit und 15 m entfernt;
— vor dem Tor im 4-m-Torkreis ein 2. Stürmer für Zuspiel des ballführenden Mitspielers;
— Alleingang durch das Tor oder Anspiel des 2. Stürmers im Kreis mit dessen Dribbling durch das Tor = 1 Tor für die Stürmer;
— jeder Ballgewinn des Abwehrspielers = 1 Tor für den Abwehrspieler;
— nach zehn Angriffen wechseln reihum die Aufgaben;
— wer erzielt die meisten Tore? (Abb. 125)

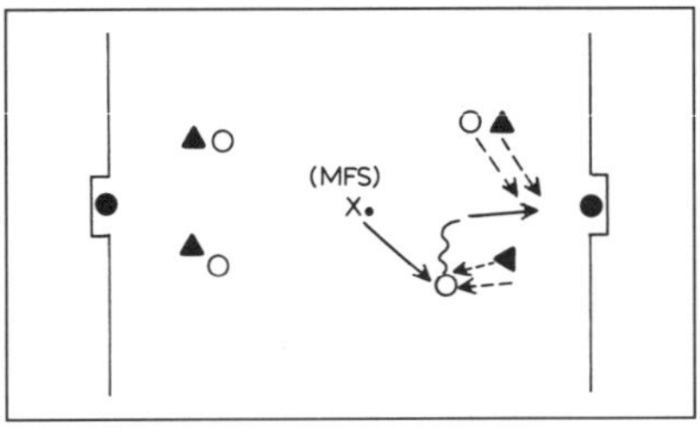

Abb. 126

4. Aufgabe:

— ein anspielender MFS spielt aus der Feldmitte zwischen zwei Toren mit je einem TW abwechselnd einen von zwei Stürmern vor einem Tor an;
— jeder Stürmer spielt gegen einen manndeckenden Abwehrspieler zum 2 x 1—1;
— Zusammenspiel der Stürmer zum Torabschluß auf ein Tor, dann TW-Abwurf zum MFS und dessen Anspiel eines Stürmers vor dem anderen Tor;
— Zuspiel des erkämpften Balles durch die Abwehrspieler auf TW/MFS = 1 ,,Abwehrtor";
— der MFS greift nicht in das Angriffsspiel (greift mit) ein (Abb. 126).

VIII. Gesondertes Training

Das Kapitel des „gesonderten Trainings" umfaßt vier Aspekte, die aus unterschiedlichen Gründen aus den allgemeinen technischen und taktischen Trainingsbereichen des Kindes- und Jugendtrainings ausgegliedert worden sind:

- Aufgaben zur individuellen Beschäftigung mit dem Fußball außerhalb des Trainings
- Organisationsformen zur abwechslungsreicheren Trainingsgestaltung
- Das Training des Torwartes als Position mit besonderen Aufgaben und Anforderungen
- Kleine Fußballspiele zur Förderung von Spielfreude und Einsatzbereitschaft.

— Selbstbeschäftigung mit dem Ball —

Wettbewerbe mit dem Fußball beleben das vereinsmäßige Training. Sie sollen den jungen Fußballer darüber hinaus anregen, sich auch daheim in der Freizeit mit dem Fußball weiterzubeschäftigen und auf diesem Wege kindgemäße Praktiken aus der Zeit des Straßenfußballs neu aufleben zu lassen.

— Kreistraining — Circuittraining —

Wettkampfgemäßes und spielerisches Training innerhalb kleiner Spielergruppen soll neben motivierenden Anreizen durch abwechslungsreiche Aufgabenstellungen in unterschiedlichen technischen und taktischen Schwerpunkten, vor allem selbständiges Trainieren und soziales Verhalten innerhalb kleiner Trainingsgruppen fördern.

— Torwarttraining —

Nicht selten kommt aus zeitlichen oder organisatorischen Gründen intensives Training des Torwartes zu kurz. Aufgrund der besonderen Bedeutung des Torwarttrainings ist dieser Bereich aus dem allgemeinen Technik- und Taktiktrainingszusammenhang ausgeklammert dargestellt. Mit der Einbeziehung der Feldspieler bei den beschriebenen Trainingsformen in das Torwarttraining soll gleichzeitig eine vorteilhafte Lösungsmöglichkeit der bekannten Problemstellung gezielten Torwarttrainings aufgezeigt werden.

— Motivationsfußball —

Spielfreude und Einsatzbereitschaft wecken Fußball-Spielformen, in denen bei nur geringer konditioneller Beanspruchung besonders häufig um den Ball gekämpft und auf das Tor geschossen werden kann und damit die motivierenden Elemente des Fußballspiels in den Mittelpunkt spielerischer Aktivität rücken.

1. Selbstbeschäftigung mit dem Ball

Als Selbstbeschäftigung mit dem Ball soll hier nicht die herkömmliche Ballarbeit zur Verbesserung der einzelnen technischen Grundfertigkeiten verstanden werden. Vielmehr sind besondere Geschicklichkeitsaufgaben mit dem Ball beschrieben, die den Umgang mit dem Ball, das Ballgefühl und das Bewegungsgeschick am Ball erweitern und vertiefen.

Abb. 127 Früh übt sich . . .

Diese Aufgaben stellen eine besondere Ballschule dar und sollen — wie der Begriff „Selbstbeschäftigung" ausdrückt — den jungen Spieler anleiten und anregen, auch außerhalb des eigentlichen Vereinstrainings sich in der Freizeit mit dem Ball zu beschäftigen und auf diesem Wege weitere technische Fortschritte zu erzielen.

Zu diesem Zweck sind alle Aufgaben als Wettbewerbsübungen beschrieben. Sie sollten regelmäßig innerhalb des Vereinstrainings als Wettbewerbe der Jungen durchgeführt werden. Zum „Kunstschützen", „Dribbelkönig" oder „Ballkünstler" vor seinen Spielkameraden ernannt und von ihnen anerkannt zu werden, stellt besonders für ein Kind eine äußerst erstrebenswerte Zielsetzung dar, die in ihm den Anreiz zur Selbstbeschäftigung mit dem Ball daheim auszulösen imstande ist.

Der Dribbelkönig

Abb. 128 Die Aufgaben sollen besonders raffinierte und ausgesuchte Bewegungen mit dem Ball darstellen, deren Schwierigkeit auch zugleich den Reiz solcher Aufgaben für die Kleinen ausmacht

1. — Wer kann den Ball aus dem Dribbling heraus innerhalb von 20 sec am häufigsten plötzlich mit der Sohle kurz zurückrollen und ihn dann mit dem Spann und schnellem Antritt in Laufrichtung wieder mitnehmen?

2. — Wer kann den Ball aus dem Dribbling heraus innerhalb von 20 sec am häufigsten plötzlich mit der Sohle rückwärts hinter das Standbein zurückrollen und ihn dann mit der Innenseite des gleichen Spielbeines hinter dem Standbein vorbei an der anderen Körperseite wieder schräg nach vorn spielen und mit der Außenseite des anderen Fußes mitnehmen?

3. — Wer kann aus dem Dribbling heraus innerhalb von 20 sec am häufigsten die Richtung ändern, wobei der Ball immer nur mit der Außenseite geführt werden darf?

4. — Wer kann den Ball aus dem Dribbling heraus innerhalb von 20 sec am häufigsten plötzlich mit dem Spielbein in einem weiten Stemmschritt schräg nach vorn übersteigen, sich dabei zum Ball drehen und ihn blitzschnell mit der Innenseite des anderen Beines in die entgegengesetzte Richtung mitnehmen?

5. — Wer kann den Ball aus dem Dribbling heraus innerhalb von 20 sec am häufigsten blitzschnell mit der Sohle anhalten, gleichzeitig umspringen mit dem Standbein über den Ball hinweg und ihn sofort mit der Außenseite des Spielbeines in die entgegengesetzte Richtung mitnehmen?

6. — Wer kann den Ball aus dem Dribbling heraus innerhalb von 20 sec am häufigsten mit ganzer Drehung blitzschnell mit der Sohle des Spielbeines kurz zur Seite und ohne weiteren Bodenkontakt der Füße sofort mit der Sohle des anderen Fußes weiter in die ursprüngliche Laufrichtung mitziehen?

Der Ballkünstler

Abb. 129 Den Ball mit möglichst verschiedenen Körperteilen in der Luft beherrschen, d. h. anstoppen und kontrolliert bewegen, das reizt die Kleinen zu besonderem Übungsfleiß

1. — Wer kann den Ball mit den Füßen am häufigsten in der Luft hoch halten (jonglieren), ohne daß der Ball wieder auf die Erde fällt?

2. — Wer kann den Ball mit dem Kopf am häufigsten hoch halten, ohne daß er wieder auf die Erde fällt?

3. — Wer kann mit dem Ball am einfallsreichsten jonglieren, ohne daß dieser wieder auf die Erde fällt?
   Punktwertung: Anzahl der Ballkontakte in Serie multipliziert mit der Anzahl der benutzten verschiedenen Körperteile; (Beispiel: 30 Ballkontakte x Kopf, rechter Fuß, linker Fuß, rechter Oberschenkel, linker Oberschenkel, rechte Schulter, Brust, Außenseite des Fußes rechts = acht Körperteile: 30 x 8 = 240 Punkte).

4. — Wer kann den Ball am häufigsten mit dem Spann hochspielen, den hochgespielten Ball mit dem Spann in der Luft anstoppen, kurz auf dem Spann ruhig halten und erneut hochspielen, ohne daß der Ball zwischenzeitlich zu Boden fällt?

5. — Wer kann am häufigsten den Ball in Folge hochspielen, anschließend mit der Brust anstoppen und wieder hochspielen ohne Fehler bzw. Bodenberührung?

6. — Wer kann mit dem Ball in der Luft jonglierend die längste Strecke zurücklegen, ohne daß der Ball zu Boden fällt?

Abb. 130 „Tore des Monats" in möglichst akrobatischer Manier — hier entwickeln die jungen Fußballer Mut und Risikobereitschaft

Der Kunstschütze

1. — Auf einer Wand wird ein Originaltor markiert mit einem Zielkreis im oberen linken und unteren rechten Tordrittel (Torwand);
   — wer erzielt mit zehn Schüssen aus 7 m Entfernung auf je einem der Kreise insgesamt die mei sten Treffer?

2. — Ein Holzstamm, Kegel, großer Stein steht 15 m vom Ball entfernt;
   — wer erzielt bei 20 Schüssen mit dem Spann die meisten Treffer?

3. — Vor einem Tor (Torwand, Teppichstangen o. ä.) steht eine „Mauer" (1,7 m hoch gespannte Leine an mehreren Fähnchenstangen oder ähnliche Hindernisse);
   — wer erzielt aus 9 m Entfernung zur „Mauer" bei je zehn Schüssen mit dem Innenspann bzw. Außenspann über die „Mauer" hinweg die meisten Tore?

4. — zwei Fahnenstangen (Teppichstangen o. ä.) stellen ein Tor dar;
   — wer kann mit dem Innenrist bzw. Außenrist den Ball von einem 10 m von einer Torstange entfernten Punkt auf der verlängerten Torlinie zwischen den beiden Torstangen hindurch am häufigsten in das Tor schlenzen?

5. — In 20 m Entfernung zum Ball ist ein Kreis mit einem Durchmesser von 3 m deutlich markiert;
   — wer kann den Ball bei je zehn Flugbällen mit dem Innenspann bzw. Außenspann ohne weitere Bodenberührung am häufigsten in den Kreis spielen?

6. — Ein Hindernis ist aufgestellt, 2 m hoch (Tor, gespannte Leine, Teppichstange, Mauer o. ä.);
   — wer kann den Ball aus der kürzesten Entfernung zum Hindernis ohne dessen Berührung über das Hindernis spielen?

2. Kreistraining — Circuittraining

Als Kreistraining bezeichnet man eine besondere Organisationsform des Gruppentrainings (Stationstraining oder Circuittraining). Verschiedenartige technische, taktische oder konditionelle Aufgaben werden von den einzelnen Spielergruppen oder jeweils einem einzelnen Spieler nacheinander ausgeführt, bis nach Abschluß der letzten Übungsaufgabe schließlich jede Gruppe den gleichen Ablauf an Aufgaben in gleicher Reihenfolge wiederholen kann. So entsteht eine kreisförmige Übungsfolge.

Die Gestaltung der einzelnen Aufgaben kann nach unterschiedlichen Lernzielen vorgenommen werden. Grundlage dieser Trainingsorganisation bleibt jedoch stets ein regelmäßiger Wechsel zwischen Aufgaben mit hoher Beanspruchung und anschließenden aktiven Erholungsübungen.

Dieser Wechsel von Belastung und Erholung kann durch die Art der Trainingsaufgabe erfolgen, wenn die einzelnen Gruppen nach Ablauf der Übungszeit unmittelbar zur nächsten Übungsstation wechseln und weitertrainieren. Einer laufintensiven Spielform folgt in diesem Falle stets eine Aufgabe, in der der Herz-Kreislauf nur gering beansprucht wird, wie es z. B. in einfachen technischen Aufgaben der Fall ist.

Beim Training konditioneller Fähigkeiten läßt sich Belastung und Erholung auch innerhalb der Gruppe festlegen, in dem sich z. B. jeweils zwei Spieler beim Training stets miteinander abwechseln. Auf diese Weise erhält ein jeder seine wichtige Erholungspause, bevor er zur nächsten Übung antritt.

Die Trainingszeiten für die einzelnen Aufgaben werden im vorhinein festgesetzt und genau eingehalten, um einen effektiven Trainingsrhythmus zu gewährleisten und Überforderungen zu vermeiden.

Kreistraining (auch Zirkeltraining genannt) wird vor allem von Kindern und Jugendlichen aufgrund der unablässigen Abwechslung in der Aufgabenstellung als besonders motivierend begrüßt. Mit jeder neuen Station beginnt eine neue Gelegenheit zum internen Leistungsvergleich, ein neuer Wettkampf. Die einzelnen Ergebnisse lassen sich in Punkten oder Toren, in Sekunden oder zurückgelegten Metern messen. Die Leistungen werden vergleichbar und bei Wiederholungen auch der eigenen Fortschritt am eigenen neuen Ergebnis erkennbar.

Die folgenden drei Beispiele zum Training in dieser abwechslungsreichen Organisationsform beziehen sich

1. auf das Training von D-Junioren in überschaubaren Vierer-Gruppen
2. auf das Training von C- oder B-Junioren in Siebener-Gruppen
3. auf konditionelle Schwerpunkte für die heranreifenden A-Junioren.

Kreistraining mit technisch-taktischen Elementen in Vierer-Gruppen (D-Junioren) (Abb. 131)

Station 1: Spiel 2—2 um ein Fähnchentor herum, 3 m breit.

Station 2: Torschuß des ruhenden Balles aus 16 m Entfernung auf das große Tor; abwechselnd schießt jeweils ein Spieler einer Mannschaft, ein Spieler der anderen Partei spielt TW mit Aufgabenwechsel untereinander nach je fünf Schüssen.

Station 3: Spiel 2—1 + 1 TW im Tor auf ein Tor; Aufgabenwechsel der Mannschaften nach drei Fehlschüssen bzw. abgewehrten oder erkämpften Bällen durch einen Abwehrspieler.

Station 4: Fußballtennis über ein kleines 5 x 2 m Tor oder Fähnchenstangen mit Leine verbunden, 2—2, Feldlänge 5 m, Bodenkontakte des Balles nach Leistungsstand begrenzen.

Station 5: Spiel 2—2 über zwei parallel gegenüberliegende, 10 m breite Ziellinien; der Ball muß über die Linie geführt werden und bleibt dann im Besitz der erfolgreichen Mannschaft zum Angriff auf die gegenüberliegende Linie.

Station 6: Elfmeterkönig; abwechselnder Schuß auf das von einem Spieler der gegnerischen Mannschaft gehütete Tor; die erzielten Tore werden für die Mannschaft addiert.

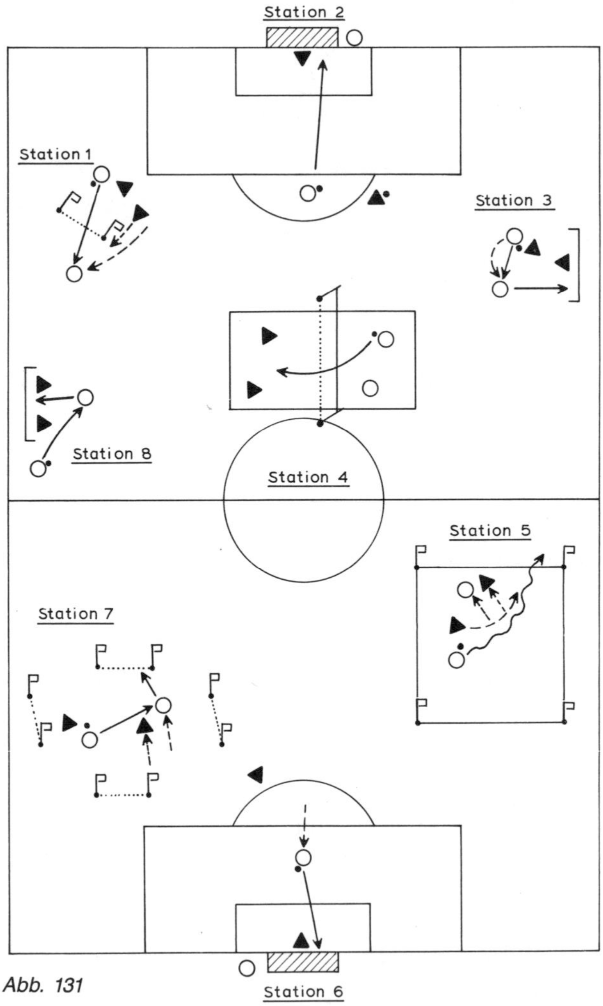

Abb. 131

Station 7: Spiel 2—2 auf vier kleine Tore, die im rechten Winkel zueinander angeordnet stehen und 2 m breit sind; nach Torschuß ist der Ball frei; wer ihn zuerst erläuft, greift im Feld an.

Station 8: Kopfball als Torschuß auf ein Tor; die beiden abwehrenden Spieler stehen im Tor, ein Spieler köpft den vom Partner von der Torauslinie zugeworfenen Ball (Stand, Sprung, Hecht) auf das Tor; Aufgabenwechsel nach je zehn Kopfbällen, bis jeder geköpft hat.

Kreistraining mit taktischen Schwerpunkten in Siebener-Gruppen (C- und B-Junioren) (Abb. 132)

Station 1: Spiel 4—3 auf drei kleine Tore, die im Dreieck zueinander mit Abstand von je 15 m aufgestellt sind und von beiden Seiten aus durchspielt werden können;
fünf Tore in Folge ohne Ballverlust: eine gymnastische Übung für die drei abwehrenden Spieler; bei Ballverlust: Aufgabenwechsel der jeweils beteiligten Spieler.

Station 2: Spiel 5—2 im 10 x 10 m abgegrenzten Raum mit nur einem Ballkontakt;
bei Ballverlust bzw. Fehler: Aufgabenwechsel des betreffenden Spielers mit demjenigen, der am längsten ,,in der Mitte" abgewehrt hat.

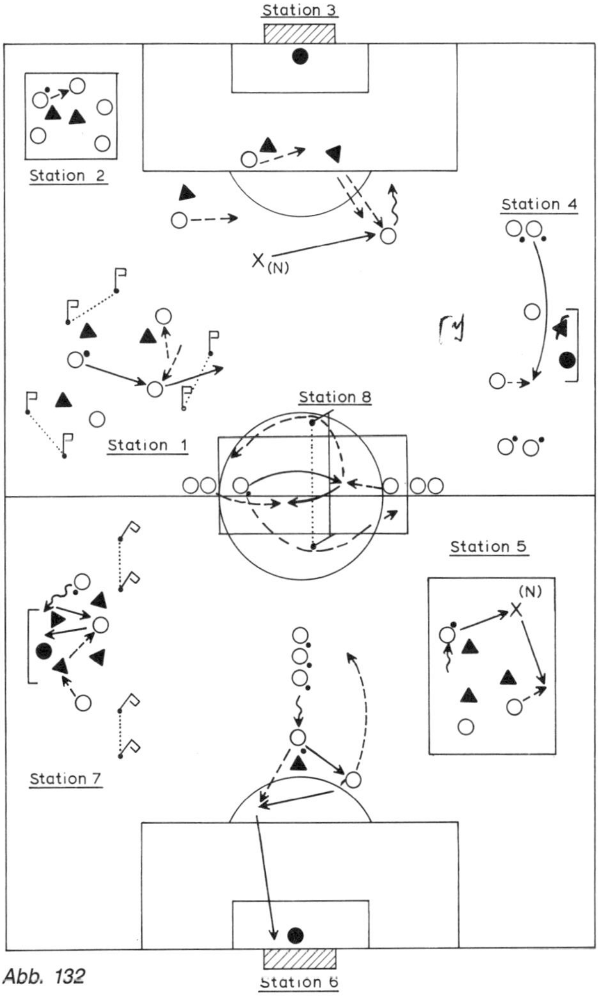

Abb. 132

Station 3: Spiel 1 + 3—3 auf ein Tor;
drei Angreifer spielen gegen drei Abwehrspieler auf ein Tor, ein Neutraler spielt als TW; bei Ballgewinn im Feld: Aufgabenwechsel der Mannschaften; bei Tor und Toraus: TW-Abwurf auf Neutralen zum erneuten Angriff der zuletzt angreifenden Mannschaft; bei gehaltenem Ball: TW-Wechsel mit dem Schützen.

Station 4: Flanken und Torschuß; je zwei Spieler flanken von rechts bzw. links außerhalb des Strafraumes (ruhender Ball oder kurz angespielter Ball) abwechselnd ihren Ball hoch oder flach vor das Tor auf einen der beiden dort sich bewegenden Angreifer zu dessen direkten Torschuß;
vor dem Tor spielen zwei Angreifer; 1 Spieler als TW im Tor; Aufgabenwechsel jeweils nach je zehn Flanken.

Station 5: Spiel 3—3 + 1 Neutralen in einem 20 x 30 m abgegrenzten Raum;
Ball in den eigenen Reihen halten; der Neutrale spielt stets nur mit der ballführenden Partei (mit nur einem Ballkontakt). Zehn Abspiele in Folge ohne Ballverlust = 1 Punkt.

Station 6: Torschuß nach Doppelpaß; ein Spieler spielt als Sturmspitze vor dem Tor; ein abwehrender Spieler versucht die nacheinander auf ihn zudribbelnden Spieler zu stellen; Möglichkeit für den ballführenden Spieler zum Alleingang oder Doppelpaß mit der Sturmspitze; bei Ballgewinn des Abwehrspielers: Aufgabenwechsel mit dem entsprechenden Spieler.

Station 7: Spiel 3—4 auf ein großes Tor; die abwehrenden Spieler kontern bei Ballgewinn auf zwei kleine Kontertore, je 3 m breit und 20 m vom Tor entfernt im Abstand von 20 m nebeneinander stehen (letzter Abwehrspieler ist TW).

Station 8: „Chinesisches Fußballtennis"; Spiel über eine Leine, bzw. kleines Tor; auf jeder Seite stehen drei Spieler, der 4. Spieler beginnt mit Paß aus der Hand von einer Gruppe aus über die Leine, spurtet zur anderen Seite und schließt sich der dortigen Gruppe an;
wer gespielt hat, schließt sich immer der gegenüberliegenden Gruppe an;
der Ball darf immer nur einmal zu Boden springen;
wer einen Fehler begeht, scheidet aus; wo der Fehler begangen wurde, beginnt der nächste Spieler mit dem Anspiel; wer bleibt zuletzt übrig? (Dann neuer Durchgang.)

Kreistraining (Circuittraining) zur Verbesserung der Kraftausdauer (A-Junioren)

— jeder Übungsdurchgang erfolgt 30 sec lang, jede Pause ebenfalls 30 sec; je 2 Spieler —

Station 1: SCHNELLKRAFT der BEINE (Schußkraft)
mehrere Bälle liegen 1 m nebeneinander 16 m vor dem Tor;
wieviele Torschüsse in 30 sec?
Der 2. Spieler baut zwischenzeitlich für sich schon wieder die Ballreihe auf.

Station 2: ARMKRAFT
Liegestütz mit anschließendem Hecht-Kopfball nach Zuwurf durch den Partner.

Station 3: BAUCHMUSKELKRAFT
die Partner liegen auf dem Rücken mit den Füßen zueinander, die Füße auf eine Bank gelegt, die zwischen beiden steht;
ein Medizinball wird hoch über die Bank geworfen und vom Partner gefangen und zurückgeworfen;
Bankhöhe = 50 cm.

Station 4: RÜCKENMUSKELKRAFT
ein Spieler liegt auf dem Bauch und wirft den ihm vom Partner kurz zugeworfenen Medizinball, ohne daß dieser den Boden berührt, dem Partner hoch wieder zurück.

Station 5: SCHNELLKRAFT der BEINE (Sprungkraft)
ein Spieler köpft den ihm vom Partner hoch zugeworfenen Ball aus der Hocke heraus im Sprung auf das vom Partner gehütete Tor.

Station 6: ARMKRAFT
ein Spieler nimmt im Sprung den ihm vom Partner hoch zugestoßenen Medizinball kurz an und stößt ihn noch im Sprung wie das Stellen eines Volleyballs hoch zurück.

Station 7: BAUCHMUSKELKRAFT
ein Spieler liegt mit dem Rücken am Boden, die Beine festgeklemmt; der Partner hält ihm abwechselnd rechts und links in Hüfthöhe seitlich einen Ball hin; den Ball mit übergreifendem Arm zur Seite mit einer Faust wegfausten.

Station 8: RÜCKENMUSKELKRAFT
den Medizinball möglichst weit rückwärts über Kopf zum Partner werfen.

3. Motivationsfußball

Unter gesonderte Trainingsmaßnahmen fallen auch Aufgaben, die in erster Linie der Entwicklung und Förderung von Spielfreude, Tatendrang und Einsatzbereitschaft dienen wie beispielsweise die bekannten einfachen Lauf- und Tummelspiele. Solche Spiele beinhalten keine planvoll vorgegebenen Lernziele. Sie können in allen Leistungsstufen zur Abwechslung und Auflockerung des Trainings verwandt werden (vgl. Handbuch des Fußballs, Band 1, S. 325).

Der im folgenden beschriebenen sogenannte ,,Motivationsfußball" verfolgt vordergründig ähnliche Zielsetzungen. Allerdings handelt es sich hier um kleine Fußballspiele, die erst für Fußballer im Aufbautraining (Fortgeschrittene) geeignet sind.

Motivationsfußballspiele verlangen neben technischen Grundfertigkeiten auch kluges taktisches Verhalten, um erfolgreich mitspielen zu können. Daher bieten sich dem Trainer innerhalb solcher Spiele auch Ansatzpunkte zu Korrekturen und taktischen Hilfen. Die taktischen Schwerpunkte sind für jedes Spiel in der Spielbeschreibung als ,,Ziel" angeführt und mit entsprechenden Korrekturhinweisen erläutert.

In allen Spielen wird von 16 Feldspielern und zwei Torhütern ausgegangen, einer Spielerzahl, wie sie dem Durchschnitt einer Trainingsgemeinschaft entspricht. Abwandlungen lassen sich mühelos vornehmen. Dabei sollte allerdings beachtet werden, daß mit geringeren Spielerzahlen die konditionellen Anforderungen an den einzelnen Spieler steigen und damit das motivierende Element beeinträchtigt werden kann.

Abb. 133 Verbissene Zweikämpfe um den Ballbesitzt werden mit Herz und Einsatzbereitschaft gewonnen

1. Pressing 9—7 auf zwei Tore

Organisationsform:
— Originalspielfeldbreite mit zwei Tore, 30 m gegenüberstehend;
— zwei Mannschaften, davon „Überzahl“ mit 9, „Unterzahl“ mit sieben Feldspielern;
— je ein TW in den Toren (Abb. 134).

Aufgabe/Regel:
— Spiel 9—7 auf zwei Tore;
— „Überzahl“ muß nach Ballgewinn innerhalb von maximal 20 sec zu einem Torabschluß kommen, sonst: Ballverlust;
— Spielzeit: 10 Minuten.

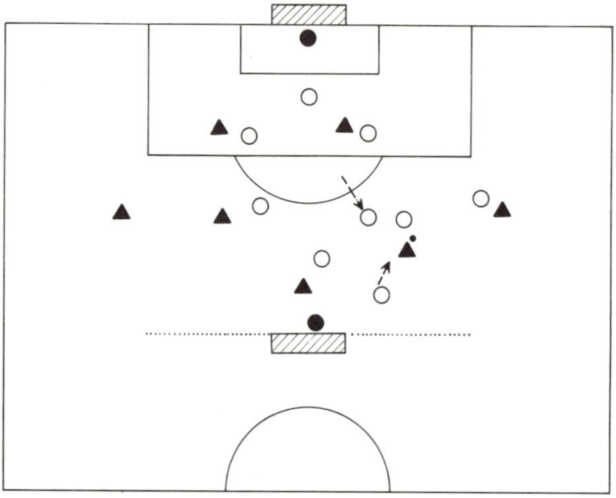

Abb. 134

Ziele:

Überzahl:
— schneller Torabschluß
— Rückpaßmöglichkeiten anbieten
— Spielverlagerung
— Überzahl ausspielen
— Pressing zum schnellen Ballgewinn

Unterzahl:
— Spielräume zum Tor verengen
— schnelles Umschalten zum Kontern
— zielstrebiger Torabschluß
— Dribbling / Alleingang
— schnelles Kombinieren 2—1

Korrekturhinweise: (Pressing)	*Begründungen:*
1. Den Raum um den Mann am Ball mit Überzahl schnell einengen.	Abspielmöglichkeiten werden abgedeckt, der Mann bleibt länger am Ball und ist leichter in einen Zweikampf zu verwickeln.
2. Den Mann am Ball frontal zum eigenen Tor hin stellen (aufhalten) und in Überzahl angreifen.	Der Mann am Ball hat keine Möglichkeit, aus der „Umzingelung“ herauszudribbeln; dadurch wird der Angriff auf den Ball risikolos.

Korrekturhinweise	Begründungen
3. Gegnerische Spieler in Ballnähe in enger Manndeckung abschirmen.	Ein schnelles Abspiel wird verhindert; dadurch wird der Mann am Ball gezwungen, den Ball länger zu halten. Für die gegnerische Mannschaft bietet sich mehr Zeit zum Angriff auf den Ball.

2. Luftkampf „8—8 auf zwei Tore"

Organisationsform:

— Originalspielfeldbreite mit zwei Toren, 25 m gegenüberstehend;
— zwei Mannschaften zu je acht Feldspielern und einem TW im Tor.

Aufgabe/Regel:

— Spiel 8—8 auf zwei Tore;
— Zuspiel mit der Hand (oder Spannstoß aus der Hand);
— jeder geworfene (zugespielte) Ball muß von allen Spielern solange mit dem Kopf gespielt werden, bis der Ball den Boden berührt, dann erst darf er mit der Hand aufgenommen und wieder zugeworfen (gespielt) werden;
— Tore können nur per Kopf erzielt werden;
— mit dem Ball in der Hand darf nicht gelaufen werden;
— Spielzeit: 10 Minuten.

Ziele:

— gezieltes Kopfballspiel
— Kopfballzweikampf in der Luft
— Freilaufen ohne Ball
— Herauslaufen und Strafraumbeherrschung des TW

Korrekturhinweise:	*Begründungen:*
1. Frühzeitig zum Ball hochspringen.	Der Spieler hat mehr Zeit und Platz zum gezielten Kopfstoß gegen den bedrängenden Gegner.
2. Anlaufgeschwindigkeit zum Absprung mit einem Bein ausnutzen.	Der Anlaufschwung kann in Sprunghöhe umgesetzt werden und dem Spieler in der Luft größere Widerstandskraft im Zweikampf verleihen.
3. Nur auf den Flug des Balles beim Anlauf, Absprung und Kopfstoß, nicht auf die Bewegung des bedrängenden Gegners achten.	Der Spieler wird nicht abgelenkt. Er kann sich ganz auf die Berechnung des Absprungpunktes und der Flugbahn des Balles konzentrieren.

3. Torabschluß „4—4 mit acht Neutralen auf ein Tor"

Organisationsform:

— 16-m-Raum als Spielfeld vor dem Tor;
— vier Mannschaften zu je vier Spielern; davon 4—4 im Strafraum, und die anderen acht Spieler als neutrale Anspieler außerhalb des Spielfeldes an den vier Strafraumseiten verteilt;
— ein neutraler TW (Abb. 135).

Aufgabe/Regel:
- Spiel 4—4 innerhalb des Strafraumes auf ein Tor;
- alle neutralen Anspieler spielen mit beliebig vielen Ballkontakten immer mit der ballführenden Mannschaft zusammen und dürfen auch untereinander sich den Ball zuspielen;
- die Neutralen können keine Tore erzielen;
- die Neutralen dürfen an den Strafraumseiten ihre Positionen je nach Spielsituation beliebig verändern (mitspielen);
- bei Tor und Toraus sowie gehaltenem Torschuß: TW-Abwurf auf einen Neutralen und dessen Anspiel eines Spielers der zuletzt angreifenden Mannschaft;
- der Ball kann nur im Feld erkämpft werden;
- bei Ballgewinn: Anspiel eines Neutralen und Aufgabenwechsel der spielenden Mannschaften;
- Spielzeit: 5 Minuten; (dann Wechsel der Mannschaften mit den neutralen Spielern möglich).

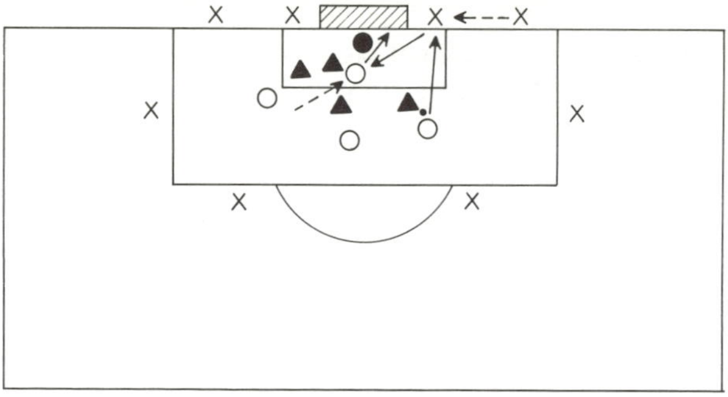

Abb. 135

Ziele:
- schneller Torabschluß
- Übersicht auf engem Spielraum
- Mut zum Risiko
- Freilaufen bzw. -stellen zur Vorbereitung einer Torschußgelegenheit
- Raumaufteilung
- schnelles Umschalten
- sicheres Herausspielen erfolgversprechender Torschußgelegenheiten

Korrekturhinweise:	*Begründungen:*
1. Rückpaßvorlage für Mitspieler bei Anspiel und Stellung mit Rücken zum Tor.	Ein nachrückender Mitspieler kommt frontal zum Torschuß; dadurch erhält er eine aussichtsreiche Torschußmöglichkeit.
2. Wenig dribbeln, schnelles Zusammenspiel und Ausnutzen der zahlenmäßigen Überlegenheit (Neutrale).	Der Gegner hat weniger Möglichkeit den Ball im Zweikampf zu erobern; dadurch wird eine sichere Torschußmöglichkeit leichter herausgespielt.
3. Sich von der Torauslinie und den Neutralen absetzen und zum Anspiel anbieten.	Der Spielraum wird besser aufgeteilt, die Neutralen können wirkungsvoller ins Aufbauspiel einbezogen werden, der Abwehrraum wird vergrößert; dadurch ist ein erfolgversprechender Torabschluß schneller möglich.

4. Flügelzange „8—8 um zwei Tore herum"

Organisationsform:

— je zwei große Tore mit der Rückseite (umgedreht) 20 m gegenüberstehend in einem in der Breite und über die Tore hinaus offenen Spielfeld;

— zwei Mannschaften zu je acht Feldspielern und einem TW im Tor (Abb. 136).

Aufgabe/Regel:

— Spiel 8—8 auf zwei Tore;

— Tore können nur von der Rückseite aus erzielt werden;

— Spiel ohne abseits;

— Spielzeit: 10 Minuten.

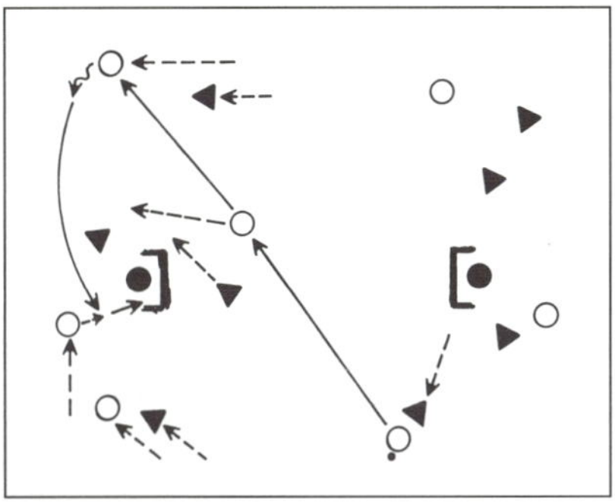

Abb. 136

Ziele:

— schnelles Zusammenspiel über die Flügel

— schnelles Umschalten von Angriff auf Abwehr und umgekehrt

— Spielverlagerung

— Flugballspiel

— Torabschluß nach Flanken bzw. Hereingaben von der Seite

Korrekturhinweise:	*Begründungen:*
1. Weiträumig zusammenspielen mit überraschenden Seitenwechseln.	Das Zusammenspiel zum Torabschluß wird risikoloser; die Abwehr kann vom Tor herausgelockt und ein erfolgversprechender Torabschluß vorbereitet werden.
2. Schnelle Hereingaben vom Flügel her vor das Tor.	Für die abwehrenden Spieler bleibt weniger Zeit, die Spielräume vor dem Tor einzuengen und dadurch die Abwehr zu verstärken; der Stürmer findet mehr Spielraum zum erfolgreichen Torschuß.
3. Rückpässe und Distanzschüsse gegen massierte Abwehr vor dem Tor.	Der Ball wird von der Abwehr (Tor) weggespielt; dadurch erhält der angespielte Stürmer mehr Spielraum und -zeit zum gezielten Torschuß; dem Torwart kann die Sicht versperrt sein; der Torschuß kann abgefälscht und so für den TW nicht erreichbar werden.

4. Torwarttraining

Der Torwart darf als einziger Spieler seiner Mannschaft den Ball innerhalb des Strafraumes mit der Hand spielen.

Als letzter Spieler seiner Mannschaft vor dem Tor hat er die Aufgabe, den Ball zu erobern, um einen Gegenangriff seiner Mannschaft einleiten zu können oder ihn abzuwehren und auf diese Weise Tore der gegnerischen Mannschaft zu verhindern. Dazu bedient er sich unterschiedlicher technischer Fertigkeiten mit den Händen:

- den Ball mit den Händen aufnehmen und sichern
- den Ball fangen
- den Ball fausten
- den Ball mit einer oder beiden Händen abwehren.

Abb. 137 Kein Ball, nach dem es sich nicht zu springen lohnt!

- Blick konzentriert zum heranfliegenden Ball
- mit einer Hand zum Ball fliegen
- Spannung (Druck) auf die Hand geben bei Ballberührung (der Ball, nicht die Hand soll abgelenkt werden)

Den von seinen Mitspielern zurückgespielten, aber auch einen halbhoch ihm entgegenfliegenden Ball *nimmt* der Torwart vor dem Körper mit beiden Händen baggerförmig auf und zieht ihn sofort fest an die Brust. Auch der vom Gegner nicht allzu plaziert und schwach geschossene sogenannte „Roller" findet bei ihm auf die gleiche Weise seine Endstation (Abb. 138).

Halbhohe und hohe Flugbälle auf das Tor oder in seinen Strafraum hinein *fängt* der Torwart im Stand oder Sprung mit beiden Händen, sofern er sich nicht entscheidend behindert sieht. Auch für ihn gilt wie für jeden Feldspieler, daß „abwehren" heißt, den Ball zurückzugewinnen zum eigenen neuen Angriffsvorstoß (Abb. 139).

Abb. 138 Aufnehmen des Balles

Abb. 139 Fangen des Balles

Bedrängen mehrere Spieler den Torwart im Kampf um den hoch vor das Tor gespielten Ball und fühlt er sich nicht sicher, den Ball dennoch festhalten zu können, so geht er kein Risiko ein und *faustet* den Ball mit beiden Fäusten von der Brust weg hoch und weit aus seinem Strafraum hinaus (Abb. 140). Zuweilen aber kann er auch nur noch mit einer Faust den Ball erreichen. Dann verlängert er den Flankenball mit der dem Ball nahen Faust in Flugrichtung zur anderen Seite hin.

Mancher Torschuß kommt für den Torwart derart überraschend, daß er den Ball nur noch mit äußerster Mühe im Hechtsprung mit ausgestrecktem langem Arm und einer Hand um den Torpfosten herum oder über die Querlatte des Tores hinweg *abzuwehren* imstande ist. Solche Rettungstaten verlangen vor allem abgefälschte oder Schüsse aus kürzester Entfernung (Abb. 141).

Um seine Abwehraufgaben erfolgreich zu lösen, muß der Torwart zwei grundlegende taktische Mittel beherrschen:

— sein Stellungsspiel zu Gegner und Ball im und vor dem Tor und
— das Herauslaufen aus dem Tor zu Beherrschung des Strafraumes.

Abb. 140 Fausten des Balles

Abb. 141 Abwehren des Balles

Mit vorausschauendem *Stellungsspiel* verkürzt der Torwart den Schußwinkel des Gegners und schafft sich damit eine kürzere „Verteidigungslinie" als die Torlinie. Dabei orientiert er sich von der Tormitte aus stets nach Position und Entfernung des Balles. Seine günstige Abwehrposition findet er auf einer gedachten geraden Linie von der Tormitte aus einige Schritte dem Ball entgegen, bis der Winkel zwischen Ball-Torwart-kurzer(dem Ball naher) Torpfosten etwa 90 Grad beträgt (Abb. 142).

Erfolgt der gegnerische Angriff noch weit vom Tor entfernt über den Flügel oder auch durch einen Eckstoß, so erwartet der Torwart den Flankenball im hinteren Drittel seines Tores. Die kurze Torecke wird dabei stets von seinen Abwehrspielern abgedeckt.

Ein „mitspielender" Torwart wartet auf den Torschuß allerdings nicht nur auf der Torlinie, sondern versucht, den Ball schon vor seinem Tor im Strafraum abzufangen oder abzuwehren.

Erkennt er seine Chance, den vom Gegner flach oder hoch vor sein Tor hereingespielten Ball vor einem gegnerischen Stürmer erreichen zu können, so *läuft* er entschlossen in höchstem Tempo aus seinem Tor *heraus,* um den Ball schnell aufzunehmen oder abzuwehren.

Auch einem Steilpaß, den er etwa gleichzeitig mit dem nachsetzenden Gegner erreichen kann, läuft er entschlossen entgegen und versucht, mit seinem Körper einen direkten Torschuß abzublocken oder den Gegner bei der Kontrolle des Balles zu stören und ein Dribbling an ihm vorbei zu verhindern. Besteht dabei allerdings noch die Möglichkeit für einen eigenen Abwehrspieler, den Ball vor dem nachsetzenden Gegner zu erreichen, so wartet der Torwart auf der Torlinie einen möglichen Rückpaß seines Mitspielers ab.

Abb. 142 Von der Tormitte aus zum Ball verkürzt der TW den Schußwinkel des Gegners

Dringt ein gegnerischer Spieler mit dem Ball am Fuß in den Strafraum ein, so kommt ihm der Torwart verhalten und so langsam entgegen, daß er im Augenblick des Torschusses stehenbleiben, zur Seite hin reagieren und den Torschuß abwehren kann.

Der Torwart ist der erste Angriffsspieler seiner Mannschaft. Bringt er den Ball in seinen Besitz, kann er einen schnellen Gegenangriff mit einem weiten Abschlag aus der Hand oder einem gezielten Abwurf einleiten, bevor sich die gegnerische Mannschaft auf ihre Deckungsaufgaben umgestellt hat. Mit einem weiten Abschlag überbrückt er das Mittelfeld schnell und risikolos, wenn die gegnerische Mannschaft weit aufgerückt ist und sich den eigenen Stürmern dadurch viel Spielraum bietet.

Spielerische Unterlegenheit im Mittelfeld, Windunterstützung, schlechte Bodenverhältnisse oder auch ein Torrückstand in den letzten Minuten können ebenfalls taktische Gesichtspunkte für den Torwart sein, den Angriff seiner Mannschaft mit einem weiten Abschlag aus der Hand schnell in die gegnerische Spielfeldhälfte vorzutreiben.

Allerdings bietet ein Abschlag dem Gegner die Möglichkeit, den Ball im Zweikampf zurückzugewinnen. Der Ball fliegt lange in der Luft und kann nicht so zielsicher gespielt werden wie ein Abwurf.

Das sicherere Zuspiel ist daher der Abwurf zu einem freistehenden Mitspieler. Er dient in erster Linie dem ruhigen und risikolosen Spielaufbau aus der eigenen Spielfeldhälfte heraus, um die eigene zahlenmäßige Überlegenheit in Ballnähe auszunutzen, das Spieltempo zu drosseln, falls der Gegner ungestüm angreift und die eigene Mannschaft über die spielerischen Mittel verfügt, einen Angriff sicher auch zu einem Torabschluß vorzutragen.

Parteispiel: „4—4 + 2 Neutrale auf ein Tor“

Organisationsform:

— eine Originalspielfeldhälfte mit einem großen Tor und zwei kleinen Fähnchentoren, 30 m vor dem Tor, je 3 m breit und 20 m nebeneinanderstehend;
— zwei Mannschaften zu je vier Spielern;
— zwei neutrale Spieler als Außenstürmer;
— ein neutraler Torwart.

Aufgabe/Regel:

— Spiel 4—4 auf ein Tor;
— zwei Neutrale spielen als Außenstürmer nur außerhalb des markierten Strafraumes an je einer Spielfeldseite immer mit der ballführenden Mannschaft;
— Spiel der angreifenden Mannschaft mit nur zwei Ballkontakten;
— bei Tor und Toraus: TW-Abwurf auf den hintersten der zuletzt angreifenden Spieler;
— bei gehaltenem Ball: TW-Abwurf auf einen freilaufenden Abwehrspieler zum Kontergegenstoß seiner Mannschaft auf eines der beiden Fähnchentore;
— bei erfolgreichem Torschuß durch eines der beiden Fähnchentore wechseln beide Mannschaften ihre Aufgaben;
— Wertungsdreikampf: Mannschaft A—B und — TW: drei vom TW in Folge gehaltene Bälle = 1 Tor für den TW;
— Spielzeit: 10 Minuten.

Abb. 143

Korrekturhinweise:

STELLUNGSSPIEL
Schußwinkel in Richtung zum Ball von der Tormitte aus verkürzen.

Begründungen:

Die zu verteidigende „neue Torlinie" (zur kurzen bzw. langen Ecke hin) wird kürzer; dadurch hat der TW bessere Abwehrchancen.

HERAUSLAUFEN
Beim erkennbaren Ansatz des Gegners zum Torschuß sicher auf beiden Beinen stehenbleiben.

Der TW kann zur Seite hin auf den Torschuß reagieren und den Ball erfolgreicher aus einer Torecke abwehren.

FANGEN
Den gefangenen Ball sofort zur Brust herabziehen.

Der Ball kann sicherer festgehalten werden und nicht mehr weiter in Torrichtung durchrutschen.

Variation 1. Schritt:

— gleiches Spiel, jedoch:
— freies Zusammenspiel der Angreifer ohne beschränkte Ballkontaktzahl;
— innerhalb des Strafraumes muß ein Torschuß nach maximal drei Ballkontakten erfolgen, sonst: Ballverlust.

Korrekturhinweise:

HERAUSLAUFEN
Im Tor abwarten, wenn ein eigener Mitspieler noch aussichtsreich um den Steilpaß mit dem Gegner kämpft.

Begründungen:

Der Abwehrspieler kann den Ball gefahrlos dem Gegner weg in Richtung Tor zum Torwart zurückspielen; dadurch behält er mehr Abwehrmöglichkeiten.

Abb. 144 Der Abwehrspieler spielt den Ball im Zweikampf mit dem Gegner zurück zum TW aber ins eigene Tor, weil der TW herausgelaufen ist, obwohl der eigene Mitspieler den Mann am Ball noch stören konnte

Korrekturgespräch:
Trainer (an TW und Abwehrspieler): „Warum kam es zu diesem Eigentor?"
TW: „Ich wollte den Ball vor dem Gegner abfangen und konnte nicht ahnen, daß mein eigener Mann den Ball zurückspielt!"

Abwehrspieler: ,,Ich konnte den Ball nur noch mit dem Fuß zum Tor verlängern, sonst hätte der Stürmer den Ball schießen können."

Trainer (an TW): ,,Warst Du sicher, den Ball vor beiden Spielern zu erreichen!"

TW: ,,Nein, aber ich hätte vielleicht einen Torschuß abblocken können."

Abwehrspieler: ,,Ich brauchte den Ball doch nur zurückspielen, dann hatte der Gegner keine Chance mehr, wenn Du im Tor geblieben wärst!"

Trainer: ,,Hättest Du noch eine andere Abwehrchance gehabt?"

Abwehrspieler: ,,Der Gegner war doch neben mir. Anders hätte ich ihn nur noch anschießen können."

Trainer: ,,Was ist in solchen Fällen für die Abwehr wohl aussichtsreicher?"

TW: ,,Der TW bleibt wohl doch besser auf der Linie — ehe ich ein Eigentor kassiere!"

Trainer: ,,Richtig. So kann es zu keinem Mißverständnis kommen."

Nachvollziehen der Spielsituation in korrigierter Form (Steilpaß, Zweikampf, TW bleibt und Rückpaß zum TW).

HERAUSLAUFEN
Mit dem ganzen Körper flach in den Steilpaß gleiten zur Abwehr eines möglichen Torschusses des nachsetzenden Gegners.

Dem Gegner bleibt kein Weg mehr, den Ball noch am TW vorbeizulenken; ein flacher Ball kann erfolgreich abgeblockt bzw. aufgenommen werden.

HERAUSLAUFEN
Den ballführenden Gegner zu überstürzten Handlung verleiten (täuschen) und mit den Händen zur langen Ecke hin reagieren.

Die Abwehr wird aussichtsreicher; mit den Händen hat der TW räumlich die größere ,,Reichweite" (Bewegungsfreiheit).

Variation 2. Schritt:

— gleiches Spiel wie im 1. Schritt, jedoch:
— im Strafraum auch freies Zusammenspiel;
— ein Tor kann nur per Kopfball oder nach Kopfballvorlage im Direktschuß erzielt werden.

Korrekturhinweise:

STELLUNGSSPIEL
Lange Flugbälle von der Seite her von dem hinteren Tordrittel aus erwarten.

Begründungen:

Der TW kann von dieser Position aus am schnellsten torgefährliche Flanken nach vorn, zur Seite und nach hinten aus dem Tor heraus erreichen und abfangen.

HERAUSLAUFEN
Zum Flankenball entschlossen, ohne Zögern zu der Stelle heraus durchlaufen, wo der Ball zuerst von einem Feldspieler erreicht werden kann.

Mit der Hand kommt der TW eher als der Feldspieler an den Ball; der Ball kann nicht noch abgefälscht werden; dadurch wird die Abwehr im Strafraum für den TW leichter.

HERAUSLAUFEN
Die Anlaufgeschwindigkeit zum Absprung mit einem Bein voll ausnutzen.

Die Anlaufgeschwindigkeit kann in Höhe umgesetzt werden; der TW springt höher.

Variation 3. Schritt:

— gleiches Spiel wie im 1. Schritt, jedoch:
— freies Spiel 4—4 mit den beiden neutralen Außenstürmern auf ein Tor.

Korrekturhinweise:

STELLUNGSSPIEL
Bei Alleingang des Gegners im Strafraum auf die kurze Torecke zu, diese kurze Torecke abdecken.

Begründungen:

Der TW verhindert die torgefährlichste Möglichkeit des Gegners, den direkten Torschuß in die kurze Ecke bzw. eine flache Hereingabe die Torlinie entlang vor das Tor.

FALLEN
Nach Hechtsprung seitlich auf den Boden fallen und über die Schulter abrollen.

Ein gefangener Ball kann leichter festgehalten werden. Beim Fallen bestehen für den TW weniger Verletzungsgefahren.

STELLUNGSSPIEL
Den Ball stets genau und konzentriert im Auge behalten und sich nicht ablenken lassen.

Der TW kann schneller auf die Bewegung des Balles reagieren und macht keine unnötigen, die eigene Abwehr erschwerenden Bewegungen.

Variation 4. Schritt

— gleiches Spiel wie im 3. Schritt, jedoch:
— hinter den beiden Fähnchentoren spielen je ein Spieler beider Mannschaften zum 1—1 gegeneinander;
— nach Ballgewinn durch den TW: Abschlag aus der Hand oder Abwurf zum freilaufenden Spieler der zuletzt abwehrenden Mannschaft hinter den Fähnchentoren;
— Aufgabenwechsel der Mannschaft nach Ballbesitz des angespielten Spielers hinter den Fähnchentoren und dessen erfolgreiches Zuspiel auf einen Mitspieler im Feld;
— drei erfolgreiche Abwürfe bzw. Abstöße in Folge = 1 Tor im Dreikampf für den TW.

Korrekturhinweise:

ANGRIFFSAUFBAU
Innerhalb von vier Sekunden nach Ballgewinn des TW einen freilaufenden Mitspieler anspielen.

Begründungen:

Der TW vermeidet einen Regelverstoß und nutzt den Reaktionsvorteil seiner Mitspieler zum schnellen Gegenstoß aus.

ANGRIFFSAUFBAU
Gezielter Abschlag aus der Hand mit dem Spann in den Lauf des sich freilaufenden Mitspielers.

Der freie Spielraum und das günstige Spielerzahlverhältnis gegen die aufgerückte gegnerische Mannschaft werden zum schnellen Torabschluß genutzt, schwer bespielbare Spielflächen einfach überbrückt.

ANGRIFFSAUFBAU
Abwurf auf einen freistehenden Mitspieler nur, wenn dieser auch bei der Ballannahme noch nicht angegriffen werden kann.

Zweikämpfe um den Ball werden in Tornähe vermieden und dadurch ein sicherer Spielaufbau gewährleistet.

Spielform für Anfänger

— gleiches Spiel ohne Variation, jedoch:
— um das Tor ist ein 10-m-Schußkreis markiert;
— Tore können nur aus mindestens 10 m Entfernung erzielt werden.

Übungsformen Torwart-Training Technik

1. Aufgabe: AUFNEHMEN FLACHER BÄLLE

— zwölf Spieler mit je einem Ball dribbeln nacheinander auf ein großes Tor mit TW zu, spielen den Ball aus ca. 10 m Entfernung flach wie eine Rückgabe zum TW und laufen sich nach der Ballaufnahme des TW zu einem gegenüberliegenden Tor mit 2. TW hin frei;
— der TW nimmt den zugespielten Ball auf und wirft ihn dem freilaufenden Spieler in den Lauf zurück;
— An- und Mitnahme des zugeworfenen Balles zum anschließenden Torschuß auf das 2. Tor und Rückkehr auf Ausgangsposition;
— für jeden vom TW erreichbaren Rückpaß = 1 Punkt; jedes erzielte Tor = 1 Punkt;
— wer erzielt am Ende die meisten Punkte?

2. Aufgabe: AUFNEHMEN HALBHOHER BÄLLE

— je sechs Spieler zweier Mannschaften spielen abwechselnd aus ca. 15 m Entfernung ihren Ball aus der Hand per Drop-kick als halbhohen Flugball vor das Tor in den 5-m-Raum und laufen sich nach Ballaufnahme durch den TW zu einem gegenüberliegenden 2. Tor (mit 2. TW) frei;
— der TW läuft dem Ball entgegen, nimmt ihn möglichst vor der ersten Bodenberührung auf (= 1 Punkt für TW) und spielt ihn dem freilaufenden Spieler per Drop-kick in den Lauf zu dessen Torschuß auf das 2. Tor;
— jedes gezielte und für den TW erreichbare Drop-kick-Zuspiel = 1 Punkt für die Mannschaft des jeweiligen Spielers;
— jedes erzielte Tor = 1 Punkt für die entsprechende Mannschaft;
— jedes nicht erreichbare Zuspiel zum TW = 1 Punkt Abzug;
— wer erzielt im Dreikampf (zwei Mannschaften und TW) am Ende die meisten Punkte?

3. Aufgabe: FANGEN HOHER BÄLLE IM STAND

— zwölf Spieler stehen, zu sechs Spielerpaaren zusammengestellt (6 x 1—1), ca. 10 m vor dem Tor;
— je ein Spieler jedes Paares hat als Angreifer (Mitspieler des TW) einen Ball;
— nacheinander spielen die ,,Angreifer" ihren Ball aus der Hand mit dem Spann hoch vor das Tor, so daß der TW den Ball vor der Torlinie fangen kann;
— nach dem Zuspiel Freilaufen und Spiel des Angreifers 1—1 nach Zuspiel durch den TW auf das 2., ca. 35 m gegenüberstehende Tor mit dem 2. TW;
— der TW fängt den Ball und spielt ihn als Abschlag aus der Hand dem ,,Angreifer" in den Lauf = 1 Punkt für TW;
— wer den Ball erkämpft, schießt auf das Tor und kehrt mit Gegner auf Ausgangsposition zurück;
— jeder dem TW zugespielte Ball, der nicht gefangen werden kann = 1 Punkt Abzug;
— Aufgabenwechsel innerhalb der Paare nach jedem Torschuß;
— welche Mannschaft erzielt am Ende die meisten Punkte (Dreikampf mit dem TW) (Abb. 145);

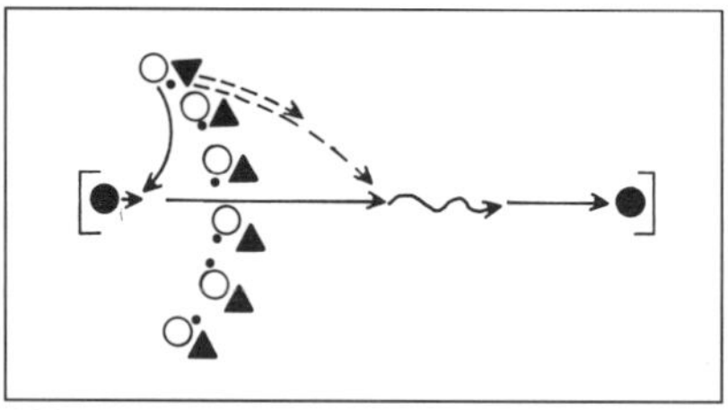

Abb. 145

4. Aufgabe: FAUSTEN HOHER BÄLLE AUS DEM STAND

— gleiche Aufgabenstellung und Organisation wie in 3. Aufgabe, jedoch:
— der TW faustet den Ball hoch ins Feld zurück; die beiden beteiligten Spieler kämpfen im Feld um den gefausteten Ball zum anschließenden Dribbling und Torschuß auf das 2. Tor;
— jede gelungene (technisch gute) Faustabwehr = 1 Punkt für TW;
— welche Mannschaft einschl. TW erzielt am Ende die meisten Punkte?

5. Aufgabe: HECHTEN — FANGEN — ABROLLEN
- je sechs Spieler üben mit einem TW vor einem Tor;
- ein Spieler (5.) wirft den Ball von der Torauslinie dem ersten von vier vor dem Tor in Reihe wartenden Spieler zu dessen Kopfball auf das Tor hoch zu und schließt sich nach dem Zuwurf der Reihe an;
- der TW hechtet und fängt den Ball, wirft den Ball dann dem Kopfballspieler hoch zurück zu dessen An- und Mitnahme und Dribbling zur Torauslinie als übernächster Werfer;
- der 6. Spieler wirft den nächsten Ball, sobald der Kopfballspieler den 1. Ball an- und mitgenommen hat (Wechsel in Kreisform);
- Wettkampf Spieler gegen TW: festgehaltener Kopfball = 1 Punkt für TW, erzieltes Tor = 1 Punkt für Spieler, unkorrekte An- und Mitnahme des Balles = 1 Punkt Abzug bei den Spielern;
- welche Partei erzielt am Ende die meisten Punkte?

6. Aufgabe: ABWEHR IM HECHTSPRUNG
- sechs Spielerpare 1—1 stehen mit je einem Ball in Reihe nebeneinander 15 m vor dem Tor;
- auf den seitlichen Strafraumlinien stehen je ein Fähnchentor 3 m breit;
- nacheinander Torschuß eines Spielers und anschließender Zweikampf des Paares um den Ball zum Dribbling durch ein Fähnchentor = 1 Punkt;
- gehaltener Schuß = 1 Punkt für den TW und Rückwurf zum Spielerpaar;
- erzieltes Tor = Punkt für den Schützen;
- bei abgewehrtem Ball Beginn des Zweikampfes, während das nächste Spielerpaar schießen darf;
- die Spielerpaare wechseln mit jedem Durchgang ihre Aufgaben untereinander;
- wer erzielt am Ende (einschl. TW) die meisten Punkte?

7. Aufgabe: FANGEN ODER FAUSTEN IM SPRUNG (mit Gegner)
- je sechs Spieler, aufgeteilt in drei Spielerpaare zum 3 x 1—1, spielen auf ein Tor mit TW;
- 1. Spielerpaar spielt 1—1 vor dem Tor, das 2. Spielerpaar außerhalb des Strafraumes ca. 25 m vor dem Tor;

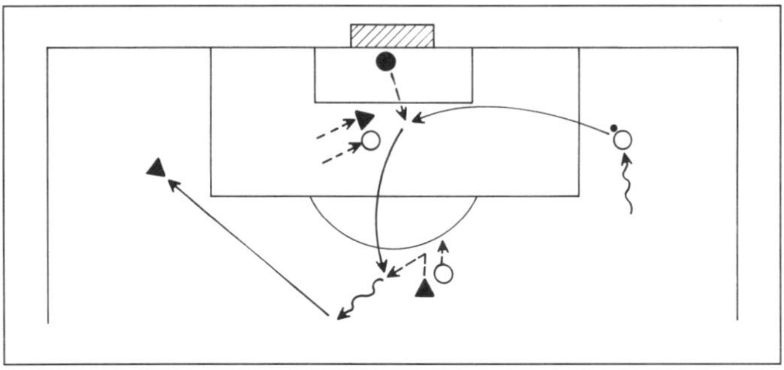

Abb. 146

- die Spieler des 3. Spielerpaares spielen abwechselnd als Außenstürmer von der Strafraumseite aus unbehindert einen Flankenball jeweils auf den eigenen Mitspieler hoch vor das Tor;
- TW fängt den Ball: Abwurf auf freilaufenden Spieler des 2. Paares der abwehrenden Partei und dessen Zuspiel aus 1—1 auf den eigenen Außenstürmer;
- TW-Faustabwehr ins Feld: Zweikampf des 2. Paares um den Ball mit Anspiel des jeweiligen Außenstürmers;
- keine TW-Abwehr: Spiel 2 x 1—1 bis zu einem Torabschluß frei und anschließende Flanke der zuletzt angreifenden Mannschaft;
- Foulspiel gegen den TW = 1 Tor Abzug;
- Kopfballtore und Nachschußtore innerhalb des Strafraumes zählen;
- welche Mannschaft erzielt am Ende die meisten Tore? (Abb. 146)

8. Aufgabe: TORSCHUSSABWEHR
— je zwei Spieler spielen mit zwei Ballkontakten zusammen aus 25 m wellenförmig auf das Tor;
— jeder abgewehrte Torschuß = 1 Punkt für den TW;
— welches Paar bzw. TW erzielt am Ende die meisten Punkte (Tore?).

9. Aufgabe: STELLUNGSSPIEL
— vier Spieler spielen vor dem Tor mit zwei Ballkontakten gegen zwei abwehrende Spieler 4—2 auf ein Tor;
— der Ball darf nur flach gespielt werden;
— bei Ballgewinn eines Abwehrspielers: schneller Torschuß durch eines von zwei Fähnchentoren, 4 m breit und 10 m nebeneinanderstehend, 30 m vor dem Tor;
— bei gehaltenem Torschuß: TW-Abwurf auf eines der Fähnchentore;
— bei abgewehrtem Torschuß ist der Ball frei für alle sechs Spieler zu entsprechender Spielfortsetzung (Abb. 147);
— die vier Angreifer dürfen einen Schuß bzw. Wurf durch ein Fähnchentor abfangen;
— welche Mannschaft (Angriff oder Abwehr) erzielt die meisten Tore?

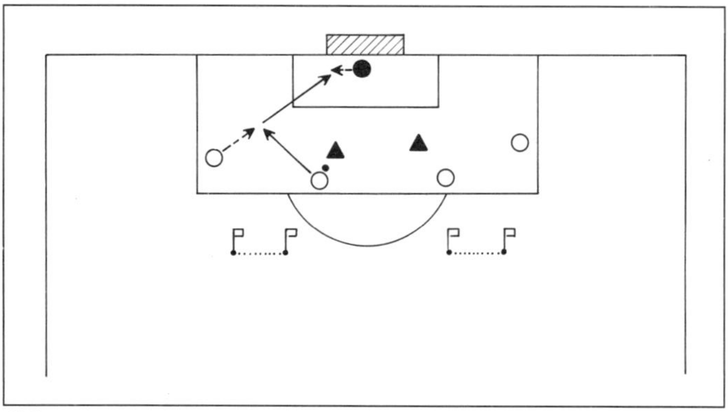

Abb. 147

10. Aufgabe: HERAUSLAUFEN — SCHUSSWINKEL VERKÜRZEN
— sechs Spieler mit je einem Ball dribbeln aus ca. 25 m nacheinander auf den TW zu und versuchen, ein Tor zu erzielen;
— nach Torabschluß wechseln sie wieder an das Ende der Spielerreihe;
— drei in Folge abgewehrte Angriffe (kein Tor) = 1 gymnastische Übung für alle Stürmer, 3 Tore in Folge = 1 gymnastische Übung für den TW.

11. Aufgabe: HERAUSLAUFEN — ABWEHR HOHER FLANKEN
— vier Stürmer spielen nach Flanke auf ein Tor;
— drei Spielerpaare (3 x 1—1) spielen außerhalb des Strafraumes im Feld (Stürmer — Abwehrspieler) auf das 35 m gegenüberstehende 2. Tor mit TW;
— je ein Spieler flankt abwechselnd von der Seite außerhalb des Strafraumes hoch vor das Tor;
— TW fängt den Ball: Abschlag auf die freilaufenden Abwehrspieler außerhalb des Strafraumes zu deren Angriff auf das gegenüberstehende Tor;
— TW faustet den Ball ins Feld: Kampf 3 x 1—1 im Feld um den Ball und entsprechender Torabschluß auf das 2. Tor oder das 1. Tor in Zusammenspiel mit den vier Stürmern;
— jeder Angriff wird bis zu einem Torabschluß ausgespielt;
— zu kurz geschlagene Flanken (TW muß Abwehrchance haben!) = Straftor zugunsten des TW und seiner drei Feldspieler;
— welche Partei (Angriff — Abwehr) erzielt die meisten Tore? (Abb. 148)

12. Aufgabe: ABWEHR UND SCHNELLER KONTER

- Spiel 8—4 auf ein Tor;
- fünf Stürmer spielen gegen vier Abwehrspieler vor dem Tor;
- je ein weiterer Stürmer beginnt jeden neuen Angriff abwechselnd von der Seite außerhalb des Strafraumes mit einer hohen Flanke vor das Tor;
- der 8. Stürmer leitet nach jedem Flankenangriff mit einem Schuß von der Strafraumgrenze aus einen neuen Angriff ein;
- jeder Angriff wird bis zu einem Torabschluß ohne Positionswechsel 8—4 ausgespielt;
- bei Ballgewinn des TW: Abwurf auf die freilaufenden Abwehrspieler und deren schneller Kontergegenstoß auf ein 35 m gegenüberstehendes 2. Tor mit 2. TW;
- welche Mannschaft erzielt die meisten Tore?

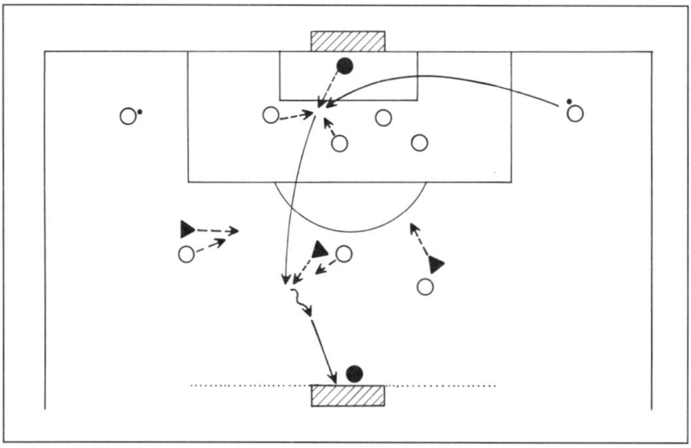

Abb. 148

13. Aufgabe: REAKTION

- ein TW wirft die Bälle von hinten über das Tor auf sechs vor dem Tor wartende Feldspieler zu deren Kopfstoß auf das Tor;
- die Feldspieler stehen beliebig verteilt und können sich den Ball auch noch vor einem Kopfstoß auf das Tor zuköpfen;
- jeder abgewehrte Ball des 2. TW im Tor = 1 Tor für die TW;
- wer erzielt die meisten Tore (Spieler oder TW)?

14. Aufgabe: KRAFTAUSDAUER

- ein Spieler flankt von der Seite hoch in den Strafraum;
- TW läuft heraus, fängt den Ball gegen 2. Spieler im Sprung ab, rollt ihn einem 20 m vor dem Tor wartenden 2. Spieler flach entgegen und läuft ins Tor zurück;
- 3. Spieler läuft Ball entgegen und schießt direkt;
- jeder abgewehrte Torschuß = 1 Tor für den TW;
- Wettkampf: Spieler gegen TW, wer erzielt mehr Tore?

15. Aufgabe: ANTRITTSSCHNELLIGKEIT

- zwölf Spieler mit je einem Ball 30 m vor dem Tor;
- im Tor wechseln sich zwei TW bei jedem Angriff ab;
- die Spieler spielen den Ball nacheinander als Vorlage in den Strafraum und spurten dem Ball nach der Selbstvorlage sofort zum Torabschluß mit Direktschuß bzw. Dribbling und Torschuß nach;
- der Spieler darf den Ball erst im Strafraum wieder berühren;

— der TW spurtet aus dem Tor heraus, um den Ball aufzunehmen oder einen erfolgreichen Torschuß zu verhindern;
— der Ball kann auch schräg in den Strafraum gespielt werden (längerer Weg für TW);
— erkämpfter Ball = 1 Tor für TW;
— Wettkampf: Spieler gegen TW, wer erzielt mehr Tore?

16. Aufgabe: SPRUNGKRAFT

— zwölf Spieler mit je einem Ball nebeneinander auf der Strafraumlinie verteilt;
— ein TW im Tor, der 2. TW vor dem 5-m-Raum;
— Freistöße nacheinander am 2. TW vorbei auf das Tor; vor jedem neuen Freistoß müssen beide TW wieder bereitstehen; nach einer Serie (zwölf Schüsse) Wechsel der TW;
— beide TW können mit der Hand abwehren;
— abgewehrte Bälle gegen Tore, wer erzielt mehr Punkte?

Abb. 149 Der Torwart muß am härtesten von allen Spielern einer Mannschaft trainieren, um in jeder Situation „voll da" zu sein. Sein Fehler bedeutet meistens ein Tor für den Gegner!

IX. Trainings-planung

Trainings-gestaltung

Abb. 150 und 151 Trainingsaufgaben mit Torabschluß und Zweikämpfen um den Ballbesitzt motivieren die Spieler am meisten zu Einsatz und Leistung

Training ist nicht wie das Zubereiten einer Speise anhand eines Rezeptbuches, ,,man nehme ein Lehrbuch, lese Übungen und Spielformen nach und lasse sie anschließend von den Spielern ausführen"!

Trainingsarbeit ist die erfolgreiche Verbindung verschiedenartiger Kenntnisse, pädagogischer Fähigkeiten und genauer Beobachtungen und Erkenntnisse. Sie wird bestimmt von

1. der Kenntnis und Auswahl geeigneter Trainingsformen
2. dem Erkennen und Verbessern von Schwierigkeiten und Schwächen der Spieler einerseits sowie auch deren Stärke andererseits und
3. der Art und Weise der Gestaltung des Trainingsablaufes.

Unter Trainingsgestaltung versteht man die gute, an langfristigen Ausbildungszielen orientierte Mischung verschiedenartiger sportlicher Aufgaben sowie den einfachen und für den Trainer und die Spieler gleichermaßen schnell und leicht überschaubaren organisatorischen Rahmen.

Das Programm für jeden neuen Trainingstag sollte sowohl die kurzfristigen Zielsetzungen aufgrund erkannter Fehler im letzten Spiel und geplanter Maßnahmen für das nächste Spiel berücksichtigen als auch den langfristig geplanten ,,roten Ausbildungsfaden". Gedanken über die Gestaltung des nächsten Trainings erst in der Kabine unmittelbar vor Trainingsbeginn werden ebensowenig einen dauerhaften und fortlaufenden Lerngewinn bei dem einzelnen Spieler sowie der Mannschaft als Einheit erzielen wie eine sture Wiederholung ständig sich gleichender Trainingsaufgaben. Jedes Training sollte vorbereitet, in Ruhe gedanklich geplant und durchgespielt werden.

Eine solche gründliche Trainingsplanung erfaßt

1. die Auswahl der Trainingsinhalte und geeignete Trainingsformen zur Schulung dieser Inhalte unter Berücksichtigung des aktuellen Leistungsstandes
2. den organisatorischen Rahmen des Trainingsprogrammes.

Der genaue Ablauf eines Trainings kann und sollte sicherlich nicht bis in alle Einzelheiten vorausgeplant und festgelegt werden. Dennoch bildet der gedankliche Rahmen für die angestrebten Trainingsziele und deren Verwirklichung eine wesentliche Hilfe für den Trainer, um sich den unvorhersehbaren Entwicklungen innerhalb einzelner Trainingsaufgaben zuwenden und sich und seine Schulungstätigkeit schnell und mit einfallsreichem Improvisationsgeschick anpassen zu können.

Mit den folgenden drei Kapiteln werden dem Trainer Grundlagen und Hinweise für eine erfolgreiche Gestaltung seines Trainings vermittelt. Gleichzeitig soll deutlich und verständlich gemacht werden, wie viele Fragen zur Gestaltung eines Trainingstages (Trainingseinheit) sich zugunsten unbelasteter Schulungsarbeit im vorhinein beantworten und lösen lassen.

1. Trainingseinheit

— Aufbau —

Die Vorbereitung des Trainers bezieht sich jeweils auf die nächste Trainingseinheit. Als Trainingseinheit bezeichnet man den Ablauf eines Trainings vom Weg aus der Kabine bis zurück zum Duschen in die Kabine. Im Kindes- und Jugendalter wird in der Regel pro Tag nur einmal trainiert. Daher kann man eine Trainingseinheit in diesem Zusammenhang auch mit einem Trainingstag gleichsetzen.

Eine Trainingseinheit, d. h. der Ablauf eines Trainings, besteht aus drei Teilen:

1. dem Aufwärm- und Vorbereitungsprogramm auf die erhöhten körperlichen und geistig-psychischen Anforderungen im Training
2. dem eigentlichen Training mit seinen verschiedenen Schwerpunkten (auch Hauptteil genannt) und
3. dem sogenannten Ausklang, der Phase des Auslaufens zur allmählichen Erholung.

Ein Aufwärmprogramm sollte wie vor jedem Spiel auch vor jedem Training durchgeführt werden. Um besondere Leistungen erbringen zu können, muß der Körper mit seinen für die Leistungsfähigkeit in erster Linie verantwortlichen Organen, dem Herz-Kreislauf, dem Muskel-Bandapparat und dem Nervensystem auf diese hohen Belastungen vorbereitet werden.

Ein sorgfältiges **Aufwärmprogramm** dauert je nach Witterung, individueller Gewohnheit und Altersstufe zwischen 15 und 25 Minuten. Dabei ist im Kinder- und Jugendtraining zu berücksichtigen, daß Kinder, vor allem im Schulkindalter der F- und E-Junioren vom natürlichen Bewegungsdrang her noch nicht so gezielt und intensiv aufgewärmt werden müssen. Für die Kleinen reichen spielerische Vorbereitungsaufgaben mit dem Ball ohne hohe Belastung völlig aus.

Das Aufwärmprogramm setzt sich aus Übungsaufgaben zusammen, deren körperliche Beanspruchung bei regelmäßigen kurzen Erholungsphasen allmählich gesteigert wird.

1. *Lockerer Dauerlauf* zur Anpassung des Herz-Kreislaufes an höhere Belastungen.
2. *Gymnastische* Dehn- und Lockerungsaufgaben zur besseren Durchblutung und damit Erwärmung der Muskulatur und zur Anpassung des Nerv-Muskel-Zusammenspiels an spätere Aufgaben mit maximaler Kontraktionsgeschwindigkeit (Schnellkraft) und mit schwierigeren Bewegungsaufgaben (Koordination).
3. *Steigerungs-* und *Tempo-Läufe* zur Anpassung des Herz-Kreislaufes und der Muskulatur an hohe Anforderungen im Bereich der speziellen Ausdauerfähigkeit (Schnelligkeitsausdauer und Kraftausdauer). Die Laufgeschwindigkeit wird gesteigert und wieder zurückgenommen.
4. *Fußballspezifische* Aufgaben zur Einstimmung und Gewinnung der Sicherheit im technischen Bereich (Kopfball, Passen, Täuschungen) und zur Anpassung der koordinativen Fähigkeiten an die folgende hohe Beanspruchung.
5. *Spurts* mit wettkampfgleichen Aufgaben (Doppelpaß etc.) zur Angleichung des Organismus an die maximalen Belastungen des Wettkampfes.

Die besonderen Gefahren ungenügender körperlicher Vorbereitung auf eine hohe Belastung liegen sowohl im Ausdauerbereich als auch im Bereich der Leistungsfähigkeit des Muskel-Band-Apparates.

Ein längerer Spurt erschöpft einen unvorbereiteten Herz-Kreislauf derart, daß sich der Spieler anschließend nur sehr schwer und erst nach längerer Pause wieder erholt. Für den weiteren Trainings- bzw. Wettkampfverlauf würde dieser Spieler zunächst einmal keine wesentlichen sportlichen Leistungen mehr erbringen können.

Der unvorbereitete, noch nicht aufgewärmte Muskel ist vergleichbar mit einem kalten Gummiband besonders „Riß-anfällig". Ein frühzeitiger Schuß auf das Tor z. B. kann schnell eine Zerrung oder gar einen Faserriß nach sich ziehen. Diese Verletzung müssen nicht unmittelbar nach dem unüberlegten Schuß spürbar werden. Nicht selten verspannt sich der Muskel lediglich und wird dann durch die fortlaufende weitere Belastung unverhältnismäßig schnell müde und unelastisch. Trainingsaufgaben mit einer normalen Beanspruchung können dann diesen Muskel unverhofft überfordern und erst zu einem späteren Zeitpunkt Verletzungen auslösen.

Welchen Höchstbelastungen ein Muskel standzuhalten vermag, hängt weitgehend von seinem allgemeinen Trainingszustand ab. Der hochtrainierte Muskel eines Berufsspielers erweist sich im allgemeinen widerstandsfähiger als der eines Amateur- oder Juniorenspielers.

Das eigentliche **Training** erfolgt in dem Hauptteil der Trainingseinheit. Dieser Hauptteil wird besonders effektiv gestaltet, wenn Aufgaben mit hoher körperlicher Beanspruchung und Übungen mit geringerer Belastung ständig miteinander abwechseln. Dieser Wechsel zwischen Belastung und Erholung bewirkt eine bessere körperliche Anpassung an die hohen Belastungen von Spiel und Training und führt allmählich zu einer schnelleren Erholungsfähigkeit nach maximalen Beanspruchungen.

Ein Training ohne die wichtigen Erholungsphasen oder mit nur unzureichenden „Verschnaufpausen" würde schnell zu einer allgemeinen Ermüdung führen und jene Energiespeicher des Körpers leeren, die dem Spieler im Wettkampf Kraft und Ausdauer verleihen sollen. Als negative Folgen träten Konzentrationsschwäche, Lustlosigkeit und Desinteresse, Störverhalten und eine erhöhte Verletzungsanfälligkeit auf.

Ein Leistungszuwachs ist in ermüdetem Zustand nicht mehr zu erzielen. Auch bereits beherrschte Bewegungen wie technische Fertigkeiten und taktisches Verhalten werden bei unsachgemäßer Beanspruchung im Training nachhaltig beeinträchtigt und mit vermehrten, einfachen, scheinbar unerklärlichen Fehlern durchsetzt.

Alle Trainingsaufgaben mit höchster Beanspruchung an die Spieler gehören an den Anfang des Hauptteils, wenn die Muskulatur ausgeruht und der Spieler noch konzentriert trainieren kann. Höchstbelastungen können konditionelle (Schnelligkeit) aber auch technische oder taktische Schwerpunkte darstellen. Im Kinder- und Jugendtraining stellt man daher neue bzw. erschwerte Aufgaben in den vorderen Trainingsabschnitt. Wiederholungen und im konditionellen Bereich Aufgaben zur Verbesserung der allgemeinen Ausdauer (z. B. ein freies, lockeres Abschlußspielchen) schließen den Hauptteil des Trainings ab.

Nicht selten vernachlässigt wird der letzte Abschnitt einer Trainingseinheit, der seinem Sinn entsprechend bezeichnete sogenannte „Ausklang".

Ebenso wie der Körper für die hohen Beanspruchungen des Trainings bzw. Spiels zunächst vorbereitet und aufgewärmt werden muß, um gute Leistungen erbringen zu können, ist es auch wichtig, den durch das Training bzw. Spiel ermüdeten und nervlich erregten Körper wieder zu beruhigen, sozusagen organisch und psychisch „sich abkühlen" zu lassen. Dieses allmähliche „Ausklingen" der körperlichen Beanspruchung bewirkt eine schnellere und gesündere Erholung und Wiederherstellung der Leistungsfähigkeit. Ein allzu abrupter Wechsel von einer hohen Belastung zu absoluter Ruhe kann dem Herz-Kreislauf sogar schaden.

Einige Minuten langsamen Dauerlaufes, wie er auch zu Beginn des Aufwärmens ausgeführt wird, senkt die Herzschlag- und Pulsfrequenz allmählich ab und beruhigt das Nervensystem. Intensive gezielte Dehnübungen (Stretching) für die besonders beanspruchten Muskelbereiche fördern eine bessere und stärkere Durchblutung zu schnellerer Anreicherung der ermüdeten Muskulatur mit sauerstoffreichem Blut.

Ähnlich wie beim Aufwärmprogramm gewinnt dieser ,,Ausklang" erst im Jugendalter (ab C-Jugend) seine wesentliche Bedeutung. In jüngeren Jahren unterscheidet sich das freizeitliche Bewegungsverhalten des Kindes noch nicht so entscheidend von den Beanspruchungen des Trainings, so daß ein gezieltes ,,Erholungsprogramm" noch nicht erforderlich ist.

— Dauer —

Die Dauer einer Trainingseinheit kann völlig unterschiedlich sein. Sie hängt von vielen Faktoren der Trainingsgestaltung und der zeitlichen Planung innerhalb eines Tages bzw. einer Woche ab. In der Regel haben sich 90 Trainingsminuten für den Leistungsfußball als ausreichend erwiesen.

Im Kindes- und Jugendalter sollte sich die Trainingsdauer jedoch dem Alter anpassen. Für die ersten Fußballjahre (F- und E-Junioren) reichen 60 Minuten völlig aus. Kinder diesen Alters verfügen noch nicht über eine ausgeprägte Konzentrationsfähigkeit auf bestimmte Aufgaben und lassen sich schnell und gern ablenken. Längere Trainingszeiten würden dann kaum einen weiteren Lern- und Leistungszuwachs bewirken.

Weit wichtiger ist es in diesem Alter, mehrere aber kürzere Trainingseinheiten innerhalb einer Woche durchzuführen. Dreimal 60 Spielminuten pro Woche neben den regelmäßigen Wettkampfspielen bieten ungleich günstigere Voraussetzungen für eine vielseitige und umfassende Grundlagenausbildung als ein längeres aber nur einmaliges Training pro Woche. Dabei sind 60 Minuten für F- und E-Junioren nicht als Training im eigentlichen Sinne zu verstehen. Sie sollten vielmehr als Spielnachmittage mit kleinen abwechslungsreichen Parteispielen die Vorteile des früheren Straßenfußballs aufgreifen.

Erst vom D-Junioren-Alter an scheint eine Erweiterung auf 90 Trainingsminuten sinnvoll und gerechtfertigt. Dreimaliges Training sollte in jedem Fall pro Woche beibehalten werden.

Bei mehrmaligem Training innerhalb einer Woche wird auch der Wechsel von Trainingstag und Ruhetag berücksichtigt. Dabei sollte vor allem am Tag nach dem letzten Spiel und am Tage vor dem nächsten Spiel möglichst nicht trainiert werden.

In der folgenden Übersicht wird ein Beispiel zeitlicher Trainingsplanung bei Kinder- und Jugendmannschaften für eine Woche vorgestellt, das auch die zeitliche Belegung eines Sportplatzes mitberücksichtigt:

Altersklassen	Wochentage							
	SA	SO	MO	DI	MI	DO	FR	SA	SO
F-Junioren E-Junioren		SPIEL	60 Min.	60 Min.		60 Min.		SPIEL	
D-Junioren C-Junioren	SPIEL		90 Min.		90 Min.	60 Min.		SPIEL	
B-Junioren		SPIEL		90 Min.	90 Min.		90 Min.		SPIEL
A-Junioren		SPIEL		90 Min.	60 Min.	90 Min.	90 Min.		SPIEL

2. Trainingsorganisation

Voraussetzung für einen erfolgreichen Trainingsverlauf ist die durchdachte und vorgeplante Organisation des Trainings. Überlegte Organisation hilft während des Trainings, Zeit einzusparen zugunsten der aktiven Trainingsarbeit. Sie ermöglicht dem Trainer, auch mit unzureichenden Trainingsmitteln auszukommen und dennoch abwechslungsreich und effektiv zu trainieren.

Planvolle Trainingsorganisation kann aber auch für den aktiven Spieler durch Übersichtlichkeit, schnelle Orientierungs- und Spielhilfen zu möglichst ungestörtem Ablauf kleiner Wettspiele eine nicht unwesentliche Lernhilfe bedeuten.

Die Grundlagen durchdachter Trainingsorganisation werden bereits in der Vorbereitung auf den Trainingstag geschaffen. Neben der Festlegung der Inhalte, Formen und Ziele des Trainings muß der Trainer auch organisatorische Fragen beantworten:

1. Wie ist der verfügbare Trainingsraum (Spielfeld, Sportplatzhälfte, Halle) so aufzuteilen, daß die Spieler möglichst gleichzeitig und voneinander ungestört in den geplanten Trainingsformen spielen und üben können?
2. Wie ist das verfügbare Trainingsmaterial (Tore, Gummikegel, Bälle, Stangen) aufzuteilen, damit alle Spieler möglichst ohne größere Pausen und Orientierungsprobleme häufig mit dem Ball spielen können?
3. Wie viele Spieler sollen zusammen spielen und trainieren?
4. Wie sind die Trainingsgeräte aufzustellen, um bei neuen und veränderten Trainingsaufgaben keinen oder einen möglichst wenig zeitaufwendigen Umbau vornehmen zu müssen?

Im folgenden Abschnitt werden Anregungen und Möglichkeiten zur Trainingsorganisation aufgezeigt. Sie sollen dem Trainer helfen, die nicht selten unzureichenden Trainingsbedingungen für seine Mannschaft möglichst sinnvoll zu nutzen und durch planvolle organisatorische Maßnahmen die Gestaltung des Trainings zu erleichtern.

— Trainingsvorbereitung und Improvisation —

In welcher Weise der Trainer seine gesteckten Trainingsziele erreichen will bzw. kann, hängt u. a. auch von den räumlichen, zahlenmäßigen und materiellen Möglichkeiten am Trainingsort ab. Diese sind ihm in der Regel im voraus bekannt und lassen sich daher gedanklich vororganisieren.

Allerdings können Regen, Hitze, heftiger Sturm oder auch einsetzender Schneefall unverhofft bestimmte vorgeplante Trainingsaufgaben undurchführbar werden lassen.

Die Zahl der am Training erscheinenden Spieler verändert sich infolge von einzelnen Krankheitsfällen oder aus anderen Gründen von einem zum anderen Trainingstag. Diese Veränderungen erfährt der Trainer in der Regel erst bei Trainingsbeginn.

Nicht selten muß ein Spieler während des Trainings wegen einer leichten Verletzung kurzfristig ausscheiden aus seiner Trainingsgruppe und behandelt werden.

Und schließlich ist auch der Zeitpunkt nicht vorauszusehen, wann der Trainer innerhalb seiner Aufgabe einen Schritt weitergehen und neue bzw. erweiterte Aufgaben stellen kann, d. h. der und die Spieler ein Lernziel erreichen.

Der Verlauf des Trainings sollte sich daher stets nach dem Leistungsfortschritt der Spieler richten. Immer wieder wird sich der Trainer gezwungen sehen, unerwartete, individuelle

Schwierigkeiten zu überwinden und zu lösen helfen und damit mehr Zeit für bestimmte Trainingsaufgaben aufzuwenden, als er in seiner Vorplanung vorgesehen hatte. Nicht selten lassen sich dann einige Trainingsziele nur noch unvollständig oder gar nicht in die Tat umsetzen.

Während des Trainings muß der Trainer improvisieren können aufgrund von unvorhersehbaren Ereignissen und Ergebnissen. Wenig sinnvoll wäre es, ein vorbereitetes Trainingsprogramm ohne Rücksicht auf die individuellen Leistungsfortschritte wie nach einer Uhr, einem Zeitplan lediglich durchziehen zu wollen. Eine solche verfehlte Trainingsgestaltung ginge allein zu Lasten der sportlichen Entwicklung der Spieler und letztlich damit auch zuungunsten des sportlichen Erfolges der Mannschaft.

Das eigentliche Training findet vielmehr innerhalb der einzelnen Aufgaben statt durch Hilfen, Hinweise und Korrekturen. Es ist in seiner zeitlichen Dauer niemals genau vorherzuplanen. Daher kann eine Trainingsvorbereitung auch nur einen nach Inhalten, Formen und organisatorischen Maßnahmen ausgerichteten gedanklichen Rahmen bilden, an dem sich der Trainer während des Trainingsablaufes orientiert, von dem er jedoch jederzeit abweichen wird, wenn besondere Umstände es erfordern. Eine regelmäßige, durchdachte Vorbereitung auf das nächste Training fördert und entwickelt dieses für den Trainer so wichtige Improvisationsvermögen.

— Trainingsmaterial und seine Verwendungsmöglichkeiten —

Das wichtigste Material für das Fußballtraining sind brauchbare *Fußbälle.* Für das Kinder- und Jugendtraining sollte darauf geachtet werden, daß vor allem in den Jahren des Schulkindalters bis zum Einsetzen der ersten pubertären Veränderungen ausreichend Bälle, d. h. möglichst für jeden Spieler ein Ball, zur Verfügung stehen. Allerdings kann sich ein kleiner Verein zuweilen so viele Bälle kaum leisten. Der Trainer könnte nun in Zusammenarbeit mit den Eltern der Kinder zu erreichen versuchen, daß jeder seiner Spieler zum Geburtstag oder zu einem anderen Anlaß sich seinen eigenen Fußball schenken läßt und zum Training wie seine andere Sportausrüstung auch seinen eigenen Ball mitbringt. Zweifellos würde der eigene Ball dann auch während der Trainingsstunde sorgsamer behütet und daheim gewissenhafter gepflegt werden.

Stehen beim Training nur wenige Bälle zur Verfügung, kann das Training mit Parteispielen und kleinen Spielformen gestaltet werden, mit Trainingsformen, die nur wenige Bälle erfordern. Dennoch kommt in diesen kleinen Spielen der einzelne häufig mit dem Ball „in Berührung" und kann sich auf diesem Wege auch in seinen technischen Fertigkeiten verbessern.

Die Fußbälle sollten in Größe, Gewicht und Elastizität den besonderen Bedingungen der heranwachsenden Spieler angepaßt werden. Nicht selten stellt man ausgediente Lederbälle aus dem Erwachsenentraining „großzügig" der Jugend zur Verfügung. Dabei wird zuweilen kein Gedanke darüber verloren, wie ein kleiner Junge mit einer ausgedehnten und im Leder verhärteten „Kugel", die für seine körperlichen Verhältnisse oft zu groß und offensichtlich für das Training bereits ausgereifter Spieler nicht mehr geeignet erscheint, seine technischen Fertigkeiten entwickeln soll.

Für den Jugendfußball sind kleinere Fußbälle vorgeschrieben, die den Hebelverhältnissen und der Größe der Kinderbeine angemessen sind. Der Lederball sollte voll elastisch sein. Nur dann vermag das Kind sein Ballgefühl schnell zu entwickeln und auszuprägen. Dies gilt in ganz besonderem Maße für das Erlernen des Kopfballspiels. Im Leder zu harte Bälle mit nicht selten auch schon etwas aufgerauhter Oberfläche, durch Nässe oder unsachgemäße Pflege schwer geworden, stellen für den weichen, noch im Wachstum befindlichen Knochenbau dann eher eine Verletzungs- und Schädigungsgefahr dar.

Eine denkbare Hilfe könnten für das Hallentraining der Jüngsten gebrauchte Volleybälle bilden. Aber auch weiche und nicht zu leichte Plastikfußbälle lassen sich zur Technikschulung der Kinder verwenden, wenn ausreichende oder geeignete Lederbälle nicht verfügbar sind.

— Abgrenzungen — Markierungen —

Eine der wesentlichen Fragen übersichtlicher Trainingsorganisation ist der schnelle Aufbau und die rasche Veränderbarkeit kleinerer Spielräume. Kreidelinien lassen sich in den seltensten Fällen nutzen. Sie lassen sich nur schwer wieder fortwischen.

Als das hilfreichste Abgrenzungsmaterial haben sich in der Praxis kleine *Gummikegel* erwiesen, wie sie im Straßenbau verwendet werden. Sie sind leicht transportabel, schnell umzustellen und lassen sich auf Rasen wie auf Hartplätzen gleichermaßen benutzen. Ihr weiches Material bildet zudem keine ernsthafte Verletzungsgefahr.

Eine solche Gefährdung muß bei den stabileren *Fähnchenstangen* eher beobachtet werden, vor allem, wenn diese aus unelastischem Holz gefertigt sind. Fähnchenstangen lassen sich als Markierungshilfen allerdings lediglich auf Rasenplätzen verwenden. Für Hartplätze müssen diese Stangen noch mit einem ziemlich schweren ,,Fußständer" versehen werden, der den Transport erschwert.

Für Tormarkierungen sind diese Fähnchenstangen aufgrund ihrer Größe allerdings geeigneter als die kurzen Gummikegel. Jedoch werden sie im Eifer des Wettkampfes vom Spieler zuweilen schwerer erkannt als die leuchtfarbenen rotweißen Gummikegel (Hütchen).

Im Gegensatz zu einer Kreidelinie lassen Markierungen mit Hilfe von Gummikegeln oder Fähnchenstangen eine eindeutige Entscheidung über einen Ausball kaum zu. Für diesen Fall könnte auf einem Hartplatz mit dem Fuß eine Hilfslinie gezogen werden. Andererseits sollte man nicht die erzieherische Wirkung außer acht lassen, die längerfristig von der Notwendigkeit selbständiger Entscheidungsfindung durch die spielenden Kinder ausgeht. Auch in der Hochzeit des Straßenfußballs und heute noch dort, wo Kinder in ihrer Freizeit untereinander in kleinen Gruppen Fußball spielen, haben die Kinder sich immer ohne einen Schiedsrichter schnell einigen müssen und auch (trotz einiger Diskussionen) immer wieder geeinigt. Derartige kleine ,,Streitigkeiten" können durchaus auch zur Verbesserung des sozialen Verhaltens der Kinder beitragen, wenn der Trainer nicht bei jeder Uneinigkeit sogleich eingreift, sondern den Kindern einen Einigungsspielraum einräumt.

Der Aufbau mehrerer *Spielfelder* sollte möglichst wenig Zeit in Anspruch nehmen. Einen günstigen Zeitpunkt dazu stellen die Aufwärmübungen dar. Der Trainer beobachtet die Spieler, sagt die neuen Aufgaben an und macht sie gegebenenfalls vor. Dabei kann er Schritt für Schritt die Abgrenzungsmarkierungen aufbauen, ohne die Spieler zu stören und Trainingszeit einzubüßen. Ein anderer, vor allem für das Training der Kinder geeigneter Weg des Platzaufbaus wird in die Hände und Verantwortung der Kinder selber gelegt. Vor der ganzen Trainingsgruppe wird ein Feld in Größe und Stellung eventueller Tore als eine Art Muster markiert oder die Maße auch nur verbal ausgegeben. Sodann erstellen sich die einzelnen Spielgruppen ihre Spielfelder und Tore selber. Auch der Umbau von Spielräumen sowie der Abbau des Trainingsmaterials sollte nicht durch den Trainer, sondern von den Kindern vorgenommen werden. Auch ihr Spielzeug daheim müssen sie selber aufräumen lernen. Der Trainer beaufsichtigt lediglich Auf- und Abbau und stellt die organisatorischen Aufgaben. Über das Forträumen des Trainingsmaterials kann auch der Ausgang von Spielen oder Trainingsaufgaben entscheiden. Die Unterlegenen räumen Bälle, Fähnchenstangen, Gummikegel und Hemden in die Materialkammer zurück. Eine solche Aufgabe vor Beginn der letzten Trainingsform angekündigt, bewirkt dann nicht selten noch einmal gesteigerte Motivation und Leistungsbereitschaft.

Die Spielräume sollten stets mit ausreichenden Zwischenräumen zueinander aufgebaut werden, so daß aus dem Feld springende Bälle möglichst nicht sogleich in den Spielraum einer anderen Gruppe rollen und diese stören.

Die Größe des Spielraumes bestimmt die Schwierigkeit der Aufgabe für die ballführende Partei mit. Daher sollte auf eine ausreichende Spielraumgröße geachtet werden. Für den Kinder- und Jugendfußball muß das Alter und die Größe der Spieler zur Verkleinerung des Feldes mitberücksichtigt werden. So könnte man beispielsweise für D-Junioren das Spiel 3—3 auf einem Spielfeld von 20 x 15 m austragen lassen, während die A-Junioren für das gleiche Spiel einen 30 x 20 m großen Spielraum benötigen.

— Orientierungsmöglichkeiten —

Eine gute Orientierungsmöglichkeit ist für die Spieler eine wichtige Hilfe, sich vor allem unter wettkampfgleichen Bedingungen schnell und sicher zurechtzufinden und selbständig zu handeln. Das Training sollte daher weitgehend gleiche Bedingungen schaffen, wie sie auch im Wettspiel gegeben sind. Einheitliche, schnell erkennbare Hemden für alle Spieler einer Mannschaft mit sich deutlich voneinander abhebenden Farben machen es dem einzelnen Spieler ungleich leichter, das Wesentliche im Spiel, das Verhalten von Mit- und Gegenspielern zu beobachten und zu verfolgen. Mit ärmellosen *Überziehhemden* lassen sich schnell und einfach farblich unterscheidbare Parteien aufteilen. Den gleichen Zweck erfüllen auch schon einfache weiße *Unterhemden,* die sich jeder Spieler zum Training selbst mitbringen und zu Hause wieder waschen lassen könnte.

— Tore —

Für mehrere kleine Parteispiele reichen die beiden festen großen Tore eines Fußballfeldes nicht aus. Tore lassen sich auch mit *Fähnchenstangen* oder *Gummikegel* beliebig groß aufstellen. Dabei sollten als gültige Tore nur solche Schüsse gezählt werden, die bis zur Stangen- bzw. Kegelhöhe durch das Tor fliegen. Hängt man farbige Hemden über die Torstangen, so sind auch diese an sich etwas schwerer auszumachenden „Torpfosten" für den Spieler im Wettkampf schnell erkennbar.

Tore ohne Tornetz sollten stets so aufgestellt werden, daß die durch das Tor bzw. am Tor vorbeifliegenden Bälle möglichst bei allen Feldern in gleicher Richtung und nicht sofort in ein benachbartes Spielfeld rollen können. Bewegliche *Holzbänke* oder andere leicht transportierbare kleine Auffanghindernisse könnten in einigem Abstand hinter den Toren als zusätzlicher Ballfang dienen, so daß die Mehrzahl der Torschüsse nicht allzu weit sich vom Tor entfernen kann.

In Parteispielen sollten in oder neben jedem Tor *mehrere Bälle* bereitliegen. So können der Spielfluß auch bei einem weiter davonfliegenden Ball mit einem neuen Ball aufrechterhalten und längere Unterbrechungen vermieden werden. Dabei sollte für jeden Spieler grundsätzlich gelten, den verschossenen Ball sofort selbst zurückzuholen. Diese Aufgabe könnte auch in zahlreichen Parteispielen gelten. Bei einem gültigen Tor muß ein Spieler der abwehrenden Mannschaft, bei einem Fehlschuß ein Spieler der angreifenden Partei den Ball holen, bevor der Spieler weiter am Spiel teilnehmen darf. Das Spiel selber wird derweil mit einem anderen Ball fortgeführt. Auf diese Weise werden die Spieler erzogen, sich beim Ballholen zu beeilen, weil die eigene Mannschaft solange mit einem Spieler weniger auskommen, also ein Handicap ausgleichen muß. Zum anderen wird auch der Spielfluß gefördert, da die angreifende Mannschaft diesen kurzzeitigen Vorteil eilig auszunutzen versuchen wird.

— Tafel — Turnierschaubild —

Bei einem Parteispielturnier, wie es vorzüglich für die Trainingstage der F- und E-Junioren sich anbietet, sollte eine Tafel oder ein größerer, beschreibbarer Kartondeckel den Kindern deutlich lesbar stetig Auskunft über den aktuellen Stand und Verlauf des Turnieres erteilen. Ergebnisse werden mit Kreide oder einem Filzstift in ein vorgefertigtes Ergebnisschema eingetragen und die Tor- und Punktekonten aller Parteien ständig fortgerechnet. Solche sichtbaren Erfolgskontrollen wecken bei Kindern zusätzliche Motivationen und vermögen den Spieleifer mit dem Errechnen immer neuer Plazierungschancen spürbar zu erhöhen.

Turnier-Schaubild

Team	1	2	3	4	5	
1	×		1 : 2		3 : 2	0 : 2 2 : 2 . . . 1 : 2 4 : 4 . . .
2		×	0 : 0	1 : 1	4 : 1	2 : 0 3 : 1 4 : 2 . . . 4 : 1 5 : 2 5 : 2 . . .
3	2 : 1	0 : 0	×			2 : 0 3 : 1 . . . 2 : 1 2 : 1 . . .
4		1 : 1		×		1 : 1 . . . 1 : 1 . . .
5	2 : 3	1 : 4			×	0 : 2 0 : 4 . . . 1 : 4 3 : 7 . . .

Die fortlaufende Punkt- und Torrechnung für jedes Team erhöht die Spannung für alle. Ebenso reizvoll und dem Angriffsspiel förderlich ist die Wertung **nur** der erzielten Tore!

3. Trainingsbeispiele

Die folgenden Beispiele für den Aufbau und Inhalt einer Trainingseinheit sollen deutlich machen, wie im Kinder- und Jugendtraining die verschiedenartigen Trainingsformen eingesetzt und die verfügbare Trainingszeit möglichst effektiv genutzt werden kann.

Jeder Altersklasse ist ein Beispiel zugeordnet und den jeweiligen Entwicklungsbedingungen angepaßt.

In der Regel muß sich der Trainer bis zu den C-Junioren mit einem größeren Spielerkreis als einem B- oder A-Juniorenkader beschäftigen. Daher wird in den ersten vier Trainingsbeispielen von 24, im 5. und 6. Beispiel nur noch von 18 Jungen ausgegangen.

Diese exemplarischen Spielerzahlen schließen je zwei Torhüter mit ein. Die Torhüter sollten vor allem im Schulkindalter neben ihren speziellen Torwart-Übungen auch wie Feldspieler ausgebildet und im Training als Feldspieler eingesetzt werden.

Die angegebenen Minutenzahlen sollen lediglich als Richtwerte verstanden werden. Eine Trainingsplanung auf die einzelne Minute genau ist unrealistisch. Die Durchführung eines vorbereiteten Trainingskonzeptes hängt immer auch von dem Verhalten und dem Leistungsfortschritt der Spieler ab.

Abb. 152 Auch Nationalspieler spielen gern im Training in kleinen Mannschaften

Trainingseinheit einer F-Juniorenmannschaft (6—8 Jahre)

Trainingszeit: 60 Minuten
Trainingsinhalte: Spielfähigkeit / Koordinative Fähigkeiten

Trainingsinhalt	Trainingsform	Trainingsaufgabe
		0. bis 5. Minute
Aufwärmen	Gruppenübungen	1. alle Spieler laufen mit je einem Ball in einem begrenzten Raum durcheinander; bei Ballverlust oder Zusammenstoß: zwei gymnastische Übungen. 2. gleiche Aufgabe, der Ball wird mit der Hand gedribbelt (Basketball). 3. gleiche Aufgabe wie in 1. und 2.; auf Zeichen: wer sitzt als letzter? wer ist als letzter in einem anderen Raum?
		6. bis 10. Minute
Demonstration der Spielaufgabe; Spielfeldorganisation, Mannschaftseinteilung	Erklärung Demonstration	
		11. bis 17. Minute
Spielen Ballzuwurf Ballfangen	Parteispiel	*3—1 + 2 auf zwei Tore* (acht Mannschaften zu je drei Spielern) — drei Spieler spielen Handball zusammen gegen einen abwehrenden Spieler im Feld und zwei Spieler im Tor; — bei Ballverlust oder Tor: Aufgabenwechsel der Mannschaften; — der Ball darf erst zurückerkämpft werden, wenn zwei Spieler im Tor stehen. 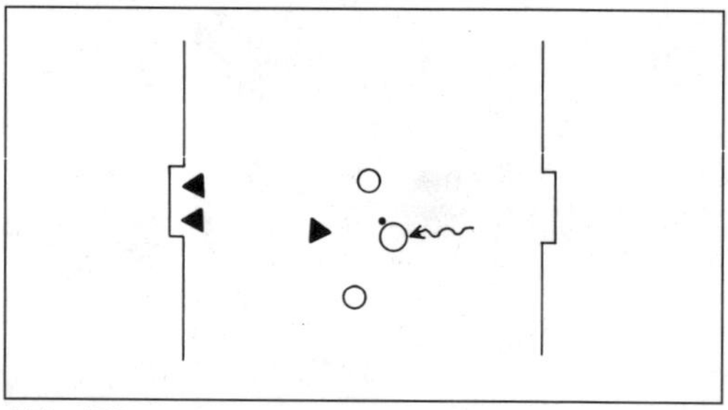 *Abb. 153*
		18. bis 21. Minute
Spielerfahrungen, Lerngespräch, Anregungen und Tips zum Spiel;	Lerngespräch	
neue Aufgabenstellung	Erklärung	

Trainingsinhalt	Trainingsform	Trainingsaufgabe
Spielen; Abspiel, An- und Mitnahme	Parteispiel	*22. bis 27. Minute* *3—1 + 2 auf zwei Tore* — gleiches Spiel wie oben, nur als Fußballspiel mit denselben Mannschaften
Bewegungsgeschick; Ballwurf und Ballfangen	Gruppenspiel	*28. bis 31. Minute* — alle Spieler in einem kleinen, abgegrenzten Raum; — sechs Spieler halten je einen Ball in der Hand; — ein Spieler muß einen anderen Spieler mit der Hand abschlagen (fangen), der keinen Ball in der Hand hat, durch Ballzuwurf aber in Sicherheit gebracht werden kann; — mit dem Ball in der Hand darf nicht gelaufen werden.
Spielen Spannstoß Fangen	Parteispiel	*32. bis 38. Minute* *3—1 + 2 auf zwei Tore* — gleiches Spiel wie zuvor, nur wird jetzt der Ball aus der Hand mit dem Spann zum Partner bzw. auf das Tor gespielt und darf dann wieder mit der Hand aufgenommen werden; — neue Spielpaarungen
Spielorganisation Spielform	Erklärung Demonstration	*39. bis 41. Minute*
Spielen Abspiel und Fangen mit der Hand	Parteispiel	*42. bis 47. Minute* *3—1 + 2 auf vier Tore* — drei Spieler greifen gegen einen abwehrenden Spieler im Feld und je einen abwehrenden Spieler als TW auf zwei Fähnchentore, je 4 m breit und 6 m nebeneinander stehend, an; Handball; — bei Ballverlust darf der Gegner den Ball erst zurückerkämpfen, wenn zwei seiner Spieler in den Toren stehen; — neue Spielpaarungen.
Spielen Abspielformen An- und Mitnahme	Parteispiel	*48. bis 54. Minute* *3—1 + 2 auf vier Tore* — gleiches Spiel wie zuvor, nur wird nun Fußball gespielt; — neue Spielpaarungen.
Siegerehrung: welche Mannschaft hat insgesamt die meisten Tore erzielt		*55. bis 57. Minute*
Bewegungsgeschick Ballgewöhnung	Gruppenspiel	*58. bis 60. Minute* — alle 24 Spieler in einem begrenzten Raum; 20 mit je einem Ball, vier Spieler ohne Ball; — wer keinen Ball hat, darf einem anderen den Ball fortschießen, um ihn zu gewinnen; — welche Spieler haben am Ende keinen Ball?

Trainingseinheit einer E-Juniorenmannschaft (8—10 Jahre)

Trainingszeit: 64 Minuten
Trainingsinhalte: Ballgewöhnung / Spielfähigkeit / Koordination

Trainingsinhalt	Trainingsform	Trainingsaufgabe
		0. bis 10. Minute
Aufwärmen	Gruppenübungen	1. alle Spieler führen ihren eigenen Ball beliebig durcheinander; wenn ein vorherbestimmter Spieler den Ball mit der Sohle anhält, müssen alle den Ball anhalten; wer ist der letzte? = neuer Leitspieler. 2. wer kann den Ball mit dem Fuß am häufigsten in der Luft hochhalten? 3. wer kann mit dem Ball am Fuß am häufigsten seine Laufrichtung ändern, ohne den Ball zu verlieren? 4. alle Spieler dribbeln in einem abgegrenzten Raum; auf Spurt eines Leitspielers in einen 10 m entfernten Raum müssen alle in diesen Raum dribbeln; wer ist der letzte? = neuer Leitspieler.
		11. bis 14. Minute
Mannschaftseinteilung; Spielfeldorganisation; Spielerklärung	Erklärung Demonstration	— acht Mannschaften zu je drei Spielern, im 2. Spieldurchgang: jeweils zwei Sieger und zwei Verlierer gegeneinander.
		15. bis 20. Minute
Ballführung	Parteispiel	*3—2 + 1 auf vier Tore* — drei Spieler greifen gegen zwei abwehrende Spieler im Feld und einen abwehrenden Spieler in einem der vier Fähnchentore an; — die Tore sind 3 m breit, 10 m voneinander gegenüberliegend entfernt und 15 m nebeneinander (15 x 10 m); 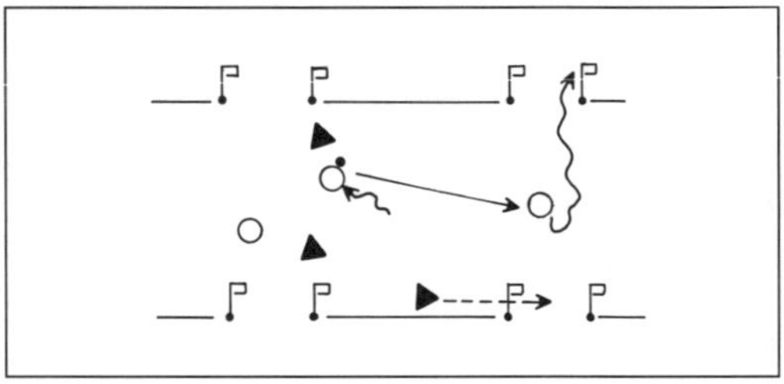 *Abb. 154* — ein Tor ist nur durch Dribbling durch ein Tor erzielt mit anschließendem Ballbesitz für die erfolgreiche Mannschaft; — Tore können auf alle vier Tore erzielt werden; — der Ball kann nur erkämpft werden, wenn der 3. Spieler in einem der vier Tore steht; — bei Ballverlust: Aufgabenwechsel.

Trainingsinhalt	Trainingsform	Trainingsaufgabe
Ballführung	Parteispiel	*21. bis 26. Minute* *3—2 + 1 auf vier Tore* — gleiches Spiel wie zuvor mit neuen Gegnern (Sieger—Sieger / Verlierer—Verlierer)
Spannstoß	Übungen	*27. bis 35. Minute* — Wettbewerb „Schützenkönig“ — in vier Gruppen zu je sechs Spielern wird aus der Hand/oder ruhender Ball mit dem Spann auf ein Tor geschossen; — wessen Schuß gehalten wird, muß für den nächsten Schuß ins Tor; — wer erzielt in der Gruppe die meisten Tore? (Endsieger wird später ermittelt)
Ballführung Koordination	Gruppenspiel	*36. bis 43. Minute* — je zwölf Spieler dribbeln in abgegrenztem Raum durch mehrere kleine, beliebig verteilte Fähnchentore; — wer den Ball verliert oder mit einem anderen zusammenstößt, macht einen Liegestütz und dribbelt weiter; — wer schafft nach einer Minute die meisten „Tore“?
Ballführung	Parteispiel	*44. bis 50. Minute* *3—2 + 1 auf vier Tore* (3. Runde) — gleiches Spiel wie vorher; diesmal wieder die Sieger und Verlierer der letzten Runde gegeneinander.
Koordination Ballbehandlung	Übungen	*51. bis 54. Minute* 1. jeder Spieler mit seinem Ball; 2. wer kann den Ball mit der Sohle zurückziehen und hinter dem Standbein sich vorspielen? 3. wer kann den Ball am häufigsten zwischen den Füßen hin und her spielen auf der Stelle? 4. wer kann den Ball am häufigsten mit der Sohle zurückziehen und plötzlich mit dem Fuß in Laufrichtung nach vorn vorlegen und antreten?
Spielen	Parteispiel	*55. bis 60. Minute* *6—6 auf zwei Tore* (Wettkampfgleich) — je zwei Gruppen spielen wie in Pflichtspielen 6—6 auf zwei Tore; — der letzte Mann ist Torwart.
Spannstoß	Übungen	*61. bis 63. Minute* — Wettbewerb „Schützenkönig“ Endausscheidung der vier Sieger.

Trainingseinheit einer D-Juniorenmannschaft (10—12 Jahre)

Trainingszeit: 90 Minuten
Trainingsinhalte: Dribbling / Zweikampf / Koordination / Torschuß / Freilaufen / TW-Training

Trainingsinhalt	Trainingsform	Trainingsaufgabe
		0. bis 15. Minute
Aufwärmen	Übungen	1. je zwei Spieler spielen sich im Warmlauftempo ihren Ball beliebig hin und her; 2. Dehn- und Lockerungsgymnastik spielerisch mit Ball; 3. je zwei Spieler spielen sich im Warmlauftempo den Ball flach aber weit zu zur An- und Mitnahme zur Seite und kurzem Dribbling; 4. Lockerungsgymnastik des Oberkörpers in spielerischer Form; 5. je zwei Spieler mit einem Ball; Zuspiel dem Partner entgegen in den Fuß und sofortiges Nachsetzen hinter dem Ball her zum Angriff auf den Ball; An- und Mitnahme mit Außenseite und Täuschung; 6. Ballverteidigen 1—1.
		16. bis 19. Minute
Spielfeldorganisation; Mannschaftseinteilung; Spielerklärung	Erklärung	acht Mannschaften zu je drei Spielern vier Spielfelder Spielmodus: Hin- und Rückspiel
		20. bis 26. Minute
Dribbling: Alleingang Täuschung Zweikampf	Parteispiel	*3 x 1—1 auf zwei Tore* — ein Spieler dribbelt gegen seinen direkten Gegner auf ein Tor; — bei Ballverlust: Gegenstoß auf das gegenüberstehende Tor; — hinter beiden Toren je ein Spielerpaar, von dem jeweils der Mitspieler des im Feld verteidigenden Spielers als TW im Tor steht; 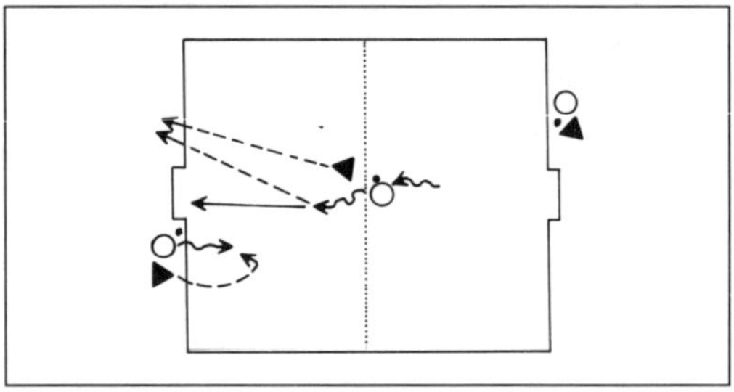 *Abb. 155* — bei Tor: Dribbling des hinter dem Tor wartenden Mitspielers des erfolgreichen Feldspielers gegen seinen direkten Gegenspieler (TW) auf das gegenüberliegende Tor; — bei Toraus: Angriff auf das gegenüberliegende Tor mit umgekehrter Aufgabenverteilung; — bei gehaltenem Ball: Zuwurf zum Mitspieler im Feld und Spielfortsetzung.

Trainingsinhalt	Trainingsform	Trainingsaufgabe
		27. bis 30. Minute
Spielerfahrungen, Hinweise und Tips zum Parteispiel	Lerngespräch	
		31. bis 41. Minute
Koordination Täuschungen	Übungen	1. wer kann den Ball aus dem Dribbling heraus mit weitem Stemmschritt seitlich übersteigen und mit der Außenseite des anderen Fußes schnell diagonal nach vorn zur anderen Seite mitnehmen? 2. je zwei Spieler mit je einem Ball: Dribbling aufeinander zu, dann ein Spieler täuscht und zieht vorbei, der 2. Spieler muß mit gleicher Täuschung (Übersteiger) ausweichen und vorbeiziehen = 1 Punkt.
		42. bis 45. Minute
Dribbling: Alleingang Täuschung Zweikampf	Parteispiel	*3 x 1—1 auf zwei Tore* — gleiches Spiel wie zuvor mit gleichen Mannschaften als ,,Rückspiel"-Wettbewerb.
		46. bis 55. Minute
TW-Technik: Fangen hoher Flugbälle, Flanken	Übungen	— je zehn Feldspieler üben auf je ein Tor mit einem TW; — abwechselnd von rechts und links hohe Flanken (ruhender Ball, Dribbling) vor das Tor spielen und sich nach gefangenem Ball freilaufen und weiten Zuwurf fordern; — TW fängt den Ball im Sprung und wirft den Ball dem freilaufenden Feldspieler in den Lauf zu dessen Dribbling zu einer der beiden Feldspielerreihen des 40 m gegenüber stehenden 2. Tores; (dort Übungsfortsetzung); — jede gelungene Flanke = 1 Punkt (TW muß im Sprung fangen können), wer erzielt die meisten Punkte?
		56. bis 62. Minute
Dribbling Täuschungen	Übungen	— je drei Spieler üben zusammen mit einem Ball auf ein Fähnchentor; — ein Spieler im Tor, der 2. Spieler spielt von der Torlinie aus den Ball seinem 15 m vor dem Tor wartenden Partner zu und setzt seinem Abspiel sofort nach zum Angriff des angespielten Spielers; — 3. Spieler nimmt den zugespielten Ball an und mit, spielt den Gegner mit ,,Übersteiger" (Scherentrick) aus und schießt aufs Tor; — danach: Schütze wird TW, TW spielt den Ball dem nun als Angreifer wartenden Abwehrspieler zu, wer erzielt die meisten Tore?

Trainingsinhalt	Trainingsform	Trainingsaufgabe
		63. bis 65. Minute
Organisation von Spiel und Mannschaften; Spielaufgabe	Erklärung Demonstration	— je sechs Spielergruppen spielen in gleicher Spielform 3—1 auf ein Tor.
		66. bis 71. Minute
Freilaufen, schneller Torabschluß	Spielform	*3—1 auf ein Tor* — drei Spieler spielen gegen einen abwehrenden Spieler im Feld auf ein Fähnchentor, 4 m breit und ohne TW; — bei Ballverlust: Aufgabenwechsel der beteiligten Spieler; — bei Tor oder Paß am Tor vorbei: Spielfortsetzung von der anderen Seite auf das Tor; — bei drei Toren in Folge ohne Ballverlust: zwei gymnastische Aufgaben für den Abwehrspieler.
		72. bis 74. Minute
Freilaufen, Spielaufgabe, Spielerlebnisse	Lerngespräch Erklärung Hinweise	
		75. bis 79. Minute
Freilaufen, schneller Torabschluß	Spielform	*3—1 auf ein Tor* — Spielformwiederholung mit gleichen Gruppen.
		80. bis 90. Minute
Spielen	Parteispiel	*12—12 auf zwei Tore* — über das ganze Spielfeld spielen zwei Mannschaften zu je zwölf Feldspieler gegeneinander; — freies Spiel ohne Positionsverteilung; — der letzte Spieler darf mit der Hand als TW spielen.

Trainingseinheit einer C-Juniorenmannschaft (12—14 Jahre)

Trainingszeit: 90 Minuten
Trainingsinhalte: Freilaufen / Torschuß / Zusammenspiel

Trainingsinhalt	Trainingsform	Trainingsaufgabe
		0. bis 15. Minute
Aufwärmen	Übungen	1. je zwei Spieler spielen sich im Warmlauftempo einen Ball beliebig hin und her; 2. je zwei Spieler laufen sich warm und werfen sich dabei den Ball als Einwurf hin und her, an- und mitnehmen und dann mit der Hand aufnehmen; 3. gymnastische Dehn- und Lockerungsübungen der Beinmuskulatur; 4. Läufe ohne Ball mit gymnastischen Aufgaben für die Rumpf und Armmuskulatur (Hopserlauf, Armkreisen etc.); 5. weiträumiges Zuspiel aus dem Dribbling heraus, wenn der Partner plötzlich antritt (noch kein voller Spurt); 6. jeder Spieler führt aus dem Sprung sechs Kopfbälle auf Zuwurf des Partners aus; 7. jeder Spieler spielt nacheinander aus dem ruhigen Dribbling heraus mit seinem Partner als Wand fünf direkte Pässe (Doppelpässe).
		16. bis 19. Minute
Spielorganisation; Mannschafts- und Feldaufteilung; Spielregeln	Erklärung Demonstration	— 4—3 + 1 auf beide Tore als Freilaufspiel, sechs Vierermannschaften spielen in drei Felder jeweils 4—4.
		20. bis 27. Minute
Freilaufen	Parteispiel	*4—3 + 1 auf beide Tore* — vier Spieler greifen gegen drei abwehrende Spieler im Feld und einen abwehrenden Spieler in einem der beiden Tore auf beide Tore zugleich an; — Tore können auf beide 30 m gegenüberstehende Tore erzielt werden; 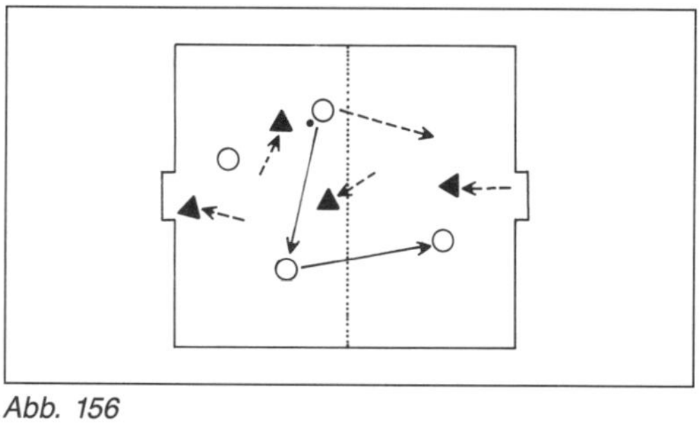 *Abb. 156* — bei Torerfolg bleibt die ballführende Partei im Ballbesitz und darf weitere Tore erzielen;

Trainingsinhalt	Trainingsform	Trainingsaufgabe
		— ein Spieler der verteidigenden Mannschaft muß immer in einem der beiden Tore stehen; — bei Ballverlust: Aufgabenwechsel der Mannschaften; dabei darf der Ball erst zurückerobert werden, wenn ein Mitspieler in einem Tor sich befindet; — bei Toraus: Spiel wird mit 2., im Tor bereitliegenden Ball fortgesetzt zum Aufgabenwechsel der Mannschaften, während ein Spieler der zuletzt angreifenden Partei den Ball zurückholen muß, bevor er weiter mitspielen darf; — nach Tor und Aufgabenwechsel muß der Ball erst einmal über die Mittellinie gespielt werden, bevor wieder ein Tor erzielt werden kann.
		28. bis 30. Minute
Freilaufen, Spielerfahrungen, Tips und Korrekturen	Lerngespräch Erklärungen Hinweise	
		31. bis 36. Minute
Freilaufen	Parteispiel	*4—3 + 1 auf beide Tore* Wiederholung des Parteispiels mit anderen Spielpaarungen.
		37. bis 44. Minute
Torschuß	Übungswettkampf	— je zehn Spieler, aufgeteilt in je zwei Gruppen zu fünf Spielern schießen abwechselnd im Gruppenwettbewerb auf ein Tor mit je einem TW; welche Gruppe erzielt die meisten Tore? — kurzes Dribbling und Torschuß aus ca. 16 m mit dem rechten und mit dem linken Fuß.
		45. bis 48. Minute
Aufgaben im Kreistraining	Demonstration	Eine Gruppe macht im schnellen Rundgang alle verschiedenen Aufgaben kurz vor (6er-Gruppen).
		49. bis 74. Minute
Freilaufen Spannstoß Kombination Spielfreude	Kreistraining: Spielformen und Übungswettkampf	— Station 1: *4—2 um ein Tor herum* — Station 2: *Chin. Fußballtennis über kleines Tor* — Station 3: *2—2 + 2 Anspieler von Linie zu Linie* (je 10 m breit) — Station 4: *Drop-kick-Zielschuß auf 2 m breites Fähnchentor aus 20 m Entfernung* — Station 5: *3—3 auf zwei Fähnchentore* — Station 6: *Elfmeterkönig*
		75. bis 90. Minute
Spielen	Parteispiel	*11—11 + je ein TW auf zwei Tore* — freies Spiel 11—11 im Feld und zwei festen TW ohne Positionsaufteilung.

Trainingseinheit einer B-Juniorenmannschaft (14—16 Jahre)

Trainingszeit: 100 Minuten (90 + 10)
Trainingsinhalte: Zusammenspiel / Torabschluß / TW-Training / Zweikampf 1—1 / Koordination

Trainingsinhalt	Trainingsform	Trainingsaufgabe
		0. bis 20. Minute
Aufwärmen	Übungen	1. freies Zusammenspiel zu zweit im Warmlauftempo; 2. im Warmlauftempo Zuspiel und An- und Mitnahme mit Richtungsänderung; 3. Dehn- und Lockerungsgymnastik der Beinmuskulatur; 4. Zusammenspiel mit hohen Flugbällen und anschließender An- und Mitnahme; 5. weites flaches Zuspiel mit dem Spann in den Lauf des Partners, der den Paß durch gesteigertes Tempo fordert; 6. Dehn- und Lockerungsgymnastik der Arm- und Rumpfmuskulatur; — TW wärmen sich speziell auf — 7. Zusammenspiel zu zweit durch Übernehmen des Balles mit Tempowechsel; 8. Zusammenspiel zu zweit durch Hinterlaufen des Partners nach Zuspiel mit Tempowechsel; 9. jeder Spieler köpft den vom Partner zugeworfenen Ball im Sprung sechsmal zurück; 10. Dribbling mit der Hand (Basketball) 1—1 und verstellen des direkten Weges; 11. Dribbling 1—1 mit Fuß und verstellen des Durchbruchweges mit jeweiligem Aufgabenwechsel ohne Durchbruch; 12. Dribbling 1—1 mit Durchbruch; 13. Dribbling 1—1 zur Ballsicherung zwischen zwei 40 m gegenüberstehenden Toren ohne TW; beide TW im Feld als Anspielpunkte; Paß auf TW und Freilaufen zum Zuwurf durch TW und anschließendem Torschuß auf eines der beiden Tore.
		21. bis 31. Minute
Koordination Ballschule	Übungen	— jeder Spieler mit einem Ball; 1. den Ball mit der Sohle zurückziehen und sofort mit der Innenseite des gleichen Fußes nach Drehung vorlegen und nachspurten; 2. den Ball zwischen beiden Füßen möglichst schnell hin und her spielen und ab und zu mit der Sohle eines Fußes zur Seite rollen; 3. den Ball mit der Sohle anhalten und mit der Außenseite des gleichen Fußes nach Stemmschritt in eine andere Richtung schnell mitnehmen; 4. den Ball hochspielen (Kopfhöhe) und ihn am Boden sofort mit der Innen- oder Außenseite in die schnelle Bewegung seitlich an- und mitnehmen; 5. den Ball nach doppelter Täuschung (Matthews-Trick) mit der Außenseite schnell schräg nach vorn vorlegen und nachsetzen.

Trainingsinhalt	Trainingsform	Trainingsaufgabe
Spielaufgabe, Organisation, Mannschaftsaufteilung	Erklärung Demonstration	*32. bis 34. Minute* *3—3—3 auf zwei Tore* je neun Spieler spielen zusammen in einem Spielfeld mit zwei Toren 20 x 30 m.
Zusammenspiel, schneller Torabschluß, schnelles Umschalten	Parteispiel	*35. bis 45. Minute* *3—3—3 auf zwei Tore* — drei Spieler greifen gegen drei abwehrende Spieler in einer Spielfeldhälfte auf ein Tor an; — bei Ballverlust kann der Ball bis zur Mittellinie zurückerkämpft werden; 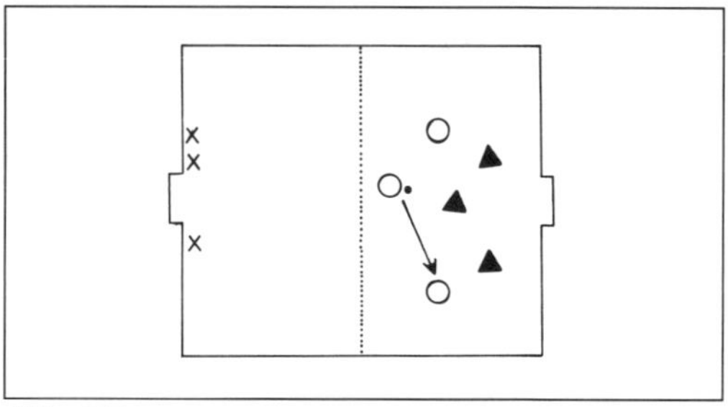 *Abb. 157* — spielt eine Mannschaft den Ball über die Mittellinie, lösen sich die drei Spieler der 3. Mannschaft von der Torlinie und verteidigen ihr Tor gegen die angreifende Mannschaft, während die ausgeschaltete Mannschaft auf die Torlinie ihres Tores zurückkehrt; — der letzte Abwehrspieler darf im Tor auch mit der Hand abwehren.
Torabschluß Flanken	Übungen	*46. bis 60. Minute* — je acht Feldspieler trainieren auf ein Tor mit TW; — fünf Spieler spielen ihren Ball nach kurzem Dribbling die Strafraumseitenlinie zur Torauslinie entlang als flache oder hohe Hereingabe vor das Tor auf zwei angreifende Spieler zu deren direktem Torabschluß; — ein abwehrender Spieler versucht jeweils einen Angreifer am Torschuß zu hindern (decken); — Angreifer vor dem Tor wechseln ihre Positionen unmittelbar vor der Hereingabe: zum kurzen Torpfosten hin bzw. absetzen in den Rückraum zum langen Torpfosten; — Aufgabenwechsel aller Spieler reihum.
Bewegungsgeschick, Motivation	Gruppenspiel	*61. bis 64. Minute* — 16 Feldspieler in einem 10 x 10 m abgegrenzten Raum;

Trainingsinhalt	Trainingsform	Trainingsaufgabe
		— ein Spieler versucht einen einzelnen anderen mit der Hand abzuschlagen (dann wird dieser neuer Fänger); — zwei Spieler zusammenstehend sind nicht abzuschlagen und frei; — mehr als zwei Spieler zusammenstehend: jeder kann abgeschlagen werden; — Zusammenstehen höchstens 5 sec; — Hilfe durch Entgegenlaufen zum Verfolgten.
TW-Training	Übungen	— Einzeltraining der TW zur Kräftigung: Sprungkraft und Reaktion.
		65. bis 70. Minute
Zweikampf	Gruppenspiel	— acht Spielerpaare 1—1 dribbeln mit je einem Ball durch beliebig verteilt aufgestellte 3 m breite Fähnchentore = 1 Tor; wer erzielt gegen seinen Gegner die meisten Tore; jeweils 90 sec mit Korrekturpausen.
TW-Training	Übungen	— Einzeltraining der TW Fortsetzung: Technik-Taktik-Kondition.
		71. bis 75. Minute
Zweikampf Torschuß	Übungen	— je vier Spielerpaare spielen nacheinander 1—1 auf ein Tor mit TW; Dribbling und Torschuß; Aufgabenwechsel untereinander.
		76. bis 90. Minute
Spielen	Parteispiel	8—8 mit je einem TW auf zwei Tore über das halbe Spielfeld — freies Spiel ohne Positionsaufgaben.
		91. bis 100. Minute
Erholung Auslaufen	Übungen	— einige Minuten lockeres Auslaufen — Dehn- und Lockerungsübungen (Stretching) der Beinmuskulatur.

Trainingseinheit einer A-Juniorenmannschaft (16—18 Jahre)

Trainingszeit: 100 Minuten (90 + 10)
Trainingsinhalte: Schnelligkeit / Zusammenspiel / Torabschluß / TW-Training: Strafraumbeherrschung

Trainingsinhalt	Trainingsform	Trainingsaufgabe
		0. bis 20. Minute
Aufwärmen	Übungen	1. freies Warmlaufen in Fünfer-Gruppen mit einem Ball bei freiem Zusammenspiel; 2. Dehn- und Lockerungsgymnastik der Beinmuskulatur; 3. in Fünfer-Gruppe Handballspiel 3—2; 4. weiträumiges Zusammenspiel mit An- und Mitnahme und Zuspiel auf Antritt (kein Spurt); 5. Dehn- und Lockerungsgymnastik der Rumpf- und Armmuskulatur; — TW spezielles Aufwärmen; 6. Spiel 3—2 Fußball im abgegrenzten Raum; 7. Zusammenspiel: Paß und Spurt dem Ball nach zum Angriff des angespielten Partners, dessen An- und Mitnahme mit der Außenseite. 8. Zusammenspiel in der Fünfer-Gruppe mit nur einem Ballkontakt und anschließendem Spurt dem Ball hinterher.
		21. bis 35. Minute
Schnelligkeit	Übungen	— je zwei gleichschnelle Spieler laufen 1—1 gegeneinander von der Mittellinie aus zu einem auf der Strafraumlinie ruhenden Ball; — ein Spieler als Angreifer beginnt mit dem Spurt, der 2. (Gegner) steht 1 m seitlich und zum Tor hin versetzt mit dem Rücken zum Tor und darf sich erst drehen und mitspurten, wenn der Angreifer losspurtet; — wer zuerst den Ball erreicht, versucht ein Tor zu erzielen; — Aufgabenwechsel, wenn kein Tor erzielt wird; — jedes Spielerpaar läuft sechs Spurts im Abstand von zwei Minuten (Pause).
		36. bis 40. Minute
aktive Erholung, Zusammenspiel	Gruppenspiel	— 8—8 Ball in den eigenen Reihen halten innerhalb einer Spielfeldhälfte; — jedes erfolgreiche Abspiel = 1 Punkt; — welche Gruppe erreicht zuerst 30 Punkte?
TW-Training	Übungen	Einzeltraining zur Verbesserung der Sprungkraft und Reaktion — ein TW wirft/spielt, der 2. trainiert/hält oder wehrt ab.
		41. bis 43. Minute
Spielaufgabe, Organisation, Mannschaftseinteilung	Erklärung Demonstration	4—4 auf ein Tor mit zwei Kontertoren; je ein Kontertor, 10 m breit vom Strafraum aus nach außen gemessen, 30 m von der Torlinie entfernt, parallel zueinander stehend.

Trainingsinhalt	Trainingsform	Trainingsaufgabe
		44. bis 54. Minute
Torabschluß, Zusammenspiel	Parteispiel	*4—4 auf ein Tor mit zwei Kontertoren* — je vier Spieler spielen gegen vier abwehrende Spieler auf ein Tor mit neutralem TW; — bei Tor und Toraus: TW-Abwurf stets auf den hintersten der zuletzt angreifenden Spieler; — bei gehaltenem Ball: TW-Abwurf auf einen freilaufenden Abwehrspieler zu deren Kontergegenstoß durch eines der beiden Fähnchentore; — erfolgreiches Dribbling durch ein Kontertor: Aufgabenwechsel der beiden Mannschaften.
		55. bis 65. Minute
Zusammenspiel	Übungen	— in zwei Gruppen auf je ein Tor mit TW; — je zwei Spieler spielen zusammen gegen zwei abwehrende Spieler auf ein Tor zum 2—2 in wellenförmigen Angriffen; — bei Ballverlust im Feld: Aufgabenwechsel der beteiligten Paare; — Torabschluß nach Hinterlaufen bzw. Alleingang.
		66. bis 76. Minute
TW-Training, Flanken	Übungen	— Feldspieler zu Vierer-Gruppen markiert, jede Gruppe muß einmal gegen die anderen drei verteidigen; die drei Angriffsgruppen verteilen sich: je ein Flankenspieler rechts und links außerhalb des Strafraumes, zwei Schützen am Strafraum vor dem Tor; sechs Angreifer vor dem Tor (gegen vier Abwehrspieler) und ein Spielerpaar in der anderen Spielfeldhälfte 1—1 als Angriffsspitze der Abwehr gegen Vorstopper; — abwechselnd Flanke, Schuß, Flanke, Schuß; — die Flanken müssen lang gespielt werden, und dem TW eine Chance zu Herauslaufen geben; — jeder Ball wird bis zu einem Abschluß ausgespielt (mit Nachschuß); — fängt der TW eine Flanke in der Luft direkt, darf er seine Sturmspitze mit weitem Abschlag direkt oder einen seiner freilaufenden Abwehrspieler anspielen zu deren Konterspiel auf die eigene Sturmspitze = je 1 Tor für Abwehr; — Wechsel der TW und Mannschaften jeweils nach je vier Durchgängen.
		77. bis 90. Minute
Spielen	Parteispiel	8—8 auf zwei Tore — ohne spezielle Aufgaben und Position
		91. bis 100. Minute
aktive Erholung, Auslaufen	Übungen	lockeres Auslaufen einige Minuten; — Dehn- und Lockerungsübungen für die Beinmuskulatur (Stretching).

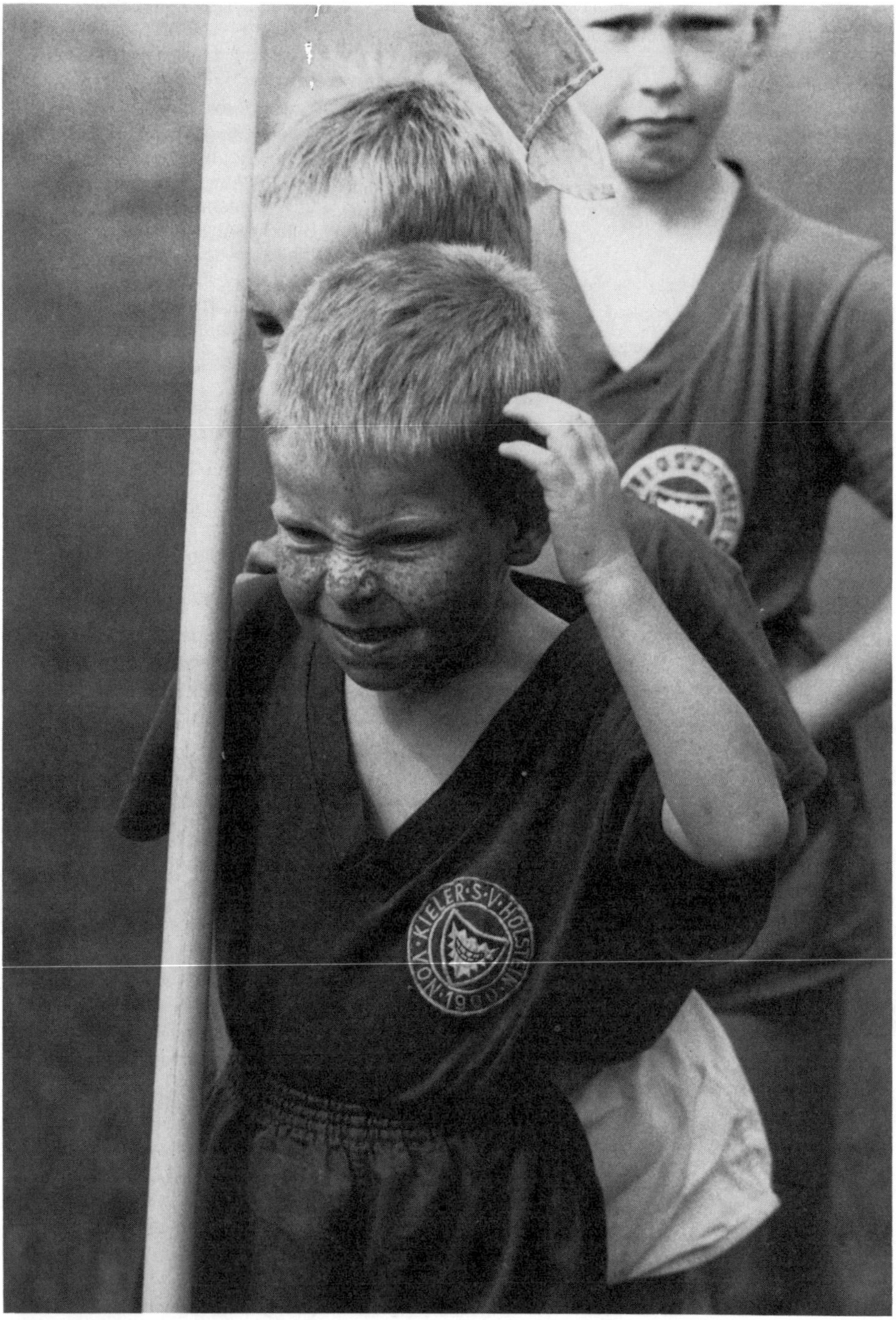

Abb. 158 Trainingsaufgaben machen nur Spaß und reizen alt wie jung, wenn man sich nicht sicher ist, ob es gelingt

X. Kinder- und Jugendtraining – aktuelle Defizite und Schwerpunkte

In den heutigen Spielen der Kinder und Jugendlichen fallen in einigen technischen und taktischen Bereichen ungewöhnlich große Mängel auf. Diese Defizite in der Grundlagenausbildung des jungen Fußballers werden in den letzten Jahren auch von den verantwortlichen Trainern von Bundesligamannschaften und Auswahlvertretungen der Landesverbände und des Deutschen Fußball Bundes mahnend herausgestellt. Mißliche Konsequenz für die Betroffenen bleibt die Erkenntnis, daß heute in der Schulung und Förderung talentierter Spieler teilweise auf Aufgaben zurückgegriffen werden muß, deren Leistungsanspruch eher dem durchschnittlichen Vereinstraining zuzurechnen ist. Nicht zu Unrecht beklagen die DFB-Sportlehrer, auch mit den Besten der einzelnen Altersjahrgänge Grundlagentraining durchführen zu müssen. Die dafür aufzuwendende Zeit geht dann nicht selten der eigentlichen Schulung höherer Ansprüche und Aufgaben verloren. Der Anschluß an den internationalen Leistungsstand im Juniorenfußball wird schwerer zu halten. Und schließlich werden sich diese Defizite im Kinder- und Jugendtraining später auch im Spielniveau der Nationalmannschaft leistungsbegrenzend wiedererkennen lassen.

Welche Gründe zu diesen technischen und taktischen Defiziten geführt haben mögen, soll hier nicht weiter erörtert werden. Wichtig ist es, entsprechende praktische Konsequenzen zu ziehen. Und diese folgerichtigen Konsequenzen können nur lauten:

1. Häufigeres Training im Kindes- und Jugendalter in spieltechnischen Bereichen *ohne* besondere konditionellen Belastungen (z. B. eine zusätzliche Trainingseinheit im Club; Stützpunkttraining für talentierte Auswahlspieler auf Landes- und DFB-Ebene).
2. Gezielte Schwerpunkte im Kinder- und Jugendtraining über die altersgemäßen Trainingsinhalte hinaus.

Diese Schwerpunkte sollen im folgenden Kapitel stichwortartig kurz aufgeführt und mit den besonderen Lernzielen beschrieben werden. Sie zeigen dem Nachwuchstrainer auf, welche technischen und taktischen Bereiche im heutigen Kinder- und Jugendtraining einen besonderen Stellenwert erhalten sollten.

TECHNISCHE SCHWERPUNKTE

KOORDINATION

Erklärung:

Allgemeines Bewegungsgeschick mit und ohne Ball (vgl. dazu: I. 1, S. 10; VIII. 1, S. 227).

Besondere Lernziele:

— Beweglichkeit ohne Ball, Gelenksbeweglichkeit bei Drehungen und plötzlichen Änderungen der Laufrichtung, beim Fallen, beim Zusammenstoß mit einem anderen Spieler
— Ballgefühl (Ballgewöhnung)
— schnelle Beinarbeit
— plötzlicher Stop und Richtungsänderungen mit dem Ball
— Beobachtung des Umfeldes beim Umgang mit dem Ball

Trainingsformen:

— Fang- und andere Lauf- und Tummelspiele
— Ballschule (jeder mit einem Ball, vgl. „Dribbelkönig“ . . . S. 228)
— Spiele in kleinen Gruppen als Fußball, Handball, Basketball
— spielgemäße technische Übungsformen in Gruppen durcheinander:

Beispiel: „Passen und Ballkontrolle"
wenig effektiv: Partnerweise Hin- und Herpassen des Balles
effektiver: Freies Zusammenspiel zu zweit in einer Gruppe und einem begrenzten Raum *durcheinander*

— Zweikampfaufgaben jeglicher Art

ABSPIELEN — PASSEN

Erklärung:

Technische Fertigkeit im Zusammenspiel (Kombination), den Ball zum eigenen Mitspieler zu spielen (vgl. dazu: VI. 2, S. 99; VI. 3, S. 155; VII. 1, S. 192; VII. 2, S. 206)

Besondere Lernziele:

— Fußgelenk des Spielbeines fest, angespannt halten
— einfacher Paß mit der Innen- und Außenseite (keine angeschnittenen Bälle)
— Flachpaß, den der Mitspieler mühelos an- und mitnehmen kann
— harter Paß, der möglichst schnell den Mitspieler erreicht, damit dieser mehr Zeit zur Ballkontrolle, Sicherung des Balles gegen einen angreifenden Gegener und zur Spielbeobachtung erhält.

Trainingsformen:

— spielerische Gruppenübungen mit „Störenfrieden" (Gegnern)
— Aufgaben mit Wettbewerb „die meisten Abspiele in bestimmter Zeit"
— Abspielaufgaben aus größerer Entfernung
— kleine Spiele mit dem Ziel, den Ball in den eigenen Reihe zu halten.

BALLKONTROLLE (An- und Mitnahme) mit der Innen- und Außenseite

Erklärung:

Technische Fertigkeit, den zugespielten bzw. entgegenkommenden Ball so an- und in die Bewegung mitzunehmen, daß man sofort und ohne Veränderung seiner augenblicklichen Laufbewegung den Ball verteidigen oder mit Blick auf das Umfeld wieder abspielen kann. (vgl. dazu: VI. 2, S. 109; VII. 2, S. 208).

Besondere Lernziele:

— den Ball in der Bewegung mitnehmen ohne anzuhalten
— den Ball sofort flach mitnehmen
— dem Ball entgegenlaufen
— den Ball mit Blick zum Spielgeschehen, wenn erforderlich mit einer Täuschung mitnehmen
— den zugespielten Ball dicht am Fuß halten (kontrollieren)
— den Ball mit der Brust anstoppen und ihn anschließend am Boden ohne Zeitverlust mitnehmen

Trainingsformen:

— spielerische Gruppenübungen *durcheinander* bei paarweisem Zusammenspiel (auch mit Gegner)
— spielgemäße Aufgaben mit Torabschluß nach unterschiedlichem Anspiel
— spielerische Übungsformen zu zweit mit „angreifendem" Partner nach Abspiel bei Zielsetzung „Torabschluß"
— Parteispiele in kleinen Gruppen und auf kleinem Feld

KOPFBALLSPIEL

Erklärung:

Technische Fertigkeit, einen hohen Ball mit dem Kopf direkt weiterzuspielen als Angriffs- oder Abwehrpaß (vgl. dazu: VI. 2, S. 124; VII. 2, S. 212).

Besondere Lernziele:

- timing (den richtigen Zeitpunkt und Absprungpunkt finden) des langen Flugballes
- nach Anlauf Absprung mit einem Bein
- Absprung auf „Höhe", nicht zum Ball
- Anlauf und Absprung mit Blick *nur* auf den Ball, sich nicht von der Bewegung eines Gegners irritieren lassen
- den Ball ständig im Auge behalten
- frühzeitiger Absprung zum Ball, um Zeit in der Luft für Vorspannung des Körpers zu haben und um dort „auf den Ball schußbereit (in Vorspannung) warten" zu können.

Trainingsformen:

- Kopfballwettbewerb zweier Spieler im Wechsel auf ein Tor nach hohem Zuwurf jeweils von der Torauslinie
- Einzeltraining des Kopfballspiels auf ein Tor nach Flanken
- Kopfballzweikampf nach Zuwurf oder Flanke auf ein Tor
- Parteispiele mit „Tore nur nach Kopfball" als Regel und in kleinen Gruppen (bei Zuwurf aus der Hand)

„DAS SCHWACHE BEIN"

Erklärung:

Jeder Spieler bevorzugt mehr oder weniger stark ein Bein als sein „starkes" Bein. Gemeint ist hier das Bein, mit dem er nicht so sicher spielen kann (Rechtsfüßler: das linke Bein, Linksfüßler: das rechte Bein).

Grundsätzlich sollte jeder Spieler lernen, auch mit seinem „schwachen" Bein zumindest einen sicheren Paß über eine kürzere bis mittlere Entfernung zu spielen. Er muß sich im Spiel dann nicht unnötig und mit Zeitverlust verbunden in eine für ihn ungünstigere Stellung zum Ball drehen und kann aus jeder Spielsituation schneller handeln.

Besondere Lernziele:

- sicherer und harter Paß mit der Innenseite des „schwächeren" Beines
- „unbewußt" mit *dem* Bein spielen, *das* die Situation verlangt, so daß man sich ganz der Spielsituation widmen kann und für einen Gegner schwerer auszurechen ist.
- Torschuß auch mit „schwächerem" Bein ohne Zögern
- Ballkontrolle auch mit „schwächerem" Bein.

Trainingsformen:

- spielerische Ballführungsaufgaben mit dem „schwächeren" Bein
- Torschußübungen mit „schwächerem" Bein
- Kleine Spiele und Übungsformen mit Vorgabe des Abspiels nur mit dem „schwächeren" Bein

Beachte:

Technische Fertigkeiten werden leichter und schneller zuerst mit dem bevorzugten (stärkeren) Bein erlernt bis zur weitgehenden automatisierten Sicherheit. Dann wird die Schulung des „schwächeren" Beines verstärkt. Der Bewegungsablauf ist durch das stärkere Bein bekannt und kann so leichter und ohne Verunsicherung auch auf das „schwächere" Bein übertragen werden.

TAKTISCHE SCHWERPUNKTE

TORWART — STRAFRAUMBEHERRSCHUNG

Erklärung:

die Fähigkeit des Torwartes, Bälle, die in seinen Strafraum gespielt werden, auch vor seinem Tor in der Luft und am Boden in seinen Besitz zu bringen, bevor ein gegnerischer Spieler den Ball erreichen kann. Dazu muß der Torwart sein Tor rechtzeitig verlassen. Er muß die Flugbahn und Geschwindigkeit des Balles berechnen, um blitzschnell sich entscheiden zu können, ob er den Ball vor einem anderen Spieler erreichen kann. Der gute Torwart reagiert frühzeitig, weil er den langen Ball bereits vorhersieht (vgl. dazu: VIII. 4 „Torwarttraining", S. 238).

Besondere Lernziele:

— Risikobereitschaft, Mut, Entschlußkraft
— „mitspielen" können, d. h. die Spielentwicklung wie ein Feldspieler frühzeitig voraussehen
— timing langgespielter Flugbälle, d. h. die Berechnung des Punktes, an dem zuerst ein Feldspieler den hohen Ball wieder spielen kann. Vor diesem muß er den Ball erreichen
— auch nach hinten „vorwärts" (nicht rückwärts) herauslaufen. Dazu muß der TW schräg, nicht frontal zum Ball stehend möglichst schon 1—2 Meter vor dem Tor den Ball erwarten
— Herauslaufen zum Steilpaß; Entscheidung, ob ein eigener Spieler noch eingreifen kann oder nicht

Trainingsformen:

— Übungen mit spielgerechter Umgebung (Angreifer und Abwehrspieler vor dem Tor) und Flanken von beiden Seiten, die bis zu einem Torabschluß ausgespielt werden (mit Nachschuß!) jedoch stets dem TW eine Chance zum Eingreifen lassen müssen
— kleine Spiele mit Torabschluß nur per Kopf für die Feldspieler
— kleine Spiele auf nur ein Tor mit häufigem Torabschluß

TORSCHUSS

Erklärung:

Die taktische Anwendung unterschiedlicher technischer Abspielarten, um den Ball in das Tor zu befördern. Der Torschuß ist das wichtigste taktische Mittel des Angriffs (vgl. dazu: VI. 2, S. 104; VII. 2, S. 207).

Besondere Lernziele:

— Risikofreudigkeit
— angespanntes, festes Fußgelenk beim und nach dem Schuß
— den direkten Weg zum Torschuß suchen (Zielstrebigkeit)
— schwierige Direktschüsse wagen
— dem zugespielten Ball entgegenlaufen (zum kurzen Torpfosten hin)
— Torschuß überraschend verzögern, antäuschen
— vor dem Torschuß den eigenen Lauf verzögern, um dicht an den Ball heranzukommen und noch einmal hochblicken zu können auf die Stellung und Reaktion des TW
— mit dem Torschuß sofort weiter zum Tor durchlaufen, um eine mögliche Nachschußgelegenheit nutzen zu können

Trainingsformen:

— alle Torschußübungen aus einer wettkampfähnlichen Situation heraus (z. B. mit nachsetzendem Gegner)
— kleine Spiele auf nur ein Tor mit häufigen Torschußmöglichkeiten
— spielnahe Torabschlußaufgaben mit Partner und Gegner bei mehreren Lösungsmöglichkeiten für die Angreifer

TORABSCHLUSS

Erklärung:

Taktisches Mittel im Angriffsspiel, an dem sich mehrere Spieler beteiligen (Vorbereiten und Schießen). Von Torabschluß wird überall dort gesprochen, wo die unmittelbare (Vorlage) oder auch weitere Vorbereitung eines Torschusses miteinbezogen wird. Der Torschuß wird planmäßig herausgespielt. Er ist für den Schützen voraussehbar (vgl. dazu: VI. 3, S. 135; VII. 1, S. 193; VII. 2, S. 215)

Besondere Lernziele:

— Zum Torschuß erst in den Spielraum vor dem Tor laufen, wenn der Ball auch gleichzeitig gespielt werden kann. Der Torschütze soll nicht schon vor dem Tor stehen und auf den Ball warten. Dann wird er vom Gegner erkannt und gedeckt. Sein Torschuß wird dadurch erheblich erschwert. Taktisch klüger ist es, den Spielraum zum Tor solange offenzuhalten bzw. wieder zu öffnen, bis der Ball auch vor das Tor gespielt wird. Ein Angreifer in der Bewegung ist immer schwerer zu decken und zu bekämpfen, als ein Angreifer, der steht und wartet (vgl. dazu: VI. 3 „Raum schaffen — Raum nutzen“, S. 166; VII. 2, S. 222)

Trainingsformen:

— Aufgaben zum Torabschluß stets mit Gegner und kurzer, wettkampfgerechter bzw. -ähnlicher Spielentwicklung zum Torschuß (spielgemäße Übungen).
— kleine Spiele auf ein und zwei Tore mit kleinem Spielfeld und geringen Spielerzahlen zu überschaubarem Torabschluß
— Überzahlaufgaben für die Angreifer
— Aufgaben mit Flügelspiel zum Torabschluß

ZWEIKAMPF „1 gegen 1“

Erklärung:

Das taktische Mittel des Einzelspielers, sich am Ball gegen einen Gegner zu behaupten, diesen auszuspielen oder dem ballführenden Gegner den Ball abzunehmen. Das Zweikampfverhalten zählt zu den wichtigsten Grundlagen erfolgreichen Angriffs- und Abwehrspiels. Man sagt nicht zu Unrecht, in der Regel wird der Ausgang eines Spiels durch die Summe gewonnener Zweikämpfe entschieden (vgl. dazu: VI. 3 „Dribbling“ S. 140 ff. und 172 ff.; VII. 1, S. 192 ff.; VII. 2, S. 217 ff. und 223).

Besondere Lernziele:

Angreifer:
— Täuschungen aus der Ballführung
— Täuschungen bei der Ballannahme
— sich vom Gegner lösen (freilaufen)

Abwehrspieler:
— den Gegner decken und dabei schräg hinter ihm stehen und das Spielgeschehen beobachten (kürzerer Weg zum Tor)
— Körperkontakt im Zweikampf mit dem Gegner vermeiden
— den ballführenden Gegner nicht nach vorn frontal angreifen
— den ballführenden Gegner so eng stellen, daß dieser „unter Druck“ gerät, sich in Gefahr fühlt und keinen weiten Ball spielen kann.
— den ballführenden Gegner stellen und dabei ihm eine, die für ihn ungünstigere Seite aufmachen (anbieten), die andere seitlich verstellen und auch „bekämpfen“.
— den ballführenden Gegner als ersten sich beim Dribbling für eine Seite entscheiden lassen und ihn dann nach Drehung aus gleicher Laufrichtung konsequent angreifen
— gegen den ballführenden Gegner abwarten bis der Ball freigegeben wird (z. B. Gegner steht mit Rücken zum Abwehrspieler)
— den ballführenden Gegner von der Seite entschlossen sofort angreifen.

- beim Laufduell mit dem ballführenden Gegner nicht sofort mit langem Schritt den Ball erreichen wollen, sondern zunächst dicht auflaufen (Schulterkontakt zum Gegner, Gegner etwas überholen)
- den Ball angreifen (spielen), wenn der ballführende Gegner diesen gerade sich vorgelegt (gespielt, berührt) hat und im Lauf mit den Beinen ,,umsetzen" muß.

Trainingsformen:

- alle Zweikampfaufgaben 1—1 mit anschließendem Torabschluß aus verschiedenen Positionen vor dem Tor
- spielnahe Übungsformen 1—1 auf ein Tor nach Zuspiel und An- und Mitnahme des Passes eines Mitspielers
- kleine Spiele mit fest zugeordneten Spielgegnern auf ein Tor

,,DER DRITTE MANN" — Dreiecksspiel

Erklärung:

Taktische Variante im Zusammenspiel mehrerer Angreifer. Eine Kombination wird eingeleitet und dadurch die Aufmerksamkeit der gegnerischen Abwehr in eine bestimmte Richtung gelenkt. Die Kombination wird überraschend in die entgegengesetzte Richtung, zu einem ,,dritten Mann" verdeckt weitergeführt und so die gegnerische Abwehr überlistet (Abb. 158, am Beispiel ,,Doppelpaß").

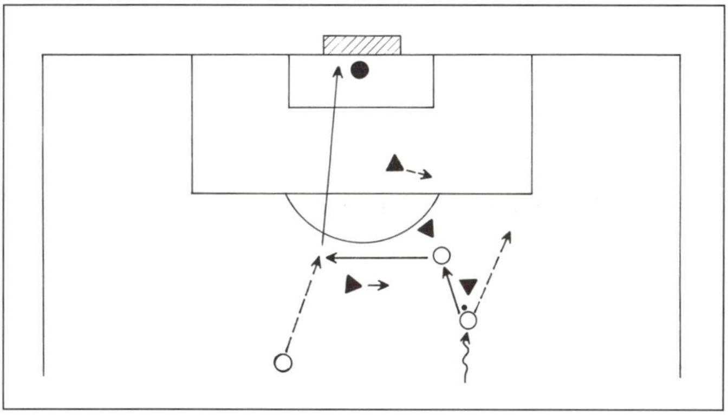

Abb. 158

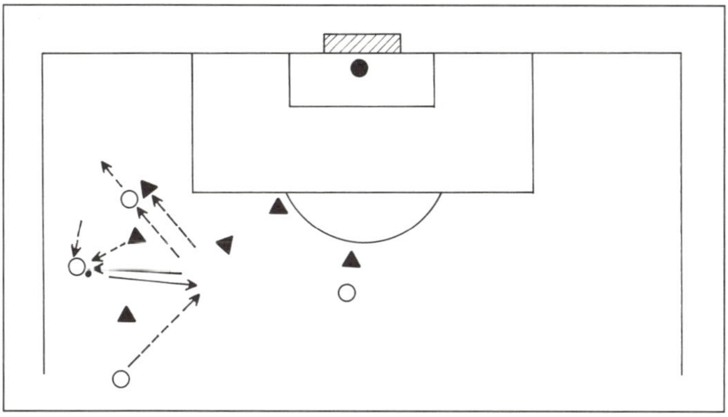

Abb. 159

Das Angriffsspiel wird schwerer vorhersehbar. Der einzelne Spieler muß aber auch lernen, nicht nur seine unmittelbare Umgebung im Auge zu behalten. Er darf sich nicht nur auf eine einzige Situationslösung festlegen. An einer Kombination beteiligen sich durch dieses „verdeckte" Zusammenspiel mehr als nur zwei Spieler.

Zuweilen wird auch vom „Dreiecksspiel" gesprochen. Gemeint ist das Zusammenwirken von drei Spielern in einer räumlichen Staffelung ähnlich einem Dreieck (Abb. 159, am Beispiel „Flügelspiel").

Diesem Begriff des „Dreiecksspiels" liegt der gleiche Gedanke zugrunde wie beim verdeckten Abspiel zum dritten Mann. Jeder ballführende Spieler sollte mehr als nur eine Abspielmöglichkeit angeboten erhalten. Eine der angebotenen Abspielmöglichkeiten sollte dabei aus der Abwehrverdichtung des Gegners überraschend herausführen.

Besondere Lernziele:

- Spielüberblick zu beiden Seiten hin
- genaue Beobachtung des Abwehrverhaltens der gegnerischen Spieler
- bei allen Angriffen immer eine zweite Fortführungsmöglichkeit des Zusammenspiels anbieten und auch erkennen
- Spielverlagerung

Trainingsformen:

- spielnahe Übungsformen zum Torabschluß
- kleine Spiele mit schnellem Torabschluß
- alle Kombinationsaufgaben auf ein Tor ergänzt mit weiteren Mitspielern
- Trainingsspiele

ÜBERNAHME EINES GEGNERS (abwehren)

Erklärung:

Sollte sich der ballführende Gegner einmal gegen seinen direkten Gegenspieler erfolgreich durchgesetzt und diesen überspielt haben, so ist der nächststehende Mitspieler des ausgespielten Abwehrspielers aufgefordert, den nun torgefährlichen Mann zu „übernehmen", zu stellen und dafür seinen eigenen Gegenspieler — sofern dieser sich nicht in einer noch gefährlicheren Position zum Tor hin (näher zum Tor als der Ball) befindet, — kurzzeitig unbewacht zu lassen. Im Grundsatz gilt hier immer das wichtigste Prinzip guten Abwehrverhaltens, wonach jeder Spieler immer die torgefährlichste Möglichkeit des gegnerischen Angriffs abdecken muß.

Übernahme eines Gegners ist auch ein wichtiges taktisches Abwehrmittel in der Raumdeckung. Wechselt ein Angreifer seine Position von einer zur anderen Seite (d. h. von einem zum anderen „Verantwortungsbereich"/Raum), so begleitet ihn der Abwehrspieler in Manndeckung nur bis zu seinem Nebenspieler, der dann seinerseits die Deckung dieses neuen Gegners übernimmt. Man spricht daher auch nicht vom Mann — sondern von einer Gegnerdeckung. (Vgl. dazu: VI. 3 „Raumdeckung", S. 181; VII. 1, S. 190ff.; VII. 2, S. 223).

Besondere Lernziele:

- Freimachen vom Gedanken „hautnaher" einseitiger Manndeckung, man muß gleichzeitig auch die Spielsituation um den Ball und des Nebenmannes beobachten, um dort zusätzlich Sicherungs- bzw. Abwehraufgaben übernehmen zu können.
- Abkehr von einseitiger Ausrichtung auf die Ausschaltung eines einzelnen Gegners, mehr Spielübersicht und Vorausschau der Abwehrspieler
- Erkennen der Chance, einen Paß abzufangen, d. h. in einen Paß hineinzulaufen
- Stellungsspiel orientieren an der Stellung der Mit- und Nebenspieler

Trainingsformen:
- kleine Spiele mit geringen Spielergruppen auf ein und zwei Tore
- spielnahe Übungsformen mit Torabschluß in Zweier- und Dreier-Gruppen
- Spiele mit fest zugeordneten Gegnern (komb. Mann- und Raumdeckung)
- Positionsspiele über zwei Linien

ÜBERZAHL GEGEN DEN BALL (1 gegen 2)

Erklärung:

Ein Abwehrspieler hat es schwer, den Ball gegen den ballführenden Gegner schnell und risikolos zu gewinnen. Der ballführende Gegner hat stets zwei Möglichkeiten (Seiten), um mit dem Ball am Abwehrspieler vorbeizuziehen. Mit einer Täuschung kann er den Abwehrspieler in eine falsche Bewegung locken und dann über die ungedeckte Seite davonziehen.

Wird der den ballführenden Gegner stellende Abwehrspieler von einem Mitspieler im Kampf um den Ball unterstützt (1—2, Überzahl gegen den Ball), so kann der stellende, vordere Abwehrspieler sich auf die Abwehr einer Seite konzentrieren und die andere gefahrlos freigeben. Dort erwartet der zweite Spieler den Gegner. Dieser hat keine Möglichkeit zum erfolgreichen Durchbruch. Dieses Zusammenwirken der Abwehrspieler bildet eine der wesentlichen Grundlagen modernen Abwehrverhaltens.

Besondere Lernziele:
- gegenseitige hörbare Absprache der Abwehrspieler beim Abschirmen der beiden Durchbruchsseiten des Gegners
- dem ballführenden Gegner frühzeitig eine, die ungünstigere Seite freigeben, so daß sich der Hintermann leichter und schneller danach ausrichten kann
- nicht auf Täuschungen reagieren, sondern nur den Ball im Auge behalten. Den Antritt des Gegners zum Durchbruch an einer Seite abwarten.
- entschlossener Angriff auf den Ball von der Seite, sobald der zweite Mitspieler zur Sicherung im Rücken bereitsteht oder der Angreifer sich für eine Seite festgelegt hat. Keine Zeit verlieren, nicht nur warten und zuschauen
- eng zusammenstehen, damit der ballführende Gegner nicht zwischen beiden hindurchdribbeln und der Hintermann den Ball beim Durchbruchsversuch des Gegners sofort angreifen kann
- mit dem Abdrehen des ballführenden Gegners zur Seite sofort eng mitgehen und den Ball angreifen. Der Gegner kann sich nicht mehr drehen (keinen Haken schlagen), er muß in der eingeschlagenen Laufrichtung bleiben und dabei den Ball abschirmen. Er wird dadurch „in die Arme“ des wartenden Hintermannes „getrieben“.

Trainingsformen:
- alle wettkampfgerechten Übungsformen des Zweikampfes auf ein Tor mit zusätzlichem Abwehrspieler
- kleine Spiele mit raumdeckenden Abwehrspielern (z. B. 3—3 auf zwei Tore mit abseits)
- kleine Spiele mit Unterzahl der ballführenden Partei.

ZUM BALL VERTEIDIGEN

Erklärung:

Man spricht auch von offensiver Verteidigung. Gemeint ist, den ballführenden Gegner schon frühzeitig zu stellen und die Abspielmöglichkeiten um ihn herum abzuschirmen, so daß ein schneller Angriffsaufbau riskant wird und der ballführende Spieler sich leicht in einen Zweikampf verwickelt oder zu überhasteten Pässen verleitet wird. (Vgl. dazu auch: VI. 3 „forechecking“, S. 186) Voraussetzung dieser offensiven Verteidigung sind folgende Punkte: 1. die vordersten und hintersten Feldspieler ziehen sich um den Ball soweit zusammen, daß für den gegnerischen Spielaufbau nur ein schmaler

Mittelfeldstreifen zur Verfügung bleibt. 2. Die hintersten Abwehrspieler rücken auf und lassen gegebenenfalls die Gegner in einer Abseitsposition stehen. 3. Der den ballführenden Gegner stellende Spieler rückt so dicht und dabei schnell auf den Mann am Ball zu, daß dieser den unmittelbaren Angriff auf den Ball befürchten muß und „unter Druck" gerät. Der Gegner darf keinen langen Ball mehr spielen können. Andererseits aber muß noch so viel Abstand erhalten bleiben, daß der Gegner den stellenden Abwehrspieler nicht überlaufen kann.

Eine andere Art der Verteidigung ist die zum eigenen Tor hin ausgerichtete Raumdeckung. Die Spielräume zum Tor hin werden enggemacht und damit das schnelle und steile Angriffsspiel des Gegners verzögert und erschwert. Hierbei aber müssen die Abwehrspieler länger abwarten können und die gegnerische Mannschaft findet mehr Zeit und Spielraum zum ruhigen Angriffsaufbau im Mittelfeld. Für das Spiel unerfahrener aber auch ungestümer Jungen eignet sich die Verteidigung zum Ball weit besser.

Besondere Lernziele:

— Abwehrspiel ohne tief gestaffelten Libero
— Rückensicherung durch den Nebenmann für den bedrängten Abwehrspieler
— Spiel auf Abseits
— Mitspielen des Torwartes
— schnelles und enges Stellen des ballführenden Gegners, so daß dieser unsicher wird und keinen langen Ball schlagen kann.
— dirigieren (coachen) untereinander
— Erkennen und nutzen der Gelegenheit zum Angriff auf den Ball, sobald sich der Mann am Ball nach einer Seite festgelegt hat und damit risikolos angegriffen werden kann

Trainingsformen:

— alle Zweikampfaufgaben auf ein Tor für den Torwart auch mit „Liberoaufgaben", d. h. er kann bei langen Bällen wie ein Feldspieler herauslaufen und klären bzw. dem Abwehrspieler den Rücken decken
— kleine Spiele auf kleine Tore (Hütchentore, Fähnchentore)
— alle Zweikampfaufgaben mit Überzahl gegen den Ball
— Positionsspiele mit Aufgabe, den Ball einzukreisen und auf einer Seite (Ecke) „festzunageln".
— Spiel auf ein Tor mit Angriff gegen Abwehr und besonderen Aufgaben für den Angriff: Ball länger halten, Sturmspitzen sollen bewußt Steilpässe fordern, weite Rückpässe im Aufbau spielen.
— Spiel auf ein Tor mit schmalem Spielfeld
— Spiel mit festgelegten Coaching-Aufgaben für die einzelnen Spieler (vgl. dazu: „Coaching", S. 288).
— Positionsspiele mit Überzahl gegen Unterzahl.

COACHING

Erklärung:

Begriff aus dem Englischen, der ursprünglich die taktische Arbeit des Trainers (Coach) im Training und während des Spiels meint. In der neueren Begriffswelt wird „coaching" immer mehr auch auf die Spieler während des Trainings und vor allem des Spiels bezogen. Gemeint ist dabei die aktive Hilfe des Mitspielers durch gezielte Zurufe, die den Mannschaftskameraden auf eine Gefahr oder eine günstige Spielmöglichkeit aufmerksam machen, schnelle Tips geben und ihn über „Entwicklungen" informieren sollen, die er im Augenblick nicht sehen kann. Man nennt in diesem Zusammenhang „coaching" auch das „dritte Auge" des Spieles.

Coaching bezieht sich stets auf die aktuelle und zu erwartende Spielsituation. Was geschehen ist, bedarf lediglich einer Aufmunterung oder Anerkennung. Coaching will nicht kritisieren (meckern). Wenn Spieler im Spiel und auch im Training miteinander lautstark sprechen, so stellt nach der Übernahme einer Aufgabe und der deutlich sichtbaren und verständlichen Bewegung ohne Ball, dem Freilaufen und Anbieten einer Spielmöglichkeit, dies die dritte Art aktiver Hilfe für den Mitspieler dar.

Coaching sind nicht endlose Sätze und ununterbrochene Gespräche. Kurze, allen sofort verständliche Worte drücken blitzschnell einen ganzen Gedanken aus.
Beispiel:

,,Hintermann"	=	Achtung, von hinten aus deinem Rücken greift Dich ein Gegner an
,,halte den Ball"	=	spiel den Ball nicht weiter, sondern warte, bis Dir Mitspieler zu Hilfe kommen. Solange decke den Ball nur ab
,,Doppel"	=	spiel mich an, ich spiel den Ball Dir direkt im Doppelpaß zurück. So kannst Du Deinen Gegner sicher ausspielen
,,rechte Seite"	=	stelle den ballführenden Gegner und mache die rechte Seite zu (abdecken). Ich übernehme hinter Dir die andere, linke Seite.

Coaching ist ein untrügliches Zeichen verantwortungsbewußter und engagierter Spieler, die eigenverantwortlich und kreativ auf dem Feld handeln und sich dadurch auch intensiver am Spiel beteiligen.

Besondere Lernziele:

— Verantwortungsbewußtsein für die Mitspieler
— unablässiges Beobachten des ganzen Spielgeschehens, größere Anteilnahme und Konzentration
— stärkeres ,,Wir-Gefühl" in der Mannschaft, die Bereitschaft, jede zugerufene Hilfe auch zu beachten und wenn nötig anzunehmen. D. h. persönliche Motive müssen hinter sachlichen Dingen zurückgesteckt werden
— kurze taktische Schlagwortbegriffe für bestimmte Verhaltensweisen bzw. Situationen lernen
— Mut, sich auch mit Tips am Spielgeschehen zu beteiligen, d. h. der Spieler darf keine Furcht haben, sich durch einen falschen Zuruf ,,lächerlich" zu machen oder dafür gerügt zu werden
— taktische Entwicklungen voraussehen (Anticipation)
— Spielerfahrung und Spielverständnis

Trainingsformen:

— kleine Spiele
— spielnahe Aufgaben mit festgelegten und zuvor erklärten coaching-Aufgaben (z. B. der Libero dirigiert seine beiden Manndecker und achtet in kleinen Spielen oder spielnahen Aufgaben auf deren richtige Stellung zu Ball und Gegner
— Spielformen mit kleinen Gruppen und bestimmten taktischen Zielen (z. B. 6—3 von Linie zu Linie, die drei spielen in Raumdeckung und sichern sich jeweils gegenseitig den Rücken).

Gutes coaching ist der ,,Trainer des Einzelnen" im Spiel. Es ersetzt die Zurufe vom Spielfeldrand und lenkt die Aufmerksamkeit der Spieler ausschließlich auf das Spielgeschehen. Eine der entscheidenden Voraussetzungen zum Erlernen des hilfreichen coaching ist die pädagogisch methodische Art, mit den Spielern schon frühzeitig in Frage und Antwort über taktische Probleme und mögliche Lösungen im Training und nach einem Wettspiel zu reden, nicht die Ergebnisse in autoritärer Weise schnell und entschieden einfach vorzugeben. Der partnerschaftliche (demokratische) Führungsstil entwickelt die Spieler zu selbständigen Sportlern im Wettkampf.

Gutes Kinder- und Jugendtraining regt an zum freien Fußballspielen auch außerhalb der Vereinstrainingsstunden

XI. Literatur

Brüggemann, D./Albrecht, D.: Fußball-Handbuch, Band 1 „Modernes Fußballtraining". Hofmann: Schorndorf 1987².

Brüggemann, D./Albrecht, D.: Schulfußball. Hofmann: Schorndorf 1987.

Coerver, W.: Fußballtechnik. BLV-Verlag: München.

Nickel, H.: Entwicklungspsychologie des Kindes- und Jugendalters, Band 2. Verlag Hans Huber: München.

Weineck, J.: Optimales Training (Beiträge zur Sportmedizin, Band 10). perimed-fachbuch Verlagsgesellschaft mbH: Erlangen 1986.